바깥에서

모리스 블랑쇼와 '그 누구'인가의 목소리

바깥에서

모리스 블랑쇼와 '그 누구'인가의 목소리

발행일 2판 1쇄 2014년 11월 25일 • **지은이** 박준상

펴낸곳 (주)그린비출판사 • **주소** 서울 마포구 동교로17길 7, 4층(서교동, 은혜빌딩)

전화 02-702-2717 • **이메일** editor@greenbee.co.kr • **등록번호** 제313-1990-32호

ISBN 978-89-7682-419-6 93100

이 도서의 국립중앙도서관 출판시도서목록(CIP)은 서지정보유통지원시스템 홈페이지(http://seoji.nl.go.kr)와
국가자료공동목록시스템(http://www.nl.go.kr/kolisnet)에서 이용하실 수 있습니다.(CIP제어번호: CIP2014023050)

나를 바꾸는 책, 세상을 바꾸는 책 www.greenbee.co.kr

바깥에서

모리스 블랑쇼와
'그 누구'인가의 목소리

박준상 지음

ㅇB
그린비

2판의 머리말

2006년 출간되었던 이 책을 다시 출간하려는 생각을 그린비 출판사와 공유했던 것이 오래전 일인데, 얼마 전에야 원고 파일을 열어 보고 여기저기 검토하고 수정할 수 있었다. 이 재판본에는 블랑쇼를 소개하기 위해 씌어져서 몇몇 문예지에 실렸던 원고들을 포함해서 블랑쇼에 대한 다른 텍스트들이 추가되었다.

　부제를 바꾸었는데, 원래의 부제가 함의했던 바('모리스 블랑쇼의 철학')가 과연 합당하냐는 의문이 있었다. 그 의문은 초판을 낼 때에도 이미 들었었는데, 그의 사유를 전통적이거나 일반적인 관점에서 '철학'이라고 부르기에는 무리가 있다. 그 이유에 대해 어느 정도 해명된 부분이 초판의 들어가는 말에 있었고, 그것을 여기에 그대로 놔두었다.

　이제 이전처럼 블랑쇼를 세세히 읽고 뜯어보지 않는다. 그를 거리 속에서──그러나 여전히 가까움 가운데──보고 있을 뿐이다. 애초에 이 뭐라고 말하기 힘든 작가이자 사상가가 내게 담론이나 이론의 차원에서 중요했던 것은 아닌 것 같다. 블랑쇼의 담론 또는 이론이 일반적으로 중요하지 않다는 말이 물론 아니고, 그것을 연구할 필요가 없다는 말은 더더욱 아니다. 어떤 개인적 경험(당연히 '개인적 경험')에 대해 말씀드렸을 뿐이다. 그러나 애초에, 처음 이 책을 쓸 때부터 필자로서 정말로 말하고 싶었던 것은 그 '개인적' 독서의 경험이었다고 기억한다. 그 경험이 무엇이었는지 지금 밝힐 수는 없겠지만, 독자께서 그것을 읽어주신다면, 그것이 개인의 것이 아닌 어떤 것이 되지 않을까라는 희망을 가져본다.

2014년 10월
박준상

차례

⟨약어표⟩

여기서 인용된 모리스 블랑쇼Maurice Blanchot의 저작들 중 다음은 알파벳 약어들로 표기되었다.

A   *L'Amitié*, Gallimard, 1971(『우정』).

AM   *L'Arrêt de mort*, Gallimard 'L'Imaginaire', 1948
(『죽음의 선고』, 고재정 옮김, 그린비, 2011).

AO   *L'Attente l'oubli*, Gallimard, 1962(『기다림 망각』, 박준상 옮김, 그린비, 2009).

CI   *La Communauté inavouable*, Minuit, 1983
(『밝힐 수 없는 공동체』, 박준상 옮김, 문학과지성사, 2005).

DH   *Le Dernier homme*, Gallimard, 1957(『최후의 인간』).

ED   *L'Écriture du désastre*, Gallimard, 1980
(『카오스의 글쓰기』, 박준상 옮김, 그린비, 2012).

EI   *L'Entretien infini*, Gallimard, 1969(『무한한 대화』).

EL   *L'Espace littéraire*, Gallimard 'Folio-Essais', 1955
(『문학의 공간』, 이달승 옮김, 그린비, 2010).

LV   *Le Livre à venir*, Gallimard 'Folio-Essais', 1959
(『도래할 책』, 심세광 옮김, 그린비, 2011).

PAD   *Le Pas au-delà*, Gallimard, 1973(『저 너머로의 발걸음』).

PF   *La Part du feu*, Gallimard, 1949(『불의 몫』).

TH   *Le Très-Haut*, Gallimard 'L'Imaginaire', 1948(『하느님』).

TO   *Thomas l'obscur*, Gallimard, 1950 개정판(『토마 알 수 없는 자』).

『죽음의 선고』(AM), 『기다림 망각』(AO), 『밝힐 수 없는 공동체』(CI), 『카오스의 글쓰기』(ED), 『문학의 공간』(EL)과 『도래할 책』(LV)을 인용한 경우 원본 쪽수와 국역본 쪽수를 병기해 놓았으며(빗금 다음의 숫자가 국역본 쪽수), 필요한 경우 문맥에 따라 번역을 수정했다.

들어가면서

들어가면서

모리스 블랑쇼에 대해 평가할 때 프랑스에서나 특히 여기에서 항상 따라다니는 표현이 있다. 그가, 그의 글이 '어렵다'는 것이다. 그러한 평가가 정당한지 아닌지 판단하기 이전에 그와 다른 평가도 있다는 것을 우선 지적해둘 필요가 있다. 가령 블랑쇼와 철학적 관점에서나 문학적 입장에서 매우 가깝다고 알려진 시인 에드몽 자베스Edmond Jabès는 어디에선가 "블랑쇼는 결코 어려운 작가가 아니다"라고 말한 적이 있다──자베스가 블랑쇼를 단순히 잘 알고 있기에 그러한 말을 한 것은 결코 아니다.

만일 블랑쇼가 어렵다면, 그 이유는 먼저 문체 때문이다. 많은 경우 그의 문장은 얼핏 보기에도 대단히 길고 복잡하다. 많은 경우 그것은 끊어질 듯하면서 계속 이어지고, 어디에서 하나의 의미가 완성되는지 파악하기 쉽지 않다. 그리고 그것은 지시된 사물들이나 사건을 해석하고 판단하기 위해서라기보다는 그 앞에서의 어떤 내면의 움직임을 보여주고 들리게 하기 위해 주어지고 있는 것처럼 보인다. 이는 그의 글쓰기가 철학적 해석과 판단을 배제하고 있다는 것이 아니라, 그것들을 넘어서는 어떤 시적詩的인 것으로, 어떤 문학소文學素로 향해 간다는 것을 의미한다. 그에 따라 독자의 입장에서는 그의 글쓰기가 도달해야 할 곳으로 보이는 지점으로부터 오히려 끊임없이 우회해서 퇴각하고 있으며, 궁극적으로는 마치 한 폭의 그림을 보고 있거나 그보다도 하나의 음악을 듣고 있는 것 같은 느낌과 마주하게 된다.

분명 그의 글쓰기는 철학적이라기보다는 예술적(문학적·시적)이며, 나아가 굳이 구분해서 단정적으로 말하자면 블랑쇼 자신은 철학자라기보다는 시인이다. 그리고 그의 문장들이 어렵다면, 이는 하나의 철학을 이해하는 데에 따르는 어려움이라기보다는 어떤 음악을 알아듣는 과정에서 부딪히게 될 수 있는 어려움에 가깝다. 그러나 반대로 블랑쇼의 사상이 쉽다면, 철학적 관점에서가 아니라 예술적(문학적, 보다 정확히 말해 음악적) 관점에서 그럴 수 있다. 말하자면 그 사상은 언어로 표현되지만 언어를 넘어서, 언어 배후에서, 침묵을 통해 우리의 내면에 직접 진입해서 울려 퍼진다. 하지만 그 과정이 말하여질 수 없는 것이 말해지고, 표현될 수 없는 것이 표현되는 과정이 아닌가? 왜 어떤 음악은 철학적 언어가 보여줄 수 없는 것을 보여주는가?

블랑쇼의 작품은——그것이 허구적인 소설화된 텍스트이든 이론적 텍스트이든——많은 사람들이 증거하고 있듯이, 다른 어떠한 철학적·문학적 텍스트도 줄 수 없는 매우 독특하고 잊을 수 없는 독서의 경험을 가져다준다. 그의 작품을 읽는다는 것은 말할 수 없는 것이 말해지고 씌어질 수 없는 것이 씌어지는 순간을 목도하는 체험이다. 그것은 침묵을 듣는 경험이고 보이지 않는 것을 보는 경험이지만, 그 침묵은 언어의 절대 타자인 순백 또는 진공의 침묵이 아니라 언어에 포획되지 않는 박동소리이거나 숨결의 묵언默言이고, 그 보이지 않는 것은 절대적으로 가시성 너머에 있는 초월적인 것이 아니라 보이는 것 내부 또는 외부에서 스며 나와서 보이는 것을 와

해시키는 움직임이다. 그의 작품을 읽는다는 것은 분명 한 인간과 마주하는 경험이지만, 그 인간은 저 높은 곳에서 '나'를 가르치는 한 대가가 아니고 작가로서의 개인 블랑쇼는 더더욱 아니며, 기껏해야 독자인 '내' 안에 깊숙이 감추어져 왔던 또 다른 '나'에 불과하다. 그를 읽으면서 우리는 한 위대한 인간을 향해 밖으로 나가게 되는 것이 아니라, 다만 안으로, 또 다른 '나 자신'으로 되돌아가게 된다.

블랑쇼를 읽는다는 것은 단순히 문장들을 이해하고 그 의미들을 파악한다는 행위가 아니라, 결국 그 너머에서 어떤 사건 안으로 들어간다는 것이고, 어떤 얼굴과 대면한다는 것, 어떤 눈물과 핏자국을 본다는 것, 결국 어떤 발자국 소리와 절규를 듣는다는 것이다. 그 결과, 블랑쇼를 한 번이라도 주의 깊게 들여다본 독자라면 누구나 느꼈을 수 있겠지만, 그의 사유를 정식화한다는 것이 매우 어려워지게 된다. 무언가 일어났지만 우리는 그것에 대해 '말할 수 없게' 되는 것이다(필자는 지금 과장 없이 그렇게 썼다). 따라서 그의 사유는 전통적 철학의 입장에서 볼 때는 결함이 있는 사유이거나 더 나아가 부적격한 사유이다. 차라리 그것은, 반복해서 말하지만, 하나의 그림이고, 보다 정확히 하나의 음악에 불과하다. 다시 물어보자. 왜 그러한가? 그 이유는 그의 사유가 논증의 과정을 배제하고 있기 때문도 아니고, 그것이 불충분하기 때문도 아니다. (가령 질 들뢰즈Gilles Deleuze는 블랑쇼의 책이 단순히 시적인 토막말들이나 경구들을 모아 놓은 것과는 거리가 멀며, 자신이 '리좀'이라 부르는 열린 체계를, 즉 어떤 상황과 결부되어 작동하는 "개념들의 총체"를 이루고 있다고 지적한다.[1]) 그 이유는 논리적 추론 배후에서 그리고 그 이후에 끊임없이 개입하고 있는 어떤 충격이 궁극적으로 블

---

1) 질 들뢰즈, 『대담 1972-1990』, 김종호 옮김, 솔, 1993, p. 64.

랑쇼의 사유를 이끌어 가고 있기 때문이다——바로 그렇기 때문에 우리는 그의 글쓰기를 '지워지는 글쓰기' 또는 '침묵의 글쓰기'라고 부르는 것이다. 이에 대해 우리는 다시 전통의 입장에 서서 철학적으로 문제일 수밖에 없다고 반박할 수 있다. 그러나 우리를 둘러싸고 있는, 나아가 '우리' 자신인 사건('내'가 공간으로 열리는 탈존脫存ex-sistance 그리고 타인으로 열리는 외존外存ex-position[2]) 자체가 침묵에 의해 떠받쳐지고 있지 않은가? 만일 그렇지 않다면 사건은, 즉 탈존과 외존은 역사의 어느 시점에서 동서고금의 철학 이론에 의해 포섭당했어야 옳은 것이 아닌가? 사건이 이론 밖으로 이제는 더 이상 돌출되어서는 안 되는 것이 아닌가? 한마디로 철학이 끝났어야——완성되었어야——마땅한 것이 아닌가? 따라서, 헤겔이 말한 대로, 예술도 끝났어야——더 이상 필요 없는 것이 되었어야——, "철지난 과거

---

2) 이 '외존'이라는 낯선 용어에 대해 설명이 필요할 것이다. 외존, 즉 엑스포지시옹exposition은 타인과의 관계를 중요한 주제로 삼은 몇몇 현대 프랑스 철학자들(에마뉈엘 레비나스Emmanuel Levinas와 더불어 블랑쇼, 특히 장-뤽 낭시Jean-Luc Nancy)이 쓰고 있는 말이다. 이 말은 자신 바깥에 놓임, 자신 바깥과의 관계 내에 존재함, 즉 탈존의 한 양태를 표현한다. 즉 이 말은 탈존과 동근원적이며, 둘 모두는 어원상 인간 존재의 근본 조건인 '나' 바깥ex에 놓임sistere을, 즉 나 바깥과의 관계하에 있음을 나타낸다. 또한 그것은 단순히 탈존의 의미에서 쓰이기도 한다. 하지만 그것은 자주 타인이라는 바깥과의 관계에서의 인간 존재 양태를 가리킨다. 즉 외존은 타인과의 관계에서 자신 바깥으로 나감, 타인을 위해 자신을 드러냄과 같은 의미를 갖는다. 레비나스가 "말함은 물론 소통이지만, 모든 소통의 조건으로서의, 외존으로서의 소통이다Le Dire est communication certes, mais en tant que condition de toute communication, en tant qu'exposition" (E. Levinas, *Autrement qu'être ou au-delà de l'essence*, Nijhoff, 1974, p. 61)라고 말할 때, 또는 낭시가 "문학은 존재하기 위해 단수적 존재들의 외존을, 그들 공동의 나타남을 포함한다" (J.-L. Nancy, *La Communauté désœuvrée*, Christian Bourgois, 1990, p. 165)라고 말하거나 '나눔'을 '외존'과 동일시할 때——"나눔 또는 외존"(같은 책, p. 161)——, 이 용어 '외존'을 발견할 수 있으며, 그것은 또한 동사형 '외존하다s'exposer'의 형태로 레비나스·블랑쇼·낭시에게서 빈번히 나타난다. 물론 엑스포지시옹exposition의 역어로 '노출'이 자연스럽지만, 현대 철학의 맥락에서 그 본래적 의미(즉 '나' 바깥에 있음)를 드러내기 위해 경우에 따라 다른 역어가 필요할 때가 있다. 그들이 하이데거에 기원을 두고 있는 이 용어를 하이데거의 맥락을 벗어나서 강조한 이유는, 분명 인간 존재의 정치적 또는 윤리적 성격을 부각시켜 보여주기 위해서이다.

의 것"이 되었어야 당연한 것이 아닌가? 아니면 다시, 비트겐슈타인이 말한 것처럼, "말할 수 없는 것에 대해 침묵해야만" 하는 것인가? 그러나 어떤 예술은, 어떤 음악은 우리로 하여금 침묵과 마주하게 함으로써 우리를 사건 자체에 되돌려 놓는다. 어떤 예술과 음악은 사건의 '순수성'을 보존한다. 블랑쇼의 글쓰기는 사건에 충실한 글쓰기, 보다 정확히 말해 사건으로서의 글쓰기이다. 즉 음악으로서의 글쓰기.[3]

* * *

모리스 블랑쇼는 역사·문화·사회·정치의 현실을 이론적 체계 내에서 진단하고 그 나아가야 할 방향에 대한 프로그램을 구성적·전체적으로 제시하는 사상가는 아니다. 블랑쇼는 다만 그 현실에 묶여 있는──있을 수밖에 없는──, 그러나 거기에 완전히 동화되지도 못하고 저항할 수밖에 없는 우리의 존재 조건을 묻는다. 그렇다고 그의 사유의 핵심이 그 현실에 대한 반성과 비판, 그리고 그에 따르는 우리 각자의 자기의식의 검토를 요구하는 데에 있는 것도 아니다. 한마디로 그의 사유는 구성적·체계지향적이지도 않고 반성적·비판적이지도 않다.

　조금 더 명확히 말해보자. 역사·문화·사회·정치의 현실, 즉 인간의 현

---

3) 따라서 블랑쇼의 사유를 과연 '철학'이라는 이름으로 부를 수 있는가라는 문제가 제기될 수 있다. 사실 그는 사건 너머에서, 사건 위에서 사건을 포섭할 수 있다고 자임하는 '고정된 진리'로서의 철학에 끊임없이 반대한다(A. p. 249, EI, pp. 500, 575, ED, pp. 13~16/28~31). 사건 자체가, 또는 우리의 삶 자체가 침묵에 근거하고 있고 결코 개념으로 포착될 수 없는 어떤 유예(미결정)의 지점으로 결국 나아갈 수밖에 없다면, 왜 철학은 스스로 침묵을 포함해야 한다고 고백하지 않는가? 왜 철학은 침묵을 실천하지 않는가? 블랑쇼의 사유를 '철학'이라는 말이 아니라 차라리 '반-철학non-philosophie'이라는 말로 부르는 것이 타당한지도 모른다.

실은 그 상황과 기준, 그리고 그 가치와 지향점을 규정하는 담론들에 의해 떠받쳐지고 있다. 또한 그러한 담론들을 소유하고 주도할 수 있는 권력이 인간에게는 가장 큰 권력이다(물론 그 권력은 단순히 나쁜 것도, 단순히 좋은 것도 아니고 인간인 이상 완전히 피해 나갈 수도 벗어날 수도 없는 필연적인 것이다). 문제는 블랑쇼가 구성적·체계적이든, 또는 반성적·비판적이든 그러한 현실의 담론을 구축하지 않았고, 오히려 그것이 유예되거나 와해되는 지점(즉 블랑쇼의 표현을 빌리자면 '바깥Dehors')을 향해 나아갔다는 데에 있다. 바로 거기에, 헤겔주의·실존주의·현상학·구조주의·니체주의 등이 차례로 주도했던 프랑스 현대 사상의 장에서 그의 작품이 끊임없이 읽혀져 왔음에도 불구하고——특히 거기에서 부각된 바타유G. Bataille, 레비나스E. Levinas, 푸코M. Foucault, 들뢰즈, 데리다J. Derrida, 낭시J.-L. Nancy와 라쿠-라바르트Ph. Lacoue-Labarthe 같은 영향력 있는 철학자들이 모두 블랑쇼를 영감의 근원으로 끊임없이 참조해 왔음에도 불구하고——, 그가 주변자로 남아 있다는 인상을 주는 이유가 있다.

그의 삶이 드러나지 않는 은거의 삶이었던 것처럼, 그의 언어는 현실을 설명하고 체계적으로 조명하는 구성적 종합과 전망의 언어가 아니며, 현실의 맹점들을 밝혀 보이는 명철하고 비판적인 언어도 아니고, 드러나지 않는 침묵의 언어이다. 그는 구성이나 비판을 통해 앞으로 나아가지 않았으며, 침묵으로 되돌아왔고, 다만 침묵이 말하게 했을 뿐이다. 그는 현실에 직접적으로 영향력을 행사할 수 있는 구성적 담론이나, 마찬가지로 현실을 겨냥한 비판적 담론을 드러나게 제시하지 않았고, 다만 언어가 발설되고 유통되는 조건과 담론이 구성되고 해체되는 근거를 물었을 뿐이다.

그 조건과 근거, 즉 언어와 담론의 조건과 근거는, 드러나지 않고 보이지 않으며 결국 선先언어적인 그것은 우리의 세계와의, 또는 세계의 한계와의 관계, 그리고 타인(들)과의 관계이다. 현실에서 규정될 수 없는 그것, 현실 바깥에서 설정되는 그것, 현실의 권력에 흡수되지 않고 오히려 침묵을 통해 저항하는 그것은 주체라는 어떤 양도 불가능한 신비의 존재가 아니다. 그것은 우리 사이의 관계 자체 또는 우리의 만남과 소통이라는 사건 자체('내'가 타인을 향해 있다는 사건, 그리고 타인이 '나'를 향해 다가온다는 사건, 한마디로 외존), 그리고 우리가 세계 내에 존재한다는 것과 더불어 세계의 한계에서 존재한다는 것, 즉 모두가 사라져 감 또는 죽음과 함께 시간성·유한성finitude 내에서 존재한다는 사건(탈존) 자체이다. 결국 그것은 '내'가 결국 '나' 아닌 것과의 관계하에 '나' 바깥에서의 필연적인 타자화를 전제로 존재한다는 사건 자체이다.

그 사건은 절대로 언어로 표현될 수 없다는 의미에서가 아니라 침묵이 떠받치고 있다는 의미에서, 침묵을 통해서만 밑바닥으로부터 드러날 수 있다는 의미에서 침묵의 사건이다. 그 사건을 블랑쇼는 보여주었다. 그는 침묵을 말로 규정했다기보다는 침묵으로 하여금 말하게 했다. 지금의 문화, 즉 물적 이미지들이 지배하는 자본의 문화는 모든 것을 보이는 것, 확인할 수 있는 것, 손에 쥘 수 있는 것으로 만든다는 점에서 실증주의적 문화이며, 모든 것을 자아를 반영하는——정확히 말해 자아를 반영한다고 허위적으로 믿게 만드는——가시적 이미지들로 바꾸어 놓는다는 점에서 나르시시즘의 문화이다. 문제는 그러한 현재의 문화를 거부하고 회고적으로 과거를 그리워하는 데에 있지 않고, 그것을 비판하는 데에만 있지도 않다. 궁극적으로 문제는 그 현재의 문화에서 배제된 드러나지 않는 빈 곳을, 실증주의와 나르시시즘에 따르는 안주와 만족이 허위임이 밝혀지고 '나' 바깥에 서는 행위(즉 탈존ex-sistance과 외존ex-position, 여기서 접두사 엑스ex는 바깥을 의미한다)의 필연성(환원불가능성)이 침묵으로 드러나는 그 빈 곳을 적극적으로 나아가 급진적으로 드러내는 데에 있다. 문제는 우리가 현재의 실증주의적·나르시시즘적 문화에 사실은 만족하고 있지 못하며, 그 이유가 바로 역설적으로 드러나지 않고 줄 수 없는 그 빈 곳을 상실했다는 사실에서 비롯된다는 것을 적극적으로 긍정하는 데에 있다. 블랑쇼는 그 빈 곳을 누구보다도 잘 가리킨 사상가이다.

그 빈 곳은 '내'가 '나' 아닌 것(세계, 세계의 한계 또는 바깥, 그리고 타인)과 만나는 사건이, 즉 탈존과 외존의 사건이 침묵을 통해 전개되는 장소이다. 따라서 근본적인 관점에서 본다면, 침묵이 밑바닥에 있는 그 사건을 가치와 의미의 측면에서 언어로 능동적이고 자발적으로 규정하고 고정시키려는 시도는, '나' 아닌 것과의 만남이라는 그 사건의 급진성을 퇴색시킬 뿐만 아니라 나아가 그 사건 자체를 왜곡시킨다. 어떤 점에서 본다면, 모든 철학과 모든 담론은 그 사건을 언어의 틀 내에 한정시키려는 노력이고, 따라서 그 사건의 무한성(만남의, 관계의 무한성)을 변질시키는 시도이다. 무한을 언어라는 한계 짓는 것인 동시에 한계 지어진 것 내에, 즉 언어라는 유한 내에 가두고자 하는 데에서 철학들·담론들이 생겨나고, 그것들 사이에서 갈등과 반목, 대립과 투쟁(때로는 죽음·배제·추방의 폭력까지도 불러올 수 있는 투쟁)이 발생한다. 철학들·담론들 사이의 대립과 투쟁으로부터 벗어나 있다고 믿는 것은 허위 또는 거짓이거나 순진함 또는 안일함의 발로이다. 그러나 반대로 하나의 철학이나 담론을 전부라고 절대적으로 믿고 언어적 대립과 투쟁에 모든 것을 거는 것은 맹목성과 전체주의의 발로이다. 어쨌든 우리 모두는 그 대립과 투쟁에 들어가 있어야 하며, 사실상 어떠한 형태로든 거기에 이미 들어가 있다. 이는 피할 수 없는 것이다. 그러나 그 와중에서도 침묵은 요구되며, 또한 우리에게 어느 순간 침묵과 함께하는 것이 필요하다. 왜냐하면 우리는 말로, 언어로 세상과 우주를 창조한

신神이 아니기 때문이며, 오히려 언어로 인해 한계 지어진 존재이기 때문이다. 어느 순간 우리는 침묵에 들어가야만 한다. 왜냐하면 신과는 달리 언어 내에 한계 지어진 우리에게 사건의 무한성에 스스로를 침묵 가운데 가져다 놓는 것, 거기에 스스로를 끊임없이 침묵을 통해 여는 것이 궁극적 과제로 남아 있기 때문이다. 블랑쇼의 글쓰기는 문학이라는 이름으로, 문학을 통해 그 침묵으로 넘어가는 길을 가리킨다. 그리고 그 침묵을 듣고 보고자, 그 침묵과 만나고자 하는 욕망이 블랑쇼의 작품을 읽고자 하는 궁극적 욕망이다. 하지만 블랑쇼의 글쓰기가 말하게 하는 침묵은 결코 평온한 침묵, 평화의 침묵이 아니라 언어의 전쟁을 거쳐 나온 침묵, 요동하는 침묵, 어떤 고통을 가져오는 침묵이다.

* * *

여기서 설정된 문제가 무엇인지 명확히 밝혀 보도록 하자.

로제 라포르트Roger Laporte는 블랑쇼의 사유와 글쓰기의 발전·심화 과정에서 어떠한 반전反轉도 없다고 말한 적이 있다.[4] 우리는 거기에 어떠한 불연속도 없다고 덧붙일 수 있을 것이다. 그러나 그 이유는 블랑쇼의 사유가, 마치 어떠한 굴곡도 없이 종지점을 향해 뻗어나간 직선처럼, 하나의 최후의 말하여진 것un dernier Dit, 즉 하나의 궁극적 의미를 향해 나아가고 있기 때문이 아니다. 그 이유는 블랑쇼의 주제들이 ──그것들이 그의 수십 년 간의 글쓰기 가운데 빨리 형성되었건 뒤늦게 형성되었건── 마치 나선螺旋을 따라 하나의 방향으로 나아가고 있는 것처럼 보이기 때문이다. 그러

---

4) R. Laporte, *À l'extrême point*, Fata Morgana, 1994, p. 50.

나 그 방향은 어떤 명제들을 통해 지정되지 않는다. 의미의 수준에서, 블랑쇼에게 궁극적인 말은 없다. 그 방향은 블랑쇼가 우리 독자에게 '무한한 대화entretien infini'를 제의하는 것처럼 보일 때에만 감추어져서 제시된다. 그 방향은 블랑쇼가 우리에게 어떤 결론을 주는 대신 그 '무한한 대화'를 권유하는 것처럼 보일 때에만 간접적으로 암시된다. '무한한 대화', 거기로 블랑쇼는 독자를 자신의 전체 글쓰기를 통해 유도한다. 그러한 사실이 그의 사유와 글쓰기에 연속성과 일관성을 부여한다. '무한한 대화' 가운데 그는 결국 무엇을 말하고자 하는가?[5] 이러한 물음이 결국 여기서 궁극적인 물음이 될 것이지만, 우리는 지금 성급하게 그 물음에 답할 수는 없다.

   그러나 여기서 다른 중요한 한 가지 사실을 지적해보자. 블랑쇼에 대한 해석에 있어서 주목할 만한 변화가 하나 있었다. 그러나 그 이유는 여러 다른 경우에서처럼 해석의 대상이 된 작가가 이전의 방향과 다른 방향으로 사유를 전개했다거나 이전의 관점들에 모순되는 주장들을 제기했기 때문이 아니다. 로제 라포르트가 잘 본 것처럼, 블랑쇼의 사유에는 어떠한 반전도 없다. 그러나 우리가 지금 블랑쇼에 대한 해석의 변화를 말할 수 있다면, 그의 사유의 움직임이 시간이 지남에 따라 점점 더 명백한 형태로 드러났기 때문이다. 일견 언어와 글쓰기에 대한 탐색으로 일관된, '순수 문학'의 전형을 보여주는 듯한 그의 사유는 어떤 '정치적인 것'을 향해 나아간다. 또한 언어와 글쓰기에 대한 그의 성찰은 그 자체로 어떤 '정치적인 것'과 밀접한 연관성이 있다. (블랑쇼의 문학에 대한 사유와 문학적 실천은, 소위 '순수 문학'이라 불리는 것과 '참여 문학'이라 불리는 것의 구별이 문학계의 관

---

5) 그러나 여기에서의 시도는 결국 블랑쇼가 말하고자 하는 바를 **명제들**로 풀어내려는 것이며, 이는 우리의 필연적인 한계이다.

례에 따라 이루어지는 안일하고 피상적인 것에 불과하다는 사실을 증거하는 한 전형적인 예이다.) 블랑쇼의 사유와 글쓰기가 궁극적으로 정치적이라는 것, 장-뤽 낭시Jean-Luc Nancy와 프랑수아즈 콜랭Françoise Collin은 그 사실을 명백히 밝혔다.[6] 예컨대 콜랭은 이렇게 말한다. "문학——글쓰기——에 대한 물음이 먼저 이 움직임[블랑쇼 사유의 움직임]의 중심에 있었다면, 최근 몇 년간 부각되어 온 것은 윤리적 물음, 나아가 정치적 물음이다."[7] 이어서 많은 연구들이 마치 그러한 콜랭의 언급에 응답하는 것처럼 블랑쇼의 정치적 물음에 주의를 기울여 왔다.[8]

여기서 우리의 문제는 '정치적인 것'과 블랑쇼의 문학에 대한 사유 사이에 어떠한 연관관계가 있는가를 살펴보는 데에 있다. 그러나 그 '정치적인 것'은 현실 정치(기관·조직의 구성, 정체政體의 개혁, 권력과 반권력의 창출, 간단히 말해 행동으로 완성되는 정치)에 직접적으로 연관을 맺거나 영향을 주는 데에 그 귀결점이 있지 않다. 또한 그것은 블랑쇼의 극적인 정치적 여정[9]과도 필연적인 관계가 없다. 물론 블랑쇼는 현실 정치에 대해 전면에

6) J.-L. Nancy, "À propos de Blanchot", *L'Œil de bœuf: Maurice Blanchot*, 14/15호, 1998년 5월, p. 58. 또한 F. Collin, "Merci à Maurice Blanchot", 같은 책, pp. 21~22. 마찬가지로 필립 라쿠-라바르트Philippe Lacoue-Labarthe는 블랑쇼의 중심문제들 중 하나가 정치적인 것이라고 지적한다. Ph. Lacoue-Labarthe, "L'Agonie de la religion", *Revue des sciences humaines*, 253호, 1999년 1월~3월, pp. 227~228.

7) F. Collin, *Maurice Blanchot et la question de l'écriture*, Gallimard coll. 'Tel', 1986, pp. 7~8.

8) 특히 Ph. Mesnard, *Maurice Blanchot, le sujet de l'engagement*, Harmattan, 1996. 또한 Ch. Bident, *Maurice Blanchot, partenaire invisible*, Champ Vallon, 1998.

9) 블랑쇼는 알려진 대로 20대 중반 극우파 신문들에 현실에 밀착해 정치기사를 썼었다. 그는 정치에 일종의 정신 혁명을 도입하기 위해 극우노선을 걸었었지만, 그가 지지했던 극우사상은 정신주의적(이상주의적)·민족주의적 색채가 강했으며, 당시의 나치주의와는 관계가 없었다. 블랑쇼에 대한 방대한 전기(『모리스 블랑쇼, 보이지 않는 동반자*Maurice Blanchot, partenaire invisible*』)를 쓴 크리스토프 비덩Christophe Bident은 『마가진 리테레르*Magazine littéraire*』 블

서서 발언한 적이 있으며, 몇몇 신문들에 기사를 쓰면서, 또한 정치적 전환 이후에 '121인의 선언'과 '베트남 민중 지지 위원회'와 '학생-작가 위원회' (68혁명)에 개입하면서 현실 정치와 관련해 자신의 입장과 견해를 개진하기도 했었다. 그러나 그의 문학적 사유와 정치적 사유가 접목되는 지점을 찾는 것이 문제가 될 때, 그의 정치적 여정과 그 가운데 표명되었던 정치적 사유는 부차적인 것이 될 수밖에 없다. 여기서 문제는 그의 문학에 대한 사유에서 나타난 대로의 '정치적인 것'이 무엇인가를 살펴보는 데에 있다.

랑쇼 특집호에서 이렇게 말한다. "1933년. 정신혁명을 위한 반자본주의·반의회주의·반공산주의가 기본적인 말들이었다. 다른 한편 블랑쇼는 반게르만주의·반히틀러주의를 지지했다. 그는 나치의 수탈을 고발하는 유대인 민족주의자의 모임에 가담한다. 그는 친구 폴 레비Paul Lévy가 주관하던 일간지 『성벽Le Rempart』에 유대인들을 강제수용소에 처음으로 보낸 사건에 항거하는 기사를 쓴다."(Ch. Bident, "Repères chronologiques", *Magazine littéraire: l'énigme Blanchot*, 424호, 2003년 10월, p. 27) 30세(1937년)부터 극우파활동을 그만둔 블랑쇼는 문학에 전념하게 되며, 오랜 기간 동안 현실 정치에 대해 거리를 두게 된다. 그의 본격적인 문학활동은 그가 현실 정치로부터 벗어난 시기에 시작되며, 이집트 출신의 프랑스 시인 에드몽 자베스Edmond Jabès가 말하고 있듯이, 첫 작품 『토마 알 수 없는 자Thomas l'obscur』(1941)를 비롯해 그의 모든 작품에서 사실상 청년시절의 정치적 입장은 반영되어 있지 않다(E. Jabès, "À propos de 'Blanchot la terreur'", *L'Œil de bœuf: Maurice Blanchot*, pp. 37~38 참조). 극우파 활동을 청산한 블랑쇼는 이후에 정치적 성향이 강한 작가들, 예를 들어 로베르 앙텔므Robert Antelme, 디오니스 마스콜로Dionys Mascolo 등과 교류하게 되면서 국가 경계 바깥의 정치와 그 경계 바깥에 선 자들을 옹호하는 극좌의 노선에 들어가게 된다. 정치적 전환 이후에 그가 개입했던 중요한 정치적 사건은 샤를 드 골Charles de Gaulle에 반대해 알제리 독립을 지지하는 예술가들·작가들의 서명운동(121인의 선언Manifeste des 121)과 68년 5월 혁명이다. 블랑쇼는 121인의 선언의 주요 기안자들 중의 한 사람이었으며, 68혁명 때에는 학생-작가 행동위원회La Comité d'action étudiants-écrivains를 조직해 주요 선언문들을 작성하였고 거리시위에 참여하였다. "1960년. 121인의 선언. 마스콜로, 쉬스테르Schuster와 함께 블랑쇼는 그 선언의 주요 기안자였다"(Ch. Bident, "Repères chronologiques", *Magazine littéraire: l'énigme Blanchot*, p. 28). "1968년. 블랑쇼는 시위에 참가하고 전단지를 만들고 학생-작가 행동위원회의 회합을 주재한다. 그는 익명으로 잡지 『코미테Comité』의 창간호이자 마지막 호에서 반 이상의 기사를 쓴다"(같은 곳). 이상의 정치적 참여와 관련해 그가 쓴 글들을 모아 놓은 책이 최근 출간되었다. M. Blanchot, *Écrits politiques 1958-1993*, Éditions Lignes & Manifestes, 2003(『정치평론 1953~1993』, 고재정 옮김, 그린비, 2009).

그 '정치적인 것'이 무엇인가라는 물음에 대답하기 이전에—대답하기 위해—먼저 이어서 다루어야 할 주제들을 제시해 보기로 하자. 그것들은 모두 문학과 관계가 있지만 다만 문학의 영역에 한정되어 있지는 않다. 사실 블랑쇼의 모든 무게 있는 주제들(바깥le Dehors, 중성적인 것le Neutre, 작품, 글쓰기)은 다만 문학에만 연관되어 있지 않으며, 보다 근본적으로—철학적으로—먼저 존재와 인간 그리고 타인과의 관계와 같은 물음과의 관계하에 제시된다. 우리는 그의 문학에 대한 사유에 대해 먼저 생각해 보지는 않을 것이며, 우선 그의 작품에 나타난 일반적인 주제들(특히 바깥·타인·공동체)을 따라가 볼 것이다(1장, 2장). 한편 문학의 영역을 벗어나는 바깥에 대한 물음은 결국 블랑쇼에게서 인간들 사이의 관계, '나'와 타인 사이의 관계에 대한 물음으로 이어진다.

　　바깥은, 블랑쇼의 사유가 표면적으로 주고 있는 인상처럼 항상 부재不在로 돌아갈 수밖에 없는 존재의 어두운 측면만을 부각시키는가? 바깥에서 인간들에게 공통된 어떤 장소(장소 없는 장소)를 점유하는 것이 문제가 된다는 점에서 바깥은 인간들 사이의 공동 존재의 조건이 아닌가?(1장에서의 물음) 이러한 바깥에 대한 물음들은 타자라는 주제하에, '나'와 타자 사이의 소통과 공동체라는 주제하에 다시 제기될 것이다(2장). 바깥에서 '나'와 타자 사이의 관계란 어떠한 것인가? 어떻게 그리고 왜 바깥의 사유는 '나'와 타자의 관계에 대해 묻지 않을 수 없게 만드는 궁극적 전망을 보여주며, 모든 사회적·이념적 계기 너머에서, 그 이하(그 아래)에서 인간의 헐벗음을 보여주는 급진적 관점을 제시하게 되는가? 이러한 물음들에서 문제가 되고 있는 것이, 이러한 물음에 대한 대답을 통해 이르러야 할 것이 바로 블랑쇼의 사유에서의 '정치적인 것'(또는 '정치윤리적인 것')이다. 그러나 언급한 대로 그 '정치적인 것'은 현실과의 관계하에 명시적으로 표명된 정치에 종속되지 않는다. 그것은 공표된 정치 이전의, 그 이하(그 아래) 또는 그 너머의 '나'와 타인 사이의 관계의 양태를, 다시 말해 타자와의 관계의 사건을, 공동체의 드러남을, 인간들 사이의 나눔의 움직임과 소통의 급진적 양태를 지정한다.

한편 블랑쇼에게서의 '정치적인 것'에 대해 말할 수 있는 근거에 대해 생각해 본다는 것은 이러한 그의 말을 되새겨 본다는 것과 다르지 않다. "따라서 휴머니즘을 부정해야 할 이유가 없다."[10] 블랑쇼의 사유에서 발견될 수 있는 '정치적인 것'은 그가 말하는 휴머니즘과 밀접한 관계가 있다.

그 휴머니즘은 「무신론과 글쓰기: 휴머니즘과 절규L'Athéisme et l'écriture: l'humanisme et le cri」(EI)에서 루트비히 포이어바흐Ludwig Feuerbach의 인간 개념으로부터 따라 나오는 고전적인 근대 휴머니즘과의 대비하에 제시된다. 포이어바흐는 신神의 존재를 부정하였지만 이전에 신에게 속해 있다고 여겨졌던 신적인 속성을, 즉 자율성을, 모든 것을 기초 지을 수 있고 자신을 기초 지을 수 있는 힘을 인간에게 귀속시켰다. 따라서 그러한 근대 휴머니즘의 입장에서 보면 신은 더 이상 이 세계에 존재하지 않지만, 신 없이 또는 신 대신 스스로를 창조하며 자연을 관리·지배하고 박애의 사회 공동체를 건설하는 과제는 이제 인간이 떠맡게 된다. 블랑쇼는 그러한 포이어바흐의 사유를 여전히 신학적일 뿐이라고 본다. 그 이유는 거기에서 사실 신은 사라지지 않으며, 절대적 위치에서 자신을 창조할 수 있으며 자신일 수 있다고 자임하는 자율성을 가진 인간 안에서 다시 태어나고 있기 때문이

---

10) EI, p. 392. 이 말에서 블랑쇼는 분명 하이데거의 휴머니즘에 대한 비판을 염두에 두고 있다.

다.[11] 포이어바흐에게서 신의 신성은 취소되지 않으며, 신의 절대적 힘은 이제 인간에게서 다시 살아나게 된다. 블랑쇼의 관점에서 보면 그는 자신의 고유한 휴머니즘을 말하면서 인간을 신에게 묶는 끈을 끊지 않은 채(인간이 절대적·자율적 힘을 가지고 있다고 여겨지는 한 인간은 여전히 신적이다), 단순히 신의 이름을 인간의 이름으로 대치해 놓았을 뿐이다. 결국 포이어바흐의 휴머니즘은 신학과 결별하지 못한 사유이다.[12] 그의 휴머니즘은 인간적이자 신적인 속성에 대한 가치부여에 따라 가정된, 자아와 그 자신의 관계에서의 자율적 결정력에, 말하자면 인간 또는 주체의 자기 결정력에 기초하고 있다. 그것은 인간의 자신에 대한 내재성, 즉 인간(주체·자아)의 본질이라는 가정에 의존하고 있다.

　　블랑쇼에게 고유의 휴머니즘이 있다면, 그것은 인간의 자신에 대한 자기 결정력에 대한 믿음에서 비롯된 인간의 본질(예컨대 '기독교의 본질'로서의 인간의 본질)에 정초되어 있지 않다. 그가 말하는 휴머니즘은 자기 결정력 바깥의, 즉 자아·주체 바깥의 인간의 영역을 가리키는 단수성單數性 singularité에 대한 탐색이다. 여기서 단수성은 어떤 인간의 본질을 가정하지 않는 탈존의, 즉 "즉각적이며 직접적인 형태로 현전하는, 따라서 즉각 사라지는 부재"[13]로 돌아가고 있기에 시간적(순간적) 현전에 기입된 실존의 양태이다. 여기서 (시간적·순간적) 현전은 주체가 인식의 객관적 거리 내에서 하나의 대상으로 동일화할 수 있는 존재가 아니다. 다시 말해 그 현전은 동

---

11) EI, pp. 368~369.
12) "인간은 신의 경쟁자, 신의 대리인, 신의 상속인이리라. 인간은, 즉 자신의 창조자 또는 오메가를 향해 생성하고 있는 자는, 피조물 속에서 다시 태어나기 위해 죽어가는 신의 명의대여인일 뿐이다. 휴머니즘은 하나의 신학적 신화이다"(EI, p. 369).
13) EI, p. 379.

일화하는 의식에 떠오르는 하나의 표상이 아니며, '나'와 타자의 만남의 기표記標signifiant로서 관계(사이 관계, 관계 사이)를 알리는 표시이다. 그것은 '우리'가 '우리' 자신의 한 부분으로서, 함께-있음être-avec의 기표로서 마주하는 것이다. 그것은 인간에 대한 이념 바깥에서(따라서 그것은 본질이 배제된 현전이다), 함께-있음의 장소로서, '나'와 타자가 서로 접근하는 장소로서 현시現示présentation(표상re-présentation과는 다른 현시)된다. 그 현전은 인간의 이념을 전해 주고 의식을 통해 지속적으로 되찾을 수 있는 표상으로 드러나지 않는다. 그것은, 의식 너머 또는 의식 이하에서 직접 주어진 현시로서, '나'와 타자 사이의 관계의 열림의 표식이 되며, 타인과의 관계와 함께-있음이 '나'의 실존적 조건이라는 사실을 알리는 기표이다.

그 현전, 본질 없는 현전, 인간의 현전(또는 타자의 현전)을 블랑쇼는 '그le Il' 또는 '그 누구le On'라고 부른다. ('그'와 '그 누구'는 블랑쇼에게서 동의어들이다. "이 누군가는 형상 없는 그, 우리가 일부분을 이루어 소속되어 있는 그 누구이다. 그러나 누가 그 누구의 일부분을 이루고 있는가?"[14]) '그' 또는 '그 누구'는 함께-있음과 소통의 장소를, '나'와 타자가 관계 가운데 놓이지만 양자 중 하나에 귀속되지 않는 '우리'[15]의 장소를 연다(2장). 블랑쇼에게서 문학과 글쓰기가 궁극적으로 '그'를 보여주고 증거하며 '그'로 하여금 인간들 사이의 관계에 끊임없이 주의하게 한다는 것, 결국 그 사실에서 블랑쇼의 문학적 사유와 정치적 사유의 교차점이 발견되며, 그 사실로부터 우리는 그에게서 발견되는 휴머니즘과 '정치적인 것'에 대해 말할 수 있게 될 것이다.

---

14) EL, pp. 27~28/30(인용자 강조).
15) "우리를 같이 붙들어 놓으며, 우리가 나도 타자도 아닌 채 있게 만드는 이 '우리'?"(DH, p. 46)

* * *

블랑쇼는 문학에 고유한, 문학 내적인 문제들에만 전념하는 작가가 아니다. 그는 문학의 순수성을 추구하는 입장에 동의하는 작가가 아니다. 그는 '예술을 위한 예술' 또는 '문학을 위한 문학'과, 말하자면 예술의 본질이 모든 윤리적·정치적 요구 바깥의 어떤 작품 내재적 미美에 있다고 보는 '심미주의esthétisme'와 거리를 두고 있다.[16] 블랑쇼의 성찰은 심미주의 바깥으로 향해 있으며, 그에게 작품과 문학적 언어의 핵심은 예술적 양식이나 문체의 문제에, 작품 내부에 있다고 여겨지는 형식상의 미의 문제에 있지 않다. 그에게서 '작품' 자체, 언어 자체 또는 '글쓰기'는 어떤 움직임, 체계적으로 분석될 수 있고 내용과 형식의 결합으로 여겨지는——전통적 의미에서의——작품으로부터 끊임없이 벗어나는 표류의 움직임이다. 그 움직임은 문자로 쓰어진 책 내부에서 발견되고 분석될 수 있는 내용과 형식의 결합을 넘어서, '책 바깥에서', 쓰는 자와 읽는 자의 소통을 통해, 다시 말해 쓰는 자와 읽는 자의 작품의 공동구성co-constitution de l'œuvre을 통해 전개된다. 그 움직임에 주목함으로써만 우리는 블랑쇼에게서 문학적 사유와 정치적 사유가 교착되는 지점을 찾을 수 있을 것이다.

문학과 관계된 블랑쇼의 '정치적 전략'은 글쓰기에 '그'(또는 '그 누구') 가 드러나게 하는 데에, '그'로 하여금 '말하게' 하는 데에 있다(3장, 4장). 하지만 '그'는 어떤 유형의 인간을 가리키지도 않으며, 더구나 어떤 인간 모델을 모방하지도 않고 어떤 인간의 본질을 대변하지도 않는다. 따라서 '그'

---

16) EI, p. vi. 또한 블랑쇼는 "의심할 바 없이 순수 예술이라는 것은 없다"(LV, p. 126/179)라고 말한다.

는 글쓰기에서 어떤 인물에 대한 묘사를 통해 하나의 인간 형상으로 표상(재현)될 수도 없다. 그렇다면 어떻게 '그'가 글쓰기에서 그려질 수 있는가? '그'가 글쓰기에 나타날 수 있다면, 작품에서 언어가 '그'를 재현할 수——'그'의 어떠함을 보여줄 수, 설명할 수——있기 때문이 아니라, 언어가 그 전체에 있어서 '그'의 나타남의 양태에 부합하는, 즉 '그'의 표상 불가능성과 '그'의 현전의 시간성(순간성)에 부응하는 이미지로 변할 수 있기 때문이다. 여기서 이미지는 작가가 의도적으로 만들어내고 작품에 주어져 고정된 가시적 이미지가 아니라, 어떤 역동적 이미지, 즉 독서라는 행위의 순간에 살아나는 이미지이다. 그 이미지를 통해 쓰는 자와 읽는 자(작가와 독자)는 어떤 현전으로, 보다 정확히 말해 원칙적으로 문학 작품을 넘어서 '나'와 타인 사이의 관계에 기입되는 '그'가 문학 작품에 현현顯現하는 사건으로, '그'의 현전으로 이끌린다. 이미지로 나타나는 '그'의 현전, 그것을 통해 쓰는 자와 읽는 자는 작품의 공동 구성에 들어가게 된다. 그것은 이 경우 작품에서의 모든 말들을 여는 현전이자 작품의 최후의 말이기도 하다는 점에서——작품의 모든 말들이 최종적으로 환원되는 지점이라는 점에서——언어 자체의 현전에 부응한다(3장, 4장). '그'가 글쓰기 가운데 나타날 수 있다면, 언어 자체가 '그'의 어떠함이 아니라 문학 바깥의 '나'와 타인의 관계에서 드러나는 '그'의 어떻게를, 즉 '그'의 현현의 양태를 현시(모방이 아닌 현시)할 수 있기 때문이다. 그 전체에 있어서 이미지로 변한 언어, '그'의 나타남의 양태에 부응하는 언어, 블랑쇼는 그것을 '목소리voix'라고 부른다.

이 연구에서 최종적으로 '그'(또는 '그 누구')의 목소리에 대해 살펴보는 것이 문제가 된다. 여기서 중심문제는 결국 목소리가 블랑쇼에게서 작품의 정치를 어떻게 이끌어가는가를 살펴보는 데에 있다. 작품의 정치는 작품을 통해 어떤 정치사상을 제시하는 데에도, 현실 정치에 직접 영향을 줄 수 있는 어떤 작품을 창조하는 데에도 있지 않다. 그것은 작품을 통해, 목소리의 유도를 거쳐, 쓰는 자(작가)와 읽는 자(독자)가 함께 공동 존재('우리')로 참여하는 행위에 있다. 그리고 그 행위에서 결국 블랑쇼의 정치적 사유가 문학적으로 실현될 것이다.

1장

바깥과 소통의 경험

·1장·
바깥과 소통의 경험

모리스 블랑쇼의 작품에서 끊임없이 나타나는 하나의 주제가 있다. '바깥 Dehors', 이 주제는 거기에서 여러 다른 표현으로 조명되고 있기는 하지만 언제나 그의 사유의 중심에 자리잡고 있다. 사실 블랑쇼의 다른 많은 주제 들은 바깥을 더 깊이 있게 설명하고 그 여러 측면을 보여주기 위해 제출되고 있는 것처럼 보인다. 그의 글쓰기 자체가 결국 바깥에 대한 접근이라고 말해도 과언이 아닐 것이다. 나아가 블랑쇼에게 바깥은 문학에 대한 물음의 중심에 놓여 있다. 왜 바깥에서 문학이 유래하며 문학은 궁극적으로 바깥을 향해 나아가는가, 왜 그리고 어떻게 바깥은 글 읽는 자와 글 쓰는 자 사이의 관계와 소통이 이루어지는 장소인가, 왜 바깥으로 향해 있는 작품 은 바깥에서 결국 사라져 가는가, 그러한 물음들은 그의 문학에 대한 사유 에서 핵심적인 물음들이며, 그것들에 대답하기 위해 그의 글쓰기는 전개 된다.

　그러나 그러한 물음들이 주어질 수 있다면, 그 이유는 바깥이 문학 이 전 그리고 문학의 기원이기 때문이다. 바깥은 문학 이전에, 문학 바깥에서, 문학 너머에서 문제가 된다. "문학을 문학 자체 내에서 긍정하고자 하는 자는 아무것도 긍정하지 못하게 된다. 문학이 무엇인가를 찾고 있는 사람은 문학을 벗어나 있는 것만을 찾고 있는 것이다. 문학이 무엇인가를 찾은 사람은 문학 그 이하의 것만을, 또는 더 나쁘게 문학 그 너머의 것만을 찾은 것이다."[1] 물론 바깥은 문학에 개입하며, 문학의 언어는 자체 안에 바깥을 받아들이려 하기를 멈추지 않는다. 그러나 먼저 바깥은 문학의 모든 언어와 문학 작품 이전에 군림하는 완전한 바깥pur Dehors이다. 완전한 바깥은 이 현실의 세계로, 그리고 그보다 이상적理想的이고 본래적인 또 다른 세계 안쪽으로 들어가지 못하고 있는 자가 추방당해 있는 공간이다.[2] 바깥의 경험은 "삶으로부터 추방되어, 경계선 바깥으로 내몰려, 추방 가운데 방황할 수밖에 없게 된 채" 존재하는 경험이다. 블랑쇼에게서 바깥의 체험을 겪는 자는 본보기로 카프카Kafka이며, 카프카에게 "예술은 다만 이전의 치명적인 숙명에 대한 해석·왜곡·심화에 지나지 않는다."[3]

바깥의 경험, 세계로부터 추방되어 존재하는 경험. 여기서 세계는 우리에게 열려 있는 공간, 우리가 향해 나아가고 있는 공간, 우리의 삶이 매 순간 펼쳐지고 있는 공간, 사물들이 발견되는 공간이며, 세계와의 관계는 오로지 사물들을 적극적으로 규정(지배·관리·이해)할 수 있는 가능성으로부터만 정립될 수 있다. 사물들에 대한 규정은 현실적(도구적)일 수도 있고, 이상적(정신적)일 수도 있다. "세계는 현실적 삶의 공간, 하지만 또한 표현된 진리의 공간이다."[4] 다시 말해 세계는 현실적인 측면에서 사물들을

---

1) LV, p. 273/373.
2) "추방당한 자는 세계의 안쪽으로 들어가지 못하며, 보다 호의적인 어떤 또 다른 세계를 향해 나아가지도 못한다. 그는 내재적인 것도 외재적인 것도 나아가 그 종합도 아닌, 블랑쇼가 완전한 바깥이라 부른 것에 내맡겨져 있다"(F. Collin, *Maurice Blanchot et la question de l'écriture*, p. 38).
3) A, pp. 296~297 각주.

규정할 수 있는 높이에, 또는 이상적 측면에서 어떤 궁극적 가치(가령 역사의 의미, 인간의 의미, 실존의 의미, 선善의 의미)의 높이에 이를 수 있는 가능성에 따라 열리게 된다. 바깥의 경험은 "기댈 곳이 없다는, 사물들에 대해 적극적 영향력을 행사할 수 없다는 인상"[5]을 가져다준다.

말하자면 바깥의 경험은 불행의 경험, 어떤 불행이——그것이 육체적인 것이든 사회적인 것이든——세계와의 관계에서 보이지 않는 것으로, 비非현상적인 것으로 다시 번역되는 데에서 오는 경험이다. 즉 그것은 어떤 육체적·사회적 고통(블랑쇼의 소설화된 작품에서 표현되고 있는 것과 같이, 가령 '나'의 죽음으로의 접근, 타인의 죽음의 체험, 병의 체험, 사회로부터 배제와 추방이 가져오는 고통)이 존재(세계에서 존재함)의 불가능성의 자각에 따르는 고통으로 덧나는 체험이다. 그것은 세계와의 관계의, 즉 유의미성에 의해, 의미의 친숙함에 의해 보장되는 관계의 결렬을 가져온다. 그 결렬은 어떤 고통과 함께 피할 수 없는 것이 된다. 그 결렬은 또 다른 결렬, 자아와 자신 사이의 결렬, 즉 자아le moi의 파기를 야기한다. 블랑쇼에게서 자아란 사물들과의 관계 이전에 또는 사물들과의 관계 너머에서 그 자체 유일한 자신solus ipse으로서 스스로를 긍정하는 인식의 차원에서의 어떤 선험적 주체 같은 것이 아니다. 고립된 자아, 사물들과 관계하지 않을 수 있는 자아, 세계를 소유하지 못한 자아는 없다. 자아는 오직 타동성他動性transitivité(의존성) 가운데에서만 정립될 수 있으며, "동일성의 논리에 따르는 에고의 우위"[6]를 가정한다. 다시 말해 자아는 존재하기 위해, 사물들

---

4) A, p. 43.
5) LV, p. 63/89 주석. 이 표현은 블랑쇼가 장 스타로빈스키Jean Starobinski로부터 빌려온 것이다.
6) A, p. 201.

을 동일화하면서 그에 따라 스스로를 동일화할 수 있어야 하며, 결국 동일화 작용의 중심축일 수밖에 없다.[7] 자아는 그 자체 자신으로 존재하는 것이 아니라 동일화 작용 가운데에서만, 타동성 내에서만, 즉 세계와 사물들과의 관계 내에서만 존재한다. 그러한 사실이 블랑쇼에게서 세계의 상실이 곧바로 자아의 상실로 이어지는 이유이다. 세계의 상실과 자아의 상실의 동근원성, 그것을 블랑쇼는 다시 카프카의 예를 들어 설명한다. "그러나 그러한 의미에서 예술이 일반적으로 정당화될 수 없는데, 적어도 카프카에게서만은 그렇다. 왜냐하면 예술이 카프카가 그러한 것처럼 세계 '밖에' 존재하는 것과 관련되어 있으며, 예술은 내밀성도 없고 휴식도 허락하지 않는 이 바깥의 깊이를, 우리가 신神과조차, 우리의 죽음과조차 더 이상 어떠한 가능성의 관계도 맺지 못할 때 솟아나는 그것을 표현하기 때문이다. 예술은 '그러한 불행'에 대한 의식이다. 예술은 스스로를 상실한 자, '나'라고 더 이상 말할 수 없는 자, 같은 움직임에 의해 세계의 진리를 상실한 자, 추방에 처해진 자[……]의 상황을 묘사한다."[8] 바깥의 경험은 이해 가능성에 따라 포착될 수 없는 현상——따라서 현상 아닌 현상 또는 비非현상——, 존재에 이르지 못하며 단순한 비존재——완전한 무無——도 아닌 비현상과 관계한다. 바깥의 경험은 또한 중성적인 것le Neutre에 대한 경험이다. 중성

---

7) 여기서 사물들에 대한 동일화는 인식의 수준에서의 동일화만을 뜻하지 않는다. 먼저 그것은 인식 이전의 동일화, 에마뉘엘 레비나스Emmanuel Levinas가 말하는 물질적·감각적 차원에서의 즐김jouissance(예를 들어 먹고 마심, 산보, 음악을 들음)에 의한 동일화, 말하자면 '……으로 살아감의 지향성intentionalité du vivre de……'에 따르는 동일화이다(E. Levinas, *Totalité et infini*, Nijhoff, 1961, p.102). 블랑쇼는 그 사실을 레비나스를 인용하면서 「파괴될 수 없는 것 L'Indestructible」에서 다시 밝히고 있다(EI, pp.180~200).

8) EL, p.89/96. 인용자 강조. 인용문들 가운데 인용자가 강조한 것들은 '인용자 강조'라고 표기하였고, 저자가 강조한 것들에는 아무 표기도 하지 않았다.

적인 것은 우리가 그 앞에서 아무것도 알 수 없는 어떤 것이 아니며, 나타
난 대로의 현상과 거기서 도려내어 얻을 수 있는 인식 사이의 공백(차이,
하지만 무해한 차이가 아니라 언제나 어떤 고통을, 추방의 고통을 수반하는 차
이)에 기입된다. 중성적인 것은 인식으로 환원될 수 있는, 같은 것으로 환
원될 수 있는 동일자도 아니고, 절대적으로 인식 너머에 있는 초월적인 것
도 아니다. 중성적인 것이 알려지지 않은 것이라면, 항상 미결정적인 것
l'indéterminé이라는 의미에서이다. "중성적인 것으로서의 알려지지 않은
것은 존재하는 것으로도 존재하지 않는 것으로도 결정될 수 없으며, 다만
다음과 같은 사실을 말한다. 알려지지 않은 것과의 관계는 빛에 의해 트일
수 있는 관계가 아니며 빛의 부재에 의해 가로막히지도 않는 관계이다——
중성적인 관계."[9]

    우리는 바깥의 경험에 대해 다시 묻게 될 것이다. 그러나 바깥의 경험
은 어떤 진정한 실존을 발견하기 위해 거쳐 가야만 하는 어떤 경험이 아니
다. 그것은, 당연한 말이겠지만, 우리가 의지로 도달할 수 있는 경험이 아니
다. 바깥이 우리에게 다가오는 것, 나아가 우리가 거기에 함몰되는 것이다.
바깥의 경험은 말하자면 수동성의 경험이다. 하지만 어떻게 세계에서의
실존을 우리가 부정할 수 있는가, 어떻게 우리가 사물들을 관리·지배·이
해하면서 살고 있는 이 세계가 중요하지 않다고 말할 수 있을 것인가, 나아
가 이 세계에 집착하지 않을 수 있는가? 어느 누구도 이 세계를, 자아를 포
기하라고 요구할 수 없을 것이다. 블랑쇼 역시 세계와 자아에 대한 포기를
권하지 않는다. "산다는 것, 그것은 어떻게 해서라도 일반의 세계로 들어가
는 것이다."[10] 그가 부각시키고자 하는 바는 바깥이 의지에 의해 항상 제거

---

9) A, p. 251.

될 수 있는 것이 아니라는 사실이다. 바깥이 중성적인 것으로 부과된다는 것, 그것은 현상의 주어짐의 근원적 무차별성을, 현상은 원칙적으로 현상에 대한 동일화(현상을 동일자로 환원시킴, 간단히 말해 존재에 대한 결정)를 초과해 주어진다는 사실을 의미한다. 바깥은 존재에 대한 결정에 앞선다. 따라서 세계가 오직 존재에 대한——현실적(도구적) 수준에서의 또는 이상적(정신적) 수준에서의——결정으로부터 유지될 수 있다면, 바깥은 세계의 '근원'이다.

그러나 왜 바깥에 대해, 세계의 상실과 자아의 파기에 대해 말해야 하는가? 다만 허무주의적으로 실존의 어두운 측면으로 돌아선 인간의 한계를 허무주의적으로 지적하기 위해서인가? 블랑쇼의 바깥에 대한 사유가 그 물음에 대해 그렇다라고 대답하게끔 하는 인상을 주고 있는 것은 사실이다. 그러나 바깥의 사유는 또한 바깥 자체가 드러내는 어떤 긍정적 요소에 대해 말한다. 바깥의 경험에서 어떤 인간 공동의 영역이, 하나의 공동의 실존적 조건인 함께-있음이 발견된다. 그 사실을 보여주는 것이 여기서 문제가 된다. 바깥의 경험 내에서의 함께-있음, 그것을, 소통의 어떤 급진적 양태와 공동체에 대한 블랑쇼의 성찰은 부각시키고 있다. 그 성찰은 바깥이 인간들 사이의 함께-있음이 이루어지는 소통의 장소라는 것을 말한다. 여기서 문제는 바깥의 경험이 하나의 긍정적 계기, 즉 타인과의 어떤 급진적인 소통을 가능하게 하는 계기라는 것을 밝히는 데에 있다. 블랑쇼에게서 죽음은, 죽음으로의 접근은 바깥의 경험의 전형이다. 함께-있음의 조건으로서의 바깥의 경험에 대해 말하기 위해 먼저 블랑쇼의 죽음에 대한 사유에 대해, 정확히 말해 두 가지 형태의 죽음으로의 접근에 대해, 즉

---

10) TH, p. 177.

가능한 죽음mort possible과 불가능한 죽음mort impossible에 대해 살펴보도
록 하자.

1. 가능한 죽음과 자아의 가능성

가능한 죽음 앞에서 과제는 바깥, 즉 "하나의 또 다른 세계가 아닌 모든 세
계의 타자"[11] 가운데 거주하는 데에, 다시 말해 세계가 무로 돌아갈 가능성
앞에서 절대적으로 명백한 하나의 인식을 가질 수 있는 가능성을 보존하
는 데에 있다. 그 가능성은 자아의 자신에 대한 순수한 현전의 가능성, 자기
의식의 순수한 현전의 가능성이다. 그 절대적으로 명백한 인식, 자기 자신
에 대한 궁극적 인식은 죽음과 세계의 무화 앞에서 단 하나 남은 의미 있는
인식이며, 가능한 죽음을 욕망하는 자에게 유일하게 추구할 만한 가능성
으로 남는다. 가능한 죽음, 즉 가능한 죽음으로의 접근은 "모든 세계의 타
자"에서, "바깥 자체"에서, 즉 "존재들이 부재하며 우리가 포착했다고 믿는
모든 것이 우리로부터 빠져나가는, 내밀성이 완전히 없는 지역에서"[12] 자
기의식의 현전을 향해 나아가는 움직임이다. 가능한 죽음에서 문제는, 세
계가 무화되고 사물들이 어둠 속에 매몰되는 시점에서 자기의식의 최고주
권적 현전이 가능한가라는 것, 다시 말해 자신으로 존재하면서 '나je'라고
말할 수 있는가라는 것이다(뒤에서 다시 살펴보겠지만, 블랑쇼에 의하면 가능
한 죽음에 대한 철학적 표현은 대표적으로 마르틴 하이데거Martin Heidegger에
게서 발견된다). 블랑쇼는 가능한 죽음에서 '나'에 대한 절대적 긍정이 유일

---

11) EL, pp. 89~90/96.
12) EL, p. 92/99.

한 과제로 남는다는 것을 보여주기 위해, 그리고 '존재들이 부재하는' 세계 바깥에서, 즉 타동성을 넘어서 자율적으로 궁극적 자기 긍정에 이를 수 있는 '나'(순수 자아)라는 것이 있을 수 있는가를 묻기 위해 『문학의 공간』에서 키릴로프[13]의 예를 든다.

키릴로프는 공개적으로 자살하기를 원한다. 스스로 죽음을 택함으로써 그는 자신이 모든 것으로부터, 즉 세계와 모든 사물들과의 관계로부터, 죽음으로부터, 인간이 신을 죽음에 대한 공포 때문에 만들어냈다면, 신으로부터 자유롭다는 것을 보여줄 수 있다고 믿는다. 그 자살에 대해 이상적理想的이라고 말할 수 있는데, 왜냐하면 그것은 어떤 물질적·사회적 상황 때문이 아니라 자아가 최고주권 가운데에 있다는 것을, 절대적으로 자율적이며 그 모든 것 위에 있다는 것을 증명하기 위해 시도되기 때문이다. 그 자살에서 입증되어야 할 것은, 모든 것이——즉 세계와의 관계와 신과의 관계가——파괴된 후 명백하게 드러날 '나'와 '내 자신'의 벌거벗은 본래적인 관계이다. 키릴로프에게 모든 것을 잃어버릴 수밖에 없는 곳에서 최고 존재의, 자아의, 자기의식의 절대주권적 현전을 붙잡는 것이 문제가 된다. 그는 스테파노비치에게, 나아가 모든 타인들에게 "자신으로 존재할 수 있게 하고 자신과 자유롭게 관계할 수 있게 하는 이 존재하지 않을 수 있는 힘"[14]을 드러내 보여주어야만 한다. 그렇게 함으로써만 그는 인간성을 죽음과 죽어간다는 것에 대한 공포로부터 그리고 신으로부터 해방시킬 수 있으며, 결국 신의 죽음을 선포할 수 있다. 그의 과제는 '모든 것의

---

13) 도스토예프스키의 『악령』의 주요 등장인물들 중의 하나. 그는 신이 없다는 것 그리고 나아가 자신이, 인간 자체가 신이라는 것을 증명하기 위해 표트르 스테파노비치 앞에서 공개적으로 자살한다.
14) EL, p. 123/132.

사라짐'이 '모든 것의 사라짐'의 현전과 동일하게 되는 순간을 붙잡는 데에 있다. 키릴로프가 '모든 것의 사라짐'을 경험하면서 동시에 그 '모든 것의 사라짐'을, 또한 자신 고유의 의식의 사라짐을 의식할 수 있다면, "그는 사라져 가는 의식이 아니라 사라짐에 대한 의식이 될 수 있을 것이다. 그는 완전히 전적으로 자신의 의식에 자신의 의식의 사라짐이 들어오게 할 수 있을 것이다. 따라서 그는 총체성을, 모든 것을 현실화하는 절대일 수 있을 것이다".[15]

부재 한가운데, '모든 것의 사라짐'과 죽음 한가운데 스스로를 긍정하는 것, 스스로를, 자신의 순수한 현전을 발견하는 것, 그것은 다만 자살에 국한된 문제가 아니다. 그것은 다음과 같은 철학적·존재론적 문제와 연결되어 있다. 어떻게 한순간 순수 현전과 순수 부재가 겹치는 그러한 극적인 현재를 '나'의 것으로 만들 수 있을 것인가? 그러한 현재에 대한 집착이, 키릴로프의 경우에서처럼, 죽음(자발적 죽음, 가능한 죽음)에 대한 매혹을 낳게 한다(그 역은 아닐 것이다——즉 죽음에 대한 매혹이, 단순한 소멸에 대한 욕망이 그러한 현재에 대한 집착을 낳는 것은 아니다). 왜냐하면 죽음이 다른 어떠한 사건보다도 더 그 현재를 여는 것 같아 보이기 때문이다. 장-뤽 낭시가 잘 본 대로, "만일 죽음이 서양의 사유를 매혹시켰다면, 그 이유는 서양이 죽음 위에 순수 현전/부재의 변증법적 모델을 구축할 수 있다고 믿었기 때문이다".[16] 죽음이 최고로 지배하기 힘든 자연이자 최고로 포착하기 힘든 현상(무차별적 현상으로서의 죽음의 현상 또는 비현상)이라면 죽음에 대한 지배는 의식에게, 자아에게, 자기의식에게 있을 수 있는 최고의 영광을

---

15) EL, p. 122/133.
16) J.-L. Nancy, *Le Poids d'une pensée*, Presses Universitaires de Grenoble, 1991, p. 132.

돌려주게 될 것이다. 죽음에 대한 승리는 자연에 대한 의식의 궁극적 승리를, 현상을 완벽하게 자기의 관리영역에 둘 수 있는 자아의 의미 부여 능력의 절대성을 의미한다. 서양의 전통에서 죽음은, 의식과 자아의 힘과 자유를 증명하는 최종심급인 것이다.

키릴로프의 죽음은 낭시가 말하는, 서양의 철학적 전통에서 볼 수 있는 죽음의 이념[17]을 잘 요약하고 있다. 키릴로프의 자살은 물질적·감정적 또는 사회적 측면에서 막다른 골목에 이르러 행해지는 일반적 자살이 아니라, 존재론적·철학적 또는 이상적 자살이다. 왜냐하면 그는 어떤 다른 문제 때문이 아니라 바로 순수 현전/부재의 이념을 현실화하기 위해 죽음을 택했기 때문이다.

---

17) 그 죽음의 이념은 낭시가 말한 대로 순수 현전/부재의 이념이다. 거기서 문제가 되는 것은 죽음과 세계의 무화(부재) 앞에서 자아가 어떻게 스스로 자신의 현전을 포착할 수 있냐는 것이다. 헤겔·니체·하이데거의 예들을 들어 생각해 보자. 헤겔에게 죽음은 자연적 삶에 묶여 있는 인간의 한계를 의미하지만, 의식은 죽음 가운데 스스로를 유지하면서, 그 인간의 한계를 넘어설 수 있는 힘을 가지고 있다고 여겨진다. "예컨대 자연적 삶의 테두리에 갇혀 있는 것은 결코 자기 스스로의 힘을 통하여 자신의 직접적인 현존재성을 초탈할 수 없으며 오직 이것은 어떤 타자에 의해서만 자기의 한계와 제약을 넘어서게 되는바, 이와 같이 자기탈취自己奪取된 상태가 바로 자연적 삶의 죽음인 것이다. 그러나 의식이란 오직 자기 자신을 겨냥한 그 자신의 개념일 뿐이므로 동시에 그것은 제약당해 있는 것의 한계를 직접적으로 초탈하는 것이 되거니와 더 나아가서 바로 이 제약당해 있다는 것은 또한 그의 속성이기도 한 까닭에 결국 의식이란 자기 자신을 초탈하는 것이 된다"(헤겔, 『정신현상학』, I, 임석진 옮김, 지식산업사, 1988, p. 146). 니체는 죽음이 그 자체 내에 자유를 보장하고 있으며, 죽음이 나로 하여금 나를 긍정할 수 있게 하고 죽음 자체를 긍정할 수 있게 하는 적절한 시간을 가져다주어야 한다고 말한다. "나에게로 오는 자유로운 죽음, 나의 죽음을 나는 찬양한다. 왜냐하면 나는 그것을 원하기 때문이다. / 그리고 나는 언제 원하는가? 종말을 다스리고 후계자를 갖고 있는 자는 그 종말과 후계자를 위해 적절한 시간에 죽음을 원한다"(Nietzsche, *Also sprach Zarathustra*, *Nietzsche Werke*, VI-1, Walter de Gruyter, 1968, p. 90). 그리고 하이데거의 관점에 의하면 죽음은, 우리가 잘 아는 대로, 현존재의 가장 고유한 가능성, 즉 자신이 될 수 있는 가능성이다(마르틴 하이데거, 『존재와 시간』, 이기상 옮김, 까치, 1998, p. 355). 이 텍스트의 경우, 번역본에 의거해 인용하되 문맥에 따라 필요한 경우 약간 번역을 수정할 것이다.

그러나 키릴로프의 자살은, 자신으로 존재한다는 최고의 가능성을 추구하는 죽음은 하나의 모순이다. 그는 자발적으로 죽음을 택하는 행위에 의해 모든 것의 부재가 자신의 절대적 현전과 일치하는 현재의 높이에 스스로 이르리라 생각했었다. 그러나 그러한 현재가 실현되기 위해 모든 것의 부재가 의식 안으로 들어와야만 한다. 키릴로프는, 모든 것의 부재가 그 자신에 도래할 경우에만, '나'라고 말할 수, '나'의 최고주권적 현전으로 열릴 수 있었을 것이다. 모든 것의 부재가 도래하지 않는다면 '나'의 절대적 현전도 있을 수 없을 것이다. 그러나 그 부재의 도래, '모든 것의 사라짐'의 도래를 마중 나갈 수 있는 어떠한 현재도 있을 수 없다. 다시 말해 부재의 도래를 확실한 것으로——의식에 고정된 것으로——만들 수 있는 어떠한 현전도 있을 수 없다. 키릴로프는 신의 죽음을 선언하면서 스스로를 긍정하기를, 말하자면 자기 고유의 에고가 아닌 인간성 자체의 자아로 승격되어야 하는 자신의 최고주권을 긍정하기를 원했을 것이다. 그러나 '모든 것의 사라짐'의 도래는 또한 그가 그 비존재를 증명하기를 원하는 신의 도래이어야만 한다. 왜냐하면 그에게 자신의 절대적 현전은 신의, 즉 무화시켜야 할 신의 도래 가운데에서만 구축될 수 있기 때문이다. 그러나 무화시켜야만 하는 신은 결국 어떠한 현전에도 들어오지 않는다. 그에게 오는 것은 그 부재를 증명해야 할 신이 아니라 다만 죽음 자체, 또는 "결정되지 않은 것의 무한정성", 즉 어떠한 현재도 갖지 않으며 포착될 수 없고 순수한 동사성으로 군림하는, 형상 없는, "죽음이라는 거대한 불분명성"[18]이다. 그 자체 의식이 긍정할 어떠한 것도, 또는 부정할 어떠한 것도 갖고 있지 않으며, 다만 우리를 침몰시키는 바깥의 군림이 있을 뿐이다.

---

18) EL, p. 124/134.

결국 블랑쇼에게서 가능한 죽음, 자아의 최고의 가능성을 추구하는 자발적 죽음은 모순적인 것이다. 가능한 죽음뿐만이 아니라 모든 종류의 죽음(죽음으로의 접근)에서 자아가 발판으로 삼아 스스로를 정립할 수 있게 하는 그 무엇도 있을 수 없다. 다시 말해 모든 죽음에서 자아의 근본적 타동성에, 자아가 있기 위해 근본적으로 요청되는 타동성에 부응하는 그 무엇도 있을 수 없다. 가능한 죽음 앞에서 자아는 모든 존재로부터 벗어나기를 원할 수 있지만, 여전히 존재에 집착하는 방식으로 그렇게 한다. 왜냐하면 자아는 가능한 죽음 앞에서 여전히 언제나 자신의 가능성(사물에 대한 지배의 가능성이 아니라 자신의 가능성, 자신 고유의 가능성 자체)에만 관심을 기울이고 있기 때문이다. 자발적 죽음은 여전히 자아가 자신에게로 돌아가 묶이는 움직임이며, 그러한 한에서 그것은 자아에 대한 집착이다. 또한 자아에 대한 집착은 근본적으로 존재에 대한 집착, 존재함에 대한 집착, 한마디로 이 세계에서의 삶에 대한 집착과 다르지 않다. 따라서 블랑쇼는 이렇게 쓴다. "자살이 갖는 약점은 자살을 수행하는 자가 아직도 너무 강하다는 데에 있다. 자살을 행하는 자는 이 세계의 시민에게나 정당화될 수 있는 힘을 입증해 보인다. 그러므로 자살하는 자는 살 능력이 있는 것이다. 스스로 목숨을 끊는 자는 희망에 얽매여 있다. 끝장을 내버리겠다는 희망에 묶여 있는 것이다. 그 희망은 시작하고자 하는 욕망, 종말에서 시작을 발견하고자 하는 욕망, 그리고 죽어가면서 문제 삼고자 했던 의미를 새롭게 열려는 욕망을 드러내 준다."[19]

블랑쇼의 자살에 대한 성찰은 자살이 어떠한 것인가를 밝히는 데에 국한되지 않는다. 그 성찰은 결국 '내'가 누구인가라는 문제로 나아간다. 이

---

19) EL, pp. 128~129/139~140.

상적인 자살은 '나'의 존재에 대한 확인으로 갈 수 있는 아마도 가장 결정적이고 빠른 길일 것이다. 왜냐하면 그 자살은 즉각적으로 또한 본질적으로 자아로 하여금 최고의 가능성의 실현이라는, 최고의 동일성의 성취라는 과제와 마주하게 하기 때문이다. 그러나 우리가 삶 가운데 있든지 아니면 죽음에 접근하고 있든지 자아는 오직 타동성 가운데에서만, 즉 사물들에 의존해서만 자신에게로 복귀할 수 있다. 하지만 죽음으로의 접근 가운데 자아가 스스로를 다시 발견하기 위해 필요한 발판이 되는 동시에 포착될 수 있는 어떠한 세계 내적 사물도 발견되지 않는다. 신도, 신의 부재도, 나아가 모든 것의 부재도 어떤 현전 가운데 존재의 방식으로 들어오지 않는다('……이다'라고 규정하는 것의 불가능성). 키릴로프처럼 순수 자아, 절대 자아(세계를 포함해 그 무엇으로부터도 독립되어 있는 자아, 그 무엇에도 타동적으로 의존하지 않는 자아)와 만나기 위한 목적으로 자살을 시도하는 자는 부재가 포착될 수 있을 만한 현전으로 전환될 수 있다는 환상에 사로잡혀 있는 것이다. 모든 것의 부재로부터 그 자신에만 의존해서, 즉 자동성自動性intransitivité 가운데 스스로 일어날 수 있는, 스스로를 긍정할 수 있는 순수 자아·절대 자아란 존재하지 않는다. 가능한 죽음 또는 자발적 죽음을 말하면서 블랑쇼가 지적하고자 하는 것은 결국 자아의 비고유성(타동성)이다——다시 말해 자동성(자발성, 자기 반영성) 가운데 스스로를 긍정할 수 있는 순수 자아의 불가능성이다.

2. 불가능한 죽음과 자아의 불가능성 : 하이데거와의 대화

블랑쇼는 어떠한 죽음을 말하는가? 그는 물리적 죽음, 유기체의 종말, 또는 완료된 죽음에 관심을 기울이지 않는다. 또한 그에게 죽음은 '여유를 갖고' 생각해 보아야 할 대상도 아니다.[20] 그에게 죽음은 언제나 죽음으로의 접근이다. 또한 죽음으로의 접근은 자아의 불가능성 그리고 세계와의 관계의 불가능성과 마주하는 시련이다. (세계와의 관계의 불가능성과 자아의 불가능성이 죽음으로의 접근의 특성을 결정한다. 그러나 그 두 불가능성은 보다 넓은 관점에서 병, 고독, 사회로부터의 추방 그리고 정치적 아노미 상태[21] 등으로 인해 어떤 고통을 겪을 때 문제가 되는 바깥의 경험을 정의한다. 물론 실제의 죽음의 순간에서 죽음으로의 접근은 세계와 자아의 불가능성이라는 바깥의 경험의 조건을 충족시킨다. 그러나 죽음의 경험은 실제로 죽어간다는 사실에만 국한되어 전개되는 것이 아니라, 보다 넓게—그 경험이 결국 세계와 자아의 불가능성으로 귀착되는 한에서—모든 바깥의 경험과 연관된다. 블랑쇼에게서 죽음은 죽음으로 접근하는 실제의 경험을 가리키는 것을 넘어서 그 자체 세계와 자아의 불가능성이 가져오는 시련과 다르지 않다. "죽음이 가장 고유한 나만의 가능성으로서가 아니라 불가능성의 텅 빈 깊이로 나타나는 이 밤의 어둠의 영역에서[……]."[22] "만일 죽음이 단순히 외부에서 삶을 떠난다는 것이 아니고 죽음의 세계 내적 현실과 다른 무엇이라면, 죽음의 진정한 현실성이 이러한 움직임, 감추어짐과 뒤돌아섬이라면, 그 움직임은 죽음의 심오한 비현실성을 예감하게 한다. 심연으로서의 죽음을, 기반을 주는 것이 아니라 모든 기반의 상실과 부재로

---

20) "죽음에 대한 사유는 우리로 하여금 죽음에 대해 생각해 보도록 돕지 않으며 죽음을 사유해 봐야 할 어떤 것으로 제시하지 않는다"(PDA, p. 7). 하이데거에게서도 죽음은 생각해 볼 수 있는 대상이 아니다. 죽음에 대해 골똘히 생각한다는 것은 죽음의 가능성의 성격을 약화시킨다(하이데거, 『존재와 시간』, p. 349). 하이데거가 '가능성으로서의 죽음을 향한 존재Sein zum Tode als Möglichkeit'를 말할 때, 죽음은 어떤 극단적 유한성 내에서의 실존에 기입되는 것을 의미한다.

21) 블랑쇼의 소설 『하느님Le Très-Haut』은 정치적 위기로 인해 야기된 바깥의 경험을 표현하고 있으며, 우리는 이 책의 후반부에서 이 소설에 대해 생각해 보고자 한다.

22) EL, p. 168/185.

서의 죽음을."[23] 그렇게 죽음이 정의된다면, 블랑쇼에게서 죽음의 경험은 바깥의 경험과 사실 동일한 것이다. 여기서 우리는 죽음에 대해 그것이 죽는다는, 삶을 떠난다는 사실이 아니라 바깥의 경험 그 자체로 보고 묻고 있다.)

죽음으로의 접근에서 시련은 자아의 동일화의 움직임에 부응할 어떠한 것도 없다는 데에서 비롯된다. 다시 말해 그것은 사물들을 동일화하는 자아의 능동적 활동이 좌절되고, 그에 따라 자아가 수동성에 매몰된다는 데에서 비롯된다. 그것은 수동성passivité 가운데에서의 시련, 수동성으로 인한 시련(어떠한 능동적 동일화의 힘도 행사할 수 없다는 데에서 오는 시련)이며, 바로 그 수동성이 자발적 죽음을 포함한 모든 종류의 죽음의 결정적 특성이다. "[……] 우리에게 위압적으로 보이는 것은 바로 그것[목적 없는 정념]이고, 그 정념은 죽음이라는 거대한 수동성을 반영하고 있는 듯하며 결단을 유도하는 논리를 벗어난다. 그 정념은 말할 수 있기는 하지만 끝까지 비밀스럽고 신비하며 해독할 수 없는 것으로 남는다. 왜냐하면 그 정념은 빛과 어떠한 관계도 없기 때문이다. 따라서 우리가 자발적인 죽음에서 보는 것은 바로 극단적인 수동성이다."[24]

블랑쇼에게서 죽음은 궁극적 가능성이 아니라 극단적 수동성이다. 그는 죽음을 수동성 또는 불가능성으로 정의하면서, 이미 충분히 암시되었을 수 있겠지만, 하이데거의 죽음에 대한 사유에 반대의 입장을 취하고 있다. 블랑쇼가 가능한 죽음, 가능성으로서의 죽음을 말할 때, 그는 자주 하이데거의 죽음에 대한 사유를 염두에 두고 있는 것처럼 보인다.[25]

---

23) EL, pp. 201~202/225, 인용자 강조.
24) EL, p. 127/138.
25) 그는 그 사실을 다음 문장에서 명확히 한다. "또한 개인적 그리고 본래적을 의미하는 이 단어 아이겐eigen(der eigne Tod, '고유한 죽음')이 갖는 모호성. (하이데거는 이 모호성 주위를 맴돌

블랑쇼에게서와 마찬가지로 하이데거에게서도 죽음은 삶의 종말이 아니고, 육체의 소멸도 아니다. 또한 하이데거에게 죽음에 대한 예상은 죽음을 기다린다는 것을 의미하지도 않는다. 죽음은 언젠가 우리가 소유할 수 있는 것으로 결코 나타나지 않을 것이다.[26] 죽음으로 앞서 달려가 봄은 어떤 사물을 동일화하고 소유하는 행위와 비교될 수 없다. 그것은 주위 세계로부터, 세계성Weltlichkeit으로부터, 즉 사물들의 친숙한 유의미성Bedeutsamkeit의 지시 전체로부터 분리된 무의 현상 앞에서 존재한다는 것을 의미한다.[27]

이 현상, 하이데거가 말하는 무의 현상은 블랑쇼가 '최초의 밤première nuit'이라고 부른 것과 관계없지 않다. 최초의 밤은 인간이 죽음에 접근하는 공간, 명백하게 의미를 갖고 있었던 친숙한 사물들이 어둠으로 되돌아가는 공간이다. 거기서 우리는 주위 세계로부터 물러나 무 가운데에로 건너간다. 거기서 '나'는 세계와 이전의 친숙한 관계를 유지하지 못하고 오직 '나' 자신과 마주할 수밖에 없는 헐벗음 가운데 처한다. 그러한 의미에서 최초의 밤은 '나'에게 언제나 기이한 것으로, 나아가 두려운 것으로 남는다. 그러나 그 밤은 여전히 풍요로운 공간이고 나를 맞아들이는 공간이

고 있는 것 같다. 하이데거는 죽음을 마치 절대적으로 나만의 고유한 가능성인 것처럼 말하고 있다. 다시 말해 그는 극단적인 가능성으로서의, 극단성으로 자아에게 도래하는 것으로서의, 또한 자아에게 스스로를 최고로, 가장 본래적으로 긍정할 수 있게 하는 가장 개인적인 사건으로서의 죽음에 대해 말한다)"(EL, pp. 194~195/216). 또한 EL, pp. 163/180, 321/351 참조.

26) 하이데거는 죽음을 '앞서 있음Bevorstand'으로 정의한다. "종말은 현존재에 앞서 있다. 죽음은 아직 눈앞에 있지 않은 어떤 것이 아니며, 최소한으로 줄어든 최후의 미완도 아니요, 차라리 일종의 앞서 있음이다"(하이데거, 『존재와 시간』, p. 335).

27) "죽음으로 향한 존재는 본질적으로 불안"이며, "그 불안 속에서 현존재는 자신의 실존의 가능한 불가능성에서 비롯된 무 앞에 처해 있다"(같은 책, p. 355). 죽음으로 향한 존재는 따라서 불안 가운데 실존의 불가능성 앞에, 무 앞에 서는 데에 있다.

다. 왜냐하면 나는 다만 자신과 마주할 수밖에 없는 헐벗음 속에서, 세계에서도, 세계의 부재 가운데에서도 무너지지 않을 나의 실존의 의미를 붙들 수 있으리라 기대하기 때문이다. 그렇기 때문에, 블랑쇼가 지적하듯이, 거기에서 우리는 진정성 가운데, 말하자면 궁극의 의미 가운데, 휴식 속에서 죽을 수 있는 것이다. "밤에 모든 것이 사라진다. 그것은 최초의 밤이다. 죽음은 알렉산드로스의 그림을 지워버린다. 거기에서 잠자는 자는 그 사실을 알지 못하며, 거기에서 죽는 자는 진정한 죽음을 만나러 간다. 거기에서 말[言語]은 자신을 의미 가운데 보증하는 침묵의 깊이 속에서 실현되고 완성된다."[28]

『문학의 공간』에서 읽을 수 있는 이 대목에서 블랑쇼는 하이데거라는 이름을 거론하고 있지는 않지만, 거기서 의심할 바 없이 하이데거의 존재에 대한 사유가 울리고 있다. 20여 년 후 그는 『카오스의 글쓰기 L'Écriture du désastre』에서 하이데거의 용어, '세계-내-존재 être-dans-le-monde, In-der-Welt-sein'를 쓰면서 후자가 말하는 존재 사유와 그가 말하는 최초의 밤의 연관성을 명시적으로 밝히고 있다. "그러나 밤, 최초의 밤에 여전히 어떤 분주함이 있다. 그 밤은 낮과 단절되어 있지 않으며, 거기서 우리가 졸음이 오기는 하지만 자고 있지 않다고 하더라도, 우리는 휴식 속에 불안정한 위치에서 세계-내-존재와의 관계 가운데 남아 있다."[29] 블랑쇼에 의하면, 하이데거에게서는 언제나 밤으로부터, 우리로 하여금 세계 내에 존재하고 거주할 수 있게 하는 낮으로의 이행이 있다. 죽음으로의 접근에서, 불안 가운데 결국 언제나 나를 맞아들이고 있는 것은 존재의 빛이며, 그 사실로부터 나

---

28) EL, p. 213/236.
29) ED, p. 85/99~100.

는 자신과의 관계에서의 본래적 의미를 포착할 수 있게 되고, 그에 따라 각 자성各自性Jemeinichkeit을 바탕으로 사물들의 본질적 존재의미를 이해할 수 있게 된다. 하이데거가 명확히 밝히고 있는 것처럼, 앞서 있음으로서의 죽음에 대한 경험에서 궁극적으로 문제가 되는 것은 각자성이다. "죽음은, 그것이 '있는' 한, 본질적으로 그때마다 나의 것이다. 그리고 죽음은 거기서 단적으로 각기 자신의 고유한 현존재의 존재가 문제시되고 있는 그런 독특한 존재가능성을 의미한다. 죽어감[Sterben]에서 드러나는 것은 죽음이 존재론적으로 각자성과 실존에 의해 구성된다는 점이다."[30]

밤의 한가운데에서 솟아나는 빛으로서의 존재는 아무리 무와, 세계의 부재와 가까운 것이라 할지라도 결코 비존재로, 말하자면 부재의 미결정성으로 퇴락하지 않는다. 그 존재는 결코 비존재로서의 존재(블랑쇼의 입장에서 보면 중성적인 것의 이해 불가능성, 무차별성)로, 빛이 꿰뚫고 들어올 수 없는 최후의 어둠 속으로 하강하지 않는다. 빛으로서의 존재는 결국 언제나 사물들의, 존재자들의 존재일 수밖에 없다. 그 존재는 사물들의 의미를 책임질 뿐만 아니라 나아가 현존재로 하여금 '나'라고 말할 수, 1인칭으로 말할 수 있게 하는 의미 자체 또는 최고의 의미를, 즉 각자성의 의미를, 현존재가 언제나 도래해야 할 죽음 앞에 처해 있을 때조차 현존재의 모든 미래를 아우르면서 책임진다.

반면 나를 맞이하는 밤, 최초의 밤이 나를 언제나 '모든 세계의 **바깥**'으로 몰아넣는 또 다른 밤autre nuit으로 넘어가는 순간이 있다. "그러나 밤 가운데 모든 것이 사라졌을 때, '모든 것의 사라짐'이 나타난다. 그것은 **또 다른 밤**이다. 밤은 '모든 것의 사라짐'의 나타남이다. 꿈이 잠을 대신할

---

30) 하이데거, 『존재와 시간』, p. 322.

때, 밤의 저 밑바닥에서 죽은 자들이 지나갈 때 예감되는 것으로서의 밤이다."[31] 또 다른 밤, 블랑쇼는 그러한 표현을 통하여 바깥을 가리키고 있다. 하지만 그 밤은 자체 고유한 공간, 즉 최초의 밤이 물러간 어떤 또 다른 공간에 내리지 않는다. 다시 말해 최초의 밤과 또 다른 밤은 모두 같은 현상 가운데, 세계의 부재의 현상, 무의 현상(비현상으로서의 현상) 가운데 다가온다.

또 다른 밤이 최초의 밤과 구분된다면, 그 이유는 그 밤이 최초의 밤과 비교해 보았을 때 나타남의 어떤 고유한 양태를 갖고 있기 때문이 아니다——따라서 현상의 수준에서 서로 다른 두 밤이 있는 것은 아니다. 그 이유는 또 다른 밤이 최초의 밤에 머물러 있던 자아가 어떤 변형을 겪을 수 있는 계기를 마련하고 있기 때문이다. 물론 또 다른 밤에 최초의 밤에서의 나와 구별되는 또 다른 내가 있는 것은 아니다. 최초의 밤에서든 또 다른 밤에서든 하나의 현상에 대한, 즉 세계의 부재의 현상에 대한 상관항으로서, 자아라 불리든 또는 현존재라 불리든 같은 '내'가 문제가 된다. 그러나 또 다른 밤에 자아(또는 '나')는 자신과의 관계를 상실하기에 이른다. 그 점에 대해 세계의 붕괴의 경험——즉 죽음의 경험——에서 가능성으로서의 각자성에 주목하는 하이데거는 동의하지 않을 것이다. 또 다른 밤으로 빨려들어 간 나는 자신과의 능동적·자율적 관계(자동성의 관계), 즉 자신과의 자기 반영적 관계 내에 있을 수 없다. 거기서 '나'는 모든 타동성 바깥의 '형식적' 언명, '나'의 근본적 자율성을 입증하는 "나는 있다"[32]에서 드러나는

---

31) EL, p. 213/236.
32) 하이데거에게서 바로 이 형식적 언명, '나는 있다'가 현존재의 진정한 존재의 특성을 결정한다. 하이데거는 이렇게 분명히 한다. "'나는 있다'라는 언명은 존재의 진정한 언명, 인간 현존재를 특징짓는 진정한 언명이다. 그 존재자는 항구적으로 나의 것이다"(M. Heidegger, "Le

각자성을 바탕으로 유지되는 관계 내에 있을 수 없다. 블랑쇼가 다음과 같이 쓸 때, 그는 또 다른 밤에 그 자신과의 관계가 불가능하다는 것을 암시하고 있다. "깨어 있음, 시작도 끝도 없는 깨어 있음. 밤 새워 깨어 있다는 것은 중성적인 것과 관계한다. '내'가 깨어 있는 것이 아니다. 그 누구인가 깨어 있다. 밤이 깨어 있다. 언제나 그리고 끊임없이, 밤은 잠든다는 것을 생각할 수 없는 또 다른 밤으로 깊어져 간다."[33]

또 다른 밤의 경험에서, 즉 바깥의 경험에서 내가 부재한다는 것은 모든 경험을 가능하게 하며 모든 경험의 기반이 되는, 주어진 것을 받아들이는 그릇인 수용적 의식이 사라진다는 있을 수 없는 일을 의미하지 않는다. 나아가 나의 부재란 의식의 능동성에 앞서는 의식의 단순한 수용성 réceptivité을 가리키지도 않는다. 또 다른 밤의 경험에서 비롯되는 나의 부재는 자아가 완전히 영사막으로 변형되는 데에, 다시 말해 자아가 그 자신과 연결되는 능동적 의식이 차단되는 데에, 절대적 수동성[34] 내에 침몰당하는 데에 있다. 자아가 완전히 영사막으로 변형됨, 그것은 세계가 의미가 부재하는 모상·시뮬라크르로, 빈껍데기로 변형되는 사건에 따라 나오는 경험이다. 세계가 시뮬라크르로 변환되는 사건, 즉 세계가 완전히 어둠으로 묻히는 사건, 그 사건에 대한 경험이 바로 바깥의 경험이다. 그러한 의미

Concept de temps", *Cahier de l'Herne Heidegger*, L'Herne/Le Livre de Poche, 1983, p. 38). 또한 『존재와 시간』에서, "사실 현존재는 '나'라고 말하면서 각기 그때마다 그 자신인 그러한 존재자를 말한다"(하이데거, 『존재와 시간』, p. 427).

33) ED, p. 82/96. 인용자 강조('또 다른'은 저자 강조).

34) "최고주권 바깥에서의 욕망의 강렬함 아마도——바깥과의 관계에 침몰됨. 파국이 가져오는 내밀함 가운데 거하게 하는 수동성"(ED, p. 24/41). "수동성. [……] 익명성, 자아의 상실, 모든 최고주권의 상실, 마찬가지로 모든 종속에서 벗어남, 거주의 상실, 장소를 갖지 못한 채 방황함, 현전의 불가능성, 흩어짐(분리)"(ED, p. 34/50~51).

에서 바깥의 경험은 또한 중성적인 것의 경험, 의미가 부재하는 이미지의 경험, 의미 불가능성의 경험이다(세계 내의 사물들의 일반적 의미들을 이해하지 못한다는 것이 아니라, 세계로 열린다는—탈존한다는—사실의 의미를 발견하지 못한다는 것이다). 바깥의 경험, 또 다른 밤의 경험, 그 불가능성의 경험에서 모든 의미 중심의 상실이, 말하자면 하이데거가 세계-내-존재의 본래적 의미를 회복되게 할 수 있는 기점으로 제시했던 각자성의 상실이 돌이킬 수 없는 것이 될 것이다.

3. 불가능한 죽음과 소통의 경험

또 다른 밤이 최초의 밤과 상관없는 그 자체의 어떤 고유한 현상에 오는 것은 아니다. 또 다른 밤과 최초의 밤은 세계의 부재라는 같은 현상에 나타난다. 불가능한 죽음은 가능한 죽음과 완전히 다른 형태의 죽음이 아니며, 어떤 특정 개인을 위해 준비된 죽음도 아니다. 불가능한 죽음은 우리가 바랄 수 있는 것도, 추구할 수 있는 것도 아닌 하나의 극단적 수동성의 경험이다. 불가능한 죽음은 또한 가능한 죽음에 대한 추구를 필요 없는 것으로 만들지도 않는다. 하지만 설사 가능한 죽음을 추구한다 하더라도 우리에게 불가능한 죽음으로 빠져 들어가는 순간이 남아 있을 수밖에 없다. 불가능한 죽음은 가능한 죽음의 귀결점이지만, 막다른 골목으로서의 귀결점이다. 따라서 가능한 죽음에 대한 추구에, 죽음 앞에서 자아의 가능성을 추구하는 것에 반대할 이유가 없다. 그 가능성의 추구가 쓸데없다거나 하나의 허영이라는 것을 보여주는 것이 문제가 아니다. 그 추구는 죽음으로의 접근의 경험에서 우리가 피할 수 없는 것일 수 있다. 나아가 그것은 인간의 위엄을 증거한다. 그것은 죽음이라는 비인간적이며 파괴적이고 인간의 지배를 벗어나 있는 것을 인간화하려는, 모든 것의 부재를 붙들려는 인간 최고의 노력일 수 있다. 다음과 같은 헤겔의 유명한 말을 기억해 보자. "[……] 이 죽음이야말로 가장 두려워할 만한 것이거니와 더욱이 우리가 이 죽음을 확고하게 손아귀에 움켜잡으려고 할 때에는 그 무엇에도 비길 수 없는 큰 힘이 필요할 것임에 틀림없다."[35]

그러나 어쨌든 죽음에 대한 하이데거의 성찰과 블랑쇼의 성찰이 같은 곳으로 귀착되는 것은 아니다. 하이데거가 거기서 '나'의 본래성의 가능성을 부각시키고 있는 반면, 블랑쇼는 그 불가능성을 강조한다. 그러한 차이는 그들의 시간에 대한 이해가 서로 다르다는 데에서 오고 있는 것으로 보인다. 시간이라는 관점에서 그들의 죽음에 대한 반성을 다시 살펴볼 필요가 있다. 그리고 문제는 결국 그들이 각자 죽음에 대해 사유하면서 결국 무엇을 말하고자 했는가를 다시 들어보는 데에 있다.

하이데거는 죽음으로의 접근의 순간에 나의 본래성의 회복 가능성을 긍정한다. 그러나 그 가능성은, 현존재가 자신의 종말에 대한 선취Vorgriff를 통해 시간의 연속성Jeweilichkeit이라는 가능성을 획득한다는 것과 다르지 않다. "이 선취는 고유한 현존재의 본래적이고 유일한 미래 이외에 그 어느 것도 아니다. 이 선취 가운데 현존재는 그의 미래이며, 그에 따라 결국 바로 이 선취 속에서 현존재는 그의 과거와 현재로 돌아오는 것이다."[36] "연속성은 그 자체 이 선취로부터 모든 시간을 고유한 시간성의 차원에서 보존한다는 사실에 의해 정의된다."[37] 나는 미래에서, 종말의 도래 가운데

---

35) 헤겔, 『정신현상학』, I, p. 92.
36) M. Heidegger, "Le Concept de temps", *Cabier de l'Herne Heidegger*, p. 44.
37) 같은 책, p. 45.

종말을 선취함으로써 자신과의 관계에서 항구성을 가질 경우에만 시간의 연속성 내에 있을 수 있다. 따라서 미래에서 그 관계의 본래적 의미가 과거와 현재를 가늠한다(하이데거에게서 시간의 본질은 미래에 있다). 미래에 자신으로 존재할 수 있다는 의미, 즉 현존재에게 도래해야 할 본래적 의미가 현존재 자신으로 하여금 과거와 현재를 본래성에 따라 해석할 수 있게 하는 관점을 제공한다. 하지만 그 의미는 죽음의 의미 이외에 어떠한 것도 아니며, 그러한 한에서 죽음은 항상 도래해야 할 것, 본질적으로 미래의 것이다.

블랑쇼에게서도 마찬가지로 죽음은 결코 현재에 완성되지 않는 것이다. 하이데거와 마찬가지로 블랑쇼도 죽음의 핵심은 미래에 놓여 있다고 말할 것이다(키릴로프처럼 자살을 택하는 자는 미래의 불확실한 죽음의 힘을 제거해 죽음을 자신의 수중 안에서 지배하기를 원하는 자이다[38]). 그러나 하이데거가 죽음이 놓여 있는 미래를 강조하면서 그 미래가 나의 현재로 이행하고 있는 사실을, 그 미래와 현재가 무한히 근접하고 있는 사실을 보는 반면, 블랑쇼는 죽음이 놓여 있는 미래와의 관계하에 무한히 지연되고 있는 현재에, 또는 그 미래와 나의 현재 사이의 무한한 거리에 주목한다. 다시 말해 하이데거에게서 죽음은 나의 본래성이 완성될 미래가 현재에 무한

---

[38] "그러나 이 '나는 원한다'라는 광기보다 더한 착각은 없다. 왜냐하면 죽음은 결코 현재에 있는 것이 아니기 때문이다. 자살에는 죽음의 신비로서의 미래를 파괴하려는 놀라운 의도가 있다. 그러므로 사람들이 계획하고자 하는 것은 미래가 아무런 비밀도 없도록 하기 위해서이며, 미래를 명확하게 읽을 수 있는 것으로 만들기 위해서, 또 미래가 더 이상 해독해낼 수 없는 죽음의 불투명한 창고가 되지 못하게 하기 위해서이다. 이런 점에서 자살은 죽음을 맞아들이는 것이 아니라 오히려 미래로서의 죽음을 제거해 버리려는 것이다. 죽음의 본질과도 같은 미래를 떼어버리려는 것이며, 그래서 죽음을 피상적인 것, 깊이 없는 것, 위험하지 않은 것으로 만들어버리고자 하는 것이다"(EL, p. 130/141~142).

히 다가오는 사건인 반면, 블랑쇼에게 죽음은 나의 본래성이 성취될 미래가 현재로부터 무한히 멀어져 가는 사건이다. 블랑쇼에게 죽음의 본질은 물론 미래에 발견되지만, 그 미래는 현재에 무한히 가까이 다가가는 시간이라기보다는 현재로부터 무한히 멀어져 가는 시간이다. 그러한 의미에서 미래는 '현재의 심연abîme du présent'을, 자아로 하여금 홀로 스스로를 긍정할 수 있게 하는 어떠한 동일화도 허락하지 않는 무한히 지연된 현재를, '나'라고, '나는 있다'(하이데거가 강조한 현존재의 진정한 언명)라고 말할 수 없게 하는 텅 빈 시간을 지적한다. 그 지연된 현재에 오직 바깥에서, 내 바깥에서 죽음이라는 불가능한 죽음이 스스로를 긍정할 뿐이다. 죽음의 불가능성은 결국 언어가, 언어의 의미가 최고의 자연인 죽음을 지배할 수 있다는 것의 불가능성이다.

하이데거에게서 죽음의 문제는 결국 '나'의 문제이다. 죽음으로의 접근에서 결국 문제가 되는 것은 무 속에서 스스로를 붙드는 것, 무를 붙드는 것, 말하자면 타동성 바깥에서——일상적 세계-내-존재 바깥에서——모든 사물들에 대해 자유와 독립을 선언하면서 자신으로 존재하는 것이다.[39] 결국 하이데거는 죽음을 피할 수 없는 운명 가운데 놓인 자아의 궁극적 내재성immanence의 가능성을 부각시키고 있다. 블랑쇼는 하이데거와는 반대로 죽음이 자아의 내재성이 파열되는 사건이라고 말할 것이다. 다시 말해 죽음의 경험은 자아의 것으로 환원되었을, 자아에게 고유한 것으로 여겨졌

---

39) 하이데거가 말하는 이 가능성에 대해 명료한 표현을 준 사람은 또한 에마뉘엘 레비나스일 것이다. "죽음으로 향한 존재는 하이데거의 본래적 실존에 있어서 최고로 명백한 것이며 따라서 최고로 남성다운 것이다. 그것은 현존재를 통해 실존의 극단적 가능성을 받아들이는 것이다. 이 가능성이야말로 다른 모든 가능성을 가능하게 만들고 그렇기 때문에 가능성을 손에 쥔다는 사실 자체 즉 능동성과 자유를 가능하게 만든다"(엠마누엘 레비나스, 『시간과 타자』, 강영안 옮김, 문예출판사, 1996, pp. 77~78).

을 그 모든 것이 무너지는 사건에 대한 경험이다. 사실 블랑쇼는 여기서 죽음에 대한 매우 암울한 전망을 제시하고 있다. 죽음은 사물들을 관리·지배할 수 있는 나의 힘이 무로 돌아가는 사건이며, 자신과의 관계가 궁극적으로 파기되는 사건이다.

그러나 죽음으로의 접근에서 자아의 내재성의 파열이 인간의 모든 실존의 종말을 의미하지 않는다. 물론 그 파열은 결국 자아의 내면성을 부정하지만, 또한 그것은 자신 너머의 실존으로의 이행 과정일 수 있다. 다시 말해 그 파열이 발생하는 곳에서 죽음은 외재성extériorité을, 내가 자신 너머에서 존재한다는 사실을 드러낸다. 그 외재성은, 실존이 타자와의 관계에서 존속될 수 있다는 사실로부터, 문제될 수 있다. 결국 나의 죽음에 주어지는 무한히 지연되는 현재, 무한히 미끄러져 가는 현재는 내 자신과의 관계에서는 막힌 시간(막다른 골목)이지만 또한 타자의 시간으로, 미래를 주관하고 있는 타인의 시간으로 열릴 수 있는 시간이다. 내가 죽는다는 사실은 나의 존재가 타인의 손에 맡겨진다는 것을 의미한다. 내가 죽어가면서 더이상 어떠한 힘도 행사할 수 없는 미래에 존재하는 자는 타인이다. 막다른 골목으로서의 무한히 지연된 현재는 미래의 타인의 시간으로 향해서만 열릴 수 있다. 나의 죽음 앞에서 자신 너머에서 존재한다는 것은 또한 타인을 향해 존재할 수 있는 가능성을 발견한다는 것이다. 하지만 그 가능성은 가령 타인을 위한 죽음에서 대속의 지고성을 말하는 레비나스의 경우에 그러한 것처럼 다만 어떤 윤리적 입장에 따라 규정될 수 없을 것이다. 그 가능성은 본질적으로 인간(들)이 시간과 벌이는 일종의 놀이jeu라는 점에서 존재론적 성격을 띤다. 죽음 앞에서 문제가 되는 자신 너머의 실존이 타인과의 관계에 기입될 수 있다. 나의 죽음의 순간에 나의 존재는 내재성 가운데, 자신과의 관계 가운데 완성될 수 없다. 그러나 내재성의 파열은 타인과의 관계에서 자신 너머의, 자신 너머라는 가능성을 알리는 암시일 수 있다. 따라서 죽음은 실존이 내재성 너머에서, 타자와의 관계 내에서만, 즉 외재성 내에서만 완전할 수 있다는, 무한할 수 있다는 사실을 알린다. 그러한 의미에서 죽음이 지정하는 외재성은 인간 모두에게 공통된 외재성, 공동의 외재성이다. 그 외재성이 죽음의 실존적 조건을 구성한다.

그 사실을 블랑쇼는 죽음이 제시하는 나와 타인 사이의 함께-있음의 길이 아마 명백히 제시되어 있지 않아 보이는 초기 작품『문학의 공간』(그가 그 시기에 타인과 함께 나누는 죽음이 아닌 나의 죽음의 문제에 주로 천착했던 것은 사실이지만, 그 시기의 그의 죽음에 대한 논의에서 이미 공동 존재로의 길이 발견된다고 볼 수 있다[40])에서 톨스토이의『주인과 하인』의 브레흐노프와 니키타를 예로 들어 설명하고 있다.

부유한 상인 브레흐노프는 어느 날 밤 그의 하인 니키타와 함께 눈 속에서 길을 잃는다. 그는 부유하며 삶에서 항상 성공해온 자신과 같은 인간이 갑자기 그러한 상황에 빠져 죽어야만 하는지 이해하지 못한다. 그는 언

---

40) 레비나스의 윤리학은 블랑쇼에게 결정적인 영향을 끼쳤다. 그 사실을 누구도 부인할 수 없을 것이다. 마를렌 자라데르Marlène Zarader 역시 그 사실을 강조하면서, "갑자기 60년대 초반(『무한한 대화』에서) 지금까지 그려왔던 풍경에 비해 볼 때 중요한 변화를 주는 동시에 이후의 텍스트들의 성격을 결정하게 될 타인이라는 주제가 나타난다"(M. Zarader, *L'Être et le neutre à partir de Maurice Blanchot*, Verdier, 2001, p. 232)라고 말한다. 물론 블랑쇼가 레비나스의 영향하에 자신의 타인에 대한 사유를 명확하게 표명한 것은 사실이지만, 그의 타인에 대한 사유는 그에게 중요한 또 다른 사상가, 가령 조르주 바타유Georges Bataille나 장-뤽 낭시와의 대화를 통해 형성된 것이기도 하다(CI 참조, 또한 타인의 문제와 관련해 블랑쇼와 레비나스가 보여주는 편차에 대해 이 책의 2장 참조). 나아가 타인의 주제가 블랑쇼에게 레비나스와의 대화 이후에 갑자기 나타났다라고 말하기 어려운 점이 있다. 그 주제는『무한한 대화』(1969)의 시기 이전에, 레비나스적 사유의 형태로 표명되지는 않았지만, 예를 들어 『죽음의 선고』(1948), 『하느님』(1948)과 『최후의 인간』(1957) 등과 같은 소설화된 작품들의 중심 주제라고 말할 수 있다.

제나 그랬었던 것처럼 결단력 있는 현실의 인간으로서 행동한다. 그는 거의 아무것도 걸치지 못하고 죽어가고 있는 니키타를 내버려 두고 말을 타고 떠난다. 그러나 그는 여기저기서 헤매며 미궁을 향해 나아가기만 한다. 그는 다시 그가 떠나왔던 길로 되돌아가기로 결심하고 니키타 옆으로 돌아온다. 블랑쇼는 이렇게 톨스토이를 인용한다. "브레흐노프는 잠시 아무 말 없이 서 있었다. 그러고는 갑자기 좋은 매매조건의 계약을 하면서 매입자의 양 손바닥을 두드릴 때 보여주던 것과 같은 결단력으로 한 발자국 뒤로 물러서서는 털 댄 외투 소맷자락을 걷어 올렸다. 그리고는 거의 얼어붙은 니키타의 몸을 따뜻하게 녹일 결심을 한다."[41]

그리고 브레흐노프는 니키타를 단단히 껴안고 그 옆에서 죽어간다. 『주인과 하인』의 마지막에서 두번째 장을 예로 들면서 블랑쇼는 죽음으로 접근하는 '내'가 타인과의 관계로 열리는 사건에 대해 말하고 있다. 나는 죽음으로의 접근에서 본래적 실존을 향해 나아간다기보다는 타인을 향해 나아간다. 나는 거기서 타인을 부르며 타인의 '도움'을 요청한다. 다시 말해 죽음이 드러내는 나의 불가능성은 그 불가능성 너머의 나 자신의 외재성을, 즉 공동 존재의 가능성을 요구한다. 그 요구를 충족시키기 위해 브레흐노프는 죽음으로 돌아서는 것이다. 그러나 브레흐노프는 누구를 위해 그 요구를 충족시키려 하는가? 자신 아니면 타인인 니키타? 브레흐노프가 들어선 죽음의 영역에서 나의 시간과 타인의 시간이 겹치게 되며, 거기에서 브레흐노프의 움직임은 다만 시간 그 자체를, 나의 시간도 타인의 시간도 아닌 시간을, 또는 타인의 시간으로 넘어가고 있는 나의 시간을──타인의 시간과 만나고 있는 나의 시간을──, 또는 간단히 익명적 '우리'의 시간

41) EL, p. 217/241.

을 붙들려는 비인칭의 움직임일 뿐이다.

또한 블랑쇼의『주인과 하인』에 대한 해석은 죽어가는 타인이 드러내는 자신 바깥은 하나의 강렬한 표현이며, 그것은 '나'로 하여금 그를 위해 대신 죽어가게 할 만큼 급진적인 것 그리고 인간 공통의 것이라는 사실을 말한다. 그러나 그 사실은 어떤 윤리적 관점(타인을 위해 대신 죽어간다는 것은 일종의 윤리적 가치, 인간애, 타인을 위한 희생의 고귀함)에 따라 제대로 설명될 수 없다. 죽음은 그것이 나의 죽음이든 타인의 죽음이든 공동 존재를 부른다. 타인을 위해 죽어간다는 것이 가능하다면, 그것이 윤리 이전에, 보다 근본적인 관점에서 죽음이——그것이 나의 죽음이든 타인의 죽음이든——그 자체 내에 바깥에서의 실존에 대한 공유와 소통 가능성의 계기를 포함하고 있기 때문이다. 타인을 위해 죽어감은 어떤 윤리적 요구에 대한 응답이기 이전에, 시간의 본질이 미래에 있으며 그 미래를 주관하고 있는 자가 타인이라고 본다면, "모든 타자들과 모든 시간을 껴안으려는"[42] 공동 존재의 움직임——따라서 실존적인 또는 존재론적인 움직임, '우리'의 시간에 대한 그리고 '우리'의 존재와 관계에 대한 긍정, 한마디로 '우리'라는 존재를 보존하는 데 동의함——, 나의 본래성을 회복하려는 것도 아니고 타인으로부터 부름 받아 그를 대속하는 주체의 주체성(레비나스)으로 돌아가기 위한 것도 아닌(도대체 '유일한 자l'unique', '볼모로서의 주체sujet comme otage'[43]가 어디에 있는가), '우리'에 대한 긍정으로 이어지는 익명의 공동 존재의 움직임이다. 자신 바깥에서의 실존에 대한 공유와 소통 가능성, 바로

---

42) EL, p. 218/242.
43) E. Levinas, *Autrement qu'être ou au-delà de l'essence*, Nijhoff, 1974. 우리는 이 점에 대해 다음 장에서 보다 상세히 살펴볼 것이다(특히 이 책의 p. 101 참조).

그것이 죽음——불가능한 죽음, 키릴로프의 죽음을 포함해 모든 죽음은 결국 불가능한 죽음으로 귀착된다——이 가져오는 무無에 대립할 수 있다. 브레흐노프는 니키타를 향해 있으며 오직 그러한 한에서 죽음에 대한 두려움 없이 죽어갈 수 있다. "단호하고 과감한 브레흐노프, 그도 또한 죽기 위해 몸을 눕히는 것이다. 브레흐노프로 하여금 갑자기 그 건강한 몸을 굽혀 하얀 밤 속에 눕게 하는 것, 그것은 바로 죽음 자체이다. 이 죽음은 그에게 두려움을 주지 않는다. 그는 어둠 앞에서 눈을 감지 않는다. 움츠러들지도 않는다. 반대로 그는 그 죽음을 맞으러 기꺼이 몸을 던진다. 단지 그 밤 속에 자기 몸을 눕힐 때, 그가 자기 몸을 눕히는 것은 그래도 니키타의 몸 위일 뿐이다. 이는 마치 이 밤이 아직도 인간적 형태의 희망이며 미래이기나 하듯이, 마치 우리가 우리의 죽음을 오로지 다른 누군가에게, 다른 모든 사람들에게 건네줌으로써, 그리하여 그들 속에 미래의 얼어붙은 바닥을 기다림으로써만 죽을 수 있는 것과 같다."[44]

블랑쇼는 죽음의 불가능성, 즉 죽음 앞에서 나의 본래성의 회복의 불가능성을 말하면서 분명 죽음에 대한 '허무주의적인' 관점을 암시하고 있다. 그렇다고 블랑쇼가 다만 죽음에 대한 '허무주의적' 전망만을 제시하고 있다고 말할 수 없다. 그에게 보다 결정적으로 죽음에 대한 하나의 긍정적 전망, 즉 '공동주의적' 전망이 있다. 죽음이 지정하는 공동의 외재성은 자신 바깥의 실존('나'의 존재도 타자의 존재도 아닌 인간들 사이의 '존재', 관계로서의 '존재')에 대한 소통을, 함께-있음의 실현을 가능하게 할 것이다. 블랑쇼에게 죽음에 대한 '공동주의적' 전망이 '허무주의적' 전망 위에 서 있

44) EL, p. 218/242~243.

는 것은 사실이다. 그러나 그 '허무주의적' 전망이 이르게 되는 곳은 결국 '공동주의적' 전망이다.

4. 소통의 장소로서의 바깥

바깥의 경험은 세계의 부재에 대한 경험이며 나 자신과의 관계의 결렬에 대한 경험이다. 죽음으로의 접근은 바깥의 경험을 야기한다. 블랑쇼에게 서 죽음으로의 접근의 경험은 바깥의 경험이며, 바깥의 경험은 죽음의 경험이다.[45] 다시 말해 죽음의 경험과 바깥의 경험은 유한성의 경험 전체(예를 들어 병·고독, 사회로부터 추방의 경험 그리고 글쓰기의 경험, "글을 쓴다는 것은 죽어간다는 것이다")를 가리킨다. 그러나 죽음으로의 접근에서 바깥이 나와 타자가 만나게 되는 공간이 될 수 있다는 사실이 알려진다. 달리 말해 나와 타자의 관계는 바깥에 기입되어 있으며 바깥의 일부분을 이루고 있다.[46]

타인이 바깥에 노출되어 바깥의 시련을 겪고 있을 때, 나와 타인의 관계가 급진성 가운데 맺어질 수 있다. 사라져 가고 있는 타자, 나는 그러한 타자를 하나의 시련으로서 마주한다. 타인이 부재의 위협에 놓여 있을 때, 타인이 죽어가고 있을 때 타인과 나는 관계 가운데 놓일 수 있다. 그때 관

---

45) 이 책의 pp. 43~45 참조.

46) 그 사실을 블랑쇼는 무두인 無頭人Acéphale(조르주 바타유가 만들었던 그룹의 이름이자 잡지의 이름)을 예로 들어 명확히 한다. "그러나 그 그룹이 내맡겨져 있었던 초월성은 그 그룹 자체가 갖고 있었던 초월성과 다르지 않았으며, 그 자체의 독특한 내밀성이었던 바깥과 다르지 않았다"(CI, p. 29/31). 또한 블랑쇼는 다른 곳에서 다시 타자와의 관계를 바깥에 위치시키고 있다(EI, p. 105).

계에 들어간다는 것은 타인과 함께 또는 타인을 매개로 하여 바깥을 경험한다는 것과 같다. 바깥에 의해 침입당하는 관계, 거기서 '우정'이 문제가 된다. "하지만 그러한 타인의 부재와 만나는 곳은 바로 삶 자체에서이다. 다시 말해 바로 타인의 부재——항상 미리 사라질 위험이 있는 바로 타인의 현전——를 통해 우정은 이루어지며 각 순간 사라져 간다. 우정, 관계 없는 관계 또는 어떠한 기준으로도 가늠할 수 없는 관계 이외에 그 어떠한 것도 아닌 관계."[47]

블랑쇼에게서 나의 죽음의 경험(죽음으로의 접근의 경험)이 '내'가 겪어야 하는 바깥의 경험의 하나의 모델이라면, 타자의 죽음과 마주하는 경험은 '우리'가 겪어야 하는——내가 타인과의 관계 내에서 겪어야 하는——바깥의 경험의 모델이다. 타인의 죽음에 대한 경험은 '공동주의적'이다. 나는 그 경험에 타자와 함께, 타자와의 내밀한 관계 가운데 들어간다. 거기서 타자 안에서뿐만 아니라 내 안에서도 자아는 해체되고, 타자를 관통하고 있는 바깥으로 나 또한 열리며, 그러한 한에서 나와 타자는 내밀성 가운데 만난다. 나와 타자의 바깥으로의 공동의 노출에서, 타자가 죽음 가운데에서 요구하는 내밀성 또는 우정 가운데, 타자가 드러내는 자신 바깥의 '존재'être hors de soi 이외에 아무것도 공유할 수 있는 것이 없다. 자신 바깥의 '존재'에 대한 소통은 내밀성 또는 우정을 부른다.

블랑쇼가 말하는 죽음은 종말(삶 저 너머)이 아니며 언제나 죽음으로의 접근이다. 하지만 왜 결코 종말을 선언하지 않는, 종말로의 접근일 뿐인 죽음이 공포를 가져다주는가? 죽음에서 두려운 것은, 죽음이 죽어가는 자

---

47) CI, p. 46/48.

에게 남기는 유일한 것은 종말이 아니라 불가능성(세계의 불가능성, 자아의 불가능성)으로 인한 영원한 고통이다. 그 영원한 고통은 기이함étrangeté[48]의 경험, 어떠한 확실한 의미도 남기지 않는, 자아가 쥘 수 있는 모든 확실성을 무너뜨리는 기이함에 대한 경험이다.

나 홀로 죽어갈 때, 가령 내가 키릴로프처럼 나의 죽음에서 자신과의 본래적 관계를 추구할 때 그 기이함이 갖는 중압감은 사라지지 않는다. 나 홀로 바깥에 접근하려는 의지가 불가능성의 경험을 가져온다. 왜냐하면 나의 의지, 나의 동일화하는 힘에 바깥은 스스로를 내어주지 않기 때문이다. 나는 자아로서 홀로 의지의 힘으로 바깥에 도달할 수 없으며 나 홀로 마주하는 바깥은 불가능성 그 자체이다. 반면 내가 타인의 죽음과 대면할 때, 또는 타인과의 관계 가운데 죽어갈 때, 즉 내가 타자와 함께 바깥을 마주할 때 바깥의 기이함은 다만 공포를 가져다주는 것만은 아니다. 왜냐하면 그 경우 바깥의 기이함은 날것으로 나타나지 않으며, 타자의 중재에 따라 내밀성과 겹치게 된다. 그때 말하자면 바깥은 기이한 것(위협적인 것)인 동시에 내밀한 것이다.

타자와의 관계는 역설적이다. 왜냐하면 타자와의 관계는 바깥에 의해서 이루어지지만 내밀성을 위해 바깥의 지배에 저항하기 때문이다. 물론 나와 타자의 관계는 그 급진성 가운데 바깥에 속해 있지만, 나와 타자가 함께 형성하는 바깥은, 내가 자아로서 부딪히는 바깥과는 달리, 즉시 불가능성으로 돌아가지 않는다. 왜냐하면 바로 바깥 자체가 나와 타자에게 하나의 가능성을 남겨주기 때문이다. (자아의) 지식·힘·의지로 붙들 수 있는 가

---

48) EL, p. 112/120.

능성이 아닌 함께-있음의 가능성, 바깥을 공유할 수 있는 가능성, 기이함을 내밀성으로 전환시킬 수 있는, 내밀성 가운데 기이함을——기이함 가운데 내밀성을——보존할 수 있는 가능성, 자아의 가능성이 아닌 '우리'의 가능성.

따라서 바깥이 오직 나와 타인 사이의 관계나 소통이 있을 수 없는 다만 비인간적인 영역일 뿐이라고 말할 수 없다. 반대로 "동맹의 원리principe de l'alliance"[49]가 바깥 가운데 있다. 결국 블랑쇼가 보여주고자 하는 것은 바깥에 대한 복종이 아니며, 그렇다고 바깥에 대한 (단순한) 부정도 아니고 바깥에 근거해, 하지만 동시에 바깥에 반대하고 저항해 이루어지는 우정이라는 형태의 소통이다. 그 소통 가운데 아마 블랑쇼가 말하는 희망이 있을 것이다. 모든 종류의 허무주의를 넘어서 죽음 한가운데를 가로지르고 있는 희망, 타자와의 관계에 대한 희망, 우정에 대한 희망, 죽음이 더 위협적인 것이 될수록 이 희망은 강렬해질 것이다. 그러나 이 희망은 모든 종류의 절망보다 더 나쁜 것일 수 있다. 바깥과의 항구적 투쟁, 바깥에 대한 항구적 저항에서 나오는 이 희망은 절망으로 인한 포기에 안주하는 것을 거부하기에 절망보다 더 쓰라리고 더 처절한 것일 수 있다. 블랑쇼는 조르주 바타유에게 보내는 한 편지에서 이렇게 쓴다. "르네 샤르René Char는 보편적인 재난désastre에 대해 언급하면서 제게 매우 암울한 편지를 썼습니다.

---

49) "아직 가능한 관계들이 있을 수 없을 때, 최초의, 본래의 무력無力, 배고픔과 추위로 인한 그 비참함, 동맹의 원리인, 즉 상호성과 놀라운 정의正義가 드러나는 말의 교환의 원리인 바깥과의 벌거벗은 관계[……]"(LV, p. 111/158).

50) 블랑쇼가 조르주 바타유에게 보낸 1962년 1월 6일자 편지. G. Bataille, *Choix de lettres 1917-1962*, Gallimard, 1997, p. 595. 타자와의 관계를 긍정하면서 블랑쇼는 다른 곳에서 "보편적인 재난보다 더 처절하며 인간으로 하여금 언제나 스스로 서 있게 만드는 불굴의 긍정"(EI, p. 192)에 대해 말한다.

맞습니다. 그러나 처절한 것은 몰락이 아니라 우리로 하여금 서 있게 만드는 불굴의 희망입니다. 저는 우정이 또한 재난에 있어서의 진리라고 덧붙입니다."[50)]

2장
공동체 없는 공동체

공동체 없는 공동체

우정, '나'와 타자 사이의 어떠한 기준으로도 가늠할 수 없는 관계(여기서 '나l'un'는, 뒤에서 다시 살펴보겠지만, '자아le moi'와 동일시되지 않으며, 다만 타자와 대칭되는 관계의 한 축을 의미할 뿐이다). 그러나 블랑쇼에게서 이 관계는, 만일 '윤리'를 인간의 행동과 태도에 어떤 기준과 척도를 부여하는 체계로 이해한다면, 윤리적 관계로 귀착되지 않는다. 나아가 이 관계는, 만일 '정치'를 현실의 어떤 사회적·경제적·기술적 계기들에 대한 분석을 통해 가능한 이상적인 정체政體를 구현하려는 담론과 행동(명시적으로 표명된 정치)으로 정의한다면, '정치'를 지향하지도 않는다. 또한 이 관계, '나'와 타자의 관계는 개인들 사이의 관계로, 보다 정확히 말해 어떤 범주·기준에 부합하는 정해진 개인들 사이의 '특별한' 관계로 환원되지 않는다. '나'와 타자의 관계는 정치적·이데올로기적·종교적·국가적·민족적 동일성에 따라 정체성이 결정된 한 집단 내에서의 관계와 동일시될 수 없다. 나아가 '나'와 타자의 관계를 이루는 자들이 둘이든 여럿이든 중요하지 않다.

이 관계는 어떤 소통에 대한 공동의 경험에 따라 이루어진다. 여기서 소통은 어떤 정보·지식·사상의 소통이 아니다. 그것은 바깥의 힘에 따라

'나'와 타인이 함께 바깥에 참여하면서 공동 존재를 이루게 되는 사건이다. 소통 가운데 바깥은 '나'와 타자의 자아가 파기되는(자아의 지워짐) 동시에 타자가 '나'에게로 향한 기호가, 즉 바깥을 반영하며 공동 존재를 요구하는 기호가 되는 공동의 공간이 된다. '나'와 타자는 자신들 바깥의 '존재'에 동의하며 바로 자신들 바깥의 '존재'가 소통 가운데 들어온다. 바깥에서 '나'와 타자는 비참하지만 찬란한 유한성(예를 들어 죽음)에 대한 공동의 증인으로 남는다. 찬란한 유한성, 왜냐하면 유한성을 통해서만 인간은 급진적 소통에 이를 수 있기 때문이다(유한성은 '내'가 타자로 전이될 수밖에 없는, 즉 개별적 존재——자아——인 자아가 무효가 되는 지점에서 '나'와 타자 사이에 필연적인 연결끈——공동 존재——이 있다는 사실을 알린다).

'나'와 타자 사이의 소통의 특성은 어떠한 매개물(어떤 '것')로 이루어지지 않는다는 데에 있다. 공유를 목적으로 하는 어떠한 이념·철학도, 독트린도, 어떠한 윤리적 강령이나 종교적 신앙도, 나아가 재산의 공유에 대한 공동의 관심도 그 자체로 '벌거벗은' 소통을, 자신 바깥의 '존재'에 대한 소통을 야기하지 못한다. 바깥은 소통에 있어서의 매개물이 아니다. 방금 열거한 매개물들이 어떤 계획과 과제œuvre를 이루거나 어떤 정체성을 전유하고 결합을 성취하려는 목적하에 '나'와 타자를 하나로 동일성 내에 묶는 반면(블랑쇼는 낭시와 함께 동일성에 기초한 모든 종류의 공동체가 갖는 한계를 말한다[1]), 바깥은 계획과 과제에 따라 의도적으로 구축할 수 있는 모든 동일성 바깥에 있으며, 모든 동일성의 한계를 지적하면서 파괴하는 원리이다. '나'와 타자는 바깥을 향한 탈존ex-sistance에 기입되고, 바깥은 소통 가능성(바깥을 향한 공동의 탈존의 필연성)을 알린다. 바깥은 '나'와 타자를

---

1) CI 그리고 J.-L. Nancy, *La Communauté désœuvrée*, Christian Bourgois, 1990 참조.

모든 가정된 공통의 기준과 공통의 동일성 외부에 위치시킨다. 바깥은 양자를 하나로 묶는 어떤 매개물이 아니라 양자가 함께 속해 있는 자신 바깥의 '존재', 즉 '우리의 존재'(어쨌든 인간의 존재)를 나누게 하는 공동 존재의 조건이다. 바깥은 '나'와 타자 사이에 개입하지만 양자로 하여금 결국 분리되게끔, 즉 동일성을 구성하는 모든 매개물을 넘어서게끔 만든다. (이는 물론 '나'와 타자가 언제나 공동의 매개물 바깥에서 만난다거나 만나야 한다는 것을 의미하지 않는다. 다만 바깥에서 '나'와 타자 사이의 급진적이며 진정한 관계는 설사 어떤 매개물과 관련이 없지 않더라도 그것을 넘어선다는 것을, 그리고 만일 어떤 매개물을 통한 결합이 관계의 절대적 목적이 되었을 때 관계는 필연적으로 왜곡된다는 것을 의미한다.)

* * *

여기서 문제는 나와 타자 사이, 나와 타자의 관계가 궁극적으로는 어떠한 계획·과제도 없이 정치적 계획·과제 그 이하(그 아래) 또는 그 너머에서 이루어지지만, 하나의 정치적 의미를 담지하고 있지 않은가를 알아보는 데에 있다.

블랑쇼는 "타자와의 관계는 [……] 공동체 자체이다"[2]라고 명확히 말한다. 공동체 자체, 말하자면 그가 바타유를 인용해 『밝힐 수 없는 공동체』의 첫머리에 명구로 밝힌 대로 "어떤 공동체도 이루고 있지 못한 자들의 공동체", 또는 '공동체 없는 공동체communauté sans communauté', '부정否定의 공동체communauté négative'. 또는 낭시의 표현에 의하면 '무위無爲의 공동체

---

2) CI, p. 33/36.

communauté désœuvrée'. 보이지 않는 이름 없는 공동체, 어떠한 조직·기구·집단과 동일시될 수 없는 공동체, 조직·기구·집단 그 이하(그 아래)의 또는 그 너머의 공동체, 어떠한 경제적 이익·이념·종교에 따라 또는 감정적 열광에 따라 '하나 됨'(일체一體)을 추구하지 않는 공동체. 그 공동체는 '그것'이라고 이름으로 지정할 수 있는 명사에 귀속된 공동체가 아니라, 타자와의 소통이라는 동사적 사건(관계 맺음, 관계의 열림의 사건), 다시 말해 나와 타자가 내밀성에 따라 이루어지는 소통의 경험을 나누는 사건을 가리킨다. 만일 이 '공동체 없는 공동체'에 어떤 '정치적인 것'이 있다면, 그것은 어떤 조직과 기구·당을 구성하고 어떤 질서와 기준을 정립하는 데에 있지 않다. 그것은 어떤 나눔의 양태, 보다 정확히 인간들 사이의 소통에 대한 급진적인 경험(자신 바깥의 '존재'에 대한 경험)에 기입되는 나눔의 전-근원적前-根源的pré-originel[3] 양태이다.

이 장에서 우리는 그 '정치적인 것'에 대해 다시 생각해 볼 것이다. 이어서 이 장 이후에 그 '정치적인 것'이 블랑쇼의 문학적 사유 또는 문학에 대한 사유에서 여전히 문제가 되고 있지 않은가를, 블랑쇼가 말하는 문학작품을 매개로 한 소통(쓰는 자와 읽는 자 사이의 소통)에 있어서 여전히 강조되고 있지 않은가를 묻게 될 것이다. 사실 여기서 모든 논의는 결국 그 물음을 향해 나아가고 있다.

---

3) '전근원적'이라는 말은 '의식 이전에, 의식 이하에서 감각적이거나 감정적 수준에서 경험의 근저를 이루는'이라는 의미로 쓰인다. '전근원적'인 것은 의식에 환원되지 않는 것이며 의식 이전에, 의식에 의해 구성된 모든 것의 근거가 된다.

1. 분리 가운데서의 타자와 나

나와 타자 사이의 관계, 공동체에 대한 블랑쇼의 생각은 많은 경우 낭시 또는 바타유의 생각과 겹치고 있다. 특히 블랑쇼가 『밝힐 수 없는 공동체』에서 이어간 타자와 공동체에 대한 논의는 낭시의 바타유에 대한 해석인 『무위無爲의 공동체』와 가까운 거리에서 제시되어 있다. 그러나 그의 타자와의 관계에 대한 성찰은 낭시나 바타유의 사유만큼이나 그에게 중요한 레비나스의 사상에 근거하고 있다. 보다 정확히 말해 나와 타자 사이 또는 타자와 나의 관계라는 문제에서 낭시나 바타유 이전에 레비나스가 블랑쇼 사유의 근간을 이루고 있다고 말하는 것이 옳을 것이다.

레비나스와 블랑쇼가 사상적인 면에서 매우 가깝다는 사실은 이미 그들의 사상에 관심이 있는 여러 사람에 의해 지적된 바 있다.[4] 그 사실은 더욱이 레비나스의 중심주제인 나와 타인과의 관계가 문제가 될 때 더 명백한 것이 된다. 여기서 레비나스, 블랑쇼라는 두 이름을 거론하고자 한다면, 그들의 사상이 겹치는 모든 지점들에서 양자를 비교하기 위해서가 아니다. 다만 나와 타인 사이의 관계에 대한 그들 공통의 물음 내에서 양자의 비교가 문제가 된다. 그 물음을 중심으로 블랑쇼와 레비나스가 엮는 대화는 블랑쇼에게 결정적인 것인데, 왜냐하면 그에 대한 블랑쇼의 사유는 끊임없이 레비나스의 사유의 주변을 맴돌고 있으며, 그 근방에서 전개되고 있는 것처럼 보이기 때문이다.

---

4) 특히 다음을 참조할 것. J. Libertson, *Proximity. Levinas, Blanchot, Bataille and communication*, Martinus Nijhoff, 1982. F. Collin, "La Peur", *Cahier de l'Herne Levinas*, L'Herne-Le Livre de Poche, 1991, pp. 334~335. 그리고 A.-L. Schulte Nordholt, *Maurice Blanchot. L'Écriture comme expérience du dehors*, Droz, 1995, pp. 337~348.

* * *

　레비나스와 블랑쇼는 모두 매우 과격한 관점에서 나와 타인의 관계를 문제 삼고 있다. 그것은 세계의 흐름을 가늠하는 모든 사회적·정치적·이념적 계기들 그 너머의 또는 그 이하의 관계라고 말할 수 있다. 그것은 인간들을 결합시키고 또 분리하는 모든 동일성들identités 바깥에서의 관계, 관계의 형성 그 자체가 절박한 중요성을 갖게 되는 지점에서의 관계이다. 물론 그 관계는, 사회생활을 가능하게 하는 어떤 공통의 이념이나 가치나 동일성이 어쩔 수 없이 인간들의 관계에서 문제가 된다는 점을 고려해 본다면, 추상적이라고 생각될 수 있다. 그러나 그것이 추상적이라면, 그것이 너무 이상적理想的이기 때문에 현실에서 있을 수 없기 때문이 아니라, 어떠한 가시적으로 고정된 사회적 집단과도 동일시될 수 없고, 그 형성이 근본적으로 불규칙하고 지속되지 않는 시간성에 따르고 있기 때문이다. 그것은 그렇다고 사회 그리고 사회성과 관계 없지는 않으며, 블랑쇼가 레비나스와 함께 그렇게 말하겠지만, 그 기초의 역할을 할 것이다.

　레비나스에 의하면, 타자(타인)는, 예외적인 방식으로, 인식으로 결정될 수 있는 이미 알려진 자로, 동일자le même로 한정되지 않으면서 제시된다. 타자는 동일자의 그릇인 자아에 의해 인식으로 환원되지 않으면서 시각視覺을, 다시 말해 사물과 관념의 일치를 넘어선다. 타자는 내가 그를 동일화하는 방식을 거부하면서, 나의 동일화의 작용을 무력화시키면서 나에게 제시된다. 나와 타자 사이에는 인식으로 뛰어넘을 수 없는 심연이 존재한다. 타자는 낯선 자인 것이다. "내가 '너' 또는 '우리'라고 말할 때 생겨나는 집합성은 '나'의 복수형이 아니다. 나와 너는 어떤 공통의 개념에 따라 구성된 개체들이 아니다. 소유도, 다수가 하나의 단위로 전이될 수 있다는 사실도, 개념적 단일성도 나와 타자를 하나로 묶을 수 없다. 타자를 낯선 자로 만드는 공동의 영역의 부재."[5]

　타자는 나의 인식의 수준에서 동일화의 작용에만 저항하는 것이 아니다. 타자는 그를 나의 의도에 복속시키기 위해 행해지는 모든 힘의 행사에 저항한다. 그 저항은 조형적 이미지를 넘어서면서 어떤 형상形像과도 일치하지 않는 타자의 현전présence de l'Autre의 권위에 의해 가능하다. 타자의 현전은 또한 타자의 타자성altérité de l'Autre 자체를 구성한다. 가시적 현상성의 결여 가운데 나타나는 타자의 현전이 나와 타인 사이의 거리를 창조하며, 타인이 궁극적으로 낯선 자——동일화될 수 없는 자——로 남게 되는 근거이다.[6] 마찬가지로 바로 이 타자의 현전이 내가 타인에게 행할 수 있는 모든 힘의 행사, 예를 들면 폭력·고문·살해에 저항한다.

　마찬가지로 블랑쇼에게도 타자의 현전은 고문하는 자와 고문을 당하는 자의 관계에서조차 무화될 수 없는 것이다. 그 사실을 설명하기 위해 블랑쇼는 나치 치하에서 레지스탕스들이 처했던 상황을 예로 든다. 나치(심문자)가 한 레지스탕스의 입에서 한 조각의 말을 토해내게 하기 위해 그를 고문하는 상황. 피비린내 나는 독트린, 반유태주의에 물들어 있는 나치는 당연히 그의 제물 앞에서 가차 없고 냉정하다. 거기에 아마 그의 덕德이 있을 것이다. 그러나 문제가 된 상황에서 한 가지 사실에 주목해 보자. 고문하는 자가 고문당하는 자를 더 잔인하게 다루면 다룰수록 그의 태도와 행동은 더 광폭하고 격화된다. 왜 그는 더할 나위 없이 무력하고 죽음의 위

---

5) E. Levinas, *Totalité et infini*, Martinus Nijhoff, 1961, p. 9.
6) '타자의 현전'은 레비나스와 블랑쇼가 공통으로 사용하는 용어이다. 레비나스의 경우, 같은 책, pp. 128~129. 블랑쇼의 경우, EI, pp. 101, 105.

협 앞에 내몰린 자에 불과한 자신의 제물 앞에서 냉정하게 그것을 다룰 수 없는 것일까? 블랑쇼는 여기서 타자의 현전이 반유태주의라는 전체주의에 저항하는 순간을 목도한다. 심문자가 극도로 흥분한다면, 그러나, 한편이 힘없는 고통 받는 자 앞에서——그를 원칙적으로 마음대로 어떻게 할 수 있음에도 불구하고——두려워하고 있는 것처럼 보인다면, 이는 단순히 그가 자신의 목적을 이루기 위해 절망적으로 애쓰고 있기 때문만은 아니며, 어떻게 해서라도 이 무기력한 자가 현시하는 타자의 현전을 지배하기를 원하기 때문이다. "말하자면, 그토록 많이 이야기된 살육자와 그의 제물의 관계는 단순히 변증법적 관계가 아니며, 그의 지배에 한계가 주어지는 이유는 일차적으로 그가 고문당하는 자에게서 얻어내야 할——그가 고문을 하기 위해서라도 요구되는——것이 있기 때문이 아니라, 오히려 타인의 현전présence d'Autrui으로서의 타자의 현전présence de l'Autre을 대면對面face à face 가운데, 무한 가운데 솟아나게 하는 관계가 모든 힘 바깥에서 설정되기 때문이다."[7]

타자의 현전은, 내가 설사 타인에게서 생명을 앗아갈 수 있다 하더라도 궁극적으로 사취詐取할 수 없는 것이다. 고문하는 자가 자신이 죽일 권리도 있는 이 가련한 고문당하는 자 앞에서 겁을 내게 된다는 것, 그것은 이 무력한 자에게 어떠한 폭력으로도 제거할 수 없는 파괴될 수 없는 것이 있다는 사실을 보여준다. 그 파괴될 수 없는 것이 바로 나의 욕구에 따라 타인의 존재를 지배하고자 하는 모든 종류의 폭력에 저항하는 타자의 현전이다. 타자의 현전은 다만 고문하는 자와 고문당하는 자의 관계에서만 문제되지 않는다. 그 현전은 인간들의 모든 관계에서 타인의 궁극적인 타자

---

7) EI, pp. 194~195.

성을 구성한다. 그 현전이 타인으로 하여금 나의 모든 전체주의적이며 이기적인 힘의 행사를 거부하게 하며, 나와 타자를 최후의 차이 속에 남겨 둔다. 즉 타자의 현전은 나와 타자 사이에 무한의 거리를 창조한다. 그 현전에 따라 레비나스에게서와 마찬가지로 블랑쇼에게서도 타인은 궁극적으로 "알려지지 않은 자inconnu, 낯선 자étranger"[8]로 남게 된다.

* * *

나와 타자는 돌이킬 수 없이 분리séparation되어 있다. 이 점을 레비나스와 블랑쇼는 함께 강조하고 있으며, 거기에 나와 타자에 대한 물음에 있어서 양자 모두가 기대고 있는 공통의 기반이 있을 것이다. 그 궁극적 분리는 나와 타자 사이에 표상될 수 있는 어떠한 공통의 관념도 없이 현현顯現하는 현전, 타자의 현전에서 비롯된다. 또한 레비나스와 블랑쇼는 함께 그 현전이 모든 정치적·사회적·이념적 계기들 그 너머에서, 나와 타자의 벌거벗은 급진적 관계를 정초할 것이라는 점에 주목할 것이다. 그러나 블랑쇼에게 서와 마찬가지로 레비나스에게서도 분리는 나와 타자가 어떠한 소통도 없이 고립되어 있다는 것을, 서로 무관심한 상태로 남아 있다는 것을 의미하지 않는다. 레비나스와 블랑쇼가 함께 분리를 강조하고 있다면, 이는 다만 양자 모두가 타자와 나 사이의 매개의 궁극적 부재를, 어떤 공통의 관념의 지배와 그에 따르는 전체성으로의 종속의 궁극적 불가능성을 말하기 위해서이다. 분리는 소통과 반대되지 않을 것이며, 레비나스와 블랑쇼는 모두 분리 가운데에서의 소통에 주의를 요청하고 있다. 여기서 이후의 우리의

---

8) EI, p. 76.

문제는 양자의 이 분리 가운데에서의 소통에 대한 반성들이 각각 어디에 이르게 되는가를 살펴보는 데에 있다.

2. 책임성으로부터의 소통

타자의 현전은 항상 감추어져 있지 않다. 그 현전이 나와 관계한다는 사실은 부정될 수 없다. 타자는 그 무엇에 대한 의식conscience de……(지향성, 동일화의 과정)이 전제하는 인식의 거리 안에서 대상처럼 나타나지 않는다. 인식의 거리가 형성되기 이전에 나와 타자는 이미 가까움proximité, 비-무관심성non-indifférence에 의해 관계 가운데 놓여 있으며, 그 관계에서 나는 타자의 현전과 마주한다. 레비나스가 가까움, 비-무관심성을 의심의 여지 없이 윤리적 뉘앙스를 갖고 있는 책임성responsabilité이라는 말로 정의[9]할 때 그의 가장 고유한 사상들 가운데 하나가 드러난다.

책임성은 내가 타인을 주제화主題化thématisation하기 이전에 내가 타인과 공존共存의 형태로 맺고 있는 관계를 정초한다. 그 관계는, 설사 내가 타인을 하나의 주제로 환원(동일화, 규정화)시킬 수 있기 위해서라도, 타인과 나 사이에 놓인 의식적 거리의 형성 이전에 이미 나와 타인이 그 안에 들어가 있어야 하는 공동의 영역이며, 이 공동의 영역은 윤리적이다. 나는 타인을 의식을 통해 구성하기 이전에 이미 그와 함께 있으며, 그의 존재에 대답하는répondre à 동시에 그를 책임져야répondre de 할 의무를 갖고 있다. 레

---

9) "가까움——비-무관심성non-indifférence으로서의 차이différence——책임성. 다시 말해 더 이상 의문을 갖지 않고 대답함——나에게 주어지는 평화의 직접성——기호의 의미——인간의 휴머니티[……]"(E. Levinas, *Autrement qu'être ou au-delà de l'essence*, Martinus Nijhoff, 1974, p. 177).

비나스에 의하면 나와 타인의 관계는 그 기반에 있어 근본적으로 윤리적이다.

나의 타자에 대한 책임성의 강조, 거기에 의심할 바 없이 레비나스의 사유에서 가장 중요한 핵심이 있을 것이다. 다른 한편 그 사유가 어떤 주체성을 옹호하고자 한다면, 그 주체성은 책임성과 멀리 떨어져 있는 것이 아니다. 주체성, 다시 말해, "타자를 위한 나의 대속代贖substitution, [……] 자아Moi의 폐위廢位로서의 자신soi의 설정, 단일성으로서의 이 아무것도 아닌 것, 그이하의 것, 타자와의 관계에 있어서 비−무관심성으로서의 차이",[10] 그것은 책임성에 기입된다. 보다 정확히 말해 레비나스에게서 주체성은 책임성과 구별되지 않는다. 주체성은 그것이 책임성인 한에서 주체성이다. 이러한 주체성은 자율성 가운데에서 자기정립의 방식으로 결정되는 자아의 동일성이기는커녕 내가 타자와의 관계에서만, 타자와의 관계에 놓여 있을 때만, 타인에 대한 책임성 속에서만 나에게 고유한 것이 될 수 있다. 나의 주체성은, 자아와 자신의 관계에서가 아니라, 타인과의 관계에서 지정된다. 나의 주체성은 관념론의 한 전통적 흐름에서 부각된, 절대주권적 자기의식의 순수한 자신으로의 현전이라는 것(자기 동일화)과 관계없는 주체성, 즉 타인의 요청에 의해 지정된 나의 단일성unicité de l'un이다.

* * *

레비나스가 말하는 주체성에 핵심적인 것은 나는 그 주체성 속에서 상호성相互性réciprocité을 배제한 채 타인과의 관계에 놓여 있다는 사실이다. 나

---

10) 같은 책, p. 75.

는 타자의 현전을 마치 그것이 나의 자율성에 대한 도전인 것처럼 감수한다. 타자가 나에게 본질적으로 현상성phénoménalité의 결여 가운데, 그 형태 없는 비가시성invisibilité 가운데 나타나기는 하지만, 타자는 나에게──마치 그가 나를 가르치는, 나를 판단하는 교사敎師인 것처럼──자신을 환대하기를 요구한다. "나를 판단하는 교사와의 도덕적 관계는 내가 참에 집착할 수 있는 자유의 기초를 이룬다. [……] 나에게 말하며 말을 통해 나에게 스스로를 제시하는 자는 나를 판단하는 타인의 근본적인 낯섦을 간직한다. 우리의 관계는 결코 역전될 수 있는 게 아니다. 관계에 있어 타인의 그러한 지배권은 스스로를 즉자성 속에, 나의 지식의 영역 바깥에 놓으며, 그러한 절대성과 관계하는 소여le donné는 어떤 의미를 갖는다."[11] 나와 타자의 관계는 양자의 불평등 속에서만 시작될 수 있다. 레비나스가 '비대칭성asymétrie'이라 부르는 그 불평등은 그의 주체성의 이념에 무게 있게 물려 있다. 비대칭성은 우리가 살펴보았던 나와 타자 사이의 거리·차이·분리를 함의한다. 그러나 나와 타자의 분리는 타자가 마치 B가 A와 다르다는 식으로 나와 다르다는 것을 의미하지 않는다. 즉 타자의 타자성은 내가 소유하고 있지 못한 타자의 여러 속성들 중의 하나가 아니다. 타자의 현전은 나와 타자 사이의 차이와 거리를 돌이킬 수 없는 것으로 만들며, 바로 타자의 현전에 따라 타자의 한 속성이 아닌 그의 동일성 자체가 구성된다.[12] 한마디로 타자의 현전은 타자가 독점하는 그의 고유성 그 자체이다. 나는 타자의 현전 앞에 다만 그것에 응답해야 할 위치에 있을 뿐이다. 따라서 나와 타자의 관계는 비대칭적이다. 그 비대칭의 관계에서 나는 근본적으로 타

---

11) E. Levinas, *Totalité et infini*, p.74. 같은 책, p.229 참조.
12) 같은 책, p.229.

자를 환대해야 할 위치에 고정되어 있으며, 나는 마치 거기서 주인의 역할을, 타자는 손님의 역할을 하고 있는 것처럼 보인다.[13] 타자는 결코 나의 처분 여하에 달려 있는 어떤 대상이 아니다. 그는 나의 자유를 침해하는 자처럼, 나의 자유를 의문에 부치는 자처럼 현시된다. 타자와의 이러한 관계에 이미 들어가 있는 한에서만 내가——자아moi 너머의——주체sujet[14]일 수 있다는 것은, 내가 나의 한계 내에서 감당할 수 있는 타인에 대한 책임보다 더 많은 책임을 감당할 수 있다는 사실, 달리 말해 내가 자체의 이념상理念想ideatum에 의해 초과되는 '이념idée'에 사로잡혀 있다는 사실에 부합된다. 말하자면 그 '이념'은 이념상에 일치되는 개념적 이념이 아니라, 이념상이 항상 그 이념을 넘어서는 데에, 그 이념에 무한히 멀어지는 데에 예외성이 있는 무한의 이념이다.[15] 바로 그 무한의 이념에 레비나스가 말하는 주체성이 정초된다. 레비나스는 무한의 이념이라는 표현을 통해 내가 타자와의 비대칭의 관계에서 급진적인 소통 가운데, 나의 타자에 대한 책임과 응답으로 이루어지는 소통 가운데 들어간다는 것을 말하고 있다.

---

13) 같은 책, pp. 222, 276.
14) 레비나스는 타자와의 관계에 놓여 있는 나의 단일성을 설명하기 위해, 자주 '주체'라는 용어를 쓰고 있다. 나는 타인과의 관계에서 타자의 책임성에 대한 요구에 응답하는 자, 그를 책임질 수 있는 유일한 자로 지정되어 놓일 때만 주체이다. 반면 자아는, 나와 내 자신의 관계에서, 나와 접촉하는 그 모든 것을 통해 스스로 동일화되는(자아는 거기서 스스로를 확인하고 긍정한다) 동일성 그 자체이다. 우리는 이후에 레비나스가 말하는 자아에 대해 다시 살펴볼 것이다. 레비나스의 주체와 자아의 구별에 대해, 같은 책, p. 250 참조.
15) 같은 책, pp. 19~20.

3. 타자의 현전 : 레비나스와의 대화

레비나스에게 자아는 사물들과의 관계 이전에, 그 바깥에서, 확실하고 중립적인 인식의 기초가 되는 선험적 자아와 같은 것이 아니다. 자아는 사물들과의 관계 내에서만——타동성他動性 가운데에서만——, 그것도 먼저 인식을 위해서가 아니라 즐김jouissance을 위해 활동한다. 즐김이 자아의 사물들과의 원초적인 관계를 구성한다. 자아는 사물들을 표상하기 전에 이미 사물들 안에 빠져 있다. 왜냐하면 사물들이 자아에게 살아가는 수단을 제공하기 때문이 아니라 자아가 사물들 가운데에서만, 그 관계 속에서만 삶을 이어갈 수 있기 때문이다. 사물들은 자아에게 어떤 목적을 실현하기 위한 도구의 역할을 하는 것도 아니고, 무엇보다 먼저 삶의 기반을 구성한다 (예를 들면, 나는 어떤 목적을 실현하기 위해서가 아니라, 단순히 살기 위해 물을 마시고 밥을 먹는다).

즐김은 욕구besoin에 의해 배가된다. 즐김과 욕구는 서로 상반되지 않는다.[16] 즐김은 욕구를 필요로 하고, 욕구를 기다리며, 욕구는 즐김을 기다린다. 욕구가 없다면 즐김도 없고, 즐김은 욕구의 만족에 불과한 것이다. 이 즐김과 욕구 사이의 순환과 왕복은 자아의 사물들에 대한 의존에서 비롯되며, 자아가 욕구에 빠져 있을 때만큼이나 즐김 가운데에서도 얼마나 사물들에 들러붙어 있는가를 보여준다. 즐김에서도 자아는 사물들에 의존해 있으며, 그 의존을 통해서만 즐김이 가능하다. 자아에게 사물들이 다루기 쉬운 것으로 남을 수 있다는 가능성을 배제한다면, 즐김이 있을 수 없다.

즐김은 사물들을 자아의 지배하에, 자아의 의도 내에로 가져다 놓는

---

16) 같은 책, pp. 87, 117~118.

다. 말하자면 즐김은 결코 비인칭적impersonnelle이지 않다. 즐김의 형식은 언제나 '……을 즐김jouir de……', 또는 '……으로 살아감vivre de……'이다. 그리고 '……을 즐김'은, 레비나스에 의하면, '……에 대한 의식conscience de……'에 선행한다. 그러나 자아는 이러저러한 사물들과 즐김의 관계를 맺기 이전에, 사물들에 의존해 살아가기 이전에 정립한다. 다시 말해 자아는 어떤 특정한 사물에 대한 욕구 이전에 정립된다. 자아는 어떤 장소에 거주하려는, 사물들의 비인칭성impersonnalité을 제거하려는 보다 근본적인 존재에의 요구와 함께 발생한다. 어떤 사물을 소유하는 것, 그것을 자신의 지배하에 두는 것, 그것만을 통해서는 자아의 동일성이 보장될 수 없다. 자아가 스스로 거주할 수 있는 장소 가운데 있는 것, 거기에 자아의 자신으로의 회귀 가능성의, 자아의 동일성의 기반이 있다. 사물들의 비인칭성이 사라진 장소, 자아가 만나는 그 모든 것을 동일자로, 즉 인식의 욕구를 포함한 모든 욕구의 만족에 적합한 것으로 환원시키기를 시작할 수 있는 장소에서 자아의 동일성이 발생한다(그 장소를 블랑쇼는 '세계monde'라는 말로 표현할 것이다). 자아는 사물들에 의존하고 있으며, 물론 사물들은 때때로 자아의 욕구에 순응하지 않을 수 있다. 하지만 자아가 사물들을 자신의 지배하에 두는 자유를 보장받을 수 있는 장소에 있다는 것, 다시 말해 자아가 때로는 즐김 속에, 때로는 욕구 속에, 그러나 항상 '……을 즐김'의 희망 가운데 놓여 있을 수 있는 장소에 존재한다는 것, 레비나스는 그것을 '거주居住le chez soi'라고 부른다.[17] 또한 레비나스에게 자아로 존재함, 거주함, '……을 즐김'은 모두 동의어들이다.[18]

즐김, '……을 즐김', 거주, 즉 자아가 사물들의 비인칭성이 쇄도하지

---

17) 같은 책, p. 7.

않는 한정된 장소를 확보함, 거기에 에고이즘이 있다. "에고이즘이 삶이다. 즉 ……에 의존된 삶 또는 즐김."[19] 그러나 에고이즘은, 그 궁극적 메시지가 타자를 위함le pour-autre에 있는 레비나스의 윤리학에서 단순히 부정적인 의미만을 갖지 않는다. 자아의 거주는 레비나스에게 내가 타자를 환대할 수 있게 하는 조건이다. 왜냐하면 타자를 위함은 에고이즘 위에서의 한 움직임, 보다 정확히 말해 에고이즘과의 긍정적 단절일 수밖에 없기 때문이다. 에고이즘 없이 나는 타자를 위함이라는 의미에 구속될 수조차 없다. "타자를 위함은, 이렇게 표현하는 것이 가능하다면, 즐김과 맛봄으로부터 시작된다."[20]

*   *   *

'거주하는 자아'라는 주제에 관련해 블랑쇼는 레비나스와 만나고 있다. 레비나스에게서와 마찬가지로 블랑쇼에게서도 자아의 힘은 일차적으로 인식의 영역에서 행사되고 있는 것이 아니다. 자아의 힘은 사물의 본질을 관통하는 빛(예를 들면 후설의 지향성)이, 그 순수한 능동적 인식의 작용이 아니다. 블랑쇼와 레비나스에 의하면 자아는 의식 이전에, 의식의 동일화 작용identification 이전에 활동하고 있다. 그러나 그 활동은 언제나 타동적他動的이다. 다시 말해 자아는 사물들과 특수한 관계(즉 인식의 관계)를 맺기 이

---

18) "자아임, 신神 없이 있음, 거주함, 분리되어 있음, 행복함, 피조물임 ──이것들 모두는 동의어들이다"(같은 책, p. 121).

19) 같은 책, p. 150.

20) E. Levinas, *Autrememt qu'être*, p. 72. 같은 책, p. 93 그리고 E. Levinas, *Totalité et infini*, p. 148 참조.

전에 자신의 거주의 장소를, 자신의 동일성의 지주_{支柱}인 세계를 확보할 때 이미 존재하고 있다. (의심할 바 없이 블랑쇼에게 세계는 단순히 눈에 보이는 사물들의 총합으로써의 바깥 세계가 아니다. 그것은 사물들이 가시적으로 현상하고, 자아의 동일성이 보장되기 위해 자아가 열려 있어야 하는 공간이다. 자아가 열려 있는 거기, 즉 세계에서만 자아는 블랑쇼가 '바깥'이라 부르는 '모든 세계의 타자'에 함몰되지 않으면서 사물들과 유의미성의 관계에 놓일 수 있다.)

자아는 자신의 세계에서 그 세계의 중심으로서 사물들을 마치 원심력에 의해 끌어당기는 것처럼 사물들을 동일자로 환원시킨다. 자아의 동일성은 사물들을 동일자들로 표상하는, 세계에서 유지되는 동일화의 힘에 근거할 수밖에 없다. 자아가 있다면——존재한다면——자아는 이미 세계에 놓여 있는 것이다. 다시 말해 자아가 자신의 세계를 상실한다면, 하나의 또 다른 세계가 아니라 '모든 세계의 타자'인 바깥에 위치하게 된다면 자아는 이미 상실된 것이다. 그렇기 때문에, 블랑쇼가 말하는 것처럼 바깥에서 "'내'가 '그 자신'을 알아보지 못한다_{'Je' ne 'se' reconnaît pas}".[21]

블랑쇼는 레비나스와 함께 욕구가, 인식 그 이하에서, 자아의 최초의 운동이라고 말할 것이다. 그러나 블랑쇼는 즐김으로 즉시 나아갈 수 없게 하는 욕구가 있다는 사실에 주목한다. 이 욕구는 그것 때문에 우리가 형벌과도 같은 극단적인 고통에 처하게 되는 욕구이다. 그 고통을 나는 거주하지 못하면서, 세계의 상실과 함께 바깥에서 겪는다. "이런 말을 덧붙여야 한다. 이때부터 욕구는 그 형태를 달리한다고, 그것은 그 고유의 의미에서 극단적이 된다고, 욕구는 즐김이 배제된, 그 지향된 내용을 알 수 없는 메마른 욕구 그 이상이 아니라고, 욕구는 헐벗은 삶과의 적나라한 관계라고, 우

---

21) EL, p.353/383.

리가 먹는 빵이 즉각적으로 욕구의 요구를 만족시키는 것처럼, 욕구는 즉각적으로 살려는 욕구일 뿐이라고."[22]

블랑쇼가 '메마른 욕구besoin aride' 또는 '즐김이 배제된 욕구besoin sans jouissance'라는 말로 표현하는 이 또 다른 욕구는 욕구의 또 다른 측면을 드러낸다.[23] '즐김이 배제된 욕구'는 레비나스가 자아의 영역에 귀속시킨 '……으로 살아감'(또는 '……을 즐김')으로 나아가지 못한다. '즐김이 배제된 욕구'는 간단히 말해 삶에 대한 욕구 이외에 그 무엇도 아닌 욕구, 삶에 대한 비인칭의, 익명의 적나라한 욕구이다. '……으로 살아감'은 '……'에 등록되는 대상에 따라 방향 지어져 있는 동시에, 자아가 자신에게 귀속된 장소에서 거주할 수 있다는 사실에서 발생하기에 언제나 즐김의 가능성에 열려 있다. '……으로 살아감'이 가능하기 위해서는, 자아가 이미 존재하고 있어야 한다. '……으로 살아감'은 사물들의 비인칭성이 사라진, 자아의 힘이 유지될 수 있는 세계에서 가능하며, 거기에 바로 '……으로 살아

---

22) EI, pp. 195~196.

23) '메마른 욕구', '즐김이 배제된 욕구'에 대해 말하기 위해 『무한한 대화L'Entretien infini』에서 블랑쇼는 로베르 앙텔므가 나치 치하의 포로수용소에서 실제로 겪은 체험을 참조하고 있다. 앙텔므가 쓴 『인간류人間類 L'Espèce humaine』(Gallimard 'Tel', 1957)는 그가 겪었던 포로수용소에서의 경험에 기초해 씌어진 일종의 수기로 읽힐 수 있다. 이 책에서 그가 묻는 문제는 제목이 암시하듯, 나치의 모든 만행과 유대인 포로들의 말할 수 없는 고통 속에서 인간을 인간이라 부를 수 있게 하는 (비인간적인 나치가 인간으로부터 멀리 떨어진 집단인 만큼 포로수용소의 유대인들도 '인간'으로부터 멀리 떨어진──인간이기가 포기된, 처절한 인간의, 그러나 인간 그이하의──집단이라 말하지 않을 수 없다) 마지막 근거가 무엇인가라는 것이다. 이 책이 우리에게 전해 주는 것은 어떠한 '감동'이 아니라, 이러한 표현이 허용된다면, 인간이 자신의 극한의 상황에 몰려 발견하게 되는 어떤 깍아지른 듯한 '침묵'이다. 앙텔므는 이후에 수용소에서의 경험이 남긴 후유증 때문에 더 이상 글을 쓰지 못했지만, 그의 유일한 작품인 『인간류』는 현재 프랑스에서 타자의 존재에 대한 물음으로부터 정치적인 것의 근본조건을 끌어내려는 일군의 지식인들(누구보다도 먼저 『선Ligne』誌의 편집장인 미셸 쉬리아Michel Surya를 예로 들수 있다)의 입장을 극적으로 대변하는 책들 가운데 하나라고 볼 수 있다.

감'이, 레비나스가 말한 대로, 에고이즘에 귀속되는 이유가 있다. 간단히 말해 '……으로 살아감'은 '……'에 들어온 대상을 이미 자아가 동일화하고 있다는 사실 이외에 그 무엇도 아닌 것이다. '……으로 살아감'은 결코 비인칭적이지 않다. 블랑쇼는 레비나스가 한 말을 이렇게 되풀이한다. "레비나스는 몇 가지 분석에서 항상 욕구가 동시에 즐김임을, 다시 말해 나는 먹으면서 다만 살기 위해 영양을 섭취하는 것이 아니라 내 자신을 긍정하면서 이 최초의 긍정 가운데 나를 자아로서 동일화하면서 이미 삶을 즐기고 있다는 것을 보여주었다."[24)

물론 '즐김이 배제된 욕구'는 욕구와, 즉 즐김이 따르는 보통의 욕구와 마찬가지로 사물들과의 관계에 놓여 있다. '즐김이 배제된 욕구'는 당연히 욕구보다도 훨씬 더 대상에 대해 탐욕스러울 것이다. 그러나 이 두 종류의 욕구 사이의 본질적인 차이는, '즐김이 배제된 욕구'는 욕구와 반대로 바깥에서, 모든 세계의 타자에서 발생된다는 데에 있다. 세계에서, 나는 욕구에 따르면서 자아로 회귀할 수 있다. 왜냐하면 세계에서 자아는 존재의 한정화限定化 délimitation에 따라 자신의 동일성(사물들을 제어하는 힘에 대한 지속적 긍정에 따라 나오는 자아의 동일성)을 확인하면서 사물들을 자신의 관리하에 둘 수 있는 가능성을 확보할 수 있기 때문이다. 자아와 자신의 관계의 가능성과 다르지 않은 자아로의 회귀의 가능성으로부터 즐김, 즉 사물들을 즐김이 세계에서 발생한다. 반면, 바깥에서는, 자아와 그 자신의 관계는 세계의 부재로 인해——거주의 불가능성으로 인해——좌절된다. 다시 말해 바깥에서 욕구의 비인칭성에 묶여 있는 채 자아는 비인칭의 인간 또는 익명의 인간으로 전환된다(자아의 타자화의 사건). 거기서 나는 어느 누구

---

24) EI, p. 196.

quelqu'un로 대치되는 것이다. 극단적인 욕구 또는 '즐김이 배제된 욕구'에 시달리는 자는 자아가 아니라 내 안의 또 다른 어느 누구이다. 나는 어떻게 해서라도 그를 이 극단적인 욕구로부터 해방시켜야 할, 그의 욕구를 만족시켜 주어야 할 의무를 갖고 있다. 그러나 그 의무는 언제나 자아로의 회귀의 불가능성 가운데, 즐김의 불가능성 가운데 부과된다. 나는 이 또 다른 어느 누구를 살게 해야, 생존하게 해야 한다. 살아감vivre——또는 생존함survivre——은 '……으로 살아감'과 차이가 있는데, 왜냐하면 그것은 '……으로 살아감'이 함의하는 '……'에 매달린 삶이라는 형식을 가질 수 없기 때문이다. 달리 말해 살아감은 특정 '……'에 지향되어 있을 수 없는 살아감이고, 따라서 '그저 살아감'이거나 '아무것으로나 살아감'일 것이다. 욕구의 익명성은, 즉 자아의 비인칭화를 유도하는 단순히 살려는 욕구의 비인칭성은 욕구의 대상의 비인칭성과 일치한다.

'즐김이 배제된 욕구'가 보통의 욕구와 마찬가지로 에고이즘에 이르게 된다는 사실은 분명하다. 그러나 '즐김이 배제된 욕구'가 갖는 에고이즘은 궁극적으로 자아(동일자)로의 회귀와 관계없으며, 이에 따라 '누구를 위함인지 모를 에고이즘un je-ne-sais-pour-qui'이 된다. 지독한, 맹목적인, 또는 비인칭의 에고이즘, 블랑쇼는 그것을 '에고 없는 에고이즘égoïsme sans ego'이라고 부른다. "의심할 바 없이 여전히 어떤 에고이즘이, 가장 지독한 에고이즘, 에고 없는 에고이즘이 문제가 된다. 이 에고 없는 에고이즘 속에서 생존에 집착하는, 비천하다라고 말할 수밖에 없는 방법으로 언제나 삶에 집착하는 인간은, 그 집착을 삶에 대한 비인칭의 집착으로 드러내고, 그 욕구를 자신에 고유한 것이 아닌 욕구로, 어찌됐든 내용이 빈 중성적中性的인 욕구로, 따라서 잠정적으로 우리 모두의 욕구로 드러낸다."[25]

'즐김이 배제된 욕구'에 처하게 될 때, 자아에 속하는 세계는 유지되지 못하며, 그에 따라 자아와 그 자신의 관계가 깨어지게 된다. 그때 자아가 지워진다면, 자아의 존재가 자신과의 동일성에 의해서만, 스스로에게로의 회귀를 통해서만——즉 사물들을 자신의 세계에 가져다 놓을 수 있는 힘(동일화의 힘)에 의해서만——보장될 수 있기 때문이다. '즐김이 배제된 욕구'에 내몰린 나는 자기동일성을 박탈당한 채 자아와 동일하지 않은 자와의 관계에 놓인다. 이때 나는 특정 개인으로 동일화될 수 없는 자, 모든 세계에서 추방당한 자가, 바깥에서, 바깥의 반영反影으로서의 현전으로 제시되는 자가 된다. 나, 너, 제3자, 또는 내 앞에 있는 이 타인, 나아가 그 누구의 경우라도 "궁핍한 인간, 필요에 내몰린 인간, 욕구의 인간"[26]은 누구나 잠정적으로 그러한 자로 변형될 수 있다.

내 안에 누군가의 현전이 그려진다. 그에 따라 어떤 관계가, 나와 내 자신의 관계가 아닌 나와 어느 누구의 관계가 내 안에서 형성된다. 그 관계에서 내가 세계에 있는 나의 자아를 발견할 수 있는 가능성이, 내가 스스로를 동일자로 확인하면서 자아로 회귀할 수 있는 가능성이 배제된다. 그 관계는 역설적으로 자아와 그 자신의 관계의 단절에서 이루어진다. 나 자신의 위치를 대신하는 어느 누구의, 내 안의 어느 누군가의 현전이 세계가 아닌 바깥에서 그 단절을 가져온다. 그 현전은 나에게 무한의 현전으로 제시된다. 왜냐하면 그것은 마치 내가 접대해야 하고 어떻게 해서라도 돌보아야 할 타자로부터 도래하는 것처럼 나타나기 때문이다.

레비나스는 욕구besoin와 욕망désir을 구분하였다. 레비나스에게서 자아로의 회귀의 양태인 욕구는, 대상을 소유하고 즐기는 데에서 오는 만족

25) EI, p. 196.
26) A, p. 110.

satisfaction에서 끝나는 한, 대상으로의 유한한 움직임인 반면, 욕망은 관념과 사물의 일치 너머의 타자로 향한——타인의 타자성의 현전으로 향한——무한의 움직임으로 정의된다.[27] 욕망은 그 무한의 현전 앞에서 만족할 수 없다. 욕망은 그 자신이 욕망할 수 있는 것 그 이상을 욕망한다, 또는 욕망은 자신이 사유할 수 있는 것 그 이상을 사유하는 사유이다. 한편 블랑쇼에게서 '즐김이 배제된 욕구' 안에서 일어나서 어느 누군가의 현전으로 향해 가는 무한의 움직임은 그 자체로 자아·동일자로의 단순한 회귀로 귀착되지 않는다. 왜냐하면 그 움직임은 자아의 세계의 부재로 인해 자아·동일자로 향할 수 없기 때문이다. 블랑쇼에게 그 움직임은 욕구에 의해 야기된 욕망, 욕구와 뒤섞인 욕망, 다시 말해 욕구 내에 있는 욕망이다. "욕망의 운동으로서의 무한이 욕구를 관통한다. 욕구는 욕망이고, 욕망은 욕구와 뒤섞인다. 마치 내가 무엇을 먹으면서 나를 위해 영양을 섭취하는 것이 아닌 것처럼, 마치 그때 나는 내가 아니라 모르는 낯선 손님을 접대하는 것처럼."[28] ('즐김이 배제된 욕구'에 짓눌려 내가 음식을 즐기지 못하고 먹는 상황, 블랑쇼는 거기서 자아가 타자로 변형되는 한 예를 끌어낸다. 자아의 타자화의 또 다른 예가 있다. 만일 고문하고 있는 심문자가 무장 해제된 고문당하는 자 앞에서 광분하는 동시에 겁을 먹고 있는 것처럼 보인다면, 그 이유는, 우리가 살펴본 대로, 고문당하는 자 안에 그려지는 타자의 현전 때문이다. 마찬가지로 고문당하는 자 편에서 본다면, 그가 절망적으로, 어떻게 해서라도 말하기를 거부한다

---

27) "욕구는 동일자로의 회귀, 자아의 그 자신에 대한 근심l'anxiété du moi pour soi, 우리가 에고이즘이라 부르는 동일화의 근원적 형태이다. 그것은 자신에 세계를 일치시키는 자기화 또는 행복 그 자체인 것이다"(E. Levinas, *En découvrant l'existence avec Husserl et Heidegger*, Vrin, 1982, p. 192). 레비나스에게서의 욕망에 대해, 같은 책, pp. 192~193과 E. Levinas, *Totalité et infini*, pp. 3~5 참조.

28) EI, p. 196.

면, 그 이유는, 블랑쇼가 지적하는 것처럼, 타자로 변형된 자기 자신과 마주할 수밖에 없게 되기 때문이다. 그가 "강요된 말들을 토해놓아 적敵이 준비한 폭력의 게임에 들어가지 않기 위해서뿐만이 아니라, 진정한 말이 자신 안의 타인의 현전과, 침묵의 현전과 이 순간 뒤섞이고 있다는 것을 잘 알고 있기 때문이다".[29] 그러나 내 안의 타자의 현전은 다만 어떤 극단적인 고통에 수반되는 것만이 아니다. 그 현전은 세계로부터의 추방, 바깥으로의 망명이라는 사건과 밀접한 관계가 있다. 다시 말해, 보이는 세계가 유의미성有意味性significativité으로 나와 관계하지 못할 때, 세계의 친밀성familiarité으로부터 내가 멀어질 때──블랑쇼는 이 멀어짐을 세계의 중성화neutralisation du monde라 부를 것이다──, 나는 이미 내 안에서 타자의 현전을 부르고 있다.)

* * *

블랑쇼의 '즐김이 배제된 욕구'에 대한 분석은 타자의 현전이 타인에게 고유한 것이 아니라는 사실을 말한다. 그 누구에게도, 나에게도, 타인에게도 고유한 것이 아닌, 타자의 현전으로서의 비인칭적인 타자가 내 안에서도 현시現示될 수 있다. 현전으로서의 타자는 그 누구에게도 고유한 것이 아닌 이상 그 누구도 전유할 수 없는 것이며, 다만 한 개인과의 비-일치로 나타난다. 그러나 다른 한편 그것은 잠정적이라 할지라도 유형有形의 그 누군가와 관계할 수 있다. 타자, 타인은 중성적인 이름이다.[30] 타자는, 그것이 나도

---

29) EI, p. 195.
30) "따라서 잊어버리기 전에 타인이 본질적으로 중성적인 이름이라는 것을 기억해 두자[⋯⋯]" (EI, p. 102).

타인도 독점할 수 없는 현전으로 제시되는 한, 관계의 한 축과 동일시될 수 없다. 타자의 현전은 나에게서도, 타인에게서도, 제3자에게서도 독점적으로 발생할 수 없다. 그것은 제3의 인물, 진정한 의미에서 제3의 인물troisième personne par excellence이다. 타자의 현전은 내 안에서, 타인 안에서, 제3자 안에서, 어느 누구의 안에서, 다시 말해 원칙적으로 우리 모두 안에서 그려질 수 있다. 블랑쇼가 말하는 것처럼, 타자의 현전은 다른 말로 표현한다면 인간 그 자체의 현전일 것이다. "타자: 인간이, 그 자신의 장소에 부재하는 것처럼, 항상 자신의 현전에 부재한다는 점에서 인간 그 자체의 현전."[31]

4. 타자를 위한 '나'

레비나스에게도 타자는 구체적인 이 사람 또는 저 사람이 아니다. 레비나스에게 타자는 마찬가지로 어떤 현전, 나를 타인과의 윤리적 관계에 위치시키는——그가 '얼굴visage'이라 부르는——현전이다. 그렇지만 적어도 레비나스에게 그 타자는, 관계에 있어서 나l'un라는 축과 관계하고 있는 또 다른 축인 타인에게 독점적으로 고유한 것으로 여겨진다. 관계에서 타인은 그 현전을 배타적으로 구체화하고 있는 위치에 있는 반면, 나는 그럴 수 있는 위치에서 멀어져 있다. 결국 그 사실에 레비나스가 강조하는 비대칭성asymétrie이 근거한다. 타인과 나 사이에 비대칭성이 있다면, 타인이 내 위에 있는 자라면, 타인이 내가 갖지 못한 어떤 그만의 특수한 속성으로 인해 내가 위축되기 때문이 아니라, 타인의 얼굴(그 얼굴을 통해 타인은 마치

---

31) EI, p. 101.

과부나 고아처럼 나에게 더할 나위 없이 무력한 자로 나타난다[32])이 나의 모든 에고이즘을 문제 삼으면서 나의 자유를 의문에 부칠 수 있기 때문이다. 타인과 나 사이의 비대칭성은 나를 타인에 대한 책임성으로 이끌며, 나로 하여금 타인을 접대할 수 있게 한다.

그러나, 우리의 분석에 따르면, 블랑쇼는 레비나스가 말하는 비대칭성에 완전히 동의하고 있지 않는 것처럼 보인다. 원칙적으로 나는 타자와 마찬가지로 자아로부터, 세계 내에서의 존재로부터 추방을 선고받을 수 있으며, 나는 타인과의 관계에서조차 타인이 아니라 내 안에서 타자의 현전이 그려지는 것을 목도할 수 있다. 블랑쇼는 타자의 현전이 갖는 그 중대성을 피해 가고 있지는 않지만 레비나스가 강조하는 비대칭성을 완전히 받아들이고 있지도 않다. 그렇다면 블랑쇼의 반성은 어디에 귀착되는가? 그 물음에 접근하기 위해, 또한 레비나스가 말하는 비대칭성을 또 다른 관점에서 생각해보기 위해 그것이 어떤 점에서 문제를 야기할 수 있는가를 살펴볼 필요가 있다.

* * *

몇몇 레비나스의 해석자들은 그의 비대칭성이라는 생각과 마주해 불편해하는 것처럼 보인다. 예를 들어, 미셸 아르Michel Haar는, 레비나스가 나와 타인 사이의 상호성相互性réciprocité에 기초한 '객관적 윤리성moralité objective'에 눈감고 있는 한, 그가 말하는 타자는 관계에서 자아의 전면적 말소를 강요하고 있으며, 동일자에 정초된 그 모든 전체성보다 더 폭정주

---

32) E. Levinas, *Totalité et infini*, p. 229.

의적暴政主義的이고 전체주의적全體主義的일 수 있다고 의심한다.[33] 분명히 레비나스의 윤리학은 우리를 당황하게 할 수 있다. 그것은 타자에 대한 책임성에 부합되는 나의 주체성에 그 모든 무게가 걸리는 과도한 윤리를 말하고 있는지도 모른다. 그에 따라 다음과 같은 물음이 레비나스에게 주어질 수 있을 것이다. 레비나스가 말하는 주체성이란 무엇인가? 그것은 어떤 대자對自에, 주권적 자기의식의 충만한 현전을 노리는 자아에 대한 그 모든 긍정을 부정한다는 조건하에 정당화되는 내용이 빈 대자에 기입되지 않는가? 그에 따라 그 주체성은, 타자를 볼모로 잡고retenant l'autre comme otage, 타자에 대한 충성 어린 서약하에 정당화되는 어떤 대자를 향한 은밀한 열망에 지나지 않는 것이 아닌가? 따라서 타자를 추구追求한다는 것은 '윤리라는 이름으로' 다름 아닌 바로 어떤 자기의식의 우위를 확인하는 데에로 귀착되지 않는가? 그렇다면, 그러한 주체성에 기초한 레비나스의 윤리학은 일종의 나르시시즘 또는 유아론唯我論으로 떨어지지는 않는가? 다시 말해 그 윤리학에서 타자와의 관계는 사실상 무시되고, 결국 어떤 대자의 우월성만이 강조되지 않는가?[34]

레비나스에게 제출될 수 있는 이러한 물음에 대해 다시 생각해보기 위해 먼저 후설이 공표한 지향성에 대한 레비나스의 이의제기를 살펴

---

33) M. Haar, "L'Obssession de l'autre. L'éthique comme traumatisme", *Cahier de l'Herne Levinas*, L'Herne/Le Livre de Poche, 1991, p. 537.

34) 이상의 신랄하다고 생각하지 않을 수 없는 물음은 전체적으로 프랑시스 자크Francis Jacques 의 것이다. 그는 다음과 같이 말한다. "나로서는, 대자le pour-soi가 타자를 위함le pour-autrui 에 부합한다는 것을 밝히는 것만으로는 불충분하다"(F. Jacques, "E. Levinas : entre le primat phénoménologique du moi et l'allégeance éthique à autrui", *Études phénoménologiques*, 12호, 1990, p. 131). 결론적으로 말해, 프랑시스 자크에게, 또한 미셸 아르에게(M. Haar, "L'Obssession de l'autre. L'éthique comme traumatisme", *Cahier de l'Herne Levinas*, p. 534), 레비나스의 윤리학은 일종의 나르시시즘, 또는 유아론에 떨어질 위험이 있다.

볼 필요가 있을 것이다. 레비나스는 후설의 지향성, 즉 '……에 대한 의식 conscience de……'이 자아의 기본적 작용으로 정의된다는 것을 기억한다 (후설에게서 단순 직관을 가능하게 하는 지향성은 모든 의식 활동에서 가장 근본적인 것이다). 반면 레비나스에 의하면, 후설이 이해하지 못한 것은 자아가 대상을 지향적으로 구성하기 이전에, 즉 의식작용에 앞서 대상과의 원초적인 관계에 이미 들어가 있다는 사실, 그리고 그 관계가 지향 작용이 있기 위해 이미 전제되어야 한다는 사실이다. 그 관계는 즐김에 의해, '……에 대한 의식'과 구별되는, 레비나스가 "……으로 살아감'의 지향성 intentionalité du 'vivre de……'[35]이라 부르는 구성적 지향성 이전의 지향성에 의해 이루어진다. 대상을 의식적 거리에서 구성하기 이전에 자아는 대상에 이미 빠져 있으며, 대상을 즐기고, 대상에 의해 살아가고 있는 것이다. '……을 즐김' 또는 '……으로 살아감' 없이, 자아는 배고플 것이며, 그것은 우리가 본 대로 삶 그 자체 또는 자아의 에고이즘 그 자체이다. (레비나스는, 하이데거의 현존재와 마찬가지로 후설의 자아가 대상과의 즐김의 관계 바깥에 있는 이상 결코 배고픈 적이 없을 것이라고 말할 것이다.[36])

　이 자아의 에고이즘을 의문에 부치는 것, '……을 즐김'의 전복, 다시 말해 타자 앞에, 타자 가까이에 나섬, 거기에 레비나스가 말하는 주체성이 있다. 그 주체성은 먼저 구성적 지향성의 동일화 작용에 앞서는 즐김에 역행한다. 그러한 주체성의 주체는 의식의 주체가 아니며, "피와 살을 가진" 주체, "배고프고 음식을 취하는, 피부 안에 내장을 가진, 입 안의 빵을 줄 수도 목숨을 내놓을 수도 있는 인간"[37]이다. 따라서 레비나스가 말하는 주

---

35) E. Levinas, *Totalité et infini*, p. 102.
36) 같은 책, p. 108 참조.

체성은 자기의식에 앞선다. 엄밀히 말해 그 주체성은 의식 수준에서의 자기의식과 비교될 수 없는데, 왜냐하면 그것은 '근원적originel'이기 이전에 '전-근원적으로pré-originellememt', 즉 의식 그 이하에서 알려지기 때문이다. 다시 말해 그 주체성은, 레비나스가 '감수성sensibilité'[38]이라고 부르는 타자로의 수동적 이끌림에서, 자신의 어떤 속성에 대한 의식적 표현을 위해서가 아니라 타자에 대한 책임성의 증거를 위해 부름 받은 주체 자체가 타자에로 향하는 기호로 변하는 움직임 가운데에서, 따라서 타인과의 관계에서 발생한다. 레비나스가 말하는 의미에서의 주체성은 자기의식에 선행한다. 즉 그것은 의식과의 공모에 들어감 없이, 의식과의 공모 이전에, 즐김을 방해하면서 즐김에 직접 개입한다는——즐김을 직접 부정한다는——점에서 자기의식에 대해 '전-근원적'이다. 그것은 자아가 의식에 호소하기 이전에 이미 개입하고 있는 주체성이다.

그러한 주체성은 동일자 내의 타자Autre dans le Même일 것이다(그러나 레비나스가 말하는 '동일자 내의 타자'는, '내'가 '즐김이 배제된 욕구'에 처해, 나아가 적대적·지배주의적 타인 앞에서 나타나는 앞에서 블랑쇼가 밝힌 '내 안의 타자'와는 다른데, 레비나스적인 '동일자 내의 타자'는 블랑쇼가 부각시킨 '내 안의 타자'와는 다르게 타인과의 관계에서 여전히 윤리적 비대칭성 내에 있다). 왜냐하면 그 주체성은 언제나 자아의 자기규정·자기의식과의 비일치·차이로 제시되기 때문이다. 말하자면 동일자 내의 타자는 의식이 그 자신 안에서 언제나 다시 되찾을 수 있는 동일자로 환원될 수 없는 타자, 자아가 자발적으로 의식적으로 자유롭게 언제나 회수回收할 수 없는 타자이다. 결코

---

37) E. Levinas, *Autrement qu'être*, p. 97. 같은 책, pp. 98~100 참조.
38) 같은 책, pp. 17~18.

의식이 마주하고 있는 것으로, 자아의 것으로 만들 수 없는 타자, 주체가 타인으로 비-의지적이고 수동적으로 다가갈 때에만 주체와 관계하는 타자, 긍정과 부정이라는 의식의 카테고리에 편입되지 않고 주체와의 공모 관계에 들어가는 타자. 레비나스는 다음과 같이 쓴다. "나라는 동일자는—어떠한 이유로든—, 타자가 의식에 나타나기 이전에 타인과 관계하고 있다. 주체성은, 의식과 다른 양태로, **동일자 내의 타자**로 구조 지어져 있다. [……] 주체성이 간직하는 동일자 내의 타자란 타자를 걱정하는 나의 심려 inquiétude du Même이다."[39]

그러한 주체성은 레비나스가 '영혼의 심령psychisme de l'âme'이라고 부르는 것으로 귀착된다. 영혼의 심령은 자아에 의한 자기 동일화와 관계 없으며, 자아의 의지의 결단에 따라서가 아니라 나를 침식하는 타자의 현전에 따라 내가 감당하는 나의 단일성unicité이다. 그것은 어떤 독특한 영혼이나 어떤 영혼의 상태가 아니라 의식과 자기의식 그 너머의, 그 이하의 타자를 위한 끊임없는 깨어 있음 또는 타자로 향한 영혼의 움직임이다. 따라서 그것은 자기 긍정에 반하는 의식적 자기 부정이 아니다. 다시 말해 그것은 또 하나의 대자적 활동일 수밖에 없는, 긍정적 대자에 대한 의식적 부정과, 즉 자신의 포기abdication와 혼동될 수 없다. 그것은 자신의 포기 그 너머이며, 자신을 잊어버림과 맞닿아 있는 자기 희생abnégation이다. "그것은 타자로부터 소외되어 타자의 노예가 된 동일자의 자기 포기가 아니라, 타자를 전적으로 책임지는 자기 희생이다. 책임성에 의해, 타자에 대한 봉사에 따라 강조된 동일성. 책임성 아래에서의 영혼의 심령[……]. 기소起訴당한 동일성이라는 병. 그리고 자신soi, 즉 타자를 위한 동일자, 타자에 의

---

39) 같은 책, pp. 31~32.

한 동일자."[40)

그러므로 레비나스가 『존재와는 다른 또는 본질 저 너머의*Autrement qu'être ou au-delà de l'essence*』와 다른 저작들에서 보여주고 있는 주체성에 대한 사유는, 그의 몇몇 해석자들이 의심하는 바와 반대로 나르시시즘 또는 유아론으로 귀결되지 않는다. 그 점이 사실 블랑쇼가 레비나스의 철학은 "유아론과 정반대되는 철학", 그러나 "분리를 말하는 철학"임을 강조하면서 제출한 결론이기도 하다("내게 그 철학은 유아론과 정반대되는데, 그렇지만 그것은 분리를 말하는 철학이다"[41)). 레비나스가 말한 의미에서의 주체성은, 자아가 자신과의 반성적 관계나 어떤 자기의식 속에서 자기 동일성을 발견하기 위해 타자와 분리되어 사취詐取할 수 있는 주체성이 전혀 아니다. 그 주체성이 성립되기 위해서는, 의식의 모든 계획을 부차적인 것으로 만드는 어떤 만남이, 즉 타자의 현전과의 만남이 있어야 한다. 따라서 그 주체성은 고립된 자아의 존재가 아닌, 어떤 공동 존재를 전제로 한다. 레비나스에 의하면 의식의 발효 이전에 제시되는 타자의 현전에 의해, 그 현전의 힘으로 나와 타인의 관계는 급진적으로 맺어질 수 있다. 또한 그 관계 속에서만 레비나스가 말하는 주체성이 정초된다. 따라서 그 주체성은 나로 하여금 타인을 환대하게 하는 주체성, 내가 타인과의 관계에 이미 들어가 있을 때만 유지되는 주체성이다.

---

40) 같은 책, p. 86. 레비나스는 또한 영혼에 대해 이렇게 정의한다. "영혼은 내 안의 타자이다. 영혼의 심령, 타자를 위한 나라는 것l'un-pour-l'autre은 어떤 홀림, 어떤 강박일 수도 있다. 영혼은 이미 광기의 알갱이들인 것이다"(같은 곳 각주).

41) EI, p. 75.

* * *

레비나스가 보여주고 있는 윤리가 인간의 사회적 삶의 개선에 도움이 되는 어떤 경험적 도덕이나 양식良識의 기초를 세우는 것을 목표로 삼고 있지 않다는 것은 이론의 여지가 없다. 그 윤리는 의식의 모든 작용이 유예猶豫된 지점을 향해 나아간다는 점에서 매우 과격하다고 볼 수 있다. 레비나스는 그 지점에서 윤리적 '전-근원적' 움직임(나와 타자 사이의 대면face à face의 관계가 맺어짐)을 본다. 그리고 레비나스에게는 그 움직임에 윤리의 기초가 있다. 그러나 그는 윤리에 있어서 의식의 역할을 전면적으로 무시하지는 않는다. 레비나스의 관점에서 본다면 우리는 의식을 통해서만 정의justice에 대해, 즉 나와 타자의 관계에 제3자의 등장 이후에 문제될 수 있는 담론에 대해 말할 수 있다. 제3자의 등장은 나와 타자 사이의 대칭성symétrie을 가정하며, 그 대칭성이 성립되기 위해, 의심의 여지없이 인간들 사이의 비교·질서·기준이 전제되어야 하고, 따라서 의식의 발효發效가 필연적인 것이 되어야 한다. 또한 대칭성이 사회적 동포애와 평화의 공존共存의 요구에 거스르지 않기 위해 의식은 정의(나와 타자 사이의 가까움proximité의 의미가 합리적인 담론에 기입됨)에 종속되어야 한다.[42]

레비나스가 말하는 윤리는 의식의 모든 중재를 거부하는 윤리는 아니다. 그 윤리는 다만 모든 도덕적 질서의 구축 이전의 경험을, 즉 의식에 선행하는 경험을 밝히는 것을 일차적인 과제로 삼고 있다. 아마 그 윤리는 정

---

42) "의식은 제3자의 현전과 함께 태어난다. 의식은, 제3자의 현전에서 발생되는 한에 있어서만, 여전히 무사성無私性désintéressement에서 벗어나지 않는다. 의식은 대면의 내밀성 가운데 제3자가 등장하고 있다는 사실과 관계가 있다"(E. Levinas, *Autrement qu'être*, pp. 203~204). 또한 레비나스에게 "의식의 기초는 정의이다"(같은 책, p. 204).

의의 요구가 충분히 고려될 수 있는——그러나 레비나스 자신이 충분히 명확하게 제시하지 못한 것처럼 보이는——하나의 윤리적이자 정치적인 담론의 기초를 이룰 수 있을 것이다.[43]

5. '우리'를 위하여

레비나스에게서 타자에 대한 책임성은 내가 타자와의 관계에서 이미 자아일 것을, 자신 안에 거주하고 있을 것을 전제로 하고 있다(물론 여기서 자아는 의식의 자아가 아니라 먼저 즐김의 자아이다). 타자를 접대하기 위해 나는 자아이어야 한다. 나의 자아로서의 동일성이 타자와의 만남에서 변형될 수 있기 위해, 즉 나의 주체성이 관계에서 동일자 내의 타자로 지정될 수 있기 위해 나는 자아여야 한다. 레비나스는 이렇게 말한다. "타자의 타자성, 그 근본적 이질성은 타자가 어떤 한 축과 비교해 타자인 경우에만 가능하다. 그 축의 본질은 출발점에 있어서는 거주하는 데에, 관계의 입구로서의 역할을 하는 데에, 상대적이 아니라 절대적으로 동일자로 남아 있는 데에 있다. 그 축은 관계의 출발점에서 오직 자아로서 절대적으로 존재한다."[44]

그러나 내가 거주할 수 없을 때, 그럴 수 있기는커녕 바깥에서 '즐김이 배제된 욕구'에 짓눌려 세계와 자아로부터의 '소외'에 기소되어 있을 때, 더욱이 내가 적대자로서의 타인의 냉혹하고 살의가 담겨 있기조차 한 의지에 내맡겨져 있을 때, 그때 그 적대적인 타인과의 관계에서 나의 위치는

---

43) 자크 데리다Jacques Derrida가 『우정의 정치politique de l'amitié』에서 보여준 작업은, 어떤 점에서는, 레비나스——그리고 블랑쇼——의 타자에 대한 사유가 구체적이고 폭넓은 윤리·정치적 담론에로 적용된 한 예로 볼 수 있을 것이다(J. Derrida, Politique de l'amitié, Galilée, 1994).
44) E. Levinas, Totalité et infini, p. 6.

어떠할 것인가? 거기서 나는 여전히 타자에 대해 책임지는 자라는 위치에 지정될 수 있는가? 레비나스가 강조하는 일방적인 비대칭성(윤리적 관점에서 나에 대한 타자의 우위)은 항상 유지될 수 있는가?

몇몇 레비나스의 주석가들은 그가 비대칭성을 부각시키면서 '객관적 도덕성'을 무시하고 있다고, 심지어 그에 따라 그가 어떤 새로운 대자의 우월성을 강조하고 있다고 비난하였다. 그렇지만 여기서 우리에게 여전히 레비나스적 의미에서의 비대칭성이 문제가 된다면, 그 이유는 결코 의식 수준에서의 객관적 도덕성에 부응하는 나와 타자 사이의 상호성을 궁극적 윤리의 기초로 정당화하고자 하기 때문이 아니다. 비대칭성에 대한 레비나스의 강조가 결국 어떤 자기의식(대자)의 고양에로 귀착된다는 것을 입증하는 것도 문제가 되지 않는다.

왜 한 인간이 '즐김이 배제된 욕구'에 짓눌려, 그리고 적대적인 타인 앞에서 비대칭성을 감당할 수 없는가? 한 인간이 적대적인 타인이 더 비참하고 더 비천한 것으로 만들 '즐김이 배제된 욕구'에 시달린다면, 그 이유는 그가 이 타자가 자신의 적이라는 것을 의식하면서 다만 자신의 자아라는 위치에 집착하고 있기 때문만은 아니며, 그 이전에 자신이 의식 그 이하에서 타자화되고 있다는 것을 보고 있기 때문이다. 그가 비대칭성을 견지할 수 없다면, 어떤 자기의식(자아로서의 자기 긍정)에 호소하기 이전에 이미 의식 이하에서 또는 의식의 한계에서 침몰하고 있기 때문이다. 그는 의식 이하의 수준에서 타자 앞에서 정의를 요구할 수 있으며, 요구해야 한다. 레비나스가 말한 바와는 다르게 정의에 대한 요구는 타자와의 '대면'의 관계에서, 즉 제3자의 등장 이전에, 따라서 의식 이전에 제출될 것이다. 정의에 대한 요구는 상호성에 대한 요구로, 즉 객관적 도덕성에 대한 요구로 환원될 수 없다. 왜냐하면 그 요구는 인간(이 인간이 나이든, 타자이든, 또는 제3

자이든……, 어쨌든 '즐김이 배제된 욕구'에 시달리는, 때로는 죽음에 노출된 인간)의 현전, 규정된 이념을 항상 초과하는——따라서 의식 너머의 무한의 현전에서 문제가 되는——파괴될 수 없는 휴머니티를 견지堅持하는 데에 있기 때문이다. 그 휴머니티는 자아의 힘을 어떠한 방법으로든 드러나게 하는 데에 있지 않고, 인간 자신의 부수어지기 쉬움 속에서 말하는, 하지만 파괴될 수 없는 현전을 타인과 함께 소통하려는 욕망désir을 표현하는 데에 있다. (그러한 의미에서 사라 코프만Sarah Kofman은, 레비나스가 말하는 비대칭성에 기초한 휴머니즘과 완전히 동일시될 수 없으며, '신의 죽음mort de Dieu'——즉 니체에게서 초월적 자아의 죽음——과 '인간의 종말fin de l'homme'——자아의 자기 정초의 불가능성——이후에 가능한 새로운 '휴머니즘'이 앙텔므나 블랑쇼에게서 출현하고 있음을 보는 것 같다.[45] 그러나 여기서 우리는, 나중에 다시 살펴보겠지만, 레비나스의 비대칭성을 전면적으로 폐지하기를 요구하지 않는다. 블랑쇼와 레비나스의 대립을 넘어서서, 또는 그 대립이 어떠한 결론으로 귀결되든지 우리는 이렇게 말해야 할 것이다. 타인과 나 사이의 비대칭성은, 나에 대한 타자의 우위는 취소될 수 없는 윤리적 가치를 갖고 있다.)

블랑쇼의 계획은 타자에 대한 책임과 레비나스가 말하는 윤리 자체를 무력한 것으로 만드는 데에 있지 않다. 레비나스와 더불어 그는 나에게 호소하는 타인의 현전의 중요성을 강조하는 데 주저하지 않을 것이다. 또한 그는 모든 형태의 나와 타자와의 관계가 의식의 영역에 한정되면서 '객관적 도덕성'의 가치 아래 상호성에 입각해 해석되어져야 한다고 믿지도 않

---

45) S. Kofman, *Paroles suffoquées*, Galilé, 1987, pp. 82, 93~94 각주. 한편 블랑쇼 역시 하이데거의 비판 이후로 의심스러운 것이 되었던 '휴머니즘'이라는 용어를 사용하기를 주저하지 않고 있다(EI, pp. 392~393 참조).

을 것이다. 그럼에도 불구하고 블랑쇼는 레비나스적 의미에서의 일방적
비대칭성(타자의 나에 대한 윤리적 차원에서의 일방적 우위)이 급진적인 소
통의 유일하게 가능한 형태일 수 있는가를 의심한다.

블랑쇼에게 나와 타자의 관계에서 누가 타인을 책임지는 위치에 지정
되는가는 일차적인 중요성을 갖지 않는다. 그 누구도 타인에 대한 책임을
항상 감당할 수 있는 위치에 있을 수 없다. 내가 관계하고 있는 타자는 극
단적으로 이기적인 모습으로 나타날 수 있으며, 그 누구도 이 이기적인 타
자에게서 타자의 현전을 발견한다고 확신할 수 없을 것이다. 나와 타자의
'대면'의 관계에서 타자가 항상 고정적으로 인간의 현전을 독점한다는 것
은 가능한가? 그렇다면 나와 타자 가운데 누가 타자Autre, 즉 인간의 현전에
대한 권리를 가진, 그 권리를 요구할 수 있는 타자인가?

블랑쇼는 이렇게 쓴다. "이 관계에서 타자──그러나 우리 중 누가 타
자인가?──는 급진적으로 타자이고, 타자일 뿐이며, 그러한 점에서 타자
는 이 이름 없는 자를 위한 이름이다. 이 이름 없는 자가 말하면서 연기하
고, 말하면서 스스로를 연기하도록 내버려두는 장기판 위에서 그의 일시
적 위치가 그를 때때로 '인간'이라는 이름으로 지칭하게 한다(마찬가지로
졸卒은 모든 종류의 말이 될 수 있지만, 왕王이 될 수는 없을 것이다)."[46] 레비나스
에게서와는 반대로 블랑쇼에게서 타자의 역할을 감당하고 타자의 현전을
부르는 자는 관계의 한 축인 타인만이 아니다. 관계를 이루는 두 축, '나'와
타인은 시간성에 따라 이 타자의 역할을 감당할 수 있을 것이다.

---

46) EI, p. 101. 인용자 강조.

* * *

분명 블랑쇼는 한 인간이 타인에 봉사하는, 타자로서의 그의 현전을 받아들이는 위치에 있을 수 있다고 말할 것이다. 그 위치에 놓인 나는 타자와의 관계에 있어서 레비나스가 말하는 비대칭의 구조에 이미 들어가 있는 것처럼 보인다. 그러나 나와 타자의 급진적인 소통은 내가 그 비대칭의 구조 가운데 레비나스가 강조하는 타인에 의해 지정된 주체성(즉 타인에 대한 나의 책임성)으로 귀착되는 나의 단일성과 마주한다는 사실에 국한되지 않는다. 우리가 살펴본 대로, 그러한 주체성이 어떤 자기의식으로 환원될 수도 없고 나르시시즘이나 유아론을 유도한다고 볼 수도 없지만, 그것은 나를 타인과의 관계에서 고정된 위치에, 레비나스의 표현에 따르면──타자를 위한──'볼모'의 위치에 묶어 놓는다. 그러한 주체성은 내가 타인을 책임지는 자로 그의 볼모인 것처럼 선택되었으며, 그러한 한에서 나는 유일무이한 자이고, 다른 어떠한 사람과도 대치될 수 없는 자라는 것을 말한다. 어떤 자기의식의 고양으로부터가 아니라, 결국 나의 이러한 고정된 위치에 대한 강조로부터 나와 타자 사이의 일방적 관계에 대한──나와 타자 사이의 비대칭이라는──레비나스적 이념이 비롯된다.

블랑쇼는 내가 타인의 불행과 고통을 감당할 수 있다는 사실을, 그를 대신해 희생할 수──예를 들면 죽을 수──있다는 사실을 부인하지 않을 것이다. 그러나 관계에서 타자가 나를 그의 파괴적 의지에 종속시키면서 나와 극단적으로 대립되는 가능성이 배제될 수 없다. 나는 타자가 나에게 가하는 위협(예를 들면 죽음이나 고문이나 부당한 배제)에 노출될 수 있다. 타자는 나에게 압제자, 지배자, 잔인한 주인主人maître으로 나타날 수도 있다. 불행한, 불운한 관계. 레비나스는 그 점을 거의 고려하고 있지 않는 것처럼 보이며, 이는 레비나스가 말하는 윤리에 비추어 볼 때 어쩔 수 없는 것처럼 보인다. 그 윤리는 사실 타자가 그의 지배주의적 악의나 그의 우월한 힘 때문이 아니라, 그의 약함이나 그의 불행 때문에 나에게 주인으로 나타나는 관계에만 관심을 기울이고 있다.[47] 타자가 그의 힘 때문이 아니라 약함 때문에 나의 주인이라는 사실이 레비나스로 하여금 양자 사이의 비대칭성을 부각시키는 데에로 나아가게 하는 것은 아닌가? (그러나 레비나스가 타자가 파괴적 의도로 나를 지배하는 자이거나 나의 잔인한 적일 수 있다는 가능성을 생각해 보지 않았을 리 없다. 그렇지 않다면 유대인 학살이라는 나치의 범죄──그것은 어떤 의미에서는 결코 용서될 수 없는 것이고, 용서되어서도 안 되는 것이다──에 대한 끊임없는 '분노'를 어떻게 설명할 수 있는가? 만일 레비나스가 그러한 가능성에 대해 눈감고 있는 것처럼 보인다면, 그 이유는 아마도 그의 사유의 핵심이 타자에 대한 나의 책임성에 기입되는 새로운 주체성을 밝히는 데 있기 때문일 것이다.)

그러나 나를 박해하는 잔인한 이기적인 타자와의 관계에서 내가 여전히 그를 감당해야 한다면, 이는 결코 타자의 타자Autre로서의 현전을 환대하기 위해서(그것은 불가능할 것인데, 이 적대적인 타자는 타자의 현전을 부를 수 없다)가 아니라, 내 안에 그려지는 타자의 현전을 보존하기 위해서이다. 지배주의적 타자를 내가 여전히 감당해야 한다면, 다시 말해 나와 그의 관계가 불행하게도──다행스럽게도(?)──유지될 수밖에 없다면, 이는 내가 여전히 타자에게 어떠한 방법으로든 봉사해야 하기 때문이 아니라, 어떻

---

47) 레비나스는 정확히 이렇게 말한다. "그는 예컨대 약한 사람, 가난한 사람, 과부와 고아이다. 하지만 나는 부자이고 강자이다. 우리의 상호 주관성의 공간은 대칭적이 아니라고 말할 수 있다"(레비나스, 『시간과 타자』, p. 101).

게 해서라도 그와 대립하면서 그의 잔인한 의지에 저항하기 위해서, 그와 동시에 내 안에 그려지는 타자의 현전에 응답하면서 그것을 증거하기 위해서, 그것을 책임지기 위해서이다. "달리 말해 나에게 한없는 참을성을 강요하는, 내 안에 익명의 정념passion anonyme을 불러일으키는 이러한 박해, 나는 그것을 수긍할 수 없다 할지라도 감당해야 하고, 그것에 책임이 있다. 뿐만 아니라, 또한 마찬가지로 나는 타인Autrui이 아닌 적대자의 '자아Je'에, 극단적으로 이기적인 힘과 살기 돋친 의지에 자신이 내맡겨져 있다는 사실을 아는 자아로 지식에 의존해 되돌아가면서, 그 회귀가 가능하다면—왜냐하면 그 회귀가 불가능할 수도 있기 때문에—, 이 박해에 대해 거부로, 저항으로, 투쟁으로 항변해야 한다."[48]

말하자면 내가 타자에 의해 위협받고 억압당하는 이 불행한 관계에서 나는 그에게 **변증법적이자 비변증법적인 항의**contestation로 단호히 저항해야만 한다. 블랑쇼는 다시 이렇게 쓴다. "그에 따라서 당연히 타인의 살기 돋친 의지가 나를 그의 게임에로 이끌며 나를 그의 공모자로 만드는데, 바로 이 때문에 항상 두 종류의 언어가, 두 종류의 요구가 있어야만 한다. 하나는 변증법적이고 또 다른 하나는 비변증법적이다. 하나, 거기서는 부정성négativité이 과제가 되며, 또 다른 하나, 거기서는 중성적인 것le neutre이 존재와 비존재 그 위로 솟아오른다. 마찬가지로 나는 말할 수 있는 권리를 가진 자유로운 주체가 되어야 하며, 동시에 죽음이 가로질러 가는, 그 자체 드러나지 않는 인내의 수동성에 매달린 자가 되어야 한다."[49]

---

48) ED, p. 38/54.
49) 같은 곳. 조르주 바타유에 의하면 '항의'는 블랑쇼의 사유의 원리들 중 하나를 이룬다(G. Bataille, *Œuvres complètes*, V, Gallimard, 1973, p. 23 각주).

지배자로서의 타인에 대한——나의——항의는 우선 변증법적이다. 왜냐하면 타인의 압제적 자아에 대립하면서 그로부터 벗어나기 위해 나의 자아로 회귀하는 것이 나에게 절대적으로 문제가 되기 때문이다. 타인과의 관계에서, 한편으로는, 내가 자아-주체가 되어야 한다는 요구는 어찌됐든 취하取下될 수 없다. "익명의 공동체에서 지배적·압제적 권력으로 '타인'을 억압하지 않는 자아-주체가 되어야 한다는 요청이 정당화되어야 한다"[50]는 사실, 블랑쇼는 그것을 부정하지 않는다. (이 자아-주체는 가능성 가운데, 세계 가운데 놓인 자, 타인들과 조화를 이룰 수 있고 즐김 가운데 행복할 수 있는 자일 것이다. 따라서 블랑쇼가 부각시키는 세계를 상실한 인간——'지평 바깥의 인간homme sans horizon'——, '바깥'에 내몰린 인간이 우리가 받아들일 수밖에 없는 실존의 항구적이고 유일한 조건을 구성한다고, 더욱이 어떤 인간의 본질을 구성한다고 볼 수 없다.)

또한 나는 이 압제자로서의 타인 앞에서 비변증법적(비의식적)으로 그의 의식적인 이기주의에 항의해야만 한다. 자아로의 회귀만으로는 불충분하며, 나는 나의 존재(이 불행하고 비참하며 억압당하고 있는, '즐김이 배제된 욕구'에 짓눌린 존재)가 이기적인 타인에 대한 절대적 거리를 드러나게 할 타자Autre로서의 현전에 바쳐지기까지 그에게 항의해야 한다. 그 현전은 그 누구도, 그 무엇으로도, 가령 적대적인 타자가 행할 수도 있는 살인으로도 파괴될 수 없는 것이다. 한편 그것은 모든 변증법적 대립을 넘어서는 타인과 나 사이의 궁극적 차이, 궁극적 거리, 다시 말해 어떤 폭력으로도 제거할 수 없는 타인에 대한 나의 타자성을 창조할 수 있다. 다른 한편 그것은 나와 타자 사이의——인간들 사이의——공동체를, 가까움proximité의 장소

---

50) EI, p. 197.

를 준비할 수 있다. 왜냐하면 바로 그 현전이 그 자체로 변증법적 부정·대립 너머의 최후의 '긍정' 이외에 아무것도 아닌, "로베르 앙텔므가 [인간人間] 류類에 속한다는 **궁극적 감정**이라고 일컬은 것을 불러일으킬"[51] 수 있기 때문이다. 그 현전에서 부각되는 타자성은 타자와 나 사이의 거리를 마치 양자 사이의 가까움이 드러나는 장소인 것처럼 드러낼 수 있다. 어떠한 권력도 그 거리를 제거할 수 없을 것이며, 그 거리는——타인과 내가——인간류에 속한다는 궁극적 공동체의 감정이 갖는 비변증법적인 요소로 인해 가까움으로 전환될 수도 있다.

변증법-비변증법적 항의에 대한 요구는 따라서 단순한 평등과, 즉 상호성에 대한 요구와 구별된다. 상호성은 급진적 소통 또는 '인간'의 현전이 가져오는 소통의 높이에 이르지 못하는 모든 단순한 경제적 교환의 합리성과 정당성을 근거 짓는 의식(들)의 동등성에 기초해 있다. 그러나 변증법-비변증법적 항의는 궁극적으로 의식(들)의 동등성이라는 가치 또는 원리에 따라서만 행해지지 않는다. 그것은 또한 헤겔이 말하는 주인에 대한 노예의 변증법적 대립과도 구별된다. 주인과 노예 사이의 변증법적 대립은 상호성에 대한 요구와 마찬가지로 의식의 수준에서 전개된다고 볼 수 있다. 그것은 의식(들)의 자기규정에서 발생하는 불일치, 즉 주인의 위치에 올라 자율적 자아로 인정받기 위해 죽음에 이르는 투쟁까지 감수하려는 두 자기의식들의 대립이다. 양자의 투쟁이 끝나고 각자의 위치(주인의 위치 또는 노예의 위치)가 정해진 후 그들은 어떤 관계 속에 묶이기는 하겠지만, 그것은 어떤 소통으로 열리는 관계라기보다는 상호의존적 관계이다. 즉 거기서 노예는 주인에게서 자신의 이상적 자아를 보기 위해 주인을 필

---

51) EI, p. 195.

요로 할 것이며, 주인은 자신의 지배자의 위치를 보장받기 위해 노예를 필요로 할 것이다.

　노예의 주인에 대한 대립과는 반대로 변증법-비변증법적 항의는 여전히 평등을 지향하는 움직임으로써 의식적 계기(타인 그리고 나에 대한 규정화·동일화)를 포함하고 있고, 그러한 한에서 나와 타인의 평등에 대한 요구이기는 하다(여기서 나는 지배주의적 자아Moi가 아니고, 다만 세계에 거주하기를 원하는 자아moi일 것이다——"졸이 모든 종류의 말이 될 수는 있지만 왕이 될수는 없다"). 그러나 변증법-비변증법적 항의는 의식 그 이하 또는 그 너머의, 무한과 관계하는 인간의 현전을 부르며, 그것을 공유共有하기를 호소한다. 상호성의 요구 그리고 노예의 주인에 대한 변증법적 대립과 달리, 변증법-비변증법적 항의는, 설사 그것이 지배자로서의 적대적 타인에게 들리기 쉽지 않다 하더라도, 이 타인이 그것을 무시하고, 무시하기를 원한다——원하는체——하더라도, 적나라한 소통에 대한, '공동-내-존재être-en-commun'[52]에

---

52) 이 용어는 장-뤽 낭시의 것이다. 공동-내-존재는 공유될 수 있는 실체도, 본질도, 어떤 공통의 동일성도 아니다. 그것들 모두는 공유되고 공유할 수 있는 어떤 '것'이다. 낭시는 그것 모두를 '공유되는 존재être commun'라는 카테고리 안에 묶는다. 반면 공동-내-존재는 공동체의 동일성과 그 공동체에 속한 개인의 동일성을 가능하게 하는 어떤 속성을 기준으로 지속적으로 규정될 수 있는 존재가 아니다. 공동-내-존재는 관계 속에서 타자에게 드러나는, 또 그러한 한에서만 '존재'의 지위를 얻을 수 있는 단수성單數性singularité에 기입된다(J.-L. La Communauté désœuvrée, pp. 224~225). 블랑쇼와 마찬가지로, 낭시는 인간의 어떤 고정된 속성을 규정하고, 그에 따라 관계에 있어서 축들을 고정시켜 놓고 구성된 공동체의 이념을 의심한다. 공동-내-존재는 어떤 프로그램에 따라 미리 주어지지 않으며, 이루어져야 할, 도래해야 할 존재이다. 낭시에 의하면, "여기서 내內le en(함께le avec, '공동체communauté'라는 말에 내포된 라틴어 cum)는, 만일 관계가 이미 결정된 두 축 사이에, 이미 주어진 두 실존들 가운데 설정된 것이라야만 한다면 어떠한 관계의 양태樣態도 지칭하지 않는다. 그것은 차라리 실존 그 자체, 즉 실존의 실존으로의 도래到來로서, 관계로서의 존재를 지칭할 것이다(Le en (le avec, le cum latin de la 'communauté') ne désigne aucun mode de la relation, si la relation doit être posée entre deux termes déjà fournis, entre deux existences données. Il désignerait plutôt un être en tant que relation, identique à l'existence même: à la venue

대한, 의식 너머의, 의식을 가로질러 가는 열망, 정념passion이다.

변증법-비변증법적 항의를 블랑쇼는 한마디로 '거부refus'[53]라는 말로 대신한다. 변증법-비변증법적 항의 또는 거부는 어떤 평등과 소통의 요구를 표현하는 말이 된다. 힘 있는 말인 동시에 또한 무력한 말. 힘 있는, 왜냐하면 그 말은 스스로를 보존하고 인간들 사이의 평등을 요청하기 위해 적대적 타자의 지배주의적 자아에 대항하는 자아의 말이기 때문이다. 무력한, 왜냐하면 그 말은 비가시적으로만, 즉 어떤 질서·법으로 규정되기 이전에 항상 망각 속으로 사라질 위험이 있기에 늘 부재로 열리는 현전으로만 제출되기 때문이다. 그 말은 자아의 말인 동시에 또한 세계를 상실한, 자아를 박탈당한 자의 말, 다만 중얼거리기murmurer만 하는 어느 누구인가의 말parole de quelqu'un이다. 거부는 따라서 어떤 법의 비호庇護 아래 아직 모일 수 없는 자들의 말, 그들 위에 군림할 수 있는 공통의 독트린·조직·기관을 갖지 못한 자들의 말이다. 아직 말하지 못하는, 말할 권리를 갖지 못한 자들의 말. "우리가 거부할 때, 될 수 있도록, 경멸을 담고 있지 않고 열광적이지 않은, 익명의 움직임으로 거부한다. 왜냐하면 거부의 힘은 우리 자신이나 우리의 단 하나의 이름에서가 아니라, 무엇보다도 먼저 말할 수 없는 자들의 결코 눈에 띄지 않는 말에서 실행되기 때문이다."[54]

---

de l'existence à l'existence)"(같은 곳). 간단히 말해 낭시에게 "존재는 소통이다"(J.-L. Nancy, *Être singulier pluriel*, Galilée, 1996, p. 47).

한편, 블랑쇼의 사유에 대해, 낭시는 그것이 본질적으로 "공동-내-존재의 성취"와 관계가 있음을 명백히 하고 있다(J.-L. Nancy, "À propos de Blanchot", *L'Œil de bœuf*, 14~15호, p. 47).

53) A, p. 130. ED, p. 33/49.

54) A, p. 131.

* * *

블랑쇼는 타인에게 육화되는 타자의 현전에만 관심을 기울이지 않을 것이다. 타자Autre는 또한 내 안에서 그 현전의 권리를 주장할 것이다. 블랑쇼에게 타자의 현전과 마주한 주체는 누구이며 그 주체성은 어떠한 것인가와 같은 물음이 나와 타인의 관계의 문제에 있어서 궁극적인 마지막 물음이 될 수는 없을 것이다. 어찌됐든 그에게 주체의 문제나 주체의 주체성의 문제는 우리의 관계나 인간들 사이의 관계 또는 공동체의 문제보다 덜 중요해 보인다. 블랑쇼가 타자의 현전에 대해 말한다면, 이는 그 현전과 마주하는 대치될 수 없는 유일한 주체로서의 인간의 위치를 부각시켜 강조하기 위해서가 아니라, 인간들이 공동으로 들어가 있는 조건을, 즉 우리 모두가 그 현전의 도래 앞에서 그것이 누구에게서 그려지든 무관심할 수 없다는 조건을 보여주기 위해서이다.

아마 거기서 블랑쇼의 정치적·윤리적 사상들 중의 하나가 발견될 수 있을 것이다. 그것은 타인과 마주한 주체의 윤리성과 그의 위치의 특수성을 말한다기보다는 우리 모두의 존재 조건에 대해 말한다. 그것은 타인과의 관계에 놓여 있는 주체의 단일성보다는 차라리 어떤 공동체 구성에서의 복수성을 강조하며, 나눔partage의 양태 그리고 그 발원지와 지향점을 지정한다. 다시 말해 그것은 타자의 현전을 통해 문제가 되는 인간들 사이의 소통의 전-근원적 양태를 묘사한다.

6. 공동체 없는 공동체

블랑쇼가 말하는 나와 타자 사이의 공동체는 어떤 가시적 공동체, 어떤 조직과 기관에 기초한 뭐라고 명할 수 있는 공동체가 아니다. 그것은 이러한 의미에서 공동체 없는 공동체, 이름 없는 공동체 또는 밝힐 수 없는 공동체 communauté inavouable[55]이다. 공동체 없는 공동체를 이루는 자들은 나와 어떤 이념, 어떤 기준, 어떤 목표를 공유하는 자들이 아니다. 이 공동체는 어떤 전체성하에 나의 복수형으로 추상화될 수 있는 자들의 집합이 아니다. 그러한 의미에서 공동체 없는 공동체는 어떤 사회적·국가적·정치적·이념적 집합체——그것이 제도에 따라 정착된 것이든 아니든——와도 동일시될 수 없다. 공동체 없는 공동체는 모든 정치적 이념과 모든 현실적인 정치적 계기들(모든 정체政體의 구성과 그 당위성, 정치권력의 구성과 해체, 정치적 저항세력의 조직과 그 당위성)에 대해 전-근원적이다. 왜냐하면 그 공동체는 (현실)정치와 결부된 의식 수준에서의 문제들(이념·법·도덕)에 대해 중성적이며(즉 그것은 이념·법·도덕을 부정하지도 긍정하지도 않는다), 정치 너머의, 그 이하의 인간들 사이의 급진적인 소통을 가능하게 하는 타자의 현전을 지시하고 있기 때문이다.

타자의 현전은 인간 존재의——실존의——자기 충족성과 자율성의 궁극적 불가능성을, 그리고 그 필연적 개방성을 알린다. 타자의 현전은 의식 속에 고정되어 지속적으로 회수될 수 있는 존재가 아니며, 나와 타인의 공동의 증거를 통해서만 '존재'로 승격될 수 있다. 그것은 의식이 홀로 구성할 수 있는 규정되고 동일화된 존재가 아니고, 타인과의 소통에 따라, 그 소

---

55) '밝힐 수 없는 공동체'는 또한 블랑쇼의 작품들 중 하나의 제목이기도 하다(CI). 이 책에서 블랑쇼는, 앞에서 언급된 장-뤽 낭시가 그의 영감 있는 저서 『무위의 공동체』에서 제출한 몇 가지 공동체 구성의 문제들을, 레비나스, 바타유, 마르그리트 뒤라스Marguerite Duras에 대한 주석을 거쳐 자신의 관점에서 확장·발전시키고 있다. 저자는 다르지만 『밝힐 수 없는 공동체』는 『무위의 공동체』의 자매편이라 말할 수 있다.

통의 시간성에 따라 항상 부재로 열리는, 인간들 사이의 '공동-내-존재'를 지정한다. 타자의 현전은 인간 존재가 결코 자기 충족적이지도 자율적이지도 않으며, 반대로 타인에게 매달려 있는 동시에 타인과의 관계에 놓여 있음을 알리는 '기표'이다. 그것은 실존의 근본적 조건, 즉 실존이 근본적으로 관계 가운데 형성된다는 조건을 규정한다.

그러나 블랑쇼에게서 그 조건은 레비나스가 말하는 나에 대한 타인의 윤리적 우위, 즉 비대칭성으로 정의되지 않는다. 아마 레비나스가 부각시키는 비대칭성은 타인과 나 사이의 '공동-내-존재'를 가능하게 하는 하나의 조건일 수 있을 것이다. 그러나 타자의 현전은 타인뿐만 아니라 나 그리고 제3자 안에서 스스로의 권리를 주장한다. 그것은 타인 안에서뿐만 아니라 내 안에서, 그리고 제3자 안에서 그려질 수 있다(타인과 나는 제3자 안에서 그려지는 타인의 현전에 대한 공동의 증인이 될 수도 있을 것이다).

따라서 타자의 현전은 타인의 나에 대한 거리뿐만 아니라 나의 타인에 대한 거리를, 이중의 거리를, 즉 인간들 사이의 관계의 축들이 서로에게 설정하는 거리를 창조한다——그렇지만 그 거리는 인간들 사이의 분리뿐만 아니라 소통과 가까움의 전제가 된다. 블랑쇼는 그 이중의 거리에 따라 이루어지는 나와 타인의, 인간들의 관계의 조건을 '이중의 반대칭성double dissymétrie'이라고 부른다. "[……] 이중의 반대칭성, 이중의 불연속성, 마치 나와 타인 사이의 빈 간극이 동질적이지 않고 편극작용을 일으키는 것처럼. 마치 그 빈 간극이 동형同形이 아닌 장場을, 무한히 부정적이자 무한히 긍정적인, 우리가 중성적이라 불러야 할——이 중성적인 것이 이중의 기호로 나타나는 무한성을 취소하지 않고 무력화시키지 않으며, 오히려 그것을 예외적인 방식으로 포함한다고 우리가 이해하는 한에서——, 이중의 뒤틀림을 낳는 장을 구성하고 있는 것처럼."[56]

나와 타인 사이의 이중의 반대칭성, 말하자면 타인이 나에 대해 타자인 것처럼 나 역시 타인에 대해 타자이다. 블랑쇼가 말하는 이중의 반대칭성은, 레비나스의 비대칭성과 마찬가지로, 나와 타인의 관계에서 어떤 극단적인 경험(타자의 현전이 유도하는 시련)을 표현한다. 물론 그 경험은 일상적인 나와 타인의 모든 관계를 규정하지 않는다. 그러나 그 경험에서, 일상의 관계에서도 취소될 수 없는, 전-근원적 사건으로서의 타자의 현전이 제시된다. 그리고 여기서 결국 이중의 반대칭성은 (일방적) 비대칭성보다 나와 타인의 관계의 실존적 조건을 더 명확히 보여주고 있다고 말해야 할 것이다. 레비나스가 말하는 비대칭성은 이중의 반대칭성이라는 실존적 조건에서 파생될 수 있는 윤리적 가치를 이미(미리) 나타내고 있으며, 그 가치에 따라 이해될 수 있는 윤리적 해석을 이미(미리) 포함하고 있다. 그러나 그 비대칭성은 나와 타인의 관계의 실존적 조건 그 자체는 아니다. 그 비대칭성은, 이중의 반대칭성(나에 대한 타인의 비상호성非相互性irréciprocité, 동시에 타인에 대한 나의 비상호성, "이 비상호성의 중복——나를 필경 타인의 타자로 만드는 이 역전"[57])이 전제되어야만 정당화되고 비로소 가치가 될 수 있는 윤리적 가치를 이미 함의하고 있다. 만일 비대칭성이 나와 타인의 관계의 실존적 조건 그 자체라면, 레비나스가 자주 강조하는 '타인을 위한 죽음'은 다만 어떤 실존의 수행일 뿐이며 윤리적 가치를 가질 수 없을 것이다. 그러나 분명 비대칭성은 결코 취소될 수 없는 윤리적 가치를 의미한다. 레비나스가 말한 대로, 한 사회가 조화를 이루기 위해, 평화적 공존이 가능하기 위해, 윤리적일 수 있기 위해, 타인을 위함이 궁극적 가치일 수 있기 위해(그것은 이론

---

56) EI, pp. 100~101.
57) EI, p. 100.

의 여지없이 가치이다) 비대칭성이 옹호되어야만 한다. 그러나 이 비대칭성의
윤리성이 무시될 수 없는 가치이자 한계를 짓는 '법'일 수 있기 위해서는,
그것이 항상 이중의 반대칭성이라는 실존적 조건에 따라 이해되어져야만
한다.

* * *

이중의 비대칭성의 관계는 관계의 축들의 위치들이 미리 지정되어 있는
관계가 아니다. 나는 타인을 접대해야 할 위치에 항상 고정되어 있지 않다.
나에게 타인이 타자인 것만큼이나 나는 타인에 대해 역시 타자이다. 이 사
실은 내가 타인에 대해 어떠한 윤리적 책임도 없다는 것을 의미하지 않는
다. 나는 타인을, 타인에 대한 책임성을——특히 그가 나에게 아직 가까이
다가오지 않은 것(예를 들면 죽음·병·불행, 한마디로 인간의 유한성이 알려지
는 한계)에 가까이 다가가 있을 때——떠맡을 수 있다. 그러나 마지막 물음
은 결코 누가 누구를 책임지는가에 있지 않다. 그것은 나와 타인이 함께 타
자의 현전을 향해 나아간다는 사실 자체에 있다. 그것은, 바깥을 부르며 항
상 유한성을 문제 삼는 타자의 현전이 누구에게서 발생하든지, 그 단수성
singularité을 나누어 갖기 위해 나아간다는 사실 자체에 있다. 이중의 비대
칭성의 관계에서 나와 타인은 서로 분리되어 있지만, '고독'과 관계없지 않
은 그 분리로부터, 나와 타인이 서로를 부르고 '우리'라는 함께-있음의 양
태에 기입되면서 양자는 자아의 위치에서 벗어날 수 있다. 그 함께-있음
가운데, 나와 타인은 제3의 인물troisième personne이라는 공동의 지위에 속
한다. 그 공동의 지위를 지정하는, 타자의 현전과 마주하는 비인칭적·익명
적 탈존을 블랑쇼는 '그le Il'(또는 '그 누구le On')라고 부른다. '그'는 나도,

타인도, 제3자도 아니며, 그 모두의 타자, 그 모두에게 제3의 인물, 즉 진정한 의미에서의 타자Autre를 제시한다. "타자Autre, 즉 그le Il, 그러나 제3의 인물이 어떤 [구체적인] 제3의 인물이 아니고, 중성적인 것을 발효시키고 있는 한에서."[58] '그'는 탈존의 공동화가 이루어지는 관계 내에서의 사건을, '우리' 또는 '공동-내-존재'로 열리는 사건을 의미한다.

　　엄밀히 말해 나는 타인을 대체하면서, 그와 동일화되면서 타인의 위치에 놓일 수 없고, 타인도 나를 위해 그럴 수 없다. 나와 타인은 분리되어 있다. 나와 타인은 서로 다른 자들이다. 그러나 그 분리 가운데, 소통의 체험이, 다시 말해 어떤 공동체 자체가 발견된다. 거기서 유한성이 최후의 말이 되지 않기 위해, 나아가 무한의 움직임이 그 유한성에 개입할 수 있기 위해 타인과 내가 서로에게 무한히 다가가는 공동체, 이름 없는 공동체가 발견된다. 이러한 소통 가운데에서만, 나와 타자는 비록 다르지만——예를 들어 죽어가는 타인 앞에서 어떤 방법으로도 그를 죽음에서 벗어나게 할 힘이 없는 나를 발견하게 되지만——, 서로 동등하다. 상호적이 아닌 평등, 무정부주의적·종말론적 평등égalité anarchique et échatologique, 블랑쇼가 '우정amitié'이라고 부르는 평등. '그'는 이러한 평등을 표현하는 단어에 불과할 것이다.

---

58) EI, p. 102. PDA, pp. 14~15 참조.

3장
글쓰기에서의 중성적인 것

·3장·
글쓰기에서의 중성적인 것

1. '제3의 인물'

블랑쇼가 말하는 나와 타자 사이의 이중의 반대칭성은 양자 사이에서 서로가 서로에게 요구하는 상호성을 정당화하는, 단순하고 '경제적인' 평등을 의미하지 않는다. 이중의 반대칭성은 나와 타자 사이의 비상호성非相互性 irréciprocité이 이중화되는 양태를 의미한다. 말하자면 이중의 반대칭성 가운데 타인은 내게 타자이며, 또한 나는 타인에 대해 타자이다. 이중의 반대칭성은 '제3의 유형의 관계rapport du troisième genre'의 특성을 결정지으며, "제3의 유형의 관계에서 문제가 되고 있는 이 타자Autre는 더 이상 항들 중의 하나가 아니며 [······] 내 안에도 타인 안에도 있지 않으며 관계 자체 이외에, 무한성infinité을 요구하는 나와 타인의 관계 이외에 그 무엇도 아니다."[1]

이 타자, 관계에서 어떤 고정된 항에도, 즉 나에게도 타인에게도 고정되어 고유한 것으로 여겨질 수 없는 타자에 대해, 즉 관계로서의 타자, 관

---

1) EI, p. 105.

계——제3의 유형의 관계——사이에 제3의 인물la troisième personne로서 기입되는 타자에 대해 다시 살펴보기 위해, 그에 대한 묘사가 잘 드러나 있는 여러 텍스트들 중 『최후의 인간Le Dernier homme』의 경우를 생각해 보자. 또한 『최후의 인간』에서 문제가 되고 있는 것은 앞에서 말한 '공동체 없는 공동체'이며, 그 공동체에 들어가 있는 인간이다.

　　블랑쇼의 소설화된 작품들 중 많은 경우가 그러하듯 『최후의 인간』에는 스토리가 명확하게 주어져 있지 않고 인물에 대한 묘사도 자세히 주어져 있지 않다. 하지만 어쨌든 이 소설은 한 전지 요양소에 머물고 있는 세 사람과 그들의 관계에 대한 이야기이다. 어렵지 않게 주인공으로, 즉 최후의 인간으로 판독되는 교수는 중병을 앓고 있는 상태에 있으며, 죽음 가까이에서 죽음과 싸우고 있다. '나'로 표기되고 있는 화자는 이 소설——따라서 1인칭 소설——에서 죽음에 다가가고 있는 최후의 인간의 동반자이자, 보다 정확히 말해 젊은 나이이기는 하지만 최후의 인간의 분신이다. 젊은 여성은 이 두 사람 사이에 놓여 있지만 그들과는 대비되게, 그들과는 달리 현실 세계에 보다 확고히 발붙이고 있다.[2] 그녀는 한편으로는 현실의 발판을 잃어버린 듯한 두 사람에 대해 회의와 비판의 눈길을 보내지만, 다른 한편 두 사람과 공감 가운데 연결되기도 한다. 그녀는 죽음과 마주하고 있기에 현실로부터 멀어져 가고 있는 두 사람을 우리가 살고 있는 이 세계에 비추어 볼 수 있게 하는 거울과 같은 존재이다.

　　『최후의 인간』에서 핵심은 인간들 사이의 적나라한 소통의 양상을 보여주는 데에 있다. 적나라한 소통, 왜냐하면 이 소설에서 문제가 되는 것은 죽음에 다가가 있는 한 사람과 그의 곁에서 죽음으로의 접근을 증언하

─────────────

2) DH, pp. 65~68.

고 있는 다른 한 사람 사이의 관계, 따라서 죽음이 가져오는 유한성을 마주해 나누고 있는 자들의 관계이기 때문이다. 그러나 이 소설에 그들의 관계를 떠받치고 있었을 구체적·현실적 상황과 주변의 외적 환경에 대해 설명이 자세하게 주어져 있지 않다. 저자인 블랑쇼는 세계로부터 떠나 '바깥'에 놓여 있는 최후의 인간과 화자의 움직임을, 서로가 서로를 향해 나아가고 있는 내면의 움직임을 표현하는 데에 집중하고 있다. 특히 보이는 세계(행동·사건·상황·인물)에 대한 언급과 대화도 없는 2부에서 블랑쇼는 화자가 최후의 인간으로 향해 내면에서 접근해 가는 과정에 대한 묘사에 전념하고 있다. 그리고 그 묘사는, 명확한 사실로 드러나 있지는 않지만 아마 이미 죽은 최후의 인간에 대해 화자가 회상하는 형태로 이어지고 있다. 블랑쇼가 『최후의 인간』에서 말하고자 하는 점에 대해 다시 살펴보기로 하자.

* * *

사회적으로 규정되는 정체성은 정당한 근거하에서든 아니든 내부와 외부를 구분짓는다. 그것은 분명하게 또는 불분명하게 일군의 사람들을 내부에 놓아 두고 그밖의 다른 사람들을 외부에 가져다 둔다. 그러나 그것이 병에 걸려 치료를 받아야 할 사람들이 모여 있는 요양소에서는 희미해질 수밖에 없다. 『최후의 인간』의 배경이 되는 요양소에서 두 주요 등장인물인 교수(최후의 인간)와 화자('나')는 둘 사이를 묶을 수 있는 공통의 것이 없다고 느낀다. "그들 사이에 아무것도 없었다. 그렇다, 그래서 우리 사이에 아무것도, 그 누구도 없었고, 아직 우리 자체도 없었다."[3] 그러나 두 사람 사

---

3) DH, p. 26.

이에 어떠한 끈도 없다고 말할 수 없을 것이다. "우리는 그래서 언제나 홀로 있던 그 앞에서 그렇게 다수로 있다는 사실에 대해, 하찮기는 하지만 강하고 필요불가결한 끈으로 서로 연결되어 있다는 사실에 대해 괴로워했지만 그 끈에 그는 무관한 채로 남아 있었다."[4]

교수, 즉 최후의 인간은 병들어 나약할 대로 나약해져 있지만, 이상하게도 그는 요양소에 같이 머무르고 있는 자들에게 서로가 서로에게 연결되어 있다는 느낌을 갖게 한다. 그에게 그러한 힘이 있다면, 그것은 그러나 인간을 압도하는 어떤 강하고 확고한 힘 같은 것이 아니다. 이 세계에서 통용되는 힘(무력武力·권력·지식의 힘 등)과는 거리가 먼, 죽음에 다가가 있는 부서지기 쉬운 자의 힘은 역설적으로 자신의 세계에 거주할 수 없으며, 자신의 세계를 보존하지 못하는 무력無力 가운데 놓여 있다. 죽음으로 접근하고 있는 교수는 죽음이 열어놓은 이미지의 공간에, 바깥에 놓여 있다. 화자인 '나'는 "하찮기는 하지만 강하고 필요불가결한" 끈을 통해 그와 가까이 있다고 느낀다. 그러나 그 끈은 확고한 현실을 기반으로——예를 들어 어떤 공동의 이념이나 공동의 이익에 따라——나와 타인을 묶는 끈이 아니며, 관계 내에서조차 양자를 분리시키는 끈이다("바로 거기에 우리의 단일성 내의 고독 가운데 서 있는 우리 모두가 있었다[……]"[5]). 화자는 최후의 인간과 함께 죽음이 드러내는 이미지의 공간에 참여한다. 다시 말해 그는 최후의 인간과 함께 그들에게 단호하게 '우리'를 명령하는 바깥의 말을 듣는다. "그것은 가벼웠고 기쁨에 차 있었다. 그것은 놀라운 가벼움이었으며, 들리는 것이라기보다는 보이는 것이었다. 빛나는 공간, 표면과 안이 구분되지 않으며

---

4) DH, p. 16.
5) DH, p. 112.

끊임없이 확장되어 가고 그러는 가운데 고요히 남아 있는 공간. 불명료하지 않은 말의 동요——그리고 그 말이 그쳤을 때, 그 말은 그치지 않았다. 나는 그 말과 분리되어 있을 수 없었으며, 그 말 속에서 스스로를 들으면서 다만 그 말을 들을 수 있을 뿐이었다. 언제나 '우리'를 말하는 거대한 말."[6]

『최후의 인간』에서 블랑쇼는 공통의 정체성, 공통의 과제, 공통의 이념과 기관을 소유하지 못한, 즉 보이는 공동체를 이루지 못한 인간들 사이의 관계에 대해 말하고 있다. 어떤 관계가 화자와 교수 사이에 있다면, 그것은 죽음에 대한 공동의 주목을 통해서만, 말하자면 무엇보다도 죽음으로의 접근에서 가장 명백해지는 유한성의 나눔을 통해서만 이루어진다. 죽음은, 장-뤽 낭시가 『무위無爲의 공동체』에서 지적하고 있는 것처럼, "공동체와 분리해서 생각할 수 없을 것인데, 바로 죽음을 통해서 공동체가 드러나며 그 역도 마찬가지이기 때문이다".[7] 두 사람이 어떠한 공통의 속성과 소유물, 즉 어떠한 공통의 것으로도 메울 수 없는 거리 가운데 분리되어 있기는 하지만, 그들은 오직 죽음으로의 접근에서 그려지는 바깥의 말을 들음으로써만 내밀성 가운데 서로 이어져 있다는 사실을 발견한다. 화자와 교수 사이의 관계는 '공동체 없는 공동체'에서 '우리'로 열린다.

죽음 가까이에서 바깥에 스스로를 넘겨주고 있는 최후의 인간은 더 이상 자아로 남아 있을 수 없다. 그의 존재는 내재성 가운데, 즉 자아와 자신

---

6) DH, pp. 111~112.

7) J.-L. Nancy, *La Communauté désœuvrée*, p. 39. 또한 낭시는 이렇게 덧붙인다. "공동체는 타인의 죽음 가운데 드러난다. 따라서 죽음은 언제나 타인을 통해, 타인을 위해 자리 잡는다. 공동체는 '자아들'——결국 불사不死의 주체들과 실체들——의 공간이 아니라, 언제나 타인들인 나들의 공간이다(내가 타인이 아니라면 나는 아무것도 아닌 것이다). 공동체가 타인의 죽음에서 드러난다면, 죽음 그 자체가 자아들이 아닌 나들의 진정한 공동체이기 때문이다"(같은 책, p. 42).

의 관계 내에 기반하고 있지 않으며, 그 관계 내에서 더 이상 유지될 수 없다. 그의 존재는 바깥을 향해 있으며, 바깥의 힘에 의해 외재화되어 있다. 또한 그는 원하든 원하지 않든 이미 타자를 부르고 있으며, 타자를 향해 나아가고 있다. 그의 존재는 내재성 가운데 스스로를 정립할 수 있는 존재가, 자기의식으로서의 존재, 의식 가운데 스스로를 긍정할 수 있는 존재가 아니며, 의식 너머 또는 의식 이하의 '표현expression'으로서의 존재, 타인과의 관계 내에서 타인을 부르는 표현으로서의 존재, 즉 '단수적單數的singulier' 존재이다. 최후의 인간은 죽음에 접근하고 있지만 죽음에 대한 저항의 표현이자 타인을 부르는 표현 자체이다. 그는 죽음이 지배하는 바깥의 기이함과 마주하고 있지만, 또한 타인과의 관계 내에서 바깥의 내밀성을 드러낸다. 그는 기반이 흔들리고 있는 존재, 자아와 자신과의 관계에서 쫓겨난 '실체substance' 없는 존재, 말하자면 단수성 내에서 타인에게 주어지는 표현으로서만 유지되는 존재이다. 최후의 인간은 타자에 열려 있는 '우리'를 구성하는 '자아 없는 나moi sans moi'일 것이다. 따라서 화자는 이렇게 말한다. "[……] 아마 그는 욕망에 뒤섞이는 숨결일 것이며, 시간 자체와 뒤섞이는 순간을, 관계들을 끊어놓는 순간을 거쳐 가고 있을 것이다. [……] 그러나 그는 아마 내 자신, 즉 이전부터 언제나 자아 없는 나였을 뿐이다. 내가 열어 놓을 수 없는 관계, 내가 밀쳐놓고 나를 밀쳐놓는 관계."[8]

최후의 인간과의 만남에서, 그의 현전 앞에서 화자인 '나'는 그 못지않게 자아가 지워진 자신과 마주하게 된다. 그러한 '나'는 또한 최후의 인간이 놓여 있는 영역을 향해 있다. '나'는 그 영역에서 메마름(왜냐하면 거기서 누구도 최후의 인간의 죽음을 대신할 수 없으며, 그 두 사람 역시 각자의 고독

---

8) DH, p. 47.

속에서 분리되어 있을 수밖에 없기 때문이다)과 동시에 내밀성(왜냐하면 거기서 '나'는 최후의 인간의 현전에 응답하도록, '우리'라는 높이에서의 소통에 들어가도록 강요당하기 때문이다)을 확인한다. '우리'의 위치에서의 소통 가운데 바깥을 향한 공동의 움직임이 두 사람의 존재 방식을 결정한다. 무차별적이고 익명적인 그 움직임은 모든 동일성(정체성)과 자아에게 고유하다고 여겨지는 모든 속성을 무시하며 자아──최후의 인간의 자아뿐만 아니라 화자의 자아──를 어느 누구로, 어떤 자로, 즉 '우리'로 변형시킨다. "나는 거기에 있었다──나는 이미 어떤 자에 불과하지 않았던가? 어떤 자의 무한성에 불과하지 않았던가?──그와 그의 운명 사이에 아무도 있을 수 없게 하기 위해 그의 얼굴이 벌거벗은 채로 남아 있도록, 그의 시선이 갈라지지 않은 것으로 남아 있도록."[9]

　　그러나 여기서 '우리'는 어떤 인간집단을 가리키지 않는다. '우리'에 해당하는 가시적인 육체가 없다. '우리'는 공통의 동일성(정체성)이나 공통의 이념에 대한 공유가 아니라 자아 바깥의 '존재'에 대한 공유에 기반을 둔 함께-있음의 양태이다. '우리' 앞에서 나와 타인 모두가 자아의 한계에 이른다면, 자아 바깥의 존재가 나와 타인 모두를 타자(제3의 인물)로, 타자를 위한 자로 만드는 움직임을 의미하기 때문이다.

＊　＊　＊

타인과 공유하는 바깥의 경험이 어떤 '윤리'(어떤 율법, 동정의 감정, 나아가, 레비나스가 말하는 바를 참조해 본다면, 윤리적 주체성의 발견 또는 타인을 위

---

9) DH, pp. 22~23.

한 희생·대속[10])를 우리에게 명하는 것이 아니다. 바깥의 경험은 결국 자아 바깥에서 존재할 수밖에 없는 인간의 유한성에 대한 공유의 경험이다. 이러한 물음에 대해 생각해 볼 필요가 있다. 자신의 존재를 의식으로, 사유로, 언어로 완전히 통제할 수 있는 인간이 과연 있는가? 상징체계로서의 언어를 바탕으로 의식과 사유를 통해 이루어진 세계가 문화의 세계라면, 바깥은 또한 문화의 세계 바깥이며 바깥의 경험은 문화 바깥의 경험이다. 그렇다고 바깥의 경험은 있을 수 없는 순백의 자연(그것을 우리는 상상할 수도 없고 그곳으로의 회귀를 결코 꿈꿀 수도 없다)에 대한 경험이 아니며, 문화(의 세계)와 자연(의 세계) 사이의 균열·틈·단절에 들어가는, 들어갈 수밖에 없는 경험이다. "자연적인 것의, 자연nature의 은밀하고 위험한 회귀."[11] 가령 죽음으로의 접근의 경험은 문화와 자연 사이의 균열에 대한 경험이며, 문화와 자연 사이에 찢긴 존재가 되는 경험이다. 블랑쇼가 말하는 죽음의 불가능성은 문화의 힘(의식·사유·언어의 힘)으로 죽음이라는 자연에 침투해 들어가는 것의 불가능성과 다르지 않으며, 완전한 의식의 존재도 완전한 자연의 존재도 될 수 없는 인간의 불행을 표현하고 있다. 죽음의 경험으로 대표되는 유한성의 경험 일반(예를 들어 병·고독의 경험, 사회로부터의 추방의 경험)은 육체적 또는 심리적 수준에서 고통의 경험일 뿐만 아니라 나아가 의미 부여의 불가능성에 대한 경험, 즉 문화와 자연의 단절에 대한 '존재론적' 경험이다.

인간이 신과 같은 완전히 자율적인 존재라고 가정해 보자. 인간이 말하자면 완전한 예지와 의지의 존재, 자신의 지성과 의지로 만물을 지배·

---

10) 이 책의 2장 '공동체 없는 공동체' 참조.
11) ED, p. 77/91.

관리할 수 있는 중심으로서의 존재, '영장'으로서의 존재라고 가정해 보자. 인간에게 만물과 존재가 궁극적으로 남김없이 의미의 수준에서 파악된다면, 인간에게 외부가, 바깥이 있을 수 없다. 그 경우 인간은 완벽하게 내재적 존재être immanent일 것이며, 타자로서의 타인마저도 자신의 동일화하는 힘(지성과 의지)에 '종속'된 존재에 지나지 않게 될 것이다. 그러나 인간은 그렇게 완전한 내재적 존재가 아니며, 항상 바깥에 노출되어 바깥에 이미 기입되어 있는 존재, 즉 자아 바깥의 존재, 또는 문화(의 세계)와 자연(의 세계) 사이의 균열 가운데 놓인 분열된 존재이다. 유한성의 존재, 바깥의 존재, 분열된 존재, 헤겔의 표현에 의하면 '찢긴 존재'[12]. 이러한 인간에 대한 정의定義는 어떤 인간의 능력(가령 이성——이성적 존재로서의 인간, 사유——사유하는 존재로서의 인간, 노동의 능력——노동하는 존재로서의 인간, 제작의 능력——제작하는 인간)을 기준으로 삼아, 말하자면 인간이 자아와 자신과의 관계에서 설정한 기준에 따라 나오지 않으며, 정상성正常性normalité·이상성理想性idéalité과 정상성·이상성 바깥을 구별하지도 않는다. 균열 가운데 존재하는 인간, 분열된 존재로서의 인간, 바깥의 인간, 이러한 정의는 인간의 본질을 가정하지 않으며, 따라서 정의된 인간 본질에 따라 정상성과 비정상성非正常性, 이상성과 비이상성非理想性을 구별하지도 않는다.

바깥의 인간, 바깥으로 열린(몰린) 인간은 오히려 인간 본질에 대한 모든 정의가 부각시키는 인간의 자기동일성(정체성)이 한계에 이르는 지점에 위치한다. 바깥의 인간은 자기동일성 바깥으로, 의식의 능동적인 힘 바

---

12) 『정신현상학』에서 헤겔의 유명한 표현을 되돌려 보자. "오로지 절대적 분열absoluten Zerrissenheit 속에서 스스로를 발견하는 한에서만 정신은 자신의 진리를 획득한다"(헤겔, 『정신현상학』, I, p. 36). 여기서 찢김, '절대적 분열'이란 자연적 존재(육체적 존재)와 문화적 존재(의식적 존재) 사이에서 인간의 분열을 의미한다.

깥으로, 결국 문화의 세계 바깥으로 열려 있는 인간이며, 자아로 하여금 자신과 연결되게 하는 능동적인 힘이 무력화되는 가운데, 자기동일성의 말소와 함께 완전한 수동성 가운데 자연으로 향해 가는 존재로 변한다. 그러나 그때 그는 자율적인 의식과 의지의 신적인 존재(문화의 극단)도 아니고, 의식에 따라 스스로를 규정해 본 적이 없는 자연의 존재(자연의 극단, 동물적 존재)도 아니다(어떠한 경우라도 우리는 여기서 완전히 자연적인 존재, 즉 동물적인 존재로서의 인간을 옹호하지 않는다). 그는 자기동일성을, 자기의식을 이해했던 존재였지만 이제 그 한계에서 자연을, 말하자면 바깥의 지배를 받아들일 수밖에 없는 존재, 자아 바깥의 존재, 분열의 존재가 된다(이 '분열'된 인간은 물론 정신 병리학적 입장에서 병적인 인간이 아니라 다만 의식과 자아의 한계에 이른 인간이다).

『최후의 인간』에서 교수와 화자의 관계는 그러한 바깥의 인간에 대한, 즉 인간의 한계·유한성에 대한 공동의 동의에서 비롯되었고, 그에 따라서 거기에 함께-있음에 대한 공동의 움직임이 표현되어 있다. 화자는 교수가 드러내는 자아 바깥의 존재를 '우리'를 부르는 표현으로 받아들인다. 『최후의 인간』에서 블랑쇼가 말하고자 하는 것은 타인을 위한다는 어떤 윤리(그것이 어떠한 것이라 할지라도)가 아니다. 그것은 바깥이, 즉 문화의 세계에 침입하는 자연이(바깥은 결코 자연 그 자체 또는 순백의 자연이 아니라 문화와 충돌해 문화에 혼란을 가져오는, 문화와 겹치는 자연, '일그러진 자연'이다) 함께-있음의 공간이라는 것, 그리고 두 세계 사이의 분열 가운데 존재한다는 것이, 즉 자아 바깥의 존재가 된다는 것이, 자아의 근원적인 비동일성을 드러낸다는 것이 함께-있음의 조건이라는 것이다. 진정한 소통은 문화의 세계에서 어떤 동일성(민족·이념·조직·공통의 이익)이나 인간 본질에 대한 정해진 기준에 따라 이루어질 수 없으며, 문화의 세계에 균열을 내는 자연에서 자아 바깥의 인간 존재의 현현顯現(즉 타자의 현현, 또는 '그', '그 누구'의 현현, 또는 '제3의 인물'의 현현)을 통해 전개된다. 인간은 자기동일성의 존재이기 이전에 자아 바깥의 존재이며, 그 자아 바깥의 존재는 소통에 있어서 비어 있는 중심이다. 물론 문화의 세계에서 어떤 동일성의 기준에 따라 우리가 서로 모인다는 사실은 결코 부정될 수 없으며, 따라서 그 사실을 비판하는 것이 여기서 궁극적 문제가 되지 않는다. 그러나 자아 바깥의 존재는 설사 우리가 어떤 동일성의 기준에 따라 모인다 할지라도 최초 또는 최후의 함께-있음을 실현하게 하는, 모든 관계에서의 비어 있는 중심 또는 준거점이다. 그 비어 있는 중심을 망각하고 어떤 동일성의 기준에 의거해 하나의 가시적인 인간집단을 '절대화'할 때, '우리'는 필연적으로 왜곡되고 말 것이다.

블랑쇼는 『최후의 인간』에서 어떤 윤리, 타인을 위함, 타인의 고통을 대신하려는 '지고'의 윤리를 강조하지는 않으며, 다만 타인 또는 '우리'로 향해 있을 수밖에 없는 어쩔 수 없는 상황에 대해 묘사한다. 따라서 거기에서 '우리'에 이르는 나와 타인 사이의 진정한 소통이 표현되고 있기에 긍정적인 관계가 드러나 있다고 볼 수 있다. 그러나 소설화된 작품과 비평적 작품 전체에서——물론 『최후의 인간』에서도 마찬가지이기는 하지만——블랑쇼는 '우리'의 가능성을 '순진하게' 단언하고 있다기보다는 '우리'의 가능성 이전에 많은 경우 바깥을, '분열'된 인간을, 비동일성의 시련에 빠진 인간을, 자아 바깥의 인간을 집요하게 보여주고 있다. 다시 말해 그는 '우리'의 가능성을 직접적으로 강조하기 이전에 문화의 세계에 침투하는 자연의 폭력을 끊임없이 표현한다. 그러나 그렇다고 그가 마찬가지로 단순하게 파괴적 허무주의의 배경하에 분열·폭력·한계를 무조건적으로 긍정하고 있는 것은 아니며, 그는 함께-있음의 길을 설사 작품의 내용에서 가시적으로 남김없이 드러내지는 않는다 하더라도 암시하고 있다. 함께-있음이 그가 쓴 내용에, 그의 작품에서의 이야기들·주장들에 직접적으로 드러나지 않는다면 어디에 나타나 있는가? 그것은, 이어서 우리가 다시 살펴보아야 하지만, 비가시적으로, 내용 바깥에서, 씌어진 것 바깥에서 독자와의 보이지 않는 소통 가운데 나타날 것이다. 블랑쇼의 글쓰기는 독자의 참여를 절대적으로 요구하며, 독자의 참여를 통해서만, 독서라는 행위를 통해서만 완성된다.

2. 글쓰기에 나타나는 '그'

"바로 언어, 언어의 경험——글쓰기——이 우리로 하여금 어떤 완전히 다른 관계, 제3의 유형의 관계를 예감하도록 이끈다. 그 경험에서 우리가 거부당하지 않는다면, 우리가 그 경험에 어떻게 들어가게 되는가를, 그 경험이 우리에게 모든 말에 있어서 수수께끼로 말하지 않는가를 스스로에게 물어봐야 한다."[13] 결국 언어, 보다 정확히 언어의 경험(글쓰기)에서 '나'와 타인 사이의 제3의 유형의 관계가, 즉 타자, '그', '그 누구' 또는 제3의 인물이 주재主宰하는 관계가 어떻게 맺어질 수 있는가가, 다시 말해 어떻게 언어 가운데 타자('그', '그 누구')가 나타날 수 있는가가 문제된다. 여기서 언어의 경험의 모델이 되는 것이 문학(문학의 언어, 문학의 언어에 대한 경험)이라고 본다면, 문학은 제3의 유형의 관계를 명백히 보여주는 전형적인 예가 된다. 나아가——'완전히 다른 관계rapport tout autre', 제3의 유형의 관계에 부응하는——언어의 경험, 글쓰기는 문학에 있어서 다만 하나의 문제를 구성

---

13) EI, p. 103. 인용자 강조.

하는 것이 아니라, 블랑쇼에 의하면, 문학에 있어서 모든 문제의 핵심인 즉 중성적인 것의 문제를 구성한다. 그러한 사실에 대해 블랑쇼는 중성적인 것에 대한 모든 문제는 제3의 유형의 관계를 보여주는 언어의 경험과 관계가 있다고 명확히 하면서 이렇게 말한다. "중성적인 것이 갖는 모든 불가사의는 아마 타인을 거쳐 드러날 것이며, 우리로 하여금 타인을 향해 나아가게 할 것이다. 다시 말해 중성적인 것이 갖는 모든 불가사의는 이 언어의 경험을 거쳐 드러나며, 이 언어의 경험에서 제3의 유형의 관계, 하나를 이루지 않는 관계는 전체라는 물음으로서의 존재의 물음을 비껴간다[……]."[14]

그러나 문학·글쓰기에서 형성된 나와 타인 사이의 관계가 물론 얼굴과 얼굴을 마주하는 실제의 관계일 수는 없다. 작품을 매개로 이루어지는 문학적 소통은 물론 실제로 사람들을 만나게 하지는 않는다(낭독회나 강연회 또는 발표회에서 사람들이 실제 만남을 전제하고 문학과 연관된 소통이 있을 수는 있지만, 그것이 문학적 소통의 핵심은 아니며, 따라서 여기서 문제되지 않는다). 그러나 작품을 통한 문학적 소통은 사람들 사이에, 즉 글쓰는 자와 독자들 사이에 어떤 끈을 놓을 수 있다. 문학적 소통은 그 자체 어떤 공동의 경험을 가져오며, 그러한 한에서 실행될 수 있다. 그 공동의 경험은 블랑쇼에게서 '완전히 다른 관계' 또는 제3의 유형의 관계를 전제하고 중성적인 것을 부르면서 작품 가운데 실현되는 제3의 인물에 대한 경험이다.

문학이 제3의 인물에 대한 경험을 연다는 것은 무엇을 의미하는가? 제3의 인물은 작가나 독자뿐만이 아니라 어느 누구와도 동일시될 수 없다. 따라서 제3의 인물은 작품에서 묘사된——현실에 모델이 있든지 상상으로 꾸며낸 허구이든지——어떠한 인물과도 일치하지 않는다. 또한 제3의 인

14) EI, p. 102.

물에 대한 경험은, 작가의 경우 자기 고유의 성격을 묘사하는 데에 따라, 독자의 경우 독서 가운데 자신의 고유한 모습을 발견하는 데에 따라 이루어지지도 않는다. 우리가 본 대로 제3의 인물이 나와 타인 모두에게 타자Autre라면, 제3의 인물에 대한 경험은 작가와 독자 사이의 이중의 반대칭성의 관계를 전제한다.[15] 문학적 소통을 실현시키는 이중의 반대칭성의 관계가 물론 현실에서 얼굴과 얼굴을 마주하는 실제적이고 직접적인 만남에 따라 이루어질 수는 없다. 그 관계는 작품을 매개로 해, 작가는 글쓰기 가운데, 독자는 독서 가운데, 각자 스스로와는 다른 타자와, 언어의 양태로 현시顯示 présentation되는 타자와 작품을 매개로 해 '간접적으로' 만나게 되는 데에서 비롯된다. 언어에 현시되는 이 타자가 무엇인가(누구인가)를 살펴보는 데에 이후의 문제의 핵심이 있게 될 것이다.

제3의 인물, 즉 나와 타인 모두에게 공동의 타자는 우리가 본 대로 '그' (또는 '그 누구')이다.[16] '그'의 현시는 문학의 하나의 과제이며, 문학은 '그'를 현시시킬 수 있다. 문학 작품에 나타나는 '그'는 언어 경험의 중심에서 갑작스럽게 일어나는 어떤 부름appel의 사건, "우리가 이야기할 때 일어나는 밝혀지지 않은 사건"[17]이다. '그'는 작품 바깥의 얼굴과 얼굴을 마주하는 실제의 만남에서도 그렇지만 작품에서도 명사로 지정될 수 있는 어떤 특정 인물이 아니라 어떤 동사적 사건, 즉 관계의 실현이다. '그'가 "밝혀지지 않은 사건"이라면, '그'가 글쓰는 자의 표현 의도나 의미 부여 의도에도 독자의 분석과 해석의 의도에도 따라 나오지 않기 때문이다. '그'는 글쓰는

---

15) 이 책 pp. 110~113 참조.
16) 이 책 pp. 25, 89, 112 참조.
17) "'그'는 우리가 이야기할 때 일어나는 밝혀지지 않은 사건이다"(EI, p. 558).

자도 독자도 아닐뿐더러, 글쓰는 자나 독자에게 고유한 어떤 속성을 반영하지도 않으며, 작품에 나타난 어떤 허구의 인물과도 동일시되지 않는다. 또는 이렇게도 말할 수 있다. '그'는 특정 인물과 일치될 수 없지만, 어느 누구라도──아무나──기입될 수 있는 비인칭적 탈존, 동사적 탈존 또는 탈존의 비인칭성, 탈존의 동사성을 가리킨다. 작품이 씌어지고 읽히고 보다 명료하게 드러나는 데에 따라 글쓰는 자의 모든 서술행위가 하나의 궁극적 관점에서 조망되는 것처럼 보일 때, '그'는 글쓰기 가운데, 즉 비인칭적 언어의 움직임 가운데 놓여 있다. 그러나 이 경우 글쓰기는 작품에서 정식화될 수 있고 판독·해석될 수 있는 의미들의 집합체가 아니다. 여기서 글쓰기는 작품을 향해 나아가며, 작품은 의미들을 거쳐, 그리고 의미들을 넘어서 쓰는 자와 읽는 자 사이에서 이루어지는 "사이에서-말함entre-dire"[18]의 형태를 갖는다. '그'가 작품의 형태인 '사이에서-말함' 가운데 나타난다고 본다면, '그'는 작가의 의미 부여의 의도나 독자의 해석의 의지에 따라 발견되고 규정될 수 있는 어떤 것이 아니다. '그'가 의미의 수준에서 단어들 내에서 명백하게 판독될 수 있는 것으로 주어지지는 않지만, 그렇다고 '그'가 언어를 넘어서 있는 어떤 신비한 '형이상학적' 실체를 가리키는 것은 아니다. '그'는 언어로, 단어들로 의미의 수준에서 규정될 수는 없지만, 언어를 통한 소통 효과에 따라 나온다. 말하자면 '그'는 언어가 의미들을 형성해 나가는 과정에서 드러나지만 어떠한 의미로도 환원되지 않는 언어의 소통 효과로 인해 나타난다. 그 점에 대해, 언어와 의미의 관계 그리고 언어와 의미 바깥의 관계라는 물음을 염두에 두고 다른 몇 가지 맥락에서 다시 생각해 보자.

---

18) EI, p. 389.

현대 사상에서 가장 진전된 성찰들 중의 하나는 언어철학의 영역에서 개진되었으며, 그것은 사유가 언어에 종속되어 있다는 것, 사유는 언어로 표현되는 데에 따라 완성된다는 것, 언어를 넘어선 사유란 없다는 것으로 요약된다. 그러한 생각은 여러 사상가들에 의해 표명되었다. 가령 페르디낭드 소쉬르Ferdinand de Saussure는 이렇게 말한다. "그 자체에 놓여 있는 사유란 아무것도 필연적으로 규정된 것이 없는 모호한 상태에 있는 것과 같다. 미리 정해진 관념들이란 있을 수 없으며, 언어의 출현 이전에 아무것도 분명하지 않다."[19] 다시 말해 언어는 우리가 말하거나 글쓰기 이전에 미리 구성해 소유하고 있는 어떤 정해진 의미(관념과 존재의 일치)를 단순히 외적으로, 가시적으로 표현하고 번역하는 기호가 아니다. 우리가 말을 하고 글을 쓰는 데에 따라서만, 언어의 틀 내에서만 의미는 확정되고 사유는 완성된다——사실 언어 이전에 정해진 의미와 사유란 있을 수 없다. 사유가 의미 부여의 행위라면, 사유는 내면의 어떤 정신적 능력에 따라 자율적으로 전개되는 것이 아니라 외적이고 물질적인 언어의 옷을 입고 수행된다. 니체 역시 『비극의 탄생』을 쓰기 이전에 언어와 수사학에 관한 한 단편에서 "각각의 의식적 사유는 언어의 도움으로 가능하다"[20]라고 보았으며, 그러한 생각을 주저들을 쓰고 난 후 사상적 원숙기에 이르러 유고로 남긴 글에서 다음과 같이 확인하였다. "이제 우리는 사물들 안에서 부조화와 문젯거리를 읽는데, 왜냐하면 우리는 언어의 형식 내에서만 사유하기 때문이

---

19) F. de Suassure, *Cours de linguistique générale*, Payot, 1976, p. 155.

20) Nietzsche, "Vom Ursprung der Sprache", *Werke*, II-2, Walter de Gruyter, 1993, p. 185.

다──그에 따라 '이성'의 '영원한 진리'를 믿게 되는 것이다(예를 들어 주어·술어 등). 만일 우리가 언어의 구속sprachlichen Zwange 내에서 사유하기를 원하지 않는다면, 우리는 사유하기를 그친다. 우리는 그러한 한계를 한계로 봐야 하지 않을까라는 의문에 정확히 도달하였다."[21]

모리스 메를로-퐁티Maurice Merleau-Ponty 역시 "[……] 단어는 대상들과 의미들을 나타내는 단순한 기호이기는커녕 사물들에 거주하고 의미들을 운반한다. 따라서 말하는 자에게 말은 이미 형성된 사유를 번역하는 것이 아니라 완성한다"[22]라고 말할 때 같은 생각을 전해주고 있다. 그러나 메를로-퐁티의 언어에 대한 성찰에는 언어가 의미 구성(사유의 완성)을 위해 필수적이라는 사실을 밝히는 것을 넘어서는 점이 있다. 거기서 주목해 봐야 할 점은, 언어가 쓰어지고 말해지고 읽히고 전달되는 감각적·정서적 경험을 의미의 문제를 떠나 조명하고 있다는 데에 있다(언어를 통한 그러한 경험에 대해 니체 역시 언어와 음악성의 관계를 말할 때 설명하고 있기는 하지만, 우리의 입장에서 본다면 메를로-퐁티가 더 명료해 보인다). 메를로-퐁티의 언어에 대한 성찰의 핵심은, 언어가 갖는 의미 구성 요소인 기의記意.signifié의 측면이 아니라 언어의 감각적·'물질적' 작용 요소인 기표記標signifiant의 측면을 새롭게 밝히는 데에 있다. 언어에 의존하지 않는 사유가 없을 뿐만 아니라, 사유는 언어의 옷을 입고서만 전개될 수 있을 뿐만 아니라, 언어는 사유(의미 구성)를 넘어서서 사유에 종속되지 않는 감각적·감정적 차원에서의 작용을 갖고 있다. 언어는 의미들을 만들어내기 위해 필연적으로 요청되지만, 그렇다고 의미들을 만들어내는 것이 언어가 가져오는 효과의 전

---

21) Nietzsche, *Werke*, VIII-1, Walter de Gruyter, 1974, p. 197.
22) M. Merleau-Ponty, *Phénoménologie de la perception*, Gallimard 'Tel', 1945, p. 207.

부는 아니다. 언어는 사유를 가동시키고 운반할 뿐만 아니라, 그 과정에서 사유의 내용(구성된 의미)과 분리될 수도 있는 감각적·감정적 효과를 가져온다. 왜냐하면 언어는 사유를 위해 전제되고 선행되어야만 하는, 또한 사유를 정식화하는 개념으로 단순히 번역될 수 없는 물질적·신체적 몸짓 geste이기 때문이다. "따라서 말 또는 단어들은 그 자체에 들어붙어 있는, 그리고 사유를 개념적 진술으로라기보다는 스타일로, 감정적 가치로, 실존적 몸짓으로 제시하는, 의미의 최초의 층을 갖고 있다."[23]

메를로-퐁티에 의하면 언어는 다만 정식화된 의미들을 위한 개념적 진술들만이 아니다. 그 이전에 언어가 언어 공동체 내에서만, 타인과의 관계 내에서만 주어질 수 있다고 본다면, 언어는 언어를 사용하는 자(말하는 자와 글쓰는 자)의 신체적 몸짓이자 신체의 음성적 표현이며 탈존(실존)의 표현이다. 그렇기 때문에 음성으로 전해지는 말을 듣거나 문학 작품을 매개로 글을 읽는 입장에 섰을 때, 우리는 다만 말하는 자가 전하거나 작가가 전해 주는, 개념적으로 정식화될 수 있는 의미만을 받아들이는 것이 아니라, 말하는 자의 '다가옴'을 감정적 수준에서 '느끼는' 것이다. 얼굴과 얼굴을 대면하고 음성으로 전해 듣는 말 가운데에서는 말할 것도 없고, 더 나아가 문학 작품에 주어진 단어들 사이에 '어떤 사람'이 있다. 주어진 단어들 사이에, 그 배면에 하나의 신체가, '어떤 사람'의 탈존의 양태가 그려진다 (문학 작품에 그려진 탈존의 양태, 단어들 사이로 내비치는 '어떤 사람'의 신체적 몸짓의 양태, 그것이 메를로-퐁티가 말하는 스타일이다). 또한 하나의 문학

---

23) 같은 책, p. 212. 또한 메를로-퐁티는 이렇게 말한다. "언어적 이미지는 나의 신체의 총괄적 의식에, 많은 다른 것들과 함께 주어진, 나의 음성적 몸짓의 양상들 중의 하나일 뿐이다"(같은 책, pp. 210~211).

작품을 읽는다는 것은——한 친구가 보낸 편지를 읽을 때에도, 나아가 어떤 철학책을 읽을 때에도 마찬가지이지만——해석의 대상인 '메마른' 의미들만을 단순히 이해한다는 것은 아니며, 그 이전에 어떤 타인의 몸짓과 탈존에 접촉되어 거기에 응답한다는 것이다. 그렇지 않은가, 우리가 문학 작품을 읽는 이유는 어떤 새로운 사상思想을 이해하고 납득하기 위해서라기보다는, 현실에서보다 어떻게 보면 더 뚜렷한 형태로 다가오는 '어떤 사람'의 몸짓을 보고 그와 접촉하고 그의 벌거벗은 탈존을 보기 위해서가, 우리의 내면에 파고드는 그의 '목소리'를 듣기 위해서가 아닌가? 또한 우리가 하나의 문학 작품에 매혹되는 궁극적 이유는 거기에 주어져 있는 철학적 의미들 때문이 아니라, 멋지고 화려한 수사학적 표현들 때문이 아니라 '어떤 사람'의 탈존의 양태, '어떤 사람'의 몸짓과 목소리의 결 때문이 아닌가? 문학 작품을 통한 글쓰는 자와 글읽는 자의 소통은 근본적으로 언어를 통한 함께-있음의 실현일 수밖에 없다.

그러한 맥락에서 블랑쇼가 말하는 '그'에 대해 다시 생각해 볼 수 있을 것이다. 문학 이전에 나와 타인의 얼굴과 얼굴을 마주하는 관계에서 '그'(즉 타자, 나와 타인 모두의 타자)가 의식적 이해를 통해 포착되는 것이 아니라, 의식 너머 또는 이하에서 감수성에 울리는 정서적 또는 신체적 표현(예를 들어 얼굴·손·등·눈빛에 새겨지는 표현)을 통해 현전한다면, 문학 작품에서 '그'는 해석의 대상이 되는 의미 너머 또는 이하에서 언어가 갖는 물질적·감각적 표현의 층위에서 나타난다. 사실 얼굴과 얼굴을 마주하는 나와 타인의 관계에서 드러나는 '그'와 문학 작품에서 언어의 효과 가운데 드러나는 '그'는 서로 완전히 다른 종류의 것이 아니다. 왜냐하면 메를로-퐁티가 지적한 바대로 언어는 얼굴의 표현과 마찬가지로 신체적 몸짓들 중의 하나이며, 신체의 음성적 표현이자 탈존의 표현이기 때문이다. 다만 '그'는 문학 작품에서 직접적인 신체적 표현이 아니라 언어를 통한 간접적인 신체적 표현 가운데 현시될 뿐이다. 얼굴과 얼굴을 마주하는 관계에서뿐만 아니라 문학 작품에서 '그'는 특정 인물을 재현représentation(모방)하는 것이 아니라, 그 누구라도 들어갈 수 있는 비인칭적이고 동사적인 탈존을 현시présentation한다. '그'는 작품이 전달하는 철학적 의미(기의)들에 선행하며 또한 그것들을 초월한다. '그'는 작품의 의미들 배후에서 의미들을 가능하게 하는 조건인의 물질적 기표, 의미들이 구성되기 위해 돌아가야만 하는 의미들의 열림ouverture des significations 자체, 또는 의미들의 의의意義sens des significations, 작품에 주어진 모든 의미들의 최종심급을 결정하는 개념 너머의 감지되는 의의sens sensible이다. '그'는 의미들을 여는 최초의 의의이자 의미들 배후에 남아 있는 의의, 의미들이 환원되고 있는 최후의 의의이다.[24]

블랑쇼에게 '그'는 작품을 통해——나와 타인 사이의, 보다 정확히 말해 작가와 독자 사이의——제3의 유형의 관계를 설정하는 타자, 즉 제3의 인물이며, 작품의 모든 단어들이 수렴되고 있는 지점이다. 글쓰기의 궁극적인 과제는 '그'를 현시하는 데에 있다. 글쓰기가 '그'를 현시할 때, 아무나 개입될 수 있는 비인칭적 탈존을 표현할 때 글쓰기는 비인칭성을 향해 있다. 그러나 그 비인칭성에 감지되는 정서적인 계기들이 배제되어 있지 않다. 글쓰기가 향해 나아가는 비인칭성은 감정과 정념을 무시하는 객관적·과학적 지식이 갖는 특성인 중립성中立性neutralité과 관계가 없다. '그'는

---

24) "'그'는 야스퍼스Jaspers의 포괄자l'englobant가 아니며, 차라리 작품의 빈 곳과 같다. 마르그리트 뒤라스Marguerite Duras는 그녀의 소설들 중 하나에서 이 단어-부재ce mot-absence를 환기시킨다. '하나의 구멍으로, 모든 다른 단어들이 파묻혀져 있어야만 했을 이 구멍으로 그 중심에서 패어 들어간 이 단어-구멍ce mot-trou[……]'"(EI, p. 565).

특정 개인의 자아가 아니다. '그'는 한 개인에게 고유한 자아의 통제를 벗어나는 비인칭적 탈존, 즉 자아의 항상성·동일성과 세계의 유의미성·친숙성을 박탈당해 유한성에 처한 자의 익명적 탈존이며[25], 작품이 표현하는 '그'는 정념의 에너지장처럼 다가온다. '그'가 예를 들어 죽음으로 접근하는 데에 따라 한계에, 유한성에, 자아와 세계 바깥에 처한 익명의 인간의 탈존이라면, '그'는 작품에서 에너지장을 구성하는, 익명적 인간의 정념의 현시이다.

'그'는 작품에 주어진 의미들 내에 있지 않으며, 또한 작품 내에 명백하게 주어진 이미지들 중의 하나가 아니다. 다시 말해 '그'는 해석의 대상도 아니며 재현(모방)의 대상도 아니다. 그렇다고 '그'는 의미들과 이미지들 너머에 있지도 않으며, 의미들과 이미지들 배후에 '간접적으로, 보이지 않게' 현시된다. '간접적으로, 보이지 않게', 왜냐하면 '그'는 작가가 조합해 놓고 독자가 분석하는 단어들 내에 있지 않으며, 단어들 내에 드러나 있지 않은 쓰는 행위와 읽는 행위의 부딪힘을 통해, 즉 쓰는 자와 읽는 자 사이에서 이루어지는 '사이에서-말함'을 통해 현전한다. 블랑쇼가 카프카를 예로 들어 그는 "'나'에 '그'를 대치시킬 수 있었을 때부터 놀라움과 황홀한 희열과 함께 문학에 들어갔다"[26]라고 말할 때, 또는 "문학은 해방을 가져다주는 능력으로, 모든 것을 자기 목에서 졸리는 것으로 느껴지게 하는 이 세계의 압력을 물리쳐 주는 힘으로 알려지며, 문학은 '나'로부터 '그'로의 해방을 가져다주는 통로이다"[27]라고 쓸 때, 그러한 바를 암시하고 있다. 문학

---

25) 이 책 pp. 25, 112~113 참조.
26) EL, p. 21/22.
27) EL, p. 86/93.

작품은 근본적인 관점에서 본다면 작가의 자아나 작가에게 고유한 어떠한 속성도 표현하지 않으며, 작가뿐만 아니라 어느 누구라도 처할 수 있는 유한성(자아와 세계로부터의 추방)의 익명적·비인칭적 탈존의 움직임을, 말하자면 작가 자신의 타자화의 양상을 표현한다. 또한 "작가와 독자는 작품 앞에서 작품 안에서 동등하며"[28], "독자는 스스로 언제나 철저하게 익명적이다"[29]. 독서는 근본적으로 본다면 의미 해석의 행위도 이미지 분석의 행위도 아니다. 독서는 작가를 따라야 할 1인칭의 모델로 설정해 찬미하는 데에도 있지 않다. 독서는 단어들 배후에 주어진 어느 누구의 익명적 탈존을 알아듣는, 즉 독자 자신의 타자(또한 작가의 타자로서의 '그')로 건너가는 행위이다. '그'는 세계-내-존재가 아니고, 자아의 비동일성의 경험과 세계로부터의 추방의 경험이라는 시련에 노출된 자이다. '그'는 이 세계에서 통용되는 도구성 또는 유용성의 진리에 만족하지 못할뿐더러 보다 정신적이고 초월적인 어떤 세계에서 근본적 진리를 소유하지도 못한 자, 바깥에 처한 자, 바깥으로 내몰린 자이다. "그는 처음부터 구원의 밖에 있었으며, 유배의 땅에, 자신의 집이 아니라 자신 바깥 자체에 있을 수밖에 없는 장소에, 절대적으로 내밀성이 없으며 존재자들이 부재하고 우리가 움켜쥐었다고 생각하는 모든 것이 빠져 달아나 버리는 지역에 속해 있다."[30] 글쓰기는 '그'를, 유한성의 극단에, 바깥의 시련에 처한 인간을 그린다. '그'는 작가와 독자가 공동으로 증거하는 익명적 탈존의 극단이며, 그러한 한에서 '그'는 단어들 내에 있지 않고 작가와 독자의 소통 자체를 통해, 즉 양자 사이의

---

28) EL, p. 302/330.
29) EL, p. 254/282.
30) EL, p. 92/99.

'사이에서-말함'을 통해 현시된다.

블랑쇼가 말하는 '그'는 메를로-퐁티의 언어에 대한 현상학적 성찰의 관점에서 조명될 수 있을 것이다. 메를로-퐁티가 본 대로 언어가 개념적 진술들과 의미들의 구성 그리고 구성적 사유를 가능하게 하는 근거이기 이전에 감정적 가치를 갖는 실존적 몸짓이라면, 즉 언어가 근본적으로 신체적 몸짓이자 신체의 음성적 표현이고 탈존의 표현이라면, '그'는 문학작품을 통해 그러한 언어의 속성이 극한에서 실현된 결과로 나타난다. '그'는 글쓰기가 드러내는 타자의, 제3의 인물(타자화된 '나' 그리고 타자가 된 타인, "'그'는 그 누구도 아닌 자가 된 나 자신이며, 타자가 된 타인이다"[31])의 형상화이며, 작품에서 떠오르는 모든 기표들 중의 기표로, 모든 기의들(작품에 제시된 내용들·의미들)을 중성화neutralisation시켜 그 자체 내에 환원시킬 때까지 스스로를 긍정하는 기표로 나타난다. 다시 말해 작품에 나타나는 '그'는 단순히 세계-내-존재로서 세계와 조화 속에서 마주하고 있는 자가 아니라 바깥에, 즉 '모든 세계의 타자'에 놓인 자이다. 메를로-퐁티는 예술(문학뿐만 아니라 회화)이 결코 일상적·평균적 세계를 모방하는 것이 아니며 "하나의 또 다른 세계un autre monde"를 보여준다고 말하고, 이어서 "어떻게 화가 또는 시인은 세계와의 만남과는 다른 것을 말하는가"[32]라고 물었다. 하지만 메를로-퐁티에게서 예술이 '또 다른 세계'를 표현한다는 것은 예술가 자신이 주관적으로 나아가 자의적으로 세계의 대상들을 왜곡해 자신의 고유한 주관성을 부각시킨다는 것을 의미하지 않는다. "대상들을 대체하는 것은 주체가 아니며 지각된 세계의 암시적인 논리이다."[33] 다시 말

---

31) EL, p. 23/25.
32) M. Merleau-Ponty, *Signes*, Gallimard 'Folio', 1960, p. 91.

해 예술은 인간 존재의 근본 조건인 나 바깥ex에 있음sistere, 나 바깥과의 관계하에 있음을, 즉 탈존ex-sistance을 무시하고 관계 바깥의 어떤 주관성을 과장해 강조하지 않는다. 예술은 '또 다른 세계'를 보여줌으로써 여전히 세계와 인간의 관계를, 탈존을, 다만 일상적·획일적 탈존이 아닌 보다 심화된 탈존을, 나 바깥의 공간과 맺는 보다 깊이 있고 다양한 관계의 양상을 드러낸다. "「까마귀들Corbeaux」을 그릴 때 반 고흐Van Gogh는 '보다 멀리 나아가서' 따라가야 할 어떤 현실성을 더 이상 가리키지 않고 시선과 시선을 요구하는 사물들의 만남이, 존재해야 하는 자와 존재하는 것의 만남이 다시 제대로 이루어지기 위해 해야만 하는 것을 가리킨다."[34]

블랑쇼에게서 '하나의 또 다른 세계'가 아니고 '모든 세계의 타자'인 바깥은 문학의 기원이자 문학이 끊임없이 회귀하고 있는 장소이다. 그러나 '그'가 열려 있는 공간, '모든 세계의 타자'인 바깥은 문자 그대로 모든 세계가 지워진 '진공의' 공간, 거기서 아무것도 현상하지 않는 완전히 빈 공간이 아니다. 에마뉘엘 레비나스는 자신이 말하는 있음l'il y a이 블랑쇼에게서의 바깥(또는 중성적인 것le neutre)과 매우 유사하다고 지적한 적이 있다. "거기에 내가 모리스 블랑쇼에게서 다시 발견하는 하나의 주제가 있다. 비록 그는 '있음'에 대해서가 아니라 '중성적인 것'과 '바깥'에 대해 말하고 있기는 하지만 말이다. 그는 존재의 '소요remue-ménage', 존재의 '웅성거림rumeur', '중얼거림murmure'에 대해 말한다. 어느 날 밤 한 호텔방에서 칸막이 뒤로 '그것이 소요를 일으키기를 멈추지 않는다'. '우리는 옆에서 그들이 무엇을 하고 있는지 알 수 없다.' 그것은 '있음'과 매우 가까운 것이

---

33) 같은 책, p. 92.
34) 같은 곳.

다."[35] '모든 세계의 타자', 즉 바깥은 가시적으로 세계 바깥이 결코 아니다. 정확히 말해 바깥은 가시적으로 본다면 일상적인 이 세계, 가령 한 호텔방이라는 공간, 또는 자동차들과 사람들의 물결로 가득 찬 도시 한복판일 수 있다. 바깥은 존재자가 부재하는 '진공의' 공간도 아니고, 존재자들에 대한 일상적·과학적 또는 철학적 이해가 단순히 부정되는 장소도 아니다(바깥에서 다만 존재자들에 대한 그러한 이해에 '괄호가 쳐진다'). 바깥은 한계·유한성의 경험(가령 죽음으로의 접근, 타인의 죽음, 정치적 소요의 체험, 병의 체험, 나아가 치명적인 사랑의 체험[36])으로 인해, 존재자들에 대한 이해를 위해 선행되고 전제되어야 할 탈존('나' 바깥과 관계 맺음의 사건) 그 자체가 불가능성에 다가가는 공간이다. 그러나 어떠한 경우라도 탈존 자체는, '바깥'에 '서는' 움직임은 취소될 수 없다. 오히려 바깥의 경험에서 탈존은, 즉 바깥dehors으로 향하는 움직임은 자아로부터 익명적 '그'로의 움직임, 즉 강한 탈중심화(탈주체화·타자화)의 움직임이다. 바깥의 경험은 존재자들에 대한 이해가 불가능해지는 경험이 아니라 존재자들에 대한 이해에 앞서는 탈존 자체가 이해 불가능성('내'가 있음 자체의 이해 불가능성)에, 종지終止가 아닌 한계에 다가가는 경험이다. 메를로-퐁티가 예술이 일상적 이 세계를 단순히 모방(재현)하지 않고 '하나의 또 다른 세계'를 그린다고 지적

---

35) E. Levinas, *Éthique et infini*, Fayard, 1982, p. 48.
36) 블랑쇼는 「클로델과 무한Claudel et infini」(LV)이라는 텍스트에서 외교관으로서 굳건히 남성적으로 이 세계에 뿌리박고 있다는 사실에 자부심을 가졌던 폴 클로델Paul Claudel이 한 유부녀를 사랑하게 되면서 겪었던 밤의 체험(바깥의 경험)에 대해 말하고 있다. "그는 밤과 마주하였고, 한계들을 깨뜨렸으며, 다른 누구인가를 만나기 위해 스스로를 상실할 것을 받아들이면서 스스로를 심연에 던졌다"(LV, p. 102/146). 또한 『밝힐 수 없는 공동체』의 2부에서 마르그리트 뒤라스의 『죽음을 가져오는 병La Maladie de la mort』에 대한 블랑쇼의 논의는 한 남자가 사랑으로 인해 겪게 되는 바깥의 경험에 대한 분석이다.

한 것이 옳다면, 이는 예술이 인간과 세계의 도구적이고 획일적인 관계보다 더 심화되고 다양한 관계를 표현한다는 의미에서 그렇다. 같은 맥락에서 블랑쇼가 문학은 '모든 세계의 타자'인 바깥을 드러내고 바깥으로 열려있는 '그'를 형상화한다고 말할 때, 그는 문학이 모든 관계로부터 단절된 어떤 고립된 주관성을 부각시켜 드러낸다는 것을 의미하고 있지 않다. 문학은 '모든 세계의 타자', 바깥을 나타나게 한다. 그 말이 의미하는 바는 문학이 단순히 세계를, 세계와의 관계를 부정한다는 것이 아니라, 문학이 인간이 세계와 맺는 독특한 관계를, 즉 세계와의 관계가 불가능해지는 한계 시점에서의 관계를, 관계 맺음의 불가능성으로 인한 관계를——무화無化된 세계 또는 세계의 무無와의 관계를, 관계의 불가능성으로 인해 역설적으로 더 명백한 것(부재의 현전)이 되는 관계를——, 즉 유한성 내에서 세계의 한계와 마주하는 급진화된 탈존을 그린다는 것이다.

* * *

지금까지 문제는 주로 '그'('그 누구', 나와 타인 모두의 타자, 제3의 인물)가 어떻게 작품에서 글쓰기를 통해 현시될 수 있는가를 밝히는 데에 있었다. 그러나 블랑쇼의 문학에 대한 성찰에서뿐만 아니라 그의 사상 전체에서 기본을 이루는 물음은 바깥에 대한 물음이다. 바깥이 문학의 기원이고 문학이 끊임없이 회귀하는 곳이라면, 어떻게 작품은 바깥을 말할 수 있는가? 그 이전에 작품이 바깥을 말한다는 것은 무엇인가? 또한 작품이 바깥을 말한다는 것과 '그'를 현시한다는 것은 어떠한 맥락에서 동근원적인가? 이러한 물음에 대해 몇 가지 주제들(본질적 언어, 이미지, 중성적인 것)을 통해, 이어서 블랑쇼의 소설들을 예로 들어 생각해 보자.

3. 본질적 언어(문학적 언어)

바깥은 작품에서 언어가 향해 나아가고 있는 장소이며 작품이 향해 있는 '작품 바깥'(작품에 주어져 있는 단어들·이미지들·의미들 바깥)이다. 블랑쇼는 작품과 작품의 언어 나아가 문학에 개입하고 있는 그러한 바깥을 '중심점'이라고 부른다. "말라르메Mallarmé가 항상 되돌아오고 있는 중심점이란 이러한 것이다. 문학이라는 경험이 우리로 하여금 직면하게 하는 위험의 내밀성에 다가가듯 그는 항상 이 중심점으로 되돌아왔던 것이다. 이 지점은 바로 언어의 성취가 언어의 소멸과 일치하는 곳, (그가 '아무것도 말하여지지 않고는 남아 있을 수 없다'라고 말하듯) 모든 것이 말하여지고 모든 것이 말인 곳, 그러나 말이 사라져 간 것의 외현外現apparence일 뿐인 곳, 즉 말이 이미지적인 것l'imaginaire, 그치지 않는 것l'incessant, 끝날 수 없는 것 l'interminable이 되는 곳이다."[37]

어떻게 바깥이 언어 내에로 들어올 수 있는가? 이러한 물음이 제기될 수 있는데, 왜냐하면 바깥, 즉 문학의 중심점은 모든 중심의 부재로서만 중심점일 수 있기에 언어를 통해 지정되고 확인·결정될 수 없기 때문이다. 바깥은 한 작품에서 중심이 된다고 여겨질 수 있는 단어들 내에 포섭될 수 없다. 그렇다고 바깥이 작품에서 언어의 구성적 작용(대상들을 표상·재현하고 그것들에 의미를 부여하는 작용)과 무관하게 드러나는 것도 아니다. 바깥은 언어의 구성적 작용 한가운데에서의 비어 있는 중심을 가리킨다. 따라서 물음은 보다 명확하게 이렇게 주어질 수 있다. 어떻게 언어는 바깥을, 이 포착될 수 없는 것, 언어(사물들을 표상하고 사물들의 의미들을 지정하는 기

---

37) EL, p. 46/49.

호들 전체, 따라서 문학이 사용하지 않을 수 없는 기호들 전체)의 한계에 놓여 있는 것[38]을 표현할 수 있는가?

따라서 언어의 구성적 작용을 거치지 않고, 언어를 매개로 삼지 않고 직접적으로 바깥에 도달할 수 없다. 바깥이 언어의 한계에 놓여 있다는 것은 바깥이 언어와 단절되어 있다는 것을 의미하지 않는다. 언어가 어떤 초과의 움직임 가운데 말해질 때, 바깥은 언어의 여백에 나타난다. 바깥은 언어 바깥의 어떤 '형이상학적' 실체가 아니며, 언어가 표상해내고 의미를 지정할 수 있는 하나의 사물도 아니다——바깥은 언어의 구성적 작용을 통해 동일화될 수 있는 '어떤 것'이 아니다. 바깥은 언어의 구성적 작용을 거쳐 가지만 그 한계에서, 언어의 어떤 초과의 움직임에서, 즉 언어가 고정된 사물들(명사들로 가리킬 수 있는 사물들)을 단순히 재현·표상하는 작용을 넘어서서 사물들의 주어짐 자체(사물의 역동성·동사성 자체)를 그리는 움직임('자기파괴 행위acte d'autodestruction')에서 드러난다. 그러한 움직임('자기파괴 행위')은 일반적인 언어의 구성적 작용의 반대, 말하자면 역逆언어작용이다. "그러나 단어들은 사물들의 부재 한가운데에서 사물들을 '서게' 하는 힘을 가지고 있으며, 사물들의 부재를 주관하고 있기에 그 부재 한가운데에서 마찬가지로 스스로 사라져 갈 힘이 있다. 단어들이 실현하는 그 모든 것, 단어들이 사물들의 부재 가운데 스스로 폐기되면서 선언하는 그 모든 것, 단어들이 사물들의 부재 가운데 끊임없이 스스로 파괴되면서('자기파괴

---

38) 블랑쇼는 바깥이 "언어가 그 자체 고유한 공백 내에서 한계로 수용하는 거리"(EI, p. 557)라고 말한다. 조르주 프렐리Georges Préli는 바깥을 지칭하기 위해 '언어의 타자autre du langage'라는 말을 제시한다(G. Préli, *La Force du dehors*, Encre, 1997, p. 134). 미셸 푸코 Michel Foucault의 표현에 의하면 언어는 "언제나 바깥에 이르지 못해 생겨나는 형식"이다(M. Foucault, *La Pensée du dehors*, Fata Morgana, 1986, p. 60).

행위') 영원히 이루어내는 그 모든 것 한가운데에서 단어들은 놀랍게도 스스로 부재가 된다."[39]

　　인간과 사물들을 매개하는 언어를, 언어학에서 많은 경우 그렇게 하듯이, 구성적 작용(언어가 갖는 표상과 의미의 구성 작용)을 통해서만 이해하는 데에는 한계가 있다. 왜냐하면 구성적 작용을 기준으로 해서만 이루어지는 언어에 대한 이해는 인간이 주체로 서서 사물들과 맺는 능동적 관계만을 전제하고 있기 때문이다. 다시 말해 그러한 언어에 대한 이해는, 인간이 언어를 수단으로 사물들을 표상들 아래 능동적으로 일반화·단일화하고(예를 들어 모두 서로 다른 살아 있는 개들을 '개'라는 이름하에 하나로 묶고) 사물들을 그 일반적 속성들을 규정해 동일화(의미 부여에 따른 동일화)하는 데에 따라 성립되는 주체·대상의 일방적인 관계만을 가정하고 있기 때문이다. 반면 블랑쇼가 말하는 단어들의 '자기파괴 행위'는 단어들이 따라가고 있는 언어의 구성적 작용이 한계에 이르렀을 때, 즉 언어의 구성적 작용이 이루어지는 말하는 인간(주체)과 사물들(대상들)의 주객 관계가 역전되었을 때 실현된다. '자기파괴 행위'는 단어들이 언어의 구성적 작용을 통해 발설되는 데에 따라 이르게 되는 역전된 주객 관계를, 즉 오히려 사물들이 말하는 인간을 '보고' 주관하는 역전된 관계를 전제한다. '자기파괴 행위' 가운데, '나'는 단어들을 통해 사물들을 보는 것이 아니라 사물들에 의해 '보여진다'. 즉 그 가운데 단어들은 사물들이 '나'를 보는 시선이 된다. "[……] 단어들은 그의 눈 아래에서 변형되고 시선들이, 즉 매혹적으로 이끄는 텅 빈 빛이 되기 위해 기호들이기를 그만둔다. 단어들은 더 이상 단어들이 아니라 단어들의 존재이다."[40]

---

39) EL, p. 45/48. 인용자 강조.

언어를 구성적 작용의 지평에서만 이해하는 데에는 한계가 있으며, 문학 작품이 문제가 될 경우에는 말할 것도 없다. 왜냐하면 언어는 인간이 주체로서 사물들을 이해하고 포착해 사유화·대상화할 수 있기 위해 의존해야 하는 도구이기 이전에, 인간과 사물들 사이의 관계와 인간과 (사물들이 놓여 있는) 공간 사이의 관계를 놓으며, 그 관계를 표현하기 때문이다. 그 관계를 주재하고 표현하는 언어는 단순히 사물들을 표상(재현·모방)하고 그 의미들을 지정하는 기호들의 집합이 아니며, 사물들이 놓여 있는 공간과 인간 사이를 오고가는 초과의 움직임이고, 그 사이의 관계를 주관하는 힘(동력動力)이다. 그 언어의 초과의 움직임과 힘을 문학이 표현한다. 문학에서 언어는 고정된(명사적인) 사물들을 재현하는 것이 아니라 궁극적으로 사물들의 주어짐 자체, 사물들의 주어짐이라는 역동적·동사적 사건 자체, 즉 '존재'를 표현한다. 그때 언어의 구성적 작용은 한계에 이르고, 그에 따라 단어들의 '자기파괴 행위'가 이루어지며(이때 단어들은 단순히 기호들의 집합이 아니다), 단어들은 나로 하여금 사물들을 볼 수 있게 하는 도구가 아니라 사물들로 하여금 나를 보게 하는 시선이 된다. 그때 언어는 인간과 사물들 사이의 주객 관계를 역전시키고, 아무것도 표상(재현)하지 않고 의미하지 않는 '시선', '텅 빈 빛'이 되며, 그에 따라 언어에 실려 오는 사물들은 주체의 위치에서 인간을 압도하는——매혹시키는——텅 빈 이미지가 된다. "글을 쓴다는 것, 그것은 매혹 가운데 언어를 준비하는 것이며, 언어에 의해, 언어 내에서 절대적 공간과의 접촉 가운데 머무르는 것이다. 그곳에서 사물은 이미지가 되고, 이미지는 하나의 형상을 암시하지만 나아가 형상 없는 것을 암시하게 되며, 그곳에서 이미지는 부재 위에 그려진 형태이

---

40) EL, p. 241/268.

지만 나아가 이 부재의 형태 없는 현전이, 즉 더 이상 세계가 없을 때에, 아직 세계가 있지 않을 때에 있는 그것으로서의 불가해하고 텅 빈 열림이 되는 것이다."[41]

작품에서 단어들의 '자기파괴 행위'가 이루어질 때, 작품에서 형상화된 이미지는 세계 내에서 고정된——의미가 확정된——, 고정될 수 있는 어떠한 사물도 표상하지 않는다. 그때 이미지는 사물의 이미지가 아니라, 정확히 말해 사물의 동사적 주어짐·나타남의, 즉 사물의 현전(존재)의 이미지, 또는 사물의 세계 내에서 고정된 형상(표상)을 압도해 무화시키는 형상 없는 것(바깥)의 이미지이다. 그것은 형상 없는 것의, '부재의 형태 없는 현전'의, 즉 바깥의 상징이다. 작품에서 언어는 그 자체 내에서 언어의 구성적 작용에 따라 세계 내에 부여된 사물의 형상을 초과하고 무화시키는 바깥(사물의 동사적 주어짐 자체, 사물의 열림·현전 자체)의 이미지가 된다.

그러한 작품을 통한 언어의 경험은 우리가 실제로 현실에서 하나의 사물을 뚫어지게 응시할 때 발생하는 경험과 유사하다. 어떤 사람의 얼굴이나 어느 벽 한 구석을 뚫어지게 바라볼 때, 어느 순간 사물은 내가 일상적으로 세계 내에서 이해하고 받아들였던, 나의 시선에 종속된 존재로 남아 있기를 거부한다. 하나의 사물이 나의 지속적이고 능동적인 시선을 무력화시키고 오히려 나를 바라보는 주체적 시선으로 변하는——일상의 주객관계가 역전되는——순간이, 말하자면 사물이 거부할 수 없는 절대적 현전으로 나타나는, "사물이 이미지 속으로 무너져 내리는"[42] 순간이 있다. 그 순간에 사물을 삼키는 이미지의 현전을 통해 바깥이 드러난다. 그러나 그러한 이미지는 결코 가시적인 사물을 완전히 말소하는 것이 아니라 반대

---

41) EL, p. 31/34~35.

로 가시적인 사물을 더할 나위 없이 가시적인 것·선명한 것·강렬한 것으로 전환시키며, 따라서 그러한 이미지 가운데 나타나는 바깥은 보이는 세계에 대한 단순한 부정도 아니고 어떤 초월적이고 형이상학적인 비가시적인 것도 아니다. 바깥은 보이는 일상의 세계가 일종의 위상격차와 함께 전환되어 이르게 된 절대적으로 물질적인 요소要素의 공간espace élémentaire이다. 바깥, '모든 세계에 대한 타자'는 세계에 대한 단순한 부정négation이 아니라 세계가 한계에서 전환되어 드러나는 공간이다. 바깥이 무화된 세계 또는 세계의 무라면, 바깥이 세계에 대한 단순한 부정이라는 의미에서가 아니라, 바깥이 인간 정신이 의미화를 통해 포섭할 수 없는 완전히 물질적인 것(이미지적인 것), 인간 정신이 긍정도 부정도 할 수 없는 '중성적인 것'이라는 의미에서 그렇다.

미술에서 흔히 블랑쇼와 가깝다고 여겨지곤 하는 알베르토 자코메티Alberto Giacometti가 찾았던 순간이 바로 "사물이 이미지 속으로 무너져 내리는" 순간, 사물을 응시하는 시선이 한계에 이르러 무력화되고 역으로 사물이 보는 자를 바라보게 되는 순간이었다. 또한 자코메티 작품의 감상자로서 블랑쇼가 궁극적으로 보게 된 것은 하나의 사물이 아니라 그러한 순간이다. "우리가 자코메티의 조각들을 바라볼 때, 그것들이 외현外現의 변이에도 시각적 관점의 움직임에도 예속되지 않는 지점이 있다. 우리는 그것들을 절대적으로 보는 것이다. 그것들은 환원되지 않고 환원에서 벗어

---

42) "그러나 우리가 사물들과 마주하고 있을 때, 어떤 얼굴이나 벽의 한 구석을 응시할 때, 우리가 보는 것에 빠져 버리게 되는 일이, 갑자기 기이하게도 벙어리가 된 이 수동적인 현전 앞에서 무력하게 그 존재에 예속되게 되는 일이 일어나지 않는가? 그렇게 될 수 있는 것이 사실이다. 우리가 응시하는 사물이 그 이미지 속으로 무너져 내리는 것이다. 이미지가 모든 것이 되돌아가게 되는 이 무력의 밑바닥과 만나게 되는 것이다"(EL, pp. 342~343/372).

나 환원 불가능한 것이 되고, 공간을 어떻게도 할 수 없고 살아 있지 않은 깊이로, 이미지의 깊이로 대치하는 힘에 의해 공간에서 공간의 주인이 된다."[43] 제임스 로드James Lord라는 모델을 앞에 두고 자코메티가 초상화를 그렸을 때 찾았던 것도 또한 사물이 보는 자를 보는 시선-이미지가 되는 지점-순간이었다.[44] 따라서 그러한 지점-순간을 찾는 자코메티에게 작품이란 결코 예술가의 어떤 감정이나 주관성에 대한 표현이 될 수 없는 것이었고, 그의 작업이란 "아무리 들여다보아도 가끔씩밖에는 모습을 드러내지 않는 리얼리티를 시각적으로 표현해내기 위해 지치지도 않고 벌이는 끝없는 분투"[45]였다. 예술은 허구이지만 한 번도 허구 그 자체에 만족했었던 적은 없고 일상적 세계를 바탕으로 만들어진 사물의 표상보다도 더 큰 리얼리티(실재성)를 담고 있는 이미지를 창조하려는 탐색이었다. 자코메티의 작품은 자신의 주관성의 표현이 아니라, 사물을 응시하는 보는 자의 시선 그리고 그에 대한 응답으로 보는 자를 다시 응시하는 사물의 시선의 만남·접촉을 통해, 간단히 말해 관계를 통해 이루어진 것이다. 그가 찾았던 실재성은 사물의 측면에도 보는 자의 내면에도 있지 않으며 바로 그 관계라는 사건 가운데에 있다. 그가 추구했던 실재성은 보이는 사물 내에 있다고 여겨지는 어떤 실체──만일 그러한 실체가 있을 수 있다면──에 근거하고 있지도 않고, 자유롭게 사물을 재구성할 수 있다고 여겨지는 상상

---

43) EL, p. 52/56. 이어서 블랑쇼는 그러한 지점 또는 그러한 순간과의 접촉을 통해 미술뿐만 아니라 문학이 시작되게──"글쓰기가 시작되게"──된다고 말한다(EL, p. 52/56).

44) 자코메티에게는 초상화를 그리는 작업과 조각의 작업이 서로 다른 것이 아니었다(제임스 로드, 『작업실의 자코메티』, 오귀원 옮김, 눈빛, 2000, pp. 64~65).

45) 같은 책, p. 103. 또한 제임스 로드는 자코메티의 작품이 외양뿐만 아니라 내면을 그리고 있다는 한 여류시인의 지적에 자코메티가 "그렇지 않습니다. 겉모양을 보는 것만으로도 일이 많아서 내부는 들여다볼 겨를이 없습니다"라고 대답했던 것을 기억한다(같은 책, p. 132).

력에 의해서도 보장되지 않는다. 자코메티는 작품을 만들어내기 위해 사물 그 자체에 속해 있다고 여겨지는 어떤 원형적 형상이나 또는 객관적인 가시적인 것 일반이 있다고 믿지 않았을 뿐만 아니라, 자신의 주관적·심리적 상상력에 의존하지도 않았다. 그의 작업은 가시적인 것에 대한 모방과 무관하지 않지만——즉 그가 그리고 조각하는 것은 어쨌든 신체이지만——궁극적으로 본다면 가시적인 것으로부터 돌아서서 모방을 거부하려는 움직임이며 가시적인 것을 무화無化시키려는 시도였다. "내가 지금 하는 일은 걷어내는 일입니다. 원상태로 돌려놓으면서 만들어 가는 거예요. 모든 게 한 번 더 사라지게 되겠지요. 모든 것을 없어지게 하는 결정적인 붓질을 해야만 되는 거지요."[46]

사물에 대한 모방을 넘어서 있으며 작가의 자아가 상상력을 통해 투영되어 있지도 않은 자코메티의 작품, 그것을 블랑쇼는 사물을 대치하는 이미지 또는 사물을 무화시키는 이미지라고 본다. 그것은 사물을 지우는 이미지이며, 사물이 놓여 있는 공간을 이미지적인 것으로 만들어 공간의 주인이 된다. 문학 작품은 선과 색, 조형적·회화적 형상이 아니라 언어가 그러한 이미지로 변할 때 생성된다. 문학 작품에서 언어는 구성적 작용(표상과 의미 구성 작용)에 따라 사물을 모방(재현)하지 않는 것은 아니지만, 모방을 가능하게 하는 주객 관계를 역전시키고 한순간 사물이 '나'를 보는, 그러나 보이지는 않는 시선으로 변한다. 거기서 언어는 미술에서의 선이나 색과 마찬가지로 가시적인 사물을 모방하지 않는 것은 아니지만, 그것은

---

46) 같은 책, p. 112. 같은 맥락에서 자코메티는 제임스 로드에게 이렇게 말했다. "'어찌됐든 나도 소심하다는 소리를 듣지 않을 만큼 용감합니다. 모든 걸 단번에 없애 버릴 결정적인 붓질을 한번 해보는 거지요.' '그런 건 왜 해야 되는 겁니까?' '여기서 빠져 나갈 다른 길이 없으니까요.'"(같은 책, p. 140).

모방을 넘어서 보는 자를 보는 시선이 되고, 사물의 형상이 아니라 사물의 다가옴 자체를——사물과의 관계의 사건 자체를——표현하는 이미지가 된다. 자코메티의 작품이 "모든 것을 없어지게 하는 결정적인 붓질"을 통해 이루어진다면, 문학 작품은 사물을 이미지 속으로 사라지게 하는 글쓰기를 통해 이루어진다. 이 경우 언어는 사물들의 형상화를 초과해——모방을 초과해——사물들의 나타남 자체를 상징하는——즉 사물들을 사라지게 하는——'자기파괴 행위'에 들어간다. 거기서 언어는 단순히 은유나 직유 같은 수사를 통해 사물들의 재현적 이미지들을 만들어내는 것에 그치지 않고 사물들로 하여금 '나'(작가 또는 독자)를 보게 하는 이미지 자체, 주객 관계의 역전인 관계의 사건(존재)을——바깥의 힘을——상징하는 이미지 자체가 된다. 블랑쇼는 그러한 언어를 이미지들을 만들어내는, 사물들을 형상화하는 언어가 아닌 '언어의 이미지image de langage' 또는 '이미지적인 언어langage imaginaire'라고 부른다. "시는 여러 비유들·은유들·직유들을 포함하고 있기 때문에 시인 것이 아니다. 반대로 시는 아무런 이미지도 만들어내지 않는다는 데에 그 특성이 있다. 그러므로 우리가 찾고 있는 것은 다른 식으로 표현되어야 한다. 문학에서 언어는 그 전체가 이미지가 되지 않는가, 이미지들을 포함하고 있거나 실제들을 형상들에 갖다놓는 언어가 아니라 언어 자체 고유의 이미지가,——이미지화된 언어가 아닌——언어의 이미지 또는 나아가 이미지적인 언어가 되지 않는가? 문학에서 언어는 아무도 말하지 않는 언어이다. 말하자면 그 언어는, 마치 이미지가 사물의 부재 위에 나타나듯, 그 자체의 부재로부터 말하며 사건들의 실제가 아닌 그림자에 다가가는 언어가 되지 않는가? 그것도 사건들을 표현하는 단어들이 기호들이 아니라 이미지들, 즉 단어들의 이미지들이라는 사실, 사물들을 이미지들로 바꾸는 단어들이라는 사실에 따라."[47]

* * *

블랑쇼에게서 문학적 언어는 단순히 사물들을 비유들와 수사들에 따라 시적으로 표현하는 언어가 아니라——보다 정확히 말해 시적 표현이 있거나 없거나에 상관없이——사물들과 주객 관계 바깥에서 관계가 열리는 사건을, 바깥의 힘을 이미지로 드러내는 언어이다. 그러한 언어를 블랑쇼는 말라르메를 참조해 일반의 언어langage ordinaire와의 대비하에 '본질적 언어langage essentiel'라고 부른다.[48] 일반의 언어는 사물들을 이해하고 관리하려는 인간의 욕구를 만족시키기 위해 사용되고 사라지는 언어이다. 일반의 언어는 언어의 구성적 작용에 따라 이름들을 붙여 사물들을 일반화하고 표상 가능한 것이 되게 하며, 나아가 사물들을 정의하고 그에 따라 인간의 필요에, 도구적 관심에 부응하는 것들로 만든다. 본질적 언어는 일반의 언어가 들어가 있는 문법 체계에 귀속되어 있고 일반의 언어에 포함되는 단어들을 사용하며 일반의 언어와 마찬가지로 주술 구조에 따라 구성되어 있다는 점에서 일반의 언어와 가시적으로 구별되지 않는다. 그러나 블랑쇼는 다음 두 가지 관점에서 말라르메로 거슬러 올라가 본질적 언어를 일반의 언어와 구별하고 있다.

---

47) EL, pp. 31~32/34~35 각주. 인용자 강조.

48) 여기서 문제가 되는 것은 말라르메가 정식화한 두 가지 언어의 구분이다. "말의 이중적 상태, 하나는 거칠고 직접적인 말, 다른 하나는 본질적인 말"(Mallarmé, Œuvres complètes, Gallimard 'Bibliothèque de la Pléiade', 1945, p. 368). 말라르메의 그러한 구분에 따라 블랑쇼는 "거친 말 또는 직접적인 말", "본질적인 말"(EL, pp. 38~40/40~42)이라는 표현을 사용하며, 각각을 의미의 변화 없이 "세계의 언어langage du monde"("일반의 언어")와 "본질적 언어"에 대응시키고 있다(EL, p. 41/44).

1) 본질적 언어는 추상적·총체적(철학적) 사유에 개입하며, 그에 따라 이상적理想的이고 정신적인 의미들을 표현한다. 본질적 언어는 우리를 도구성의 세계로부터 보다 전체적인 관점으로, 다시 말해 사용 가능성에 따른 사물들에 대한 이해가 부정되고 사물들이 본질적이고 근원적으로 포착되는 높이로 우리를 끌어올린다. "말라르메가 본질적 언어에 대해 말할 때, 때때로 그는 그것을 단지 관습적인 것에 불과한 직접적인 것에 대한 환상과 확신을 주는 일반의 언어에만 대립시킨다. 따라서 그는 문학의 관점에 서서 사유의 말을, 즉 존재하지 않고 존재와 분리되려는 결단 또는 그 분리를 실현시키면서 세계를 만들려는 결단을 단정적으로 보여주는 침묵의 움직임을, 의미 자체의 작용이자 의미 자체의 말인 침묵을 다시 붙잡는다."[49] 본질적 언어는 사유와 결별하지 않는다. 그 언어는 총체적인 의미(가령 인간의 의미, 존재의 의미)를 제시하면서 사물들을 전체적인 관점에서 파악하게 한다. 그 언어는 도구성의 세계로부터 이상적인 세계로, 사물들이 인간 존재의 궁극적 의미에 대해 말을 하는 근본적인 세계로 건너갈 수 있게 하는 길이다. 본질적 언어가 주어지는 높이에서 우리는 물론 도구성의 세계로부터 떠나게 되지만 '세계를 만들려는 결단'을 통해 존재할 수 있고 거주할 수 있는 보다 정신적인 세계를 추구하게 된다.

그러나 사유를 위해 '쓰이는' 한 본질적 언어는 아직 언어적 자율성에 이르지 못하고 있다고 볼 수 있다. 의미를 나타내는 데에 쓰이는 한 본질적 언어는 인간을 보는 바깥의 존재의 시선이 되지 못하고 여전히 인간이 사물들을 관리하고 세계를 구축하는 데에 필요한──인간으로 하여금 사물들을 보게 하는──도구로 남게 된다. 다시 말해 의미 구성에 개입하는 한

---

49) EL, p. 41/44.

에서 본질적 언어는 사물들을 지우고——사물들에 대한 인간의 지배력을 무력화시키고——동시에 사물들의 주어짐이라는 사건 자체, 순수한 관계 자체를 상징하는 자율적 이미지·기표가 되지 못하고 여전히 기표와 기의의 종합의 형태에 속해 있게 된다. 본질적 언어는 도구성에 기초한 인간과 사물들 사이의 주객 관계를 부정하고 인간으로 하여금 보다 정신적인 세계를 구성할 수 있게 하지만, 그러한 세계의 구성은 여전히 인간이 사물들을 규제하는 또 다른 주객 관계 위에서만 가능하다. 그러한 주객 관계의 역전은 사물들에 대한 인간지배의 무력화, 즉 중성화neutralisation를 통해 이루어지며, 그것은 곧 다시 살펴보겠지만 중성적인 것의 말parole du neutre로 생성하는 본질적 언어에 의해 추진된다. 그러나 블랑쇼가 명확히 하고 있는 것처럼 "모든 언어는 (오늘날 우리가 정식화하고 있듯이) 기표와 기의에 의해, 양자의 관계에 의해 구성되며"[50], 그러한 사실은 본질적 언어의 경우에도 마찬가지이다. 말하자면 본질적 언어가 기표와 기의의 결합의 한 형태로서 하나의 언어인 한에서, 그것은 사유를 표현하고 사유의 내용을 구성한다. 다만 사유와 결합된 본질적인 언어가——본질적인 언어가 설사 사유와 결합되었다 하더라도——효과의 측면에서 볼 때 모든 의미를 다시 미결정 상태로 되돌리는 중성적인 언어로 작품 내에서 생성될 수 있을 뿐이다.

　2) "시적인 말은 다만 일반적 언어에만 대립되는 것이 아니라 또한 마찬가지로 사유의 언어에 대립된다."[51] 다른 한편 본질적 언어는 일반의 언

---

50) EI, p. 586. 여기서 블랑쇼는 소쉬르의 용어들, 기표signifiant와 기의signifié를 쓰고 있으며, 양자를 각각 보다 더 전통적 표현인 형식forme과 내용contenu에 대응시킨다(EI, pp. 390, 589).
51) EL, p. 42/44~45.

어와 반대되는 지점을 향해 나아갈 뿐만 아니라, 정신적·이상적 세계를 구축하는 사유의 언어를 넘어서 그 자체 자율성을 가진, 즉 사물들과 세계가 아니라 존재의 사건을 표현하는 언어로 전환된다. 이 경우 본질적 언어는 모든 의미의 결정으로부터 벗어나 순수한 기표로 변형된다. 그러나 그러한 사실은 의미가 완전히 배제된, 언제나 의미의 공백상태에 있는 문학 작품이 있을 수 있다는 것을 의미하지 않는다. 모든 문학 작품은 언어인 한에서 기표들과 기의들의 결합체일 수밖에 없으며 무엇인가를 의미하지 않을 수 없다. 본질적 언어 역시 기표들과 기의들의 하나의 종합으로서 이 세계(일상적 세계, 도구성의 세계)에 주어진 의미들을 부정négation하고 또 다른 세계에서의 근본적 의미들을 나타내는 언어이다. 그러나 그러한 본질적 언어는 글쓰기와 글읽기의 행위에서 나타나는 효과의 측면에서 보면 모든 의미들을 초과해 중성화시키는 기표로 전환되어 문학 작품이 모든 기의로부터 무한히 멀어져 가는 지점을 향해 나아간다. 본질적 언어는 형태상으로 보면 어떤 의미들을 지정하는 부정의 언어이지만, 다른 한편 글쓰기와 글읽기라는 행위가 가져오는 효과의 측면에서 보면 궁극적으로 모든 의미에 괄호를 치면서 모든 의미 규정으로부터 끊임없이 벗어나는 중성적인 것의 언어가 된다. "특별히 이렇게 말해야만 한다. 이 언어에서 기표와 기의 사이의, 또는 우리가 부당하게 형식이라 부르는 것과 내용이라 부르는 것 사이의 관계는 무한해지게 된다."[52]

여기서 문제가 되는 것은 글쓰기와 글읽기라는 행위 가운데, 또는 글쓰기라는 행위와 글읽기라는 행위의 만남·부딪힘 가운데 실현되는 언어의 시적 효과이다. 모든 의미 규정으로부터 멀어져 가는 무한성의 기표를

---

52) EI, p. 586.

증명하는, 언어의 궁극적 자율성을 반증하는 그러한 시적 효과에 대해 말라르메는 '꽃fleur'이라는 단어를 예로 들어 간결하게 말했다. "말의 놀이에 의해 하나의 자연적 사실을 떨림 속에서 거의 사라지게 하는 이 경이로운 전이는 무슨 소용이 있을 것인가, 그 전이로부터 유사하고 구체적인 것을 불러일으키는 환기에 개의치 않고 순수 개념이 산출되지 않는다면. / 나는 꽃이라고 말한다. 그러면 내 목소리가 어떠한 윤곽도 떨쳐 내버리는 망각 바깥에서, 알려진 모든 꽃들과 다른 것이, 모든 꽃다발의 부재인 그윽한 관념idée 자체가 음악적으로 떠오른다."[53] '꽃'이라는 단어는 하나의 관념을, 꽃의 관념을 불러 세운다. 그러나 여기서 꽃의 관념은 의식에 다시 나타난 꽃의 재-현re-présentation이 아니다. 그것은 구체적인 보이는 꽃들을 환기시키지 않으며, 꽃 일반에 대해 사유할 수 있게 하기 위해——이해할 수 있게, 의미를 부여할 수 있게 하기 위해——요구되는 의식의 일반적 표상이 아니다. 꽃의 관념은 꽃 일반을 대신하지 않으며, 오히려 '알려진 모든 꽃과는 다른 것'이고, 모든 꽃의 '부재'로서의 꽃의 주어짐(존재) 자체이다. 다시 말해 그것은 꽃들을 지칭하고 그에 따라 꽃들을 유사하게 재현(모방)하는 표상représentation이 아니라, 오히려 모든 꽃들을 '떨림 속에서 거의 사라지게' 하는 꽃 자체의 역동적·동사적 현시présentation이다. 말라르메가 '관념'이라는 말을 빌려 보여주고자 하는 것은 하나의 단어가 쓰이는 맥락에 따라 지칭된 사물에 대한 재현을 초과하는(그 초과를 말라르메는 '모든 꽃의 부재'라고 말한다), 존재의 현시에까지 이를 수 있다는 것이다.

　　말라르메가 꽃의 관념을 들어 밝혀낸 언어의 시적 효과를, 즉 기표와 기의의 종합을 넘어서서 어떤 사물에 대한 재현을 초과하는 동시에 의미

---

53) Mallarmé, "Crise de vers", *Œuvres complètes*, p. 368.

규정을 비껴가면서 무한성의 기표로서 존재를 현시하는 언어의 움직임을 블랑쇼는 이렇게 다시 확인하고 있다. "이 두 가지 표현방식에 대해 생각해 보자. '하늘은 푸르다', '하늘은 푸른가? 그래.' 이 두 표현을 구분 짓는 것을 알아차리기 위해 대단한 식자識者가 될 필요는 없다. 여기서 '그래'는 결코 단순히 밋밋한 긍정을 기정 사실화하고 있지 않다. 말하자면 하늘의 푸르름은 의문문에서 공허에 자리를 내어준다. 하지만 푸르름은 사라지지 않고 오히려 반대로 그 존재 너머에서 그 자체 가능성에 이르기까지 극적으로 강렬해지며, 동시에 푸르름은 한번도 그렇게 될 수 없었던 분명 보다 푸르른 새로운 공간의 강렬함 가운데, 하늘과의 보다 내밀한 관계 가운데 순간──모든 것이 걸려 있는 물음의 순간──펼쳐진다."[54]

'하늘은 푸르다', '하늘은 푸른가? 그래.' 이 두 문장 사이에서 문제가 되는 것은 다만 하나의 존재(하늘)와 그 상태(푸르름)에 대한 규정과 확인 만이 아니다. 거기에서 '공허'가, 긍정도 부정도 될 수 없는 강렬한 미결정적인 것·중성적인 것이, 존재를 결정하는 대답에 따라 사라져 버릴 수 없는 것(바깥, 존재의 바깥 또는 바깥의 존재)이 두 문장 사이에서 스스로를 긍정하면서 주어진 단어들로 재현할 수 없는 초과의 푸르름으로 나타난다. 하나의 표현이 한 번은 평서문으로 다음에는 의문문으로 반복되면서 하늘의 존재가 '그래'라는 대답과 함께 결정되는 것처럼 보이지만, 사실 그 "존재는 선회하며 자신의 선회 가운데 존재의 불안정성으로 나타난다."[55] 한 문장이 반복되는 가운데 언어는 다만 사물을 표상하고 사물의 양태를 지정해 우리에게 친숙한 것, 이해 가능한 것으로 전환시키는 의미 부여 작용

---

54) EI, p. 14.
55) EI, p. 15.

에 머무르지 않고, 존재를, 바깥의 존재를, 하늘의 강렬한 현전(부재의 현전, 현전의 부재가, 두 문장 사이에서 가장 강렬한 하늘의 푸르름이 나타난다)을, 말하자면 하늘이 아니라 하늘이 나타나 주어지고 있는 사건의 **시간(순간)**을 표현한다. 궁극적으로 본질적 언어는 표상에 고정될 수 있는 사물을 모방하는 것이 아니라 '존재의 불안정'을, 부재로 즉시 전환되는 존재의 현전을——현전으로 즉시 전환되는 존재의 부재를, 즉 바깥을——, 달리 말해 극적인 유한성의 시간을, 불규칙적이고 단속적인 시간성 내에서 생성하고 회귀하는 시간을 모방한다.[56] 글쓰는 자는 작품을 위해 존재의 현전/부재를 찾아 나아가며, 그러한 사실은 그가 단속적으로 드러나는 강렬한 시간을 언어에 각인시키려 하는 것과 같다(그러한 시간을, 즉 붙잡을 수 없는 것을 붙잡으려는 데에 글쓰기의 모순과 불가능성이 있다). '하늘은 푸르다', '하늘은 푸른가? 그래'. 이러한 단순한 문장에서 다만 푸른 하늘이 현전할 뿐만 아니라 더 나아가 단어들 사이에서, 단어들을 넘어서 하늘이 나타나고 있는 사건을, 또는 하늘과 맺는 순수한 관계 자체를, 보이지 않는 존재를 감지할 수 있게 해주는 '기표들 중의 기표'(블랑쇼가 앞에서 '언어의 이미지', '이미지적 언어'라고 부른 것[57], 그는 그것을 이어서 '바깥의 의의sens du dehors'라고 부르게 될 것이다)가 출몰한다. 문학의 과제는 현실을 모방하는 데에도, 어떤 철학적 사상을 전달하는 데에도 있지 않고, 궁극적으로 이 '기표들 중의 기표'가 솟아오르게 하는 데에, 그에 따라 보이지 않는 것·부재하는 것을 감지될 수 있는 것·현전하는 것으로 드러내는 데에 있다(현실에 대한 모방이

---

56) 문학이, 나아가 예술이 어떻게 완전히 모방으로부터 벗어날 수 있는가? 문제 삼아야 할 것은 예술이 다만 현실에 대한 반영이라는 의미에서의 모방일 뿐이다. 예술이 완전히 모방을 거부한다는 것은 예술이 삶을 떠난다는 것과 같다.
57) 이 책 p. 150 참조.

아닌 초모방超模倣hyper-mimesis, 즉 공간적 사물들에 대한 모방이 아닌 시간에 대한 모방 또는 시간의 시간성의 현시).

4. 음악으로서의 언어(말라르메)

언어는 사물(존재자)과 다른 존재를 표현한다. 언어와 문학의 문제와 관련해 블랑쇼가 다른 누구보다도 말라르메를 이어가고 있다는 것은 분명한 사실이며, 덧붙여 우리는 블랑쇼의 언어와 문학에 대한 성찰의 핵심이 말라르메를 하이데거적으로 해석하는 데에 있다고 말할 수 있다. 하이데거와 마찬가지로 블랑쇼가 문학에서의 언어의 과제는 일상 내에서 일상에 따라서 또는 구축된 여러 지식의 체계들을 따라서 '인간적'으로 이해된 사물들 배후에서 모든 것을 떠받치고 있는 보이지 않는 존재를 표현하는 데에 있다고 본 것은 사실이다. 그러나 하이데거의 경우 언어가 사물들과 이 세계를 떠나 중심 없는 중심인 존재로 향해 있다고 보았다면, 그 이유는 언어가 보다 본질적인 세계를 열리게 하고 사물들을 보다 근원적인 관점에서 비추는 '존재의 빛'을 드러낸다고 생각했기 때문이다. 하이데거는 블랑쇼와는 달리 언어가 세계 바깥에서 전개되는 사물들과의 '순수한' 관계(사물들이 부재에 이르기까지 긍정되는 관계)를 표현한다기보다는 도구성의 세계보다 더 본래적인 세계에서 사물들을 사물들로서 드러낸다고 본다. 따라서 하이데거는 횔덜린Hölderlin의 「언어Wort」를 분석하는 같은 제목의 글에서 "언어가 스러지는 곳에서 사물은 있지 않으리라Kein ding sei wo das wort gebricht"라는 시인의 말을 반복하면서, 사물을 사물로서 현전하게 하는 언어의 힘을 강조한다. "풍부하다는 것은 주고 수여하는 데 있어서, 이를 수 있는 데 있어서, 얻을 수 있는 데—도달할 수 있는 데—있어서 힘이 있다는 것을 말한다. 그것이 언어의 본질적인 풍부함이며 언어는 말함 가운데, 즉 보여줌 가운데 빛나는 사물로서의 사물을 가리킨다."[58] 하이데거는 여기서 분명 사물을 나타나게 하고 보이게 하는 존재를 드러내는 "언어의 숨어 있는 (동사적) 본질verborgene Wesen (verbal) des Wortes"[59]을 강조하고 있다. 그러나 하이데거에게 언어는 언제나 세계와의 관련 속에서 사물들과 결합되는 존재를, 사물들을 새롭게 근본적으로 이해하고 사유할 수 있게 하는 조건으로서의 존재를 드러낸다고 여겨진다. 언어가 존재를 나타나게 한다면, 그 결과 인간에게 주어지는 과제는 언어를 통해 세계 내에서 사물들의 본질적인 의미들을 밝히는 데에, 즉 사물들에 대해 본래적인 관점에서 사유하는 데에 있다. "우리는 시詩를 들으면서 시 이후에 사유한다. 그러한 방식 가운데 시작詩作과 사유가 있다."[60]

시에 주어진 언어는 사유와 연결되어야 하며 시작과 사유는 동근원적이다. 따라서 하이데거의 경우, 철학에 주어진 과제가 존재의 의미와 사물들의 숨겨진 의미들을 밝히고 세계 내에서 인간의 본래적 거주방식을 규명하는 데에 있다면, 문학 역시 같은 과제와 마주하고 있는 것으로 간주된다. 결국 그가 문학의 언어의 문제와 관련해 주목하고 있는 것은 사유로부터 끊임없이 벗어나는 언어의 시적 움직임(사물들 그리고 사물들이 놓여 있는 공간과 인간 사이를 오가는 초과의 움직임)이 아니라, 어떤 해석학적 높이에서 언어를 매개로 이루어지는 존재·사물들·인간에 대한 사유 가능성, 의미 구축의 가능성이다. 그러한 사실은 횔덜린의 시를 논하는 이 텍스트

---

58) M. Heidegger, *Unterwegs zur Sprache*, Vittorio Klostermann, 1985, p. 223.
59) 같은 곳.
60) 같은 책, p. 224.

「언어」에서도 마찬가지이지만, 더 나아가 하이데거 후기 철학 전체에서 단어 분석과 어원 분석이 중요한 방법으로 나타난다는 맥락에서 설명된다. 하이데거의 단어 분석과 어원 분석은 하나의 단어가 정의될 수 있는 여러 의미들을 다각도에서 찾는 작업이고, 역사의 층위 속에서 담고 있는 의미들을 탐사하는 작업이며, 보다 더 오래된 의미를 찾아 사물의 존재를 규정하는 작업이라면, 그것은 '언어의 지배'를 통해 사물에 대한 '사유의 지배'를 정당화하는 하나의 방법일 수밖에 없다. 하이데거의 문학의 언어에 대한 이해는 그러한 방법에 따라 이루어지고 있다. 하지만 해석학적 지평을 역사적 관점에서 심화·확장시켜 사물들의 근본적 의미층들을 추적하는 하이데거의 방법이 문학·시의 언어의 본질을 밝혀줄 수 있는가? 말라르메가 '꽃'이라는 단어를 들어 말하고 있듯이, 시의 언어의 핵심은 한 사물을 그 의미를 밝혀 '고정시키는 데에', 규정하는 데에 있지 않고, 단어의 발화와 더불어 생성하는 사물의 '존재'와 인간의 탈존이 접촉하는 지점을, 사물이 지워지고("모든 꽃다발의 부재") 탈존이 익명적인 것이 되는 역동적인 지점, 역사가 아닌 순간에 드러나기에 현전하는 동시에 부재하는 지점을 그리는 데에 있다.

말라르메는 한 지인에게 보낸 편지에서 이렇게 말한 적이 있다. "사물을 그리지 말고 사물이 만들어내는 효과를 그릴 것./ 거기서 시는 단어들로 구성되어서는 안 되고 지향들로 구성되어야 하며, 모든 말들은 감각sensation 앞에서 지워져야만 하네."[61] 시가 사물을 그리지 않아야 한다는 말라르메의 언급은 시가 가져오는 효과가 씌어진 단어들을 기준으로 측정될 수 없으며 언어가 갖는 표상 형성의 작용과 의미 구성의 작용을 초과해 나타난다는 생각에 바탕하고 있다. 말라르메가 말하는 '사물이 만들어내는 효과'를 그리는 시, 단어들이 아닌 '지향으로 구성'된 시는 그러나 단순히 처음부터 아무것도 표상하지 않는 시 또는 아무것도 의미하지 않는 시가 아니다. 시(문학 작품)가 언어를 통해 이루어질 수밖에 없는 한, 문자 그대로 아무것도 표상(재현·모방)하지 않고 아무것도 의미하지 않는 '백지'로 돌아간다는 것은 불가능하다. 스스로 지워지는 시, 스스로 말소되는 시, 침묵의 시는 단순한 백지 상태tabula rasa를 가리키지 않는다. 다만 그러한 시는 하나의 사물을 가리키고 그 사물의 의미를 드러내는 작용을 넘어서서 한 사물과 인간의 보이지 않고 표상될 수 없는 접촉점을 지시하는 언어의 움직임을 그린다. 그러한 언어의 움직임에 대해 말라르메는 언어에 그려지는 꽃을 예로 들고 '관념'이라는 표현으로 말했다. 꽃이라는 단어는 단순히 눈에 보이는 하나의 꽃을 재현하는 것을 넘어서 하나의 꽃이 말하는 자에게 주어지는 사건(존재)과 그에 대한 말하는 자의 응답의 사건(탈존)을 개시하며, 보이는 사물인 꽃을 보이지는 않지만 감지되는 울림으로, 내면의 규정될 수 없는 흔적으로, 즉 '관념'으로 전환시킨다. 그때 비로소 언어는 사물을 단순히 가리키지 않게 되고 그 스스로 "감각 앞에서 지워"지게 된다. 그때 비로소 언어는 "단어 없는 시"로 생성하게 된다.[62]

말라르메는 이렇게 말했다. "현악기와 금관악기가 고조된 가운데 울려 퍼지는 높이에서 시는 영혼에 직접적으로 접근해 도달한다."[63] 시의 핵심은 철학의 경우와는 달리 세계의 사물들의 본질적 의미들을 규정하는 데에 있지 않다. 시의 정점은 오히려 모든 구성된 의미들이 부차적이 되는 지점——현상학적으로 말한다면 '괄호가 쳐지는' 지점——이며, 시가 음악

---

61) 앙리 카잘리스Henri Cazalis에게, 1864년 10월 30일. Mallarmé, *Correspondance*, Gallimard 'Folio', 1995, p. 206.
62) Mallarmé, "Plaisir sacré", *Œuvres complètes*, p. 389.
63) 같은 곳.

으로 전환되는 지점이다(말라르메의 시는 울려 퍼졌다 사라지는 음악이 되려는, 그러한 의미에서 침묵으로 돌아가려는 시도이며, 그의 시학은 음악으로서의 시를 정당화하려는 전형적인 예이다). 언어가, 보다 정확히 말해 언어를 통해 흔적으로 그려지는, 울리는 '관념' 자체가 음악적이다. 시는 그 안에 운율과 각운이 들어 있기 때문에 음악적인 것이 아니라 '관념'을 창조하기 때문에 음악적이다. 모든 문학은 산문이든 시이든 '관념'의 성운星雲을 이루는 한에서 음악적이다.[64] 언어는 다만 사물들을 재현하고 사물들에 의미들을 부여해 규정할 뿐만 아니라, 발설됨으로, 말하여짐으로, 씌어짐으로 존재를 개시하고 규정된 사물들을 역으로 규정될 수 없는──무규정적인, 개념화될 수 없는──내면의 울림으로, 감정의 잔상·흔적으로, '관념'으로 되돌아가게 한다. 그 과정에 글 쓰는 자가 개입되어 있으며, 작곡자나 연주자 역시 보이는 사물들이 보이지 않는 존재에 기입되어 사라져 가는 길을 언어가 아니라 음표들이나 악기를 통해 지시하며 그에 따라 '관념'을 창조한다. 사물들에 대해 인간이 설정하는 주객 관계(사물들에 대한 이해를 위해 전제되는 관계)가 역전되었을 때 그 자체로 드러나기에 규정될 수 없는 존재를, 음악가는 마찬가지로 아무것도 표상하지 않고 의미하지 않는 무규정적인 음과 리듬을 통해 보존한다. 음과 리듬은 규정될 수 없는 무규정적인 것(존재, 블랑쇼의 표현에 의하면 '바깥', '중성적인 것')을 그 자체로 보존함으로 사물들과의 '순수한' 관계 또는 인간 중심적이지 않은 관계를 보존한다. 시인

---

64) 말라르메에게서 시적 언어는 언어의 한 특정 형태가 아니며, 관습적으로 산문과 대비된다고 여겨지는 시에서만 찾을 수 있는 언어도 아니다. 말라르메는 시라는 장르와 산문이라는 장르의 구분을 인정하지 않았으며(같은 책, p. 867), 블랑쇼도 마찬가지이다(M. Blanchot, *Faux pas*, Gallimard, 1943, 1971, p. 190). 블랑쇼는 장르의 구분 너머에 문학이 있다고 본다(LV, p. 273/378~379). 그가 말하는 본질적 언어는 언어에 대한 어떤 독특한 경험을 가져오는 언어일 뿐이다.

은 '관념'에 개입되어 마찬가지로 무규정적인 것과 마주하고 마주하게 한다. 말라르메는 다시 이렇게 쓴다. "그 [시의] 결합은, 내가 아는 대로, 낯선 것의, 즉 콘서트에서 들리는 음악의 영향 아래에서 완성된다."[65]

궁극적으로 문학은 하이데거가 생각한 대로 단어들의 의미층들을 추적해 본질적인 관점에서 사물들을 규정하는 데에 있지 않고, 단어들이 만들어내는 효과를 통해, 즉 단어들 사이의 관계를 통해 인간이 사물들과 맺는 관계 자체를 표현하는 데에 있다. 그 점을 블랑쇼는 말라르메를 하이데거와 비교해 이렇게 말한다. "하이데거가 언어에 기울인 극도로 집요한 주의가, 각각 따로따로 고찰되어 그 자체 내에 응집된 단어들에 대한, 그 형성의 역사에 있어서 존재의 역사를 듣게 할 정도로 기복을 겪었고 근본적으로 여겨지는 그러한 단어들에 대한 주의라는 것을 우리는 여기서 지적할 수 있을 것이다. 그러나 하이데거는 결코 단어들의 관계에 대해 주의를 기울이지 않을 뿐만 아니라, 그 관계들의 전제가 되는, 이전에 미리 형성되어 근원적 움직임 가운데 펼쳐짐으로써 홀로 언어를 가능하게 하는 공간에 대해서는 더더욱 아니다. 말라르메에게서는 언어는 설사 순수한 것들이라 하더라도 단어들로 구성되지 않는다. 다시 말해 언어는 언제나 단어들이 사라져 간 곳이며, 나타남과 사라짐 가운데 유동하고 있는 공간이다."[66] 문학에서 언어의 궁극적 과제는 세계 내 사물들의 의미들을 역사적 관점의 높이에서 새롭게 규정해 철학적 사유를 촉발하는 데에 있지 않다. 문학은, 보다 정확히 말해 본질적 언어(문학적 언어)는 무규정적인 것(바깥)을 규정하는 철학의 시도가 무위로 돌아갈 때, 무규정적인 것에 이르러 그것을 무

---

65) Mallarmé, "Préface d"Un Coup de dés"", *Œuvres complètes*, p. 456.
66) LV, p. 320/444 각주.

규정적인 것으로 보존해야만 한다. 본질적 언어는 존재와 인간이 만나는 지점-순간(하나의 시공간, 말라르메가 '관념'이라 부른 것)을, 다시 말해 사물들의 나타남과 사라짐(현전과 부재)이 음악처럼 울리며 그와 동시에 모든 의식적 의미 부여가 한계에 이르고 인간이 침묵으로 되돌아갈 수밖에 없는 공간을 가리켜야 한다.

그러나 왜 문학에서 언어는 침묵으로 되돌아가야 하는가, 왜 사물들을 지우는 동시에 스스로 지워져야 하는가? 그러한 요구, 말라르메와 블랑쇼의 요구에 일종의 언어 '허무주의'가 있지 않은가? 그러나 본질적 언어(말라르메가 '본질적인 말'이라고 부르는 것)는 앞에서 본 대로 어떠한 의미도 가져오지 않고 어떠한 철학적 사유도 촉발시킬 수 없는 언어가 아니다.[67] 본질적 언어는 철학에 차용된 많은 언어와 마찬가지로──가령 하이데거의 존재론적 언어와 마찬가지로──일상적·관습적으로 또는 과학적으로 규정된 사물들의 의미들을 부정하고 그것들을 보다 근원적인 관점에서 조망할 수 있게 하는 언어이다. 그러나 본질적 언어는 그러한 부정의 작용을 또다시 부정하는 중성화의 작용에 들어갈 수 있는 언어이다. 다시 말해 본질적 언어는 사물들을 형상화하고 의미화하는 작용에서 벗어나서, 작품에 주어져 있는 보이는 이미지들과 확인되고 해석될 수 있는 의미들을 구성하는 작용을 넘어서서 보이지 않는 존재와 탈존의 접촉의 흔적·이미지(말라르메에게서의 '관념', 그것을 블랑쇼는 '언어의 이미지' 또는 '이미지적 언어'라고 부른다)로 생성되는 언어이다. 그때 본질적 언어는 작품 내에 주어진 모든 의미들을 지우는 관계의 사건, 열림의 사건, 현전과 부재의 사건의 상징이 된다. 그러한 과정은 결과적으로 작품에서 더할 나위 없이 푸른 푸르

---

67) 이 책 pp. 152~153 참조.

름이, 더할 나위 없이 붉은 붉음이, 더할 나위 없이 검은 검음이 나타남으로 구체화된다. 본질적 언어는 작품 내에 초과의 가시성(존재를 드러내는 사물의 초-가시성)을 실현시켜 그 자체 이미지의 음악 또는 음악적 이미지가, 이미지의 침묵 또는 침묵의 이미지가 된다. "시는 따라서 침묵이라는 본질로 되돌아간 음악이, 즉 순수한 관계들이 펼쳐지는 도정道程이, 또는 순수한 유동성이 되어야 한다."[68] "침묵의 부름", "분명 하나의 부름이 있지만, 그것은 작품 자체로부터 온다. 침묵의 부름[……]."[69] 본질적 언어가 작품에 개입될 때, 작품에서 단어들이 부정의 작용을 넘어서서 중성화의 작용으로 넘어가는 지점이, 단어들이 사물들을 초과의 가시성 가운데 보여주고 사물들의 사라짐을 침묵 가운데 울리는 공간이 발견된다. 본질적 언어는 설명하지 않고 가르치지 않으며, 다만 보여주고 듣게 한다. 본질적 언어는 시적인 말이다. 그 언어는 철학적 언어들과는 달리 '진리'라는 명목하에 사물들을 어떤 의미의 틀에 따라 고정시켜 해석하지 않는다. 그것은 철학적 언어들과는 다르게 '진리'를 명시적으로 규명할 수 없는 무력無力한 말, 침묵의 말이지만, 말하는 인간이 아무리 의식적으로 '진리'를 규명한다 할지라고 결국 부딪힐 수밖에 없는 바깥의 자연(바깥으로서의 자연, 자연으로서의 바깥)을 가리킨다. 바깥의 자연에서, 말하는 인간이 구성적 작용(언어가 갖는 표상과 의미의 구성 작용)에 따르는 언어를 통해 사물들에 설정해 놓았던 주객 관계가 역전된다. 언어에 의존해 이루어지는 그러한 주객 관계가 인간이 도구성에 대한 관심과 '진리'에 대한 관심 아래 사물들과 세계를 통

---

68) LV, p. 305/423. 블랑쇼는 말라르메를 따라 언어와 음악의 밀접한 관계를 강조한다. "언어는 관계들의 침묵의 움직임, 다시 말해 존재의 리듬의 분절이다"(LV, 320/443). 나아가 그는 바깥을 "음악의 모체가 되는 지역région-mère de la musique"(LV, p. 10/14)이라 정의한다.
69) EL, p. 259/286.

제하고 관리하는 데에——인간 자신의 힘을 발휘하는 데에——가장 필수적이고 가장 중요한 전제조건이라면, 그 주객 관계의 역전에 따라 인간은 자신의 최고의 한계에, 최고의 유한성에, 무력에 이르게 된다. 그 무력의 지점으로, 자연으로서의 바깥으로 향해 있는 본질적 언어는 따라서 세계와 사물들의 사라짐을 감지하면서 죽음에 접근하고 있는 인간의 모습을 암시한다. 그러한 사실을 블랑쇼는 『이지튀르*Igitur*』를 쓰고 있는 말라르메를 예로 들어 "『이지튀르』는 모든 힘의 부재, 무력만이 존재하는 지점에서 작품을 포착함으로써 작품을 가능하게 하려는 시도이다"[70]라고 말할 때, 또한 카프카를 예로 들어 "작가는 그러므로 죽을 수 있기 위해 쓰는 자이며 예상된 죽음과의 관계로부터 쓸 수 있는 힘을 얻는 자이다"[71]라고 말할 때, 확인하고 있다. 본질적 언어가 음악이 되면서 침묵으로 돌아가야 하는 이유는, 그렇게 함으로써만 언어 일반이 결코 말할 수 없고 증명할 수 없는 것에 대해, 즉 말하는 인간이 부딪힐 수밖에 없는 극단적인 무력의 상황과 죽음의 상황과 죽음으로의 접근에 대해——결국 바깥 그리고 바깥과 마주하는 급진적 탈존에 대해, 부재하는 최초 또는 최후의 '실재'와 그 '실재'를 향해 있는 인간에 대해——'증거'해야 하기 때문이다. 간단히 말해 말할 수 없는 것에 대해 '말'해야 하고, 언어가 도달할 수 없는 곳에 도달해야 하기 때문이다. 그러나 본질적 언어는 죽음을 최후의 확고한 사실로 허무주의적으로 선포하지도 않고, 더욱이 죽음을 찬양하지도 않는다. 다만 그 언어는 죽음까지 파고드는 삶 또는 죽음을 영위하는 삶의 찬란함을 말한다. 그 언어는 삶이 죽음과, 죽음이 삶과 만나는 순간의 강렬함을, 강렬함의 순간을,

---

70) EL, p. 135/147~148.
71) EL, p. 114/122.

즉 보이지 않는 것을 말한다. 마치 하늘의 푸르름이 이 세계에서의 어떠한 푸르름보다도 더 강렬한 푸르름으로 나타날 때는 죽음에 다가가 그 푸르름을 보는 순간이라고 말하는 것처럼……

5. 목소리로서의 이미지

블랑쇼가 '언어의 이미지' 또는 '이미지적 언어'라고 부른 것은 말라르메의 영향 아래에서 본질적 언어로 다시 정의된다. 음악으로 생성되고 침묵으로 돌아가는 본질적 언어는 언어의 구성적 작용을 통해 포착될 수 없고 표현될 수 없는 중성적 언어로서 바깥이 작품에 드러나게 한다. 그러나 포착될 수 없고 표현될 수 없는 것, 나아가 말하여질 수 없고 이해될 수 없는 것은 단순히 작품에 부재하는 것이 아니라 침묵으로 울리고 음악으로서 감지되는 것이다. 침묵이자 음악인 하나의 언어, 즉 본질적 언어는 인간의 무력無力과 죽음으로의 접근을, 말하자면 극단에서의 탈존을 현시한다(재현 아닌 현시, 극단에서의 탈존에서, 죽음으로의 접근에서 재현될 수 있는 것이 아무것도 없다). 여기서 현시는 재현과는, 즉 세계의 사물들에 대한 모방과는 다르며, 불규칙적이고 단속적인 시간(순간)에 '모든 세계의 타자'인 바깥으로 열리는 사건에 대한 초모방이다. 음악으로서의 언어, 본질적 언어는 '존재자 아닌 존재', 정확히 말해 '존재자와 분리된 존재'를, 존재자를 사라지게 하는 존재를, 바깥을 '모방'(모방 아닌 모방, 음악적 모방, 즉 초모방)한다. 또한 본질적 언어는 한 개인이나 한 특정 유형의 인간을 재현(모방)하는 것이 아니라, 바깥으로의 익명적 탈존을, 한계에서의 인간의 존재양태를 '모방'(초모방)한다.

블랑쇼는 『무한한 대화』를 중심으로 전개되는 그의 후기 사상에서 그 익명적 탈존(즉 '그', '그 누구', 타자, 제3의 인물)에 대해, 여러 문학의 물음들(가령 바깥과 글쓰기, 작품을 통한 작가와 독자의 소통)의 배경하에, 그리고 '언어의 이미지', '이미지적 언어', 즉 본질적 언어를 '목소리voix'라는 용어로 바꾸어 표현해서 다시 성찰하고 있다. 사실『무한한 대화』를 중심으로 한 블랑쇼의 그러한 성찰은 그의 모든 철학적·문학적 주제들을 집약시켜 보여주고 있다. 그 전개과정에 대해 살펴보도록 하자.

* * *

"단어를 통하지 않고 침묵 속에서 말하는 목소리는 설사 가장 내면적이라 할지라도 어느 누구의 목소리도 아니다."[72] 목소리가 침묵 속에서 말한다는 것은 목소리가 작품에 어떠한 효과도 가져오지 않는다는 것도 아니고 씌어진 단어들을 백지 상태로 되돌려 놓는다는 것(그것은 물론 절대로 불가능하다)은 더더욱 아니다. 목소리가 되돌아가고 있는 침묵은 작품을 관통하고 있는 동요의 침묵이다. 목소리와 글쓰기가 만나는 지점에서 글쓰기는 내용과 형식(기의와 기표)의 항상 다시 검증되고 분석될 수 있는 통합체 내에 가두어 둘 수 없는 것이 되고, 씌어진 단어들 바깥을 향해 있게 된다. 목소리는 작품에서 단어들이 재현하고 있는 사물들을 초과의 가시성 가운데 내용과 형식 바깥의 미결정적인 것, 중성적인 것으로 되돌아가게 한다. 다시 말해 목소리는 "사물들을 부재로 변형시키고 그 부재를 관계들의 순수한 움직임인 리듬으로 생성하게 하면서 사물들을 마멸시키는 언어의 본

---

72) EI, p. 386.

질"[73]을 완성한다.

목소리를 통해 사물들이 단순히 존재의 결정(존재의 포착, 존재의 이해)에 내맡겨지지 않고 책에 씌어진 단어들 바깥에서 나타나는 순수한 가시성(초과의 가시성)에 이른다는 점에서, 목소리는 작품 내에서 무대를 연출한다——그러나 이 무대는 문학 작품에 명시적으로 설정된 어떤 허구의 장면과 같은 것이 아니다. 사물들의 부재로의 회귀는 "리듬으로 생성"되면서 언제나 순간에 전개된다. 바로 그러한 회귀가 목소리의 음성성音聲性vocalité을 구성하며 "음성성의 경험, 이미지의 경험"[74]을 가져온다. 결국 목소리를 통해 사물들은 작품에서 부재로 회귀한다. 그 회귀는 글쓰기에 목소리가 개입하는 것과, 언어가 이미지로 생성하는 것과, 또한 "현전-부재로의 침묵의 부름appel silencieux à une présence-absence"과 동시에 발생한다. "비인칭적인 목소리는 모든 주제와 나아가 모든 형식 아래에 깔려 있는 현전-부재로의 침묵의 부름이다[……]."[75] 목소리는 작품에서 설명되고 묘사된 사물들을 단순히 재현(모방)하는 것 너머에서 사물들이 글 쓰는 자와 읽는 자의 내면의 보이지 않는 흔적으로 전환되는, 즉 사물들이 부재로 넘어가는——보이는 것들이 내면의 음악(말라르메가 '관념'이라 부른 것)으로 울리는, 하늘의 푸르름이 더할 나위 없는 푸르름으로 전환되면서 내면의 '상처'로 남는——사건을 유도한다. 따라서 결국 목소리는 사물들을 모방(재현)하지 않고 시간을 모방한다(초모방, 존재 바깥의 초과의 가시성, 더할 나위 없는 하늘의 푸르름). 목소리는 순수한 가시성과 순수한 가청성可聽性(음성성,

---

73) LV, pp. 306~307/425.
74) EI, p. 387.
75) EI, p. 387.

사물들이 부재로 전환되면서 순수한 가시성 가운데 감지되는 흔적의 비가시적 현전)이 겹치는 순간을 가리킨다. 목소리는 책에 주어진 단어들 내에 기입될 수 없으며, 책 바깥에서 순간적으로 무대를 연출한다. 목소리는, 즉 침묵과 음악의 목소리는 글 쓰는 자와 읽는 자를 책 바깥으로, 책 바깥의 소통으로 인도하며 책 바깥에서 발설된다. 책 바깥에서 글 쓰는 자와 읽는 자 사이의 침묵과 음악을 통한 소통, 그것이 목소리가 작품에서 창조하는 무대이다.

그 소통은 작품에 나타난 내용(사상, 이념)과 작가의 자아에 속한 어떤 고유성을 이해하는 데에서 이루어지지 않는다. 그것은 '그'(또는 '그 누구') 를 공유하는 데에 있다. "'그'는 [……] 차라리 작품의 빈 곳과 같다. '우리는 그것['그'라는 단어-부재]에 대해 말할 수는 없을 것이지만 그것을 울리게 할 수는 있을 것이다――거대한, 끊임없이 울리는 속이 비어 있는 바라 咔曜.' 바로 서술의 목소리voix narrative, 중성적인 목소리voix neutre가 작품이 침묵하게 되는 이 장소 없는 장소로부터 작품을 말한다."[76] '그'는 작가가 자신의 자아가 사라질 때 자아 바깥의 자신의 비인칭적 존재를 고백하게 되는 사건이다. '그'는 작가와도 독자들 중 어느 누구와도, 나아가 책에 등장하는 어떠한 인물과도 동일시될 수 없다. '그'는 어떠한 특정 개인도 모방하지 않는다. '그'는 책에 씌어진 단어들 내에 가시적으로 나타나지 않으며, 책 바깥에서 작가와 독자의 소통의 장소를, 책 바깥의 고정되어 있지 않은 장소를 준비한다. 목소리는 책이 퇴거하고 있는 "이 장소 없는 장소로부터 작품을 말하는 중성적인 목소리"이다.

목소리는 글쓰기를 소통이 이루어지는 무대로 들어가게 하는 행위acte

---

76) EI, p. 565.

이다. 목소리는 '그'가 작품에서 그려지게 하는 이미지이며, 모든 말함과 글쓰기에 있어서 최초의 조건을 충족시키는 이미지이다. 달리 말해 말하고 쓰기 위해, 이해하고 듣기 위해 먼저 목소리에 의해 이루어지는 인간들 사이의 접근, 내밀성, "작품을 쓰는 어느 누구와 작품을 읽는 어느 누구 사이의 열린 내밀성"[77]이 있어야만 한다. '그'는 명사로 지정될 수 있는 한 개인이 아니라 어느 누구의 동사적인 비인칭의 탈존이며, 목소리는 책 속에 주어진 고정된 이미지가 아니라 작가와 독자 사이의 소통 가운데에서 '그' (한마디로 어느 누구의 탈존)를 그려내는, 마치 펜의 필치처럼 나타나는 이미지이다. 글쓰기가 목소리와 만나게 될 때, 목소리를 통해 소통을 유도하게 될 때, 글쓰기는 어떠한 사물이나 인간도 모방하지 않게 되고 어떠한 사상도 표현하지 않게 된다. "글쓰기는 하나의 거울이 되기를 그만둔다. 글쓰기는 기이하게도 글쓰기의 절대적인 것 그리고 목소리의 절대적인 것처럼 구성된다. 그러한 글쓰기를 말라르메는 '씌어진 소리 없는 관현악muette orchestration écrite'이라 불렀다. 시간과 공간의 결합, 잇달아 계속 이어지는 동시성, 에너지, 에너지가 모아지는 곳으로서의 작품(에네르게이아energeia 와 에르곤ergon), 글쓰기를 언제나 미리 씌어진 것과 결별하게 만드는 필치."[78]

목소리에 겹쳐지게 되면서 글쓰기는 더 이상 책 안에서 사물들을 재현하고 의식적 관념들을 제시하기를 그치고 책 바깥에서 작가와 독자가 내밀성 가운데 소통하게 되는 장소, 에너지 교환의 장소를 마련한다. 그때 작가를 통해 독자는 타인으로의 노출 가운데 그리고 소통에 대한 요구 가운

---

77) EL, p. 35/38.
78) EI, pp. 388~389.

데 드러나는 인간의 자신 바깥으로의 탈존을 직접적으로 감지할 수 있게 된다. 그때 글쓰기는 더 이상 단순히 주어진 기호들로 남지 않으며, 담론의 구성이나 메시지의 전달 이전에 그리고 그 이후에 문제가 되는 '나'와 타인의 관계의 사건을 실행시키는 '살아 있는' 기호가 된다. 그러한 의미에서 글쓰기는 '존재하는 것'을 지정하고 동일화하는 언어와는 다른 언어이다. 글쓰기는 무엇보다도 '사이에서-말함entre-dire'이다.

* * *

"요컨대 목소리는 지속적으로 말하지 않는다는 특성을 갖고 있다. 목소리는 순간 사라져 가며, 미래가 없는 이상 흔적을 남기지 않고, 그 자체를 절정에 이르게 하는 망각을 보장한다. 마찬가지로 목소리가 발설한 것은 책의 영속성과 책의 울타리, 책의 오만한 항구성을 부수며, 진리를 가두어 둘 수 있다는 책의 주장, 진리를 발견하지 않았던 자를 진리의 소유자로 만들면서 진리를 전달할 수 있다는 책의 주장을 거부한다."[79] 목소리로부터 블랑쇼가 그의 글들에서 끊임없이 말하고 있는 '작품Œuvre'이 설명될 수 있다. 재현적 요소와 의미 구성의 요소로 형성된 하나의 책이 시대를 거쳐 아무리 찬양의 대상이 되고, 아무리 뛰어나고 독창적이며, 그 안에 아무리 위대한 진리를 담고 있다고 할지라도 그것은 '작품'이 아니다. 우리가 책에서 가시적인 것으로, 이해 가능한 것으로, 지속적으로 회수할 수 있는 것으로 번역(이해)할 수 있는 어떠한 것도 '작품'으로 열리지 못한다. '작품'을 산출하는 목소리가 보이지 않는 것인 이상, '작품'은 마찬가지로 보이지 않

---

79) EI, pp. 386~387.

고 확인될 수 없는 것이다. '작품'은 씌어진 것을 거쳐서, 그러나 그것을 넘어서 목소리를 통한 소통(자신 바깥으로의 벌거벗은 탈존에 대한 공유) 가운데에 있다. 그러한 소통이 없다면 '작품'이 있을 수 없다. 책은 '작품'으로 생성되기 위해 오직 목소리만이 실행시킬 수 있는 소통을 필요로 한다. 목소리가 매개하는 소통에 대한 경험은 순간 즉각적으로 이루어지며 기억될 수 없는 것이다(표상 바깥에서, "망각을 보장"하면서 "목소리는 지속적으로 말하지 않는다는 특성을 갖고 있다"). 그렇기 때문에 '작품'은 지속적으로 현전할 수 없으며 언제나 순간적으로 현전하는 동시에 항상 끊임없이 사라져 간다. 그러한 의미에서 '작품'은 음악적이다.

『도래할 책』에서 블랑쇼는 "문학은 어디로 가는가"라고 묻고 다음과 같이 분명하게 대답한다. "문학은 문학 자체를 향해, 즉 사라짐이라는 문학의 본질을 향해 나아가고 있다."[80] 블랑쇼에게서 문학이 무엇보다도 '작품'의 경험이고, 문학과 연관된 다른 모든 물음들(예를 들어 문체의 문제, 형식과 내용의 문제, 사회의 반영으로서의 문학의 문제, 문학사라는 문제)이 부차적인 것이라면, 문학이 존재하기 위해 소통이 있어야만 한다. '작품'의 경험은 소통을 전제하며, 나아가 소통 자체이다. 따라서 블랑쇼가 말하는 문학의 부재(또는 작품의 부재), 문학의 사라짐(또는 작품의 사라짐)은 결코 문학과 관계된 허무주의적 또는 종말론적 관점을 표명하지 않는다. 왜냐하면 문학의 목적이 사라져 가는 데에 있다면, 사회역사적 흐름에 따라 언젠가 문학이 더 이상 필요 없는 것이 될 것이기 때문이 아니라, 문학이 그 자체 스스로 긍정되기 위해 도달해야 할 소통이 급격한 순간에 이루어지기 때문이다. 문학에서의 급진적 소통에서, 즉 문학을 사라져 가야 할 것으로 만

---

80) LV, pp. 265/368.

드는 소통에서 문학에 대해서나 인간에 대해서나 어떤 허무주의적 관점이 정당화되지 않는다. 그 소통은 결국 인간들 사이에서 이루어지는 어떤 접근의 양태가 문제가 되고 있는 목소리에 대한 긍정이다.

*　*　*

글쓰기의 비인칭성은 지식의 중립성과 전혀 관계가 없다. 지식의 중립성은 모든 감정적인 계기들을 배제한 채 우리가 구속되기를 동의하는 지식의 객관성을 가리킨다. 반면 글쓰기의 비인칭성은 지식의 중립성에 이를 수 없는데, 왜냐하면 글쓰기는 지식이 '존재하는 것'을 지정하기 위해 필연적으로 의존해야만 하는 언어 그 바깥으로 끊임없이 표류하는 움직임이기 때문이다.

　오히려 글쓰기가 관계를 맺고 있는 것은 '존재하는 것'의 부재, 즉 바깥, 즉 언어의 한계이다. 바깥은 작품에서 결코 설명의 대상이 아니며, 따라서 이해의 대상도 아니고, 어쨌든 언어의 도움으로 확인되고 증명될 수 있는 대상이 아니다. 어느 누구가 설사 바깥에 대해 마치 그것이 사물들에 속해 있는 것처럼 설명한다 하더라도(분명 바로 우리가 지금 그렇게 하고 있다), 바깥이 작품에 그 자체로 나타나기 위해 어떤 차이를 가져오는 사건이 발생해야 한다. 그 차이는 글쓰기가 정체되고 고정된 기호들의 집합에 머무르지 않고 목소리로 생성될 때, 작품에 주어진 담론('존재하는 것'을 결정하기 위해 주술 구조에 따라 주어진 모든 형태의 담론)에 가져오는 차이이다. 다시 말해 그것은 목소리로서의 이미지, 즉 말하는 것과 보게 하는 것을 같게 만드는 이미지, 또는 듣는 것과 보는 것을 같게 만드는 이미지로 인해, 말의 양태로 작품의 표면 위로 떠오르는 이미지로 인해 야기된 차이이다.

그것은 목소리로서의 이미지가 언어와 간섭을 일으키면서 언어 내에서 야기한 위상격차이다.

"언어 바깥의 글쓰기, 본래 모든 대상(현전하는 것 또는 부재하는 것)을 불가능하게 만드는 언어인 글쓰기. 글쓰기는 결코 한 번도 인간의 글쓰기인 적도 신의 글쓰기인 적도 없었고, 기껏해야 타자의 글쓰기, 죽어감 자체의 글쓰기일 뿐이다."[81] 따라서 언어 바깥의 글쓰기에서 말하는 자는 한 개인으로서의 작가가 아니라 언제나 타자, 즉 '그'(또는 '그 누구')이다. 그러한 사실은 그러나 작가에게 고유하다고 여겨질 수 있는 모든 것(작가의 문체, 작가의 사상, 작가의 개성)이 단번에 지워진다는 것을, 무효로 돌아간다는 것을 의미하지 않는다. 다만 작가에게 고유한 모든 것이 글쓰기가 실현시키는 어떤 언어적 가능성을, 작가가 자신도 모르게 만나게 된 또 다른 언어의 가능성을 여는 데로 나아갈 뿐이다. '글쓰기'('언어 바깥의 글쓰기')는 이미지적인 것에, 즉 세계의 타자(바깥)에 대응하는 이미지가 된 언어, 앞에서 우리가 말했던 '이미지적인 언어', '언어의 이미지'를 촉발시킨다. 이미지적인 언어의 글쓰기, 다시 말해 글쓰기가 만들어낸 이미지의 가시성이 부름의 사건으로 나타나 이미지의 가청성과 겹쳐지면서 그 속에서 사라져 간다는 점에서, 언어의 이미지의 글쓰기. 여기서 '글쓰기'가 창조한 언어적 가능성은 언어가 표상한 모든 것이 사라지면서 수렴되는 지점, 즉 '그'의 윤곽이 드러나는——'나'와 타인 사이의, 작가와 독자 사이의——'사이에서-말함'의 가능성이다. '그'는 책에 씌어진 단어들 내에 있는 것이 아니라, 책 바깥에서, '나'와 타인의 만남에서, 작가와 독자의 대화적 상황에서 생성되는 '글쓰기' 가운데, 정확히 말해 언어의 이미지 가운데 그려진다. 작

---

81) EI, p. 626.

품에서 '그'는 언어의 표상 작용과 의미 구성의 작용을 넘어서 실현되는 소통의 극단적 가능성에 따라 언어적 양태로 이루어지는 타인을 향한 노출(타인에게 자신을 엶, 타인에게 자신을 내어맡김)일 뿐이다.

오직 언어가 도달하게 되는 그러한 소통의 극단적 가능성을 통해서만 바깥이 작품에 개입한다. 그 경우에만 바깥은 작품에서 '말할 수'는 없지만 감지할 수 있는 것이 된다. 다시 말해 타자의 목소리, '그'의 목소리voix du 'il'(또는 '그 누구'인가의 목소리voix du 'on'), 즉 글쓰기를 통해 사물들은 작품에서 부재 가운데 현시된다 —— 작품에서 바깥은 오직 언어가 또 다른 언어가 되어 표상 작용과 의미 구성 작용을 넘어서 소통을 위해 존재할 때, 소통의 요구가 될 때에만 나타난다. 여기서 소통은 작가와 독자가 공동으로 한계·유한성에서의 익명적 탈존(죽음으로의 접근)에 기입되는 데에, 바깥을 인간의 비인칭적 공동 영역으로 발견하는 데에 있다. 바깥은 그 소통이 한순간 작품을 매개로 이루어질 때, 간단히 말해 목소리의 부름이 들릴 때 나타난다.

* * *

바깥의 '의의意義sens'는 어떤 무한의 놀이에 따라 발생된다는 점에서 작품에 주어진, 또는 작품에 부여할 수 있는 모든 의미들과는 다르다. 바깥의 '의의'는 기표와 기의 사이의 무한의 놀이에 의해 유도된다. "기의는 결코 기표에 대한 응답으로, 기표가 도달해야 할 종지점으로 주어지지 않고, 오히려 의의를 전달하고 물음을 야기시킬 수 있는 힘 가운데 무한정적으로 기표를 복원시킨다(실재하는 '내용'은 형식을 충족시키기 위해서만, 형식을 형식으로 다시 세우기 위해서만 있지만 형식을 충족시킬 수 없는, 빠져 달아나는 어떤 의의에 의해 형식은 초월 당한다).”[82] 바깥의 '의의'는 하나의 의미 또는 여러 의미들로 번역되어 이해 가능한 것으로 전환되지 않는다. 즉 바깥의 '의의'는 고정된──작품에 주어져 있는──어떤 이미지(“표상, 단일성의 이미지”[83])에 부합되어 해석될 수 있는 것으로 남지 않는다. 바깥의 '의의'는 작품에 주어진 담론과 작품에 대한 담론(해석)이 완결될 수 없게 만든다. 왜냐하면 그 '의의'가 하나로 통일될 수 없는 다중의 의미들을 포함하고 있기 때문이 아니라, 작품의 모든 가능한 의미들을 모든 의미 그 너머 또는 그 이하에서 드러나는 이미지 자체로, 이미지들의 이미지로, 즉 목소리로 환원되게 만들기 때문이다. 그러한 환원의 실행이 바로 바깥의 '의의'가 야기하는 무한의 놀이이다. '무한의' 놀이, 왜냐하면 모든 의미들의 목소리로의 환원은 단어들이 끊임없이 규정될 수 없는 것으로, 무한정적인 것으로 돌아가는 움직임이기 때문이다. 작품에서 바깥은 말의 양태로 나타나는 이미지를 거쳐서 드러난다. 그 이미지는 **"목소리의 부름, 모든 곳에서 말하는 바깥의 말에 스스로를 내맡기려는 욕망"**[84]과 겹친다.

　　작품에서 바깥의 '의의'와 목소리는 동전의 앞뒷면 같은 것이다. 바깥의 '의의'는 오직 목소리를 거쳐 드러나며, 목소리에 담겨 있는 것은 오직 바깥의 '의의'일 뿐이다. 바깥의 '의의'는 존재의 나타남의 사건이 작품 내에서 감지될 때 드러나며, 목소리는 그 존재의 사건에 대한 인간의 응답, 즉 어떤 탈존의 이미지이다. 그러나 양자는 분리될 수 있는 것이 아니며, 결국

---

82) EI, p. 586. 인용자 강조. 마찬가지로 블랑쇼는 “부재하는 의의sens absent”를 의미와 다른 것으로 제시한다(ED, p. 71/86). 그는 또한 바깥을 “‘지고’의 의의sens ‘suprême’”(LV, p. 126/179)라고 말한다.
83) EL, p. 96/102.
84) EI, p. 483. 인용자 강조.

관계의 사건의 두 가지 측면일 뿐이다. 양자는 '순수한 관계'를, 존재 사건과 비인칭적 탈존이 만나는 한계점·접촉점을, 사물들이 사라져 간 공간과 이름이 지워진——익명적인——인간이 만나는 비분리의 지점을 상징한다(초모방). 그 지점은 사물들이, 의식이 더 이상 고정시킬 수 없는 흔적으로 남아 다만 음악처럼 울리는 곳, 그리고 사물들을 이해하고 통제하는 인간의 힘이 무력화되는 동시에 탈존이 다만 사물의 부재를 알리고 울리는 음악이 되는 곳이다. 그 지점에 단어들이 이르는 것처럼 보일 때, 단어들은 단순히 사물들을 재현(모방)하는 것을 넘어서, 익명적 탈존(타자, '그', '그 누구')이 그려지고 사물들의 부재가 감지되는——울리는——또 다른 이미지, 즉 목소리로 생성된다.

작품에서 목소리와 바깥은 긴밀한 관계로 묶여 있다. 말하자면 목소리는 모든 의미들을 순간적으로 그러나 끊임없이 중성화시켜 부름(이미지의 부름, 이미지의 현전)으로 환원시키는 동시에 무한으로, 이 아무것도 아닌 것으로, 이 바깥이 나타나는 지점·시점(순간)으로 되돌아가게 한다. 목소리는 바깥의 '의의'로 향해 있으며, 목소리가 긍정하는 것은 바깥의 '의의'이다.

책에 새겨져 있지 않은 또 다른 이미지인 목소리는 책 바깥에서 작가와 독자가 만나는 무대를, 즉 작품을 연다——목소리는 따라서 음악적 이미지일 뿐만 아니라 연극적 이미지image théâtrale이다. "읽히는 단어들 배후에, 마찬가지로 씌어진 단어들 이전에 [……] 이미 목소리가 기입되어 있다. 작가는 그 목소리 가까이에서 독자와 동등하다. 양자는 거의 서로 뒤섞여 목소리를 감지하기 위해 찾는 것이다."[85] 목소리는 분명 작품에 드러난 어떤 이미지(어떤 사물의 이미지, 예를 들어 바다의 이미지, 하늘의 이미지, 한 책상의 이미지, 벽의 이미지, 또는 한 사람의 이미지, 얼굴의 이미지, 손의 이미지)의 바탕 위에 놓여 있지만 그 이미지 위에서 현전으로 다시 생성되는 또 다른 이미지, 즉 차이의 이미지이다. 그렇게 하나의 이미지가 현전으로, 또 다른 이미지로, 목소리로 생성되는 과정에서 보이지 않는 하나의 몸짓이, 탈존의 자취가, 즉 '그'('그 누구', 타자)가 개입되어 있다. 여기서 '그'는 순간에 사는 자, 순간을 사는 자, 또는 보다 정확히 순간으로 환원된 자이며, 그러한 의미에서 한계로, 죽음으로 접근하고 있는 자이다. '하늘은 푸르다', '하늘은 푸른가? 그래.' 같은 문장이 반복되면서 도대체 무엇이 푸른 하늘의 이미지를 더할 나위 없이 푸른 것으로, 그 현전으로 전환시키는가? 그 반복 속에 이미지를 초과의 가시성 가운데 현전하는 것으로 보여주고 또한 음악성 가운데 울리게 하는 자가, 작가도 독자도 아니고 어떤 특정 개인도 아닌 '어느 누구'가 개입되어 있다. 즉 단어들이 연속적으로 주어지는 가운데 이미지를 이미지의 현전――또는 현전의 이미지――으로, 목소리로 전환시키는 익명적 탈존이, '그'가 그려진다. 목소리가 설사 인물을 지칭하기 위한 어떠한 명사도 없이, 어떠한 인물에 대한 묘사도 없이 발설된다 하더라도 단어들 자체에 자신의 몸짓을 내어주고 '우리'를 부르는, 순간에 나타나는 '그'가 있다――따라서 목소리는 '그'의 목소리 또는 '그 누구'인가의 목소리이다. 바로 '그'가 하나의 이미지를 초과의 가시성 가운데 보여주고(더할 나위 없는 하늘의 푸르름) 그 이미지를 사라지게 하면서――따라서 그 이미지가 재현하는 사물을 지우면서――책 바깥에서 울려 퍼지게 한다. "[……] 동시에 나타나는 복수성複數性pluralité――반복――가운데 하나의 결핍처럼 흩어져 가는 '그'는 '자신의' 자리를 결석된 자리로, 따라서 빈 것으로 남아 있는 자리로, 그러나 커져가기만 하는 여분의 자리로 지시한

---

85) EI, p. 482.

다."[86] 목소리는 작가와 독자 모두를 책 바깥으로 인도한다. 또한 작가와 독자가 목소리로 하여금 말하게 하고 목소리를 들으면서 찾고 있는 자는 바로 '그', 즉 세계 바깥(간단히, 바깥)에 처한 자, 순간에 사는 자, 순간을 사는 자, 말하자면 죽음과 삶이 겹치는 지점에 사는 자, 그 지점·시점을 사는 자이다.

---

86) EI, p. 563~564.

4장
글쓰기로부터 소통으로

· 4장 ·
글쓰기로부터 소통으로

작품을 통한 작가와 독자 사이의 소통을 말하면서 블랑쇼는 문학과 연관된 정치적 사유를 보여준다. 그 소통은 어떤 정치적 이념을 나누는 데에도, 현실 정치(정당의 구성, 권력과 반권력의 창출, 기관의 조직, 법의 정립과 폐기)의 배경하에 직접적인 공동의 참여를 정당화하고 촉구하는 데에도 있지 않다. 그것은 작품을 통해 작가와 독자가 공동으로 목소리를 듣는 데에, '그'를, 한계의 익명적 탈존을 공유하는 데에, 다시 말해 타자와의 급진적 관계(관계없는 관계)와 공동체(공동체 없는 공동체)의 열림과 인간들 사이의 전-근원적 나눔의 움직임과 벌거벗은 만남의 양태를 함께 긍정하는 데에 있다. 결국 밑바닥에서의 소통이 문제가 된다. 여기서 소통은 '무엇'(예를 들어 어떤 이념, 철학, 나아가 어떤 정치적 독트린)에 대한 소통이 아니라, 모든 소통의 전제가 되는 소통, 모든 소통의 전제 또는 조건으로서의 소통 자체, 즉 탈존과 탈존의 겹침·만남·부딪힘이다. 여기서 소통은 '무엇'을 위한 소통이 아니라, 아무 목적도 없는 소통, 또는 소통을 위한 소통, 또는 소통 그 자체만이 목적인 소통, 다시 말해 인간 존재의 조건인 유한성을 공동화共同化하는 것, 삶과 죽음을 공유하는 것, 그에 따라 전-근원적인 함께-있음을 실현하는 것이다. 그러한 소통이 언어를 통해 작품을 바탕으로 이루어지는 것을 보여주고 정당화하는 것, 거기에 문학과 결부된 블랑쇼의 '정치적' 전략이 있다.

하지만 그러한 블랑쇼의 '정치적' 전략은 문학 바깥에서 이루어지는 어떤 정치적 이념(이데올로기)을 구현하려는 시도와 정치적 행동·참여를 전적으로 거부하지 않는다. "설사 인문학이라 불리는 것에 고유하게 속해 있는 지식에 관련된 요구에 따라 쓰는 것이 문제가 될 때에라도, 스스로 이데올로기로부터 벗어나 안전하다고 믿는 것, 그것은 다른 선택의 가능성 없이 이데올로기의 가장 나쁜 남용에 빠지는 것이다."[1] 이러한 블랑쇼의 말은 그렇다고 문학이 어떤 특정 정치적 이념을 옹호해야 한다는 것을 의미하지는 않는다. 작가가 마주하고 있을 수 있는 어떤 정치적 이념 그리고 그가 처해 있을 수 있는 정치적 현실과 그가 글을 쓸 때 들어가 있는 문학의 지평은 서로 무관하지는 않지만 전적으로 같은 것은 아니다. 달리 말해 정치적 현실에서 요구되는 이념의 언어와 문학에서 요구되는 문학의 언어는 서로의 접합점이 없는 것은 아니지만 같은 것들이 아니다. 시詩나 문학보다 "벽보, 신문기사와 과학적 논설이 훨씬 더 역사에 유용하다"[2]는 사실을 부정할 수 없다. 물론 작가는, 어떤 정치적 개입·비판·저항이 요구될 때, 세계의 시민으로서 신문·벽보·유인물 등을 통해 정당하게 정치적 이념을 전달할 수 있고 현실 정치에 대해 말할 수 있고 말해야 한다. 그러나 그러한 말 자체는 문학의 언어가 아니며——그러한 말과 문학의 언어는 구분될 수 있으며——, 그것은 전-근원적 수준에서 보다 '정치적'이기 위해 문학의

---

1) EI, p. 392.
2) E. Levinas, *Sur Maurice Blanchot*, Fata Morgana, 1975, p. 12.

언어에 의해 보충되어야 한다. 문학의 언어는 다만 '무엇'에 대한 소통 또는 '무엇'을 위한 소통에 봉사해서는 안 되고, 그러한 소통의 전제조건이자 귀결점으로서의 '소통'을 열어야 한다. 현실 정치에서 '무엇'(철학·이념·재산·당·민족·국가)을 나누어야 한다는 요구 배면에 그 요구의 궁극에 자리 잡고 있는 것은 소통을 위한 소통, 함께-있음을 위한 함께-있음, 즉 '우리'의 탈존들의 나눔이며, 현실 정치가 보다 전-근원적인 그 소통·나눔에 대한 요구를 망각하고 다만 나누어야 할 '무엇'을 절대화할 때, 그것은 필연적으로 파탄에 이르게 된다(하지만 여기서 우리는 정치에서 '무엇'에 대한 나눔의 요구가 절대로 제기되어서는 안 된다는 부조리한 관점을 피력하고 있는 것이 전혀 아니고, 다만 '무엇'이 궁극적이고 절대적이자 배제적인 목적으로 설정되어서는 안 된다는 것을 말하고 있을 뿐이다). 현실 정치가 설사 보이는 '무엇'에 대한 공유를 요구할 수밖에 없다 하더라도, 그 요구를 결국 정당화하는 것은 보이지 않는 함께-있음(유한성의 나눔, '나'의 존재의 외존, 즉 타인을 향한 노출, 타인의 존재의 '나'를 향한 노출, 실존들 자체의 만남, 삶과 죽음의 나눔)이며, 그 요구는 궁극적으로 보이지 않는 함께-있음을 귀결점으로 지향한다. 정치적 관점에서 문학의 언어의 과제(과제 아닌 과제)는 결코 어떤 보이는 '무엇'에 대한 요구를 정당화하기 위해 어떤 기준(이념)들을 정립하는 데에 있지 않고, 반대로 모든 보이는 '무엇'에 대한 요구의 전제이자 귀결점인 보이지 않는 함께-있음을 작품을 통해 제시하는 데에, 나아가 실현시키는 데에 있다. 또한 문학의 언어는 보이는 '무엇'이 현실에서 절대화될 때, 현실 배후에 놓여 있는 너무나 명백하고 까발려진 언어인 이념을 검증하고 감시하는 침묵의 언어 또는 음악의 언어가 되어야 한다. 정치가 문학을 감시하는 것이 아니라 문학이 정치를 감시해야 한다. 정치의 언어가 문학의 언어를 감시하는 것이 아니라 문학의 언어가 정치의 언어를 감시해야 한다.

사실 그러한 문학의 언어를 블랑쇼는 '본질적 언어', '문학적 언어', '이미지적 언어', '언어의 이미지' 그리고 '목소리'라는 표현들로 지칭해 정당화한다. 하지만 그러한 블랑쇼의 시도가 이루어지고 있는 곳은 다만 그의 비평적·이론적 작품만은 아니며 나아가 그의 소설화된 작품이다. 이후에 문제는 어떻게 블랑쇼가 자신의 소설화된 작품(허구가 상정되어 있는 작품)을 통해 문학에 있어서의 '정치적' 요구를, 즉 보이지 않는 함께-있음에 대한 요구를 드러내고 있는가를 살펴보는 데에 있다.

* * *

블랑쇼의 소설화된 작품들 가운데『하느님』의 경우를 생각해 보자.

『하느님』은 블랑쇼의 다른 허구의 작품들과 비교해 보았을 때 이야기가 전개되고 있는 배경들과 맥락들이 가장 분명하고 자세하게 설정되어 주어져 있다는 점에서 가장 '사실주의적'이라고 볼 수 있다. 먼저 이야기가 전개되고 있는 장소는, 저자가 직접적으로 명시하고 있지는 않지만, 어렵지 않게 파리Paris로 추정된다. 이야기를 이끌어 가고 있는 중심 사건은 북스Bouxx라 불리는 전직 의사가 우두머리인 반란군이 도시를 아수라장으로 만든 전염병을 기회로 삼아 국가를 상대로 일으킨 내란이다. 또한 이 소설에는 등장인물들이 주인공을 중심으로 어떤 관계를 맺고 있는가가 명료하게 설정되어 있다. (시청 공무원이었던 소르주Sorge는 이 일인칭 소설의 화자이자 주인공이다. 쿠데타군의 수장인 북스는 소르주의 이웃이며 그에게 국가에 항거해야 할 여러 이유들을 설명하면서 반란에 참여하도록 설득한다. 루이즈Louise는 소르주의 여동생이며, 소르주는 그녀에게 증오와 더불어 거의 근친상간적인 애정을, 즉 양가적 감정을 갖고 있다. 그들의 어머니는 폭력이 끊이지 않았던 가족의 불행을 대변하는데, 그녀는 남편이 죽은 후 남편의 동료였고 이 소설에서 국가 질서를 대표하는 인물인 고위 공직자와 재혼하였다.) 이 소설에서는 많은 경우 등장인물들의 이름들과 성들이 명시되어 있는데, 그것은 블랑쇼의 다른 소설화된 작품들과 비교해 보았을 때 매우 드문 경우이다(가령 앙리 소르주Henri Sorge, 피에르 북스Pierre Bouxx, 잔느 갈가Jeanne Galgat, 마리 스카드랑Marie Scadran, 다비드 로스트David Roste 등).

또한 『하느님』은 블랑쇼의 허구적 작품들 가운데 가장 체계적이고 직접적으로 여러 정치적 관점들이 드러나 있는 소설이다. (그렇기 때문에 우리는 블랑쇼에게서 '작품의 정치la politique de l'œuvre'가 무엇인가를, 나아가 문학과 결부된 '정치적인 것le politique'이 무엇인가를 묻기 위해 『하느님』을 선택하였다. 이 소설에서 우리는 주어진 그대로의 정치적 담론——현실정치적 담론——을 검토하는 과정을 거쳐, 그러나 그 바깥에서 '작품의 정치'가 어떻게 실현되고 있는가를 볼 수 있을 것이다. 『하느님』에 비해 볼 때 블랑쇼의 다른 소설화된 작품들은 현실 정치에 대비되는 '작품의 정치'와 문학에서의 '정치적인 것'의 특수성·변별성을 드러낼 수 있을 만큼 분명하게 정치적 맥락 내에 있지 않다. 그러나 그것들이 그렇다고, 다시 살펴보겠지만, '작품의 정치'와 무관한 것은 결코 아니다.) 『하느님』은 소르주가 몇몇 등장인물들과 나누는 대화들과 그의 독백들을 통해 우리로 하여금 여러 정치적 입장들에 대해 생각해 보게 하는 계기를 준다. 한편에서, 소르주의 계부는 국가의 이름으로 체제유지를 위해 기존 권력구조를 정당화하고 보존하려 하며, 어떻게 해서든 반란 세력을 진압하려 한다. 다른 한편에서, 북스는 "법 바깥에 있는 밑바닥의 인간들", 국가의 보호를 받기는커녕 축출의 대상이 되어 쫓기고 있는 자들을 대변해 국가 전복을 목적으로 반란 세력을 조직하고 확대시키려 한다. 면

직된 의사인 북스는 국가 권력의 무력화를 목적으로 병원을 장악해 쿠데타 세력의 지배하에 두고자 도시에 소요를 불러일으키며 곳곳에 방화를 부추긴다. 또 다른 한편, 소르주는 계부의 정치적 입장에도, 북스의 정치적 입장에도 동의하지 못하고 전염병과 쿠데타로 폐허가 된 도시의 무정부상태에서 방황하고 신음한다――소르주의 입장에 대해서는 곧이어 다시 살펴보도록 하자.

그러나 다른 관점에서, 즉 '작품의 정치' 또는 문학에서의 '정치적인 것'이라는 관점에서 본다면 『하느님』은 소설의 형식을 빌린 목소리에 대한 하나의 탐색이며(그러한 의미에서 이 소설은 하나의 언어에 대한 탐색이다), 더 나아가 목소리를 들리게 하려는 하나의 시도이다. 『하느님』은 하나의 새로운 소설 형식의 실험이기 이전에 목소리가 되려는 언어들의 움직임이다. 또는 이 소설에서 주어진 언어들이 목소리로 전환되고 있다는 점에서 이 소설은 하나의 형식 실험이다.[3] 결국 여기서 문제는 『하나님』이 어떻게 목소리로 향해 있고 어떻게 목소리로 접근하고 있는가를 살펴보는 데에 있다.

---

3) 가에탕 피콩Gaétan Picon은 블랑쇼의 허구적 작품을 새로운 소설형식을 보여준 현대의 소설 작품들(예를 들어 조르주 바타유, 마르그리트 뒤라스와 사무엘 베케트Samuel Beckett의 작품들)과 같이 분류될 수 있다고 본다. 피콩은 전통적 소설과 닮지 않은 블랑쇼의 작품에서 "작중 인물은 익명의 인간의 대리인일 뿐이고, 이야기는 말할 수 없는 것이 반향하도록 말이 부서지는 궤도일 뿐"이라고 지적한다(G. Picon, *Panorama de la nouvelle littérature française*, Gallimard 'Tel', 1976, pp. 161~164). 하지만 피콩은 블랑쇼의 소설화된 작품을 다만 형식의 문제에 국한시켜 보고 있지 않다. 말하자면 거기에서 나타나는 말할 수 없는 것은 끊임없이 "언어가 말하고자 하는 단 하나의 진리, 공허vide와 부재, 무와 죽음의 진리"(같은 책, p. 162)로 이어진다. 여기서 이렇게 다시 물을 수 있을 것이다. 어떻게 그 '진리'라 불리는 것을 하나의 문학 작품에서 말할 수 있을 것인가? 그 이전에 그 진리란 무엇인가? 그러한 물음으로 이 장 마지막에 우리는 다시 돌아가려 한다.

1. 무차별적 유한성

『하느님』에서의 목소리의 문제, '작품의 정치'의 실현이라는 문제를 생각해보기 이전에 먼저 이 소설의 내용에 대해 조금 더 자세히 살펴볼 필요가 있을 것이다. 왜냐하면 그 문제의 윤곽이 이 소설의 내용에 먼저 제시되어 있기 때문이다.

소르주는 시청에서 일하는 공무원이었지만 사직 상태에서 쿠데타가 일어난다. 그는 이웃에 살고 있던 퇴직 의사 북스의 정치적 입장뿐만 아니라 그 인간 자체에도 공감하지만, 북스의 집요한 권유에도 불구하고 저항 단체에 가입하지 않는다. 국가를 의심의 여지없는 전복의 대상으로 여기는 북스와는 달리 그는 국가에 대한 확고한 관점을 표명하지 않는다.

공무원으로서 소르주는 스스로를 훌륭한 시민으로 여기면서 온 힘을 다해 국가에 봉사했었다. 사직 후에도 그는, 한편으로는, 국가를 시민 전체의 공적인 삶을 보호하는 조직으로 여기고, 그 안에서 시민 각자가 맡은 바 임무를 수행하는 것이 가장 명예롭고 의미 있는 일이라고 생각한다. 그는 자신의 여동생에게 이렇게 말한다. "나는 거기서 아주 작고 하찮은 자리를 갖고 있었을 뿐이지. 나는 무능한 사람에 불과하지만 그게 뭐가 중요하겠어. 국가에 봉사하는 것, 법에 온기와 빛과 삶을 가져오는 것, 법과 함께 무작정 끝없이 이 사람 저 사람 대하는 것, 그것이 가능하다고 느꼈을 때 우리는 다른 것을 원할 필요가 없지. 바로 그것이 가장 고귀한 것이고 그것 바깥에서는 아무것도 중요하지 않고 사실 아무것도 없어──알겠니, 아무 것도 없다고."[4] 그러나 다른 한편, 국가는 그에게 모든 삶들을 고갈시키고

---

4) TH, p. 118.

흡수·통합시키는 거대하고 무자비한 기계로, 그 질서를 거부하는 것이 불가능한 전체로 나타난다. 국가는 "법 바깥에 있는 자들", 병에 걸린 반란자들을 추적하면서 자신의 무제한의 권력을 증명하고 자신의 전체성을 유지하기 위해 그들의 반란을 역으로 이용한다. 국가는 교활한 존재인데, 왜냐하면 "국가는 그러한 본보기를 필요로 하고, 가끔씩 역사와 과거가 침전되어 남아 있을 수 있도록 여담을 풀어놓아야 하기 때문이다."[5]

소르주의 국가에 대한 관점은 고정되어 있지 않다. 한편, 그는 병든 자로서(그는 나중에 다른 많은 사람들과 마찬가지로 전염병에 걸린다) 법 바깥에 있는 무고한 자들에게 공감하고 국가의 전체주의를 거부한다. (가령 그는 계부가 정부의 한 문서에 서명하기를 요구했을 때 이렇게 말한다. "당신이 역사에 빠져 들어가 보려고 해봐야, 일어난 모든 것이 즉시 법으로 전환될 수 있다고 볼 만큼 역사를 깊이 느끼고 있다고 해봐야 소용없습니다. 그러나 나로서는 이 병든 자들, 이 파업들, 거리의 이 동요들을 보고 있습니다. 나는 그것들을 없앨 수 없어요. 나 자신이 병든 자입니다."[6]) 다른 한편, 그는 국가의 존재를 필연적인 것으로 인정하는데, 왜냐하면 우리는 모두 한계를, 개인의 삶뿐만 아니라 집단적 삶에 척도와 질서를 가져오는 법을 필요로 하기 때문이다. 모든 종류의 법률로서의 법의 권위가 요구될 뿐만 아니라, 집단을 보존하기 위한 관례와 형식으로서의 법의 권위가 필요하며, 국가만이 그 권위에 정당성을 부여할 수 있다. (가령 소르주는 북스에게 국가를 전복하려는 그의 시도가 왜 기만에 불과하고 무익하고 어리석은 것인가를 이렇게 설명한다. "그것들[각 부서들, 행정부]은 중요하지 않아요. 당신이 그것들을 다른 것들로 대치시

---

5) TH, p. 34.
6) TH, p. 132.

킨다면, 당신은 사실은 같은 것들로 대치시키는 겁니다. 더욱이 그것들은 공공의 복지만을 고려해 있는 것입니다."[7])

그러나 소르주의 입장에서 보면 북스의 반란은 분명 소용없는 것이지만, 또한 국가의 존재만큼이나 필연적이고 불가피한 것이다. 왜냐하면 북스의 반란은 '법'(법들보다 큰 테두리의 법, 법들의 법)의 척도에 따라 전개되고 있기 때문이다. 그것 역시 '법'의 실행 과정 내에 속해 있으며, '법'의 저항할 수 없는 위엄을 공고하게 하고 있기 때문이다. 한마디로 언제나 끊임없이 혁명의 시도가 있을 수밖에 없다. 혁명의 시도와 진행도 하나의 '법'이며, 그러한 한에서 누구도 혁명을 영원히 막을 수는 없다. 사실 소르주가 북스가 지휘하고 있는 반란의 운동을 완전히 거부하고 있다고 말할 수 없다. 거기에 그 자신이 나름대로 이미 얽혀 들어가 있기 때문이다. 비록 그는 어떠한 폭력적 행동에도 가담하지 않지만, 전염병에 걸려 국가의 도움을 받기는커녕 국가로부터 위협을 받고 있는 그는 침묵 가운데 수동적인 방법으로 국가에 저항하고 국가의 불의不義를 증거하고 있는 동시에 거기에 이의를 제기하고 있는 것이다.

사실 소르주에게는 북스에 대한 우정이 있으며, 이는 그가 북스에게 보낸 편지[8]에서 잘 드러난다. 그의 편지는 마치 나쁜 길로 들어선 친구를 걱정하면서 쓴 편지처럼 보인다. 또한 소르주는 진료소에서 벽 하나를 두고 같이 있는 도르트Dorte와 가까운 관계에 있는데, 도르트는 병 때문에 매우 고통스러워하면서 죽어가고 있다. 그와 도르트의 관계에는 북스의 경우와는 다른 의미에서의 우정이 있는데, 거기에서 문제가 되는 것은 모든 정치

---

7) TH, p. 171.
8) TH, pp. 170~174.

적 이데올로기와 정치적 입장 바깥에서 드러나는 헐벗은 인간이다. 도로트가 절규 속에서 죽어갈 때 그가 보여주는 것은 바로 인간의 헐벗음이며, 그 앞에서 소르주는 아무것도 따지지 않는다. 반면 소르주는 북스의 경우 그에 대한 공감에도 불구하고 과연 그가 "밑바닥의 인간들"을 위해, 그들의 권리를 위해 지하조직을 만들었을까라는 의심을 품는다. 아마 북스는 병든 비참한 사람들을 "자신의 궤적에 영향을 주었을 깊은 원한의 정신"[9]에 따라 폭동으로 몰아갔을 것이며, "그렇게 넓어진 행동 반경"과 국가의 권위에 대항하는 자신의 권위를 확인하면서 흡족해하고 있었을 것이다.

국가와 반란세력 사이에 있을, 또는 양자 너머에 있을지도 모를 소르주의 정치적 입장이란 정확히 어떤 것인가? 그가 다른 인물들과 나누는 대화에서 읽을 수 있는 정치적 견해는 어떠한 것인가?

소르주에게 아무런 정치적 관점이 없다고 말할 수는 없을 것이다. 하지만 분명한 것은 그가 자신의 계부가 대변하는 국가의 정치적 입장에도, 북스가 대표하는 정치적 입장에도 동의하고 있지 않다는 것이다. 나아가 그는 모든 정치적 이념에 무관심한 것처럼 보인다. 그 이유들 가운데에 하나는 그가 이 혼란 가운데 사람들의 정체성을 규정하는 계기인 정치적 입장들의 차이보다도 어떤 무차별적 중립성(익명성)을 보고 있기 때문이다.

예를 하나 들어보자. 소르주는 자신의 말을 끝내기 위해 또는 다른 방향으로 돌리기 위해 여러 차례 같은 표현을 반복한다. 『하느님』의 첫 장면에서 소르주는 자신에게 이유 없이 주먹을 한 대 날린 사람에게 경찰서를 떠나면서 이렇게 말한다. "지금 당신은 후회하고 있을 겁니다. 왜냐하면 이제 당신은 내가 당신과 같은 하나의 사람이라는 것을 알고 있기 때문이지

---

9) TH, p. 208.

요."[10] 또한 그는 자신의 계획들을 설명하기 위해 찾아온 북스에게 같은 말을 한다. "당신은 나와 비슷한 사람입니다."[11] 같은 맥락에서 그는 정부 관리들을 적으로 여기는 북스에게 보내는 편지에서 "관리들은 다른 사람들과 마찬가지로 인간들이고 어떤 점에서도 그들이 통치하는 자들보다 우월한 인간들이 아닙니다"[12]라고 쓴다. 이러한 소르주의 말을 따라 본다면, 우리 모두는 서로 비슷한 인간들이며, 서로 정치적 이념이 다르다고 할지라도 모두는 서로 닮은 사람들이다. 하지만 그렇다고 소르주가 서로 다른 정치적 이념들을 통합할 수 있는 어떤 포괄적인 정치적 지평을 갖고 있는 것 같지는 않아 보인다. 그에게는 정치적인 면에서 어떤 총체적·초월적 관점이 없을 것이며, 그는 소설의 첫 문장에서 분명히 밝혀진 바대로 다만 '평범한 인간'에 불과할 것이다. ("나는 혼자이지 않았다. 나는 평범한 인간이었다. 이러한 정식定式, 그것을 어떻게 잊을 수 있단 말인가?"[13] 이 말은 소설의 말미에서 그의 간호원이자 마지막 동반자인 잔느에게 그대로 반복되어 전해진다. "나는 그녀를 보면서 말했다. '나는 평범한 인간입니다. 그 사실을 기억하세요.'"[14]) 그렇다면 왜 우리는 서로 비슷한 사람들인가?

그러한 물음에 대해 생각해 보기 위해 소르주가 마리(마리는 그의 친구들 중 한 사람이다)가 직원으로 있는 사진관에서 그녀와 만나는 장면을 되돌려 보자. 그는 그녀에게 자신의 사진을 찍어 달라고 요구하고, 두 사람은 같이 스튜디오로 들어간다. 그러나 그녀는 오늘은 너무 피곤하고 늦어서

---

10) TH, p. 9.
11) TH, p. 49.
12) TH, p. 172.
13) TH, p. 9.
14) TH, p. 223.

안 되겠다고 말하고 곧이어 벨소리를 듣고 나간다. 마리가 자리를 비운 사이에 소르주는 한 서류 정리 서랍에서 엄청난 양의 인물 사진들을 발견하게 된다. 이어서 그는 이렇게 말한다. "이 엄청난 양의 인물사진들은 나에게 어떤 특별한 감각을 불러일으켰다. 아마 100장 또는 200장의 사진들이 내 수중에 있었고, 나는 내 앞에 그것들을 모아 놓았다. 모든 사진들은 마치 직업사진가가 그렇게 만들어 놓은 것처럼 서로 닮아 있었다. 자세들도 같았고 복장들도 언제나 연회복장들로 한 사람, 또 한 사람 모두 같았다. 용모들의 차이는 같은 표정들로 인해 사라져 버렸다. 간단히 말해 거기에 더 할 나위 없이 천편일률적인 것이 있었다. 나는 더 이상 그것들을 쳐다볼 수 없었고, 나에게는 더 많은 사진들이 필요했다. 모두 같은 것들이었고, 무한히 많은 것들이 같은 것들이었다."[15] 그리고 그는 곧이어 이렇게 덧붙인다. "그 사실이 나를 황홀하게 만들었다."

사진이 주고 있는 이미지에 주목해 볼 필요가 있는데, 블랑쇼가 인간들이 서로 비슷하다는 문제의 맥락에서 사진을 언급한 것은 결코 우연이 아니다. 사진의 이미지는 이미지의 독특한 시간성時間性temporalité의 영역에 들어가 있다. 사진의 이미지는, 우리가 그것을 보고 있는 현재를 시간의 중심으로 놓았을 때, 언제나 시간의 간극을, 시간의 빈 공백을 가리킨다. 사진에 나타난 이미지는 분명 과거의 어느 한 시간(한순간)을 고정시키고 그 자체에 반영되어 있는 어떤 사람을 지속적으로 현재에 재현하지만, 과거의 그 시간은 사실은 텅 빈 시간이다. 왜냐하면 과거의 그 시간에 실제로 생생하게 나타났던 그 사람의 모습은, 즉 사진을 찍었던 자가 목도하고 있었던 그 사람의 '살아 있는' 현전은 이미 지나가 버린 것이고, 사진의 이미

---

15) TH, p. 43.

지는 사실상 이미 죽어버린 외현外現apparence만을, 다시 말해 그 사람의 생생했던 현전이 사라지면서 남긴——죽어 남긴——빈 거죽만을 재현하고 있기 때문이다. 사진 이미지가 사라져 간 시간(죽은 시간, 유한한 시간)과 그 시간에 나타난 어떤 사람의 '사라져 간' 현전('유한한' 현전)을 죽어 버린 외현으로 보여준다는 것, 그러한 사실을 우리는 아직 살아 있는 누군가의 사진을 볼 때조차 확인할 수 있다. 나아가 이미 죽은 누군가를 보여주는 사진 이미지에서 우리는 이제 완전히 돌이킬 수 없이 사라져 간 시간과 죽은 빈 거죽으로만 남은 소멸한 그의 현전과 마주하게 된다. 사진 이미지는 우리에게 사라져 버린 시간을, 일정 기간 반복해서 주어지는——주어졌던——시간을 보여주고, 또한 한 인간에게서 언젠가 종말에 이르게 될 것이거나 이미 종말에 이른 시간을 통고한다. 따라서 사진 이미지는 인간의 유한성을, 인간의 끝을, 즉 죽음을 드러내어 제시한다. 만일 소르주가 수많은 인물 사진들을 보면서 '황홀'해했다면, 그가 그것들 모두를 하나의 같은 이미지로 여겼다면, 그가 거기서 어느 누구도 비껴나갈 수 없고 모두를 예외 없이 한계 지어진 존재로 만드는 인간의 무차별적 유한성을 보았기 때문일 것이다.

* * *

그러나 왜 소르주는 정치적 관점에서 미확정적 입장(하지만 그 입장은 중도적 입장과는 다른데, 중도적 입장 역시 하나의 확정적 입장이기 때문이다)에 있는 것처럼 보이는가, 단순히 정치적 이념을 서로 달리하는 인간들에게서 무엇보다도 먼저 모두에게 공통된——무차별적——유한성을 보고 있기 때문인가? 이 물음에 그렇다고 대답할 수 있다 할지라도 그 대답은 불충분한 것인데, 왜냐하면 유한성은 정치적 문제이기에 앞서 존재론적 문제 또는 인간 실존의 문제이기 때문이다(설사 두 문제들이 완전히 분리될 수 없는 것이 사실이라고 보더라도 그렇다). 만일 소르주가 존재론적 지평 또는 인간 실존의 지평에서 유한성의 무게에 짓눌려 정치적으로 미결정적 입장을 고수하고 있는 것이 사실이라면, 우리는 그에 대해 국가와 저항세력의 대립의 와중에서 벌어지는 모든 참상들에 눈을 감고 자기 자신에 갇혀 수수방관하고 있는 자라고 비판할 수 있을는지 모른다.

그러나 블랑쇼의 관점에 따라 『하느님』에서 부각된 유한성은 단순히 존재론적 문제 또는 인간 실존의 문제에만 국한되지 않는다. 블랑쇼에게서 유한성이, 여기서 곧 다시 살펴보아야 하겠지만, 언어의 문제와 인간들 사이의 소통이라는 문제(좁혀서 문학 작품을 통한 작가와 독자의 소통의 문제)의 중심에 놓여 있는 한, 유한성은 무엇보다도 정치적 문제와 연관된다. 『하느님』에서 '정치적인 것'이 단순히 어떤 정치적 이념을 분명히 표출하는 데에 있지 않고 그 이전에 '나'와 타인(작가와 독자) 사이의 소통에, 즉 '전근원적인 정치'에 있다면, 또한 『하느님』에서 유한성이 그 '정치적인 것'을 실현시키고 있다면 유한성은 거기서 무엇보다도 먼저 정치적 문제가 된다.

유한성은 존재론적 유한성 또는 인간 존재의 유한성일 뿐만 아니라 언어에 기입된 유한성, 즉 '나'와 타인 사이의 소통을 여는 유한성이며, 그것은 그러한 한에서 정치적이다. 따라서 소르주가 부딪힌 유한성이 정치적이라는 것을 밝히기 위해 그 유한성이 어떻게 『하느님』에서 언어에 작동하고 있으며, 어떻게 작가(블랑쇼)와 독자 사이의 소통을 유도하고 있는가를 살펴보아야 한다. 그에 따라 소설 『하느님』에 주어진 담론들에서 소르주의 정치적 입장이 미확정적으로 나타날 수밖에 없는 진정한 이유가 설명될 수 있을 것이다. 『하느님』과 관련해 언어 내의, 언어로 인한 유한성에 대해 묻는다는 것은 그 소설에 다른 방법으로 접근한다는 것을, 즉 책에서 읽히는 그 모든 것이 언어들의 움직임에 대한 주목이 되고 소설 그 자체가 언어에 대한 탐구가 되는 지점으로 접근한다는 것을 의미한다. 그 지점, 즉 책 바깥에서 명확한 입장이 없었던 소르주의 정치는 '그 누구'(또는 '그')의 정치로 또는 '작품의 정치'로 명확하게 드러나게 될 것이다. 그러나 그 과정을 살펴보기 전에 방금 말했던 언어 내의, 언어로 인한 유한성이 무엇인가를 먼저 밝혀야 할 것이다.

2. 언어 내의, 언어로 인한 유한성(헤겔-코제브)

『불의 몫La Part du feu』에 수록된 「문학과 죽음에의 권리La Littérature et le droit à la mort」에서 블랑쇼는 매우 계시적인 사유를 제출하고 있다. 언어는 매순간 죽음을 가져온다. 이러한 생각은, 블랑쇼가 명확히 하고 있듯, 단어(개념)를 통해서만 가능해지는——이루어지는——이해라는 것이 하나의 살해와 같다는 헤겔의 생각에 연결된다. 단어를 통한, 단어에 기반한 이해가 하나의 살해라면, 그 살해는 물론 실제로 죽음을 부여하는 행위는 아니다. 여기서 살해는 우리가 단어, 언어를 사용해 한 존재자existant를 규정(재현, 표상)하면서 그 생생한 살아 있는 현전을 파괴하는 행위, 다시 말해 그 존재자의 존재로부터 여기 지금hic et nunc을 빼앗는 행위, 그 존재자로부터 그것이 생생하게 나타났던 시간(순간)과 공간을 지워버리는 행위이며, 그러한 한에서 그 존재자가 나타났던 사건(존재)을 무無로 돌리는——그 존재자를 일반적 표상으로 전환시켜 직접적·일회적으로 주어졌던 그 현전을 부재로 돌리는——행위이다. 언어를 바탕으로만 가능한 우리의 이해라는 것은, 즉 언어를 통해 한 존재자를 규정(동일화)해서 파악한다는 것은 그 존재자에게서 그것이 생생하게 주어졌던 시간과 공간을 탈취한다는 것이다. 그렇기에 이해는 하나의 살해이다. 헤겔 사상의 중요한 해석자들 중의 한 사람 알렉상드르 코제브Alexandre Kojève가 제시한 예를 들어 살펴본다면, '이 개ce chien'라는 단어는 발설되자마자——씌어지자마자——그 단어가 가리키고 있는 바로 이 개(눈 앞에서 짖고 있는 이 하얀 개 또는 이 검은 개)를 그 존재의 지주인 여기 지금으로부터 떼어놓고 즉시 '하나의 어떤 개', '일반적인 개', '네발짐승' 또는 '동물'로 동일화·일반화시킨다.[16] 그러한 과정이 바로 우리가 어떤 사물에 대한 이해에 이르는 과정이다.

　　하나의 단어, 우리가 일상의 삶에서 말하고 쓰고 읽는 가장 진부한 그것은 겉보기와는 다르게 대수롭지 않은 것이 아니다. 하나의 단어는 우리가 그것을 사용할 때마다, 말하거나 쓸 때마다 죽음을 가져온다——즉 그것이 가리키는 존재자의 사라짐을 알리고 확인한다. 그 구체적·개별적 존재자existant는 단어에 의해 추상적·일반적 사물chose로 번역되어 동일화되기 이전에 생생하게 자신을 알린다는 데에 그 특성이 있다——반면 하나의 단어 '개'는 그것이 지시하는 앞에서 짖고 있는 바로 이 개를 개 일반으로, 하나의 일반적 사물로 변형시킨다.[17] 한 단어는 그것이 가리키는 존재자의 시간성을 진행시키고 완성시킨다. 다시 말해 그것은 존재자의 고유하고 개별적인 현전(즉 살아 있는 여기 지금)을 떠받치는 시간을 지나가 버린 것으로 만든다. 그것이 바로 하나의 단어가 존재자에 죽음을 가져오는 과정이다. (그러한 점에서 언어와 사진은 공통점을 갖고 있다. 예를 들어 자신의 지난

---

16) A. Kojève, *Introduction à la lecture de Hegel*, Gallimard 'Tel', 1947, pp. 542~543.
17) PF, p. 313.

일기장을 볼 때나 자신의 지난 사진첩을 볼 때 마찬가지로 나는 시간의 시간성과 죽어나간 시간들의 거죽들과 마주한다.)

블랑쇼에게, 또한 그가 언어라는 주제와 관련해 코제브를 거쳐 되돌아가고 있는 헤겔에게 죽음은, 보다 정확히 말해 존재자들의 죽음의 가능성은 사물들에 대한 모든 이해의, 즉 의미 파악의 필연적 조건이다. 오직 단어들만이 존재자들을 존재의 의미들로, 간단히 말해 **의식적 존재**(의식에 표상으로 고정된 일반적 존재)로 전환시킬 수 있다(존재자들의 죽음, 존재자들의 사라짐). 죽음은 존재자들이 소진해가면서, 단어들로 인해 화석화되면서 넘겨주는 의미들(사물들의 의미들, 존재의 의미들)을 우리로 하여금 포착할 수 있게 하는 유일한 가능성이다. 만일 죽음이 없다면 모든 것이 이해 불가능성 가운데, 무의미 가운데 흩어지게 될 것이다.[18] 따라서, 한편, 죽음을, 존재자들의 죽음을 알리는 단어들은 우리로 하여금 안정 가운데, 확실성 가운데 존재할 수 있게 하는데, 왜냐하면 단어들만이 우리로 하여금 미결정적이고 덧없이 사라져 가는 존재자들을 이해 가능한 의미들로 변환시킬 수 있게 하기 때문이다. 그러나, 다른 한편, 살해의 흔적을 담고 있는 단어들은 우리를 불안하게 만드는데, 왜냐하면 우리가 단어들의 도움으로 존재자들을 의미들로 전환시킨다는 것은 우리가 존재자들이라는 물질적·구체적 지주로부터 떨어져 나와 의식 내에 거주할 수 있는 자유의 존재가, 자신 스스로 자신을 지탱해야 하는 고독한 존재가 된다는 것이기 때문이다.

---

18) 헤겔에게서 바로 단어가, 개념이 "존재 그 자체Être lui-même와 어떤 점에서도 다르지 않은 존재의 의미"(Kojève, *Introduction à la lecture de Hegel*, p. 544)를, 즉 관념과 존재의 일치를 구성한다. 헤겔에게서 존재는 언어로, 개념으로 규정되는 한에서 존재이다──"존재는 다만 존재만이 아니라 개념이다"(같은 곳). 인간은 개념을 통해 존재의 의미를 한번 포착하게 되면 블랑쇼가 '존재자'라 부른 것을 자연스럽게 간과하게 된다──죽이게 된다.

인간은 단어들의 도움으로 구체적이고 생생한 존재자들을 살해해 의식에 고정된 의미들로 바꾸고, 그에 따라 의식에 기반한 존재, 자유롭지만 고독한 의식적 존재가 된다. 자유와 고독의 존재가 되려는 것, 그것은 비현실성(존재자들이라는 물질적 지주를 떠나 이르게 되는 관념성)으로서의 죽음에 머무르려는 우리 자율성을 가진 인간의 의지 이외에 아무것도 아니다. 존재자들을 살해한, 존재자들에 죽음을 부과한 인간에게 이제 그 죽음을 견지하고 지탱하는 것, 즉 비현실성 가운데 살아간다는 것 이외에 다른 선택이 있을 수 없는 것이다. 따라서 코제브는 정확하게 이렇게 말한다. "인간은 자신의 인간적인, 언어를 사용하는 자신의 실존 가운데 **죽음**에, 어느 정도 지연되고 스스로를 의식하고 있는 **죽음**에 지나지 않는다."[19]

"언어는 안정과 불안을 동시에 가져온다."[20] 이러한 생각을 블랑쇼는 헤겔·코제브와 함께 나누어 갖고 있다. 언어의 도움으로 인간은 언어에 기입되기 이전에 주어지는 알려지지 않은 것들, 익명적이고 포착될 수 없는 것들, 즉 존재자들을 이름을 가진 알려진──이해 가능한──사물들로 전환시킨다. 그에 따라 인간은 '궁극적으로 존재하는 것'을 결정짓고, 존재를 자신의 영역에 한계 지어 관리·지배할 수 있게 된다. 그에 따라 인간은 의미의 세계를 구축하고, 그 의미의 세계 내에서 자연의 세계에 대한 부정否定 négation의 힘을 가진 창조자라는 자신의 정체성을 확보하게 된다. 인간은 언어에 힘입어 자연의 세계를 **부정**하고 문화의 세계를 창조하면서 자연의 세계를 문화의 세계로 승격시키는 것이다. (언어는 안정을 가져오는 것이다.)

---

19) 같은 책, p. 548. 여기서 코제브는 죽음을 비현실성Unwirklichkeit으로 정의하는 헤겔을 참조하고 있다(헤겔, 『정신현상학』, I, p. 92).

20) PF, pp. 311~312.

반면 언어 때문에 인간은 동물들과는 달리 자연의 세계를 버리고 비현실성에 갇혀 고독과 자유 속에서 살아갈, 즉 죽음과 함께 살아갈 운명에 처하게 된다. (언어는 불안을 가져오는 것이다. 블랑쇼에게서는 더더욱 그러한데, 왜냐하면 죽어나간 존재자들은 언어의 밑바닥에서 다시 살아나 언어의 틈새를 뚫고 나타나는 알려지지 않은 '현전'으로 다시 인간을 위협하기 때문이다——언어는 사라져 간 존재자들의 반란을 완전히 봉쇄할 수 없기 때문이다. 언어에 의해 살해되었으나 '언어의 타자'로서 유령처럼 다시 돌아오는 그러한 존재자들의 현전, 그것을 블랑쇼는 '바깥'이라 부른다. 따라서 바깥은 언어의 도움으로 인간이 통제하고 지배할 수 있게 된 존재——언어에 의해 규정된 의미의 존재——를 부정하는 비존재 또는 비존재로서의 존재이다.)

존재자들의 죽음. 인간은 언어를 사용하면서 여기 지금 생생하게 나타나는 존재자들을 의식에 포착된 사물들로, 의미들로, 의식에 기억될 수 있는 것들로 변환시킨다. 그 과정은 여기 지금 주어졌던 생생했던 것들이 사라지면서 의식에 기억으로 남아 있는 죽은 껍데기들로 전환되는 과정이다. 따라서 언어로 인해 인간이 비현실성에 들어갈 수밖에 없게 되었다는 것은, 언어가 단순히 허위 또는 거짓을 만들어낸다는 것이 아니라, 언어가 구체적·개별적 존재자가 주어지는 시간과 추상적·일반적 사물(언어가 구성하는 사물)이 주어지는 시간 사이의 차이를 가져온다는 것을, 즉 시간의 시간성을 전개시키고 완성한다는 것을 의미한다. 간단히 말해 언어는 지속적으로 끊임없이 시간의 지나감을 통고한다. 언어는 지나간 시간, 사라진 시간을 기억으로, 죽은 껍데기로 보존하는 무덤이다. 또한 언어는 사진과 마찬가지로 인간에게 그 자신의 최후의 죽음이 다가오고 있음을 알리는 증거이다. 언어가 없었다면 우리에게는 기억이 없었을 것이고, 시간의 시간성(시간의 지나감)을 이해할 수 없었을 것이며, 결국 우리는 우리의 끝, 우리의 최후의 죽음(종말)을 예상할 수 없었으리라. 죽음을 몰랐으리라. 언어가 실행시키는 존재자들의 죽음은 따라서 우리 인간 각자의 죽음을 예고하는 것이다.

* * *

인간은 말하면서, 쓰면서, 단어들을 사용하면서 사실은 언어에 불가항력적으로 빠져 있게 되고(따라서 인간이 언어를 사용하는 것이 아니라 언어가 인간을 사용한다), 언어의 감옥에 갇혀 있게 되며, 이중의 죽음(존재자들의 죽음과 인간 자신의 죽음)에, 이중의 유한성(존재의 유한성과 인간 자신의 유한성)에 지속적으로 끊임없이 노출되어 있을 수밖에 없게 된다.

1) 언어로 인한 존재의 유한성

인간은 언어의 도움으로만 존재에, 의식의 일반적 존재에 접근할 수 있다. 그에 따라 인간은 그러나 어떠한 견고한 지주도 갖지 못한 의미들만을 수중에 얻게 된다. 인간이 언어를 통해 이르게 된 존재는 또한 존재자들의 죽음으로 인해 그 안에 비현실성을 담지하고 있을 수밖에 없다. 의미로서의 존재는, 존재의 의미는, 즉 관념과 존재의 일치는 견고한 영원한 실체를 갖고 있지 않기에[21] 무無로 돌아가는 것이 가능하게 된다. 존재는 무를 바탕으로 구성되었고 무 안에 있다. 즉 존재는 언어로 포착되는 한 유한성 내에서만 구성되며, 언제나 유한한 존재일 수밖에 없다. "죽음으로 존재에 이른

---

21) 그러한 실체를 우리는 절대로 알 수 없는데, 만약 그러한 실체가 우리에게 언어를 통해 어떻게 해서든 접근 가능한 것이었다면, 언어로 포착 가능한 것이었다면, 언어로 규정된 존재의 의미는——즉 개념적으로 결정되어 한번 실체 위에서 구성된 존재는——그 자체 영원한 진리가 될 수 있었을 것이다.

다. 거기에 바로 인간의 희망과 과제가 있다. 왜냐하면 무 자체가 세계를 만드는 자, 즉 노동하고 이해하는 인간 안에서 세계를 창조하는 자이기 때문이다. 죽음으로 존재에 이른다. 거기에 인간의 찢긴 상처가, 인간의 불행한 운명의 근원이 있다. 왜냐하면 인간을 거쳐, 인간으로 인해 존재에 죽음이 오게 되고 의미는 무 위에 놓이게 되기 때문이다."[22]

2) 언어로 인한 인간의 유한성

인간을 언어에 매여 있는 존재로 보았을 때, 존재의 유한성은 인간의 유한성과 결코 분리될 수 없다. 만약 인간이 언어에 뿌리박고 있지 않았다면, 다시 말해 인간이 자연의 세계로부터 벗어나서 홀로 고독하게 의식 내에서 스스로를 지탱하는 것이 불가능했다면, 만약 인간이 부정의 힘이 있는 창조자로서 자유롭지 않았다면 존재(의미의 존재)는 인간에게 한 번도 주어지지 않았을 것이다. 인간은 언어 덕분에 자연의 세계를 부정할 수 있고 나아가 자신에게 고유한 세계, 즉 의미의 세계 또는 문화의 세계를 창조할 수 있다. 의미의 세계는 한계 지어진 존재 위에, 즉 존재자들에 대한 살해와 동시에 이루어지는 존재에 대한 결정(한정)에 따라 형성된다. 의미의 세계는, 인간이 부정의 능력을 가진 자이자 창조자라는 정체성 아래 오성(지성)을 부여받은 자로서 고유하게 거주할 수 있는 공간이다. 그러나 부정하는 자이자 창조자라는 인간의 정체성은 결코 견고한 것이 아니다. 왜냐하면 인간은 자연의 세계를 부정하고 의미의 세계를 창조하는 자로 스스로를 규정하기 위해 먼저 무 가운데, 언어가 만들어내는 '비현실성' 가운데 들어가 있어야 하기 때문이다. 말하게끔, 언어에 의존하게끔 운명 지어지면서 인

---

22) PF, p. 331.

간은 존재의 의미를 구성하고 확인하지만, 그러한 인간의 활동은 언제나 무를 거쳐서만, 존재자들의 죽음을 거쳐서만 이루어질 수밖에 없다. 언어를 사용하면서 인간은 자신이 직접적으로——죽음을 거치지 않고, 죽음의 매개 없이——'물자체Ding an sich'를 포착해 영원히 자신 안에 보존할 수 없는 무능한 자라는 것을 이미 분명하게 고백하고 있는 것이다(아마 신神만이 침묵 가운데 언어와 시간을 초월해 '물자체'라는 것을 영원의 관점에서 '인식'하고 소유할 것이다). 말하면서, 언어에 붙들리게 되면서 인간은 자신의 정체성(동일성)의 한계를, 부정하는 자이자 창조하는 자라는 자신의 정체성을 떠받치고 있는 공허를, 즉 자신 내부의 틈·분열을, 결국 자신의 결정적 유한성을 드러내고 있는 것이다. "내가 말할 때, 나는 내가 지적한 것의 실재를 부정하고 있으며, 또한 그것을 말한 자의 실재를 부정하고 있는 것이다. 만일 나의 말이 존재를 비실재 가운데 드러낸다면, 존재의 그 드러남에서, 나의 말은 말하는 자가 비실재라는 사실로부터, 그가 자신에게서 멀어져 자신의 존재와는 다른 자가 될 수 있는 능력으로부터 발설된다."[23]

* * *

문학은, 정확히 말해 문학 또한 존재의 의미를 드러낸다. 문학은 의미의 세계에, 자연의 세계와 구별되는 인간적 현실에, 인간이 담론을 통해 구축한 현실에 참여한다. 그러나 그 현실, 의미의 세계로서의 현실은 또한 '비현실'로서의 현실이다. 그 현실이 갖는 객관성(문화의 세계에서의 객관성, 퓌지스physis의 객관성이 아닌 노모스nomos의 객관성, 즉 담론이 구축한 의미들·사

---

23) PF, pp. 313~314.

상思想들의 객관타당성)은, 헤겔이 정확히 본 것처럼, 영원의 지평에서가 아니라 일정한 시간의, 역사의 지평에서 주어진다. 다시 말해 존재는 결코 어떤 영원한 진리를 위해 자신을 한순간 단번에 드러내지 않는다(존재는 언제나 유한성 위에 놓여 있다). 존재(헤겔에게서의 존재, 즉 존재의 의미로서의 존재, 간단히 의미·개념으로서의 존재)가 시간의 어떤 시점에서 결정된다면, 언제나 그 결정(존재의 한정)은 시간에 따라, 역사에 따라 수정될 수 있고, 나아가 취소될 수도 있다. 다시 말해 존재의 결정은 존재의 시간성을 바탕으로, 존재가 시간 내에서 무로 나타날 수 있다는 사실을 바탕으로 주어진다. 존재는, 자유로운 창조자이지만 유한할 수밖에 없는 인간을 거쳐서만, 그러한 인간에게만 주어진다. 인간이 어떤 확고부동하고 영원한 근거 또는 실체 위에서가 아니라 '비현실성' 위에 구축한 모든 담론(일반적 담론 또한 예술·종교·철학과 연관된 담론, 물론 거기에 문학이 포함된다)은 지속되는 일정한 시간 내에서만, 역사 내에서만 진리를 제시할 수 있다. 의미의 세계는 헤겔에게서와 마찬가지로 블랑쇼에게서 현실적인 것(인간 일반에 객관 타당하고 구속력을 갖는 것)이지만 여전히 '비현실성' 내에서 현실적인 것이다. 여기서 '비현실성'은 의식에 기입된 일반적 사물들의 세계뿐만 아니라, 나아가 그 너머의 총체적·본질적 지평에서 인간이 스스로에게 궁극적이고 정신적인 목적을 부여하기 위해 구성한 이상적 진리의 세계(예술·종교·철학이 보여주는 세계)가——따라서 의미의 세계라는 언어·관념의 세계, 담론의 세계 전체가——기반하고 있는 비현실성이다. 블랑쇼는 예술이, 좁혀서 보면 문학이 이상적 진리의 세계에 참여하고 있다는 사실을 부정하지 않는다. 그 세계를 헤겔은 예술의 경우 '미美의 이념Idee des Schönen'[24]이, 즉

---

24) 헤겔, 『헤겔미학』, I, 두행숙 옮김, 나남출판, 1996, p. 163.

예술작품이 담고 있는 형상화된 의미(의미를 갖는 형상)가 표현한다고 보았다. 블랑쇼는 헤겔이 말하는 맥락에서의 '미의 이념'을 추구하는 것이 문학에 주어진 분명한 과제라는 사실을 부정하지 않는다.[25]

그러나 문학을 포함하는 담론만이 의미 구성을 통해 실행시킬 수 있는 이상화理想化(부정과 창조)에서 존재를 결정(한정)할 수 있는 인간 고유의 가능성을 헤겔은 보고 있는 반면, 블랑쇼는 문학을 수단으로 헤겔이 암시해 놓은 한계를, 즉 이중의 유한성(존재의 유한성과 인간의 유한성)을 끊임없이 반추하고 있는 것처럼 보인다. 블랑쇼는 자신의 모든 작품에서 헤겔이 말하는 인간 고유의 가능성이 존재의 불가능성(존재의 무로의 회귀, 담론이 '비현실성', 즉 죽음 위에서 구성된다는 의미에서의 한계)에 맞닿아 있다는 사실을 강조해 보여주기를 멈추지 않는다. 또한 블랑쇼에게 문학은 언어가 발생시키는 동시에 불가피한 것으로 만드는 이중의 유한성을 주시하는 가장 탁월한 방법인 것이다.

* * *

왜 헤겔과 블랑쇼는 같은 지점에서 출발해 결국은 갈라지게 되는가? 블랑쇼가 자신의 문학에 대한 성찰의 기원들 중의 하나로 언어로 인한 이중의 유한성이라는 헤겔의 생각을 유보 없이 받아들이고 있기는 하지만, 양자의 사유들은 결국 같은 결론으로 귀착되지 않는다. 헤겔은 언어가 존재로 열리기 위해 비록 존재 내에 구멍을 내기는 하지만, 결국 궁극적이고 본질적으로 있는 것, 즉 존재의 의미(개념)를 가져온다고 생각한다. 간

---

25) PF, p. 331 참조.

단히 말해 헤겔은 존재와 언어가 일치한다고 보며, 존재와 언어를 일치하게 만드는 것이 인간의 가능성이자 과제라고 생각한다. 코제브의 지적에 의하면, "하나의 사물에 대한 개념은 그 사물이 여기 지금으로부터 떨어져 나온 대로의 그 사물 자체이다"[26]. 그러한 헤겔-코제브의 존재와 언어의 일치라는 생각을 장-뤽 낭시는 다시 반복해 전해주고 있다. 낭시에 의하면, 하이데거가 본 바와는 반대로 헤겔에게서 "감각적 지각은 언어와 더불어 시작한다"[27]. 낭시가 여기서 '감각적 지각'이라고 부른 것은 현존재가 해석Auslegung(해석은, 현존재가 헤겔이 말하는 언어·개념으로 규정된 존재가 아닌——하이데거적 의미에서의——'언어 이전의 존재'로 열린다는 것, 명확한 형태의 언어적 표현으로 번역되기 이전의 열린다는 것을 의미한다[28])으로부터 분명히 명제로 발언된 언어로 건너가는 과정에서 상실한 것이다. 여기서 낭시가 헤겔과 하이데거를 비교하면서 말하고자 하는 바는, 헤겔이 언어를 통해 존재(존재의 의미)에 이르는 과정에서 인간이 상실한 '감각적인 것'(블랑쇼의 표현에 의하면 '사물'과는 다른 '존재자')을 무시하고 있다는 것이다. 반면 블랑쇼에게서 존재자가 언어에 의해 규정되는 즉시 사라져 가면서 남긴 구멍은 사물(언어를 통해 의식에서 구성된 그것, 의식에서 언어를 매개로 존재자가 번역되어 남은 그것)에 어떠한 이름을 붙이더라도 다시 메

---

26) A. Kojève, *Introduction à la lecture de Hegel*, p. 542.
27) J.-L. Nancy, *Le Partage des voix*, Galilée, 1982, p. 32.
28) "이리하여 발언[언어에 의해 진술된 것]은 자신이 존재론적으로 이해하는 해석[Auslegung]에서 유래함을 부인할 수 없다. 둘러보며 이해하는 해석(헤르메네이아ἑρμηνεία)의 근원적 '으로써'를 우리는 발언의 서술적 '으로써'와 구별하여 실존론적 해석학적 '으로써'라고 이름한다"(마르틴 하이데거, 『존재와 시간』, 이기상 옮김, 까치, 1998, 158/M. Heidegger, *Sein und Zeit*, Max Niemeyer, 1963 제10판, p. 158 참조). 이기상 교수는 아우스레궁Auslegung을 '해석'이라고 번역했으며, 이 실존론적·해석학적 해석이 언어로 서술된 명제적 진술에 선행함을 역자 주에서 다시 강조한다(위의 『존재와 시간』 국역판, 역자주, pp. 583~584 참조).

워질 수 없는 것이다. 따라서 블랑쇼는 사물에 아직 한 번도 제대로 "이름 붙여진 적이 없다"[29]라고 말한다. 여기서 블랑쇼는 언어와 존재의 불일치라는 생각을 정식화하고 있다.

그러나 언어와 존재가 일치한다는, 언어만이 존재를 결정할 수 있다는 헤겔의 생각은 결코 간단히 부정될 수 있는 것이 아니다. 그 일치 가운데에서만 우리는 사물들의 의미들을 소유할 수 있으며, 그 일치 내에서 일상의 삶과 학문이 이루어질 수 있다. 헤겔 역시 언어가 존재의 의미를 규정할 때 언제나 어떤 손실이 있을 수밖에 없다는 것을 잘 알고 있다. 언어를 사용한다는 것은 그 손실(존재자들의 죽음, 또는 블랑쇼의 관점에서 보면 바깥의 상실)을 감당하겠다고 약속하는 것이며, 그러한 한에서 누구도 오직 언어만이 사물들을 구성하는──존재자들을 일반화·동일화해 존재로 승격시키는──기반이 된다는 것을 부정할 수 없다. 언어에 의한 의미들의 정립은 사물들의 정립과 완전히 같은 것이며, 그러한 한에서 존재가 결정된다. 어느 누구도 존재(의미의 존재)로부터 영원히 벗어나 있을 수 없으며, 신도 동물도 아닌 인간은 어느 누구도 언어로부터 완전히 해방될 수 없다. 물론 블랑쇼는 존재자들의 공간에 대해, 이미지의 차원에서 주어지는 요소적인 것l'élémentaire에 대해, 즉 언어가 규정한 존재에 구멍을 내는 비존재, 존재로서의 비존재 또는 비존재로서의 존재, 즉 바깥에 대해 탐색한다. 그러나 그러한 블랑쇼의 탐색도 존재가, 어떤 존재의 의미가 완성된 이후에야 이어질 수 있다. 다시 말해 바깥은 언어로 인해 야기된 이중의 유한성 내에서만, 존재의 의미를 만들어내면서 존재의 의미를 언제나 떠받치고 있는 이중의 유한성 내에서만 문제가 될 수 있다. 바깥의 사유는 존재의 의미에 대

---

29) PF, p. 312.

한 추구와 떨어져 전개될 수 없다. 왜냐하면 언어와 존재가 없었다면 바깥이 있을 수 없기 때문이다. 왜냐하면 한마디로 바깥은 언어의 한계이기 때문이다.

3. 유한성의 언어로서의 잡담

블랑쇼는 법과 기존의 사회질서를 보존하려는 소르주의 계부의 국가 정치에도, 행동을 통해 국가를 전복하고 국가 질서를 무너뜨리려는 북스의 '급진적' 정치에도 동의하고 있지 않은 것처럼 보인다. 나아가 그는 『하느님』에서 혁신적인 것이거나 진부한 것이거나 어떤 정치적 이념을 제시하는 것을 첫번째 목표로 삼고 있는 것 같지도 않아 보인다.

그러나 그렇다고 『하느님』에서 방금 말한 두 가지 정치의 대립 너머에서 새로운 또 다른 정치에 대한 사유를 읽어 내는 것이 불가능한 것은 아니다. 가령 조르주 프렐리는 이 소설에서 일종의 영구혁명을 지지하는 정치적 입장이 암시되어 있다고 본다. 프렐리의 관점에 의하면, 이 소설이 암시적으로 동의하고 있는 혁명은 전복적 행동에 의해 권력의 핵심과 동일시되는 국가조직과 국가기관을 파괴함으로 단번에 완성될 수 있는 혁명이 아니다. 『하느님』이 암암리에 지지하고 있는 혁명은 어떤 정치적 독트린이나 어떤 정치적 계획에 따라 통제되고 예측될 수 없고 조직화될 수 없는 정치의 지평에 속해 있다. 그러한 한에서 그 혁명 역시 그 자체 예상될 수 없는 것이며, 서로 다른 차원에서, 관습, 지각 방법, 의식, 이데올로기, 문화, 주체성의 모든 영역에서 이루어져야 한다. 프렐리에 따르면, 『하느님』에서 직접적으로 묘사되어 있지는 않지만 암묵적으로 동의를 얻고 있는 혁명은 기존의 법과 질서를 뒤엎고 또 다른 체제를 만들어내 거기서 화석화되어

버리는 일회적 혁명이 아니라, 모든 영역에서 그때그때 필요한 실천들을 촉발시킬 수 있는 영구혁명이다.[30] 하지만 프렐리의 그러한 독해가 『하느님』에 대해 유일하게 가능한 정치적 해석은 아닐 것이며, 여러 다른 정치적 해석이 있을 수 있을 것이다.

그러나 다른 관점에서 본다면, 『하느님』은 언어에 의해 야기되는 이중의 유한성(존재의 유한성과 인간의 유한성)에 대한 탐구이다. 『하느님』에서 이어지는 그러한 탐구는 하지만 소설 바깥에서, 다시 말해 소설이 보여주고 있는 이야기와 내용 나아가 소설에 주어진 모든 서술 바깥에서 완성된다. 소설의 모든 서술은 소설 바깥에서 언어의 움직임을 뒤쫓고 있는 작가의 시선과 만난다. 그 바깥에서 『하느님』의 언어의 움직임은 언어 내의, 언어에 의한 유한성이 '말하여지는' 장면을 보여줄 것이다. 『하느님』은 따라서 두 무대를, 소설 내에서 서술을 통해 이미 설치되어 있는 무대와 소설 바깥에서 설치되어야 할 무대를 요구하는 '연극'이다. 이후의 물음은 그 두 무대가 어떻게 서로 겹쳐져 나타나며, 어떻게 하나의 무대인 소설 내의 무대가 다른 하나의 무대로, 소설 바깥의 무대로 옮겨가게 되는가를 살펴보는 데에 있다. 그 과정에서, 즉 소설 바깥의 무대에서, 다시 살펴보아야 하겠지만, 『하나님』은 본질적으로 정치적 작품으로 드러날 것이며, '작품의 정치'가, 문학에 있어서의 '정치적인 것'이 그 자체 긍정될 것이다. 하지만 『하느님』에서 소설 내의 무대가 어떻게 소설 바깥의 무대로 옮겨가는가를 살펴보기 위해 소설 내의 무대에 얼마간 더 머무를 필요가 있을 것이다.

---

30) G. Préli, *La Force du dehors*, pp. 106~109.

* * *

『하느님』에서 볼 수 있는 모든 소요는 통제 불가능한 것으로 나타난다. 국가는 반란 세력들을 뒤쫓아 진압해 질서를 다시 세우려 한다. 북스는 그러한 상황을 역으로 이용해서 반란자들을 계속 지휘한다. 그는 혼란이 또다른 질서·법과 '밑바닥의 인간'을 위한 정의를 가져오기 위해 필연적으로 요구되는 과정이라 믿는다. 그러나 소르주의 눈에 북스는 스스로 또다른 법을 추구하는 과정에서 올바른 판단 위에 서 있지 못한 것으로 보인다. 왜냐하면 벌어지고 있는 모든 사태는 이미 인간의 이해 능력을 벗어나 전개되고 있으며, 사실과 도달해야 할 목표에 대한 모든 판단이 불가능해지는 지점에 이르렀기 때문이다. 쿠데타와 전염병의 아수라장 속에서 사태를 올바로 규정하고 아노미 상태를 해결할 수 있는 답을 주려는 인간의 모든 노력은 이해 불가능한 '비현실성'을 드러낼 뿐이다. 이제 법의 불가능성, 법의 파괴, 법의 죽음――'법이 죽어 남긴 말 없는 시체'――이 '법'이 된 것이다. 이제 인간이, 법을, 즉 사실과 이상理想이 무엇인가를 결정할 수 있게 하는 이 형식적 언어를 정립하려 노력할수록 법은 자신의 죽음으로 되돌아가게 되고, 법의 정립 불가능성이 '법'이 되며, 이해 가능성 바깥의 '비현실성'만이 뚜렷이 부각될 뿐이다. "그리고 이 비탄의 절규가 모두의 것이 되었다. 나는 법의 죽음을 원했던 사람들도 다른 사람들과 마찬가지로 절규를 내뱉고 있다는 것을 알았다. 또한 나는 어떤 이들은 어깨를 으쓱해 보이면서 일어난 사실에 대해 전혀 고려하지 않을 정도로 하나의 확고한 체제를 믿고 있음을 이 경직된 침묵을 통해 계속 표현하고 있다는 것을 알았다. 다른 이들은 이 경직된 침묵을 통해 정의正義가 어디서 끝장나며 공포가 어디서 시작되는지를 알 수 없다는 불가능성, 국가의 위엄을 알리려는 밀고 또는 국가의 몰락을 알리려는 밀고가 어디서 성공적으로 이루어지는지를 알 수 없다는 불가능성 앞에서 혼란스러워했다. 나는 이 침묵, 이 비극적 침묵이 어느 누가 믿었던 것보다도 더 끔찍한 것이라는 것을 알고 있었다. 왜냐하면 이 침묵은 법이 죽어 남긴 말 없는 시체로부터 흘러나오고 있었고, 법은 왜 자신이 무덤에 들어갔는지 그리고 무덤으로 내려갔다면 거기로부터 나오기 위해서인지 아니면 다만 갇혀 있기 위해서인지 말하기를 거부하고 있었기 때문이다."[31]

『하느님』에서 모든 정치적 입장의 선택과 모든 정치적 담론을 불가능한 것, 헛된 것으로 만드는 것은 전염병의 창궐이다. 여기서 전염병은 법을 재정립하려는 모든 시도를 실패로 돌아가게 하고 고정된 하나의 정치 체제를 고집하는 것을 쓸데없는 것으로 만드는 제어할 수 없는 비인칭적 절대 권력으로 나타난다. 여기서 전염병은 모든 정치 바깥에서 인간을 위협하는, 인간 위에 군림하는 죽음, 죽음의 카오스와 같다. 결국 소설 후반부는 전염병에 걸린 인간들의, 특히 소르주의 공포와 고통을 묘사하는 데에 대부분 바쳐진다. 소설이 진행되어 나갈수록 소설에서 정치적 담론들이 사라진다. 동시에 소르주를 비롯해 전염병에 걸린 자들의 고통과 비탄에 대한 묘사가 무너져 내린 공간들(건물들, 방들, 황폐화된 거리들, 결국 비현실적이 되어버린 장소들)에 대한 묘사와 더불어 소설에서 지배적으로 된다. 크리스토프 비덩의 지적처럼 "마지막 장에서 모든 내적 상태들은 병과 혐오에 따른 사유 불가능한 것, 도리 없는 것이 되어버리고, 오직 무한정성에 다가간 치욕·낭패·분노의 지각만이"[32] 소설을 이끌어 나가고 있는 것처럼 보인다.

---

31) TH, pp. 219~220.
32) Ch. Bident, *Maurice Blanchot, partenaire invisible*, p. 261.

왜 『하느님』의 저자는 전염병에서 드러나는 비인칭적·익명적 힘을 그렇게 강조하는가? 그 힘은 인간의 자기 존재 보존의 노력conatus essendi으로 제어될 수 없고 모든 인간의 통제에서 벗어나 있다. 그 비인칭적 익명의 힘은, 장-폴 사르트르Jean-Paul Sartre가 말하는 바와 같이, "바로 된 세계monde à l'endroit"를 전복해, 정신이 물질에 함몰되고 정신이라는 목적이 물질이라는 수단과 동일시되는 "뒤집어진 환상적 세계monde à l'envers fantastique"로 전환시킨다.[33] 물질은 부조리하게, 정신의 이해능력 바깥에

---

[33] J.-P. Sartre, "Aminadab ou du fantastique considéré comme un langage", *Critique littéraire(Situation I)*, Gallimard, 1947, p. 118. 사르트르가 '바로 된 세계', '뒤집어진 환상적 세계'와 같은 표현들을 쓰면서 참고하고 있는 블랑쇼의 작품은 『아미나다브Aminadab』이다. 그러나 블랑쇼의 작품에서 나타나는 정신과 물질의 일반적 통합 관계의 역전, 즉 인간과 대상 사이의 주객 관계의 역전이 다만 『아미나다브』에서만 문제가 되는 것은 아니다. 그것은 사실 모든 블랑쇼의 허구적 작품에서 문제가 되며, 거기에서 보여지는 많은 이미지들에 의해 증명될 수 있다. 블랑쇼의 첫번째 소설인 『토마 알 수 없는 자Thomas l'obscur』에서부터, 그 소설의 첫 장면에서부터 바다는 인간의 정신·주체라는 위치를 위협하는 존재로 나타난다. 말하자면 거기서 바다는 토마가 스스로를 상실하면서——자신으로부터 빠져나와——마치 공허에 흡수되는 것처럼 빨려 들어갈 수밖에 없는 존재로 그려진다(TO, p. 11). 같은 맥락에서 몇 가지 다른 예들을 들어보자. 『죽음의 선고』의 두번째 에피소드에서 화자는 아무도 없는 방에 들어가게 되는데, 그는 거기서 "가장 거대한 삶"이 자신에게 다가오고 자신을 끌어당기고 보고 있는 듯한 상태에 빠진다(AM, p. 108/87). 「최후의 말Le Dernier mot」에서 화자는 개들의 억눌린 듯 터져 나오는 떨리는 짖는 소리가 공간을 가득 채우고 있는 것을 보면서 거기서 자신 바깥으로 나와 있음l'il y a에 선고당해 있다는 것을 알게 된다(M. Blanchot, "Le Dernier mot", *Après coup*, Minuit, 1983, pp. 65~66).

물론 『하느님』에서도 사르트르가 '뒤집어진 세계'라 부르는 것을 보여주는 많은 이미지들이 나타난다. 가령 루이즈와 함께 간 묘지에서 소르주는 스스로 더 이상 숨쉬지 못하면서 한 무덤에서 울려 퍼지는 공허("공허가 나보다 더 무겁고 더 충일한 압도하는 실체로써 나를 채웠다")가 자신 대신 숨쉬고 있는 것을 본다(TH, p. 74). 병든 소르주가 머무르고 있는 진료소의 방에서 벽은 그에게 다가와 말하는 자처럼 나타난다. 그가 말하는 대신 "벽의 말"은 계속 이어지고, 물방울 소리 그리고 인간의 절규와 함께 멀리서 침묵이 울려 퍼진다(TH, pp. 142~144). 밤의 공허, "차갑고 흙이 섞여" 흐르는 침과 같은, 불안을 가져오는 공허가 누군가를 숨막히게 하고, 이 공허는 소르주를 거부하면서 "그치지 않는 모래소리와 같은 소음"으로 채워진다. 이어서 소르주는 이렇게 말한다. "나는 절규하고 울부짖어야 했다. 나는 다른 세계에서 울부짖는 듯한 감정에 찢겨 나갔다"(TH, p. 233). 『하느님』을 비롯해 블랑쇼의 소설화된 작품 전체

서——우리가 일반적으로 생각할 수 있는, 물질에 대한 정신의 초월성 바깥에서——존재하고 있는 것처럼 보인다.

전염병이라는 절대적 힘이 인간의 모든 통제를 무시하고 한계, 인간 실존의 한계를, 즉 도르트와 소르주가 뚜렷이 드러내고 있는 유한성을 설정하고 있는 것은 사실이다. 그들은 죽음으로의 접근의 경험 속에서 유한성 가운데 짓눌려 있으며, 나아가 그들을 비롯해 모두는 유한성 내에서, 죽음을 부르는 공포의 바람인 전염병이 가져온 재앙으로 인해 사실상 서로 다를 게 없는 존재가 되어버린다. 따라서 어떤 특정 정치적 입장이라는 것도 사실 부차적인 문제가 된다. 그러나 여기서 『하느님』의 저자인 블랑쇼의 시선은 소설 바깥에서 문제가 되고 있는 또 다른 유한성에, 아무것도 규정하지도 규명하지도 못하는 인간의 말의 한계에, 즉 언어의 불가능성에 주목한다. 블랑쇼는 우리로 하여금 전염병으로 아수라장이 된, 소설 내에 설치된 무대를 보게 할 뿐만이 아니라, 언어가 자신의 한계에 이르러 스러지는, 소설 바깥의 또 다른 무대로 우리를 데려간다. 존재자들에 대한 살해를 통해 형성되는, 언어가 구성하는 의미들은 인간의 거주 장소이다. 그러나 『하느님』은 이제 모든 의미가 무의미로 되돌아가는 거주 불가능성의 지점, 언어를 통해 재현된 사물들이 공포스러운 단순 물질(요소)의 이미지들로 무너져 내려 죽어간 존재자들로 회귀하는 지점, 언어의 불가능성만이 극적으로 드러나고 무의미한 단어들만이 둥둥 떠다니는 지점·시점으로 나아가게 된다. 그 지점에서 사르트르가 말하는 '뒤집어진 환상적 세계'

에서 사르트르의 해석을 뒷받침하는 이미지들은 수없이 많을 것이다. 『하느님』의 경우 인간을 삼켜버릴 것 같은 물질들의, 요소적인 것'l'élémentaire'의 이미지들은 전염병이라는 법의 타자가 갖는 비인칭적·익명적 절대의 힘을 두드러지게 부각시키고 있다.

를 보여주는 여러 이미지들(벽의 이미지, 밤의 공허의 이미지, 특히 절규하면서 죽어가는 인간의 이미지)은 언어에 의해 살해되었으나 유령처럼 되돌아오는 존재자들을 표현하며, 있음으로, 의미의 부재로 나타나는 바깥을 드러낸다. 이제 존재자들은 언어에 빼앗긴 자신들의 최초의 권리(이해 가능성 바깥에서, 의미 바깥에서 인간을 무시하고 존재할 수 있는 권리)를 주장하고, 그에 따라 애초에 견고한 실체 위에 서 있지 못했던 인간의 말은 다만 그 자체 내에 패어져 있었던 깊은 구멍을, '비현실성'을, 죽음(살해)의 현장을 가리킬 뿐이다. 『하느님』에서 전염병은, 소설 내에서 도시를 황폐화시켜 죽어가는 인간의 유한성만이 부각되는 '뒤집어진 세계'로 만들어 버린다는 점에서뿐만 아니라, 나아가 소설 바깥에서 인간이 말한다는 사실에 내재되어 있는 유한성(말하는 인간의 유한성)을 부각시켜 언어가 한계에 이르는 지점을 무대화한다는 점에서 **바깥의 알레고리**이다.

『하느님』에서 전염병은 바깥의 상황을, 우리 독자들이 처할 수도 있는 특별한 상황을 연출한다. 인간이 말하는 모든 것이 즉시 '거짓말'로 떨어지는 상황, 즉 언어가 지정하는 존재와, 언어에 의한 동일화(존재의 동일화, 사물들의 의미들의 포착)가 실패로 돌아가기를 기다리고 있는 존재자 사이의 결정적 차이가 부각되는 상황. 인간이 말한 모든 것이 스스로 확증할 수 없는 것이 되고 인간 자신에게 자유를 허락할 어떠한 의미도 가져오지 못하는 상황. 그러한 상황을, 다시 말해 언어를 사용하면서 인간이 자신에게로 회귀하지 못하고——존재자들에 대한 자신의 지배권을 확인하지 못하고——다만 자신의 정체성의 불가능성만을, 자신이 비존재에 불과하다는 사실만을, 자신이 언어의 도움으로 확고한 실체 위에 스스로의 존재를 정립할 수 없다는 사실만을 확증하게 되는 상황을 가정해 보자.

소르주는 북스에게 보낸 편지에서 이렇게 말한다. "나는 하나의 가면입니다. 나는 가면을 쓰고서 역할을 하고 있고, 그런 점에서, 법이 만들어낸 지나치게 완벽하고 철저한 인간성 위에——그 인간성의 광채를 부드럽게 나게 하기 위한 에나멜 구두와 같은——그보다 더 거칠고 더 순진한 인간성 (그것은 이미 끝난 진화가 쓸데없이 역행해 이른 이전 단계를 되돌립니다)이 진열되고 있는, 모두가 참여하고 있는 이 우화에서 나는 속이기 위한 역할을 하고 있는 것입니다."[34] 물론 소르주는 그의 계부와 북스 그리고 다른 인물들이 이끌어 나가고 있는 담론들에 개입한다. 그러나 소르주의 말들은 전염병으로 인해 발생한 이 모든 혼란스러운 사태들을 진단하고 그 해결책을 제시할 수 있는 어떠한 빛도 가져오지 못한다. 말하자면 그는 어떤 가능한 새로운 질서를 가져올 법의 준거점이 될 수 있는 어떠한 이념도 갖고 있지 못하다. 소르주는 또한 이렇게 말한다. "이전에 적절한 순간에 변화를 가져오는 데에 도움이 되었던 불행의 감정들은 의심의 여지없이 어느 때보다도 더 깊어졌습니다. 그러나 압제하에서의 음산함, 불의가 가져온 공포감, 근심, 죽음 등은 현재 절정의 순간에 올랐다고 느껴지고 있으며 우리로 하여금 국가로 되돌아오게 할 것이고, 국가 안에서만 정신은 자신 바깥으로 나갔었다 하더라도 결국 자신을 되찾게 될 것입니다. 독트린은 이 세계를 전복시킬 어떠한 의미 있는 이유도 제시하지 못할 것입니다. 왜냐하면 독트린은 그 자체 진리와 힘을 이 세계에서 끌어낼 수밖에 없기 때문이

---

34) TH, p. 174.

지요. 그러나 나로서는 이념들을 증오합니다."[35]

법은 이미 부재하고, 법의 부재가 이제 '법'이 된다. 법은 이제 위반의 법 또는 법의 위반이 된 것이다. 모든 말들은, 국가의 말이든 북스의 말이든 소르주의 눈에는 같은 것으로 여겨진다. 왜냐하면 그것들은 이제 어디에서도 반향을 얻지 못하고 오직 법의 죽음만을 확증할 뿐이기 때문이다. 소르주 자신으로서는 다른 인물들의 말들을 뒤따라가면서, 그것들을 때로는 매정하게 때로는 진실성을 갖고 뒤로 밀쳐놓기 위해 다만 '말하는 척'하고 있을 뿐이다. (그러한 소르주의 반응은 하지만 냉소주의나 회의주의 또는 무관심주의와는 관계가 멀다. 왜냐하면 그 자신이 전염병에 감염되어 죽음의 위협 앞에 놓여 있는 자로서 진정한 의식적 반성의 계기를 박탈당해 있기 때문이다. 그의 말은 죽음에 다가가고 있는 자의 말, 수동성의 말이다.) 어쨌든 그는 다른 인물들의 말들 앞에서 중립적 위치, 아니 보다 정확히 말해 미결정의 위치에 놓여 있다. 그리고 그 이유는 그가 모든 말들의 대립 너머에서 내놓을 수 있는 자기 고유의 말을 갖고 있기 때문이 아니라, 그에게 하나의 확고한 이념으로 수렴되지 못하는 떠도는 말들만을 되씹는 자의 역할이, 가면 아래에서 '속이기 위한 역할'이 주어졌기 때문이다.

소르주로 하여금 말하게 하면서 블랑쇼는 우리에게 언어가 무너지는 공간, 언어에 의해 구축된 의미들이 '거짓'으로 떨어지는 황폐한 공간을 가리킨다. 그 공간은 이전에는 부정과 창조의 공간, 인간에게 자유를 보장하는 공간이었을는지 모르나, 이제는 '비현실성'의 공간, 언어의 삶(의식의 삶)이 한계에 이르는 죽음의 공간이 된다. 소르주와 계부-북스 사이에 차이가 있다면, 그것은 후자들이 각자의 방법으로 법을 다시 세울 수 있는 길

---

35) TH, p. 193. 인용자 강조.

이 있다고 믿는 곳에서 소르주는 '비현실적인' 죽음의 공간과 마주하고 있다는 데에 있다. 다시 말해 그것은 계부와 북스가 여전히 부정과 창조 그리고 자유를 믿는 곳에서 소르주는 다만 죽음에 다가가고 있다는 데에 있다. 그러나 계부와 북스의 말들 역시 모든 혼란 상태를 끝낼 수 있는 힘을 갖고 있지 못하다. 소설 속의 공간, 즉 전염병과 쿠데타로 인해 난장판이 된 도시는, 발설된 말들이 끊임없이 불임의 단어들로 흩어져 가는——소설 바깥에서 누구나 마주칠 수 있는——이 '비현실성'의 공간으로, 언어에 매달려 왔던 삶이 언어의 기원이자 근거인 죽음과 마주하게 된 공간으로 열린다. 두 공간은 『하느님』에서 서로 겹쳐지고 하나가 다른 하나에게 메아리로 울려온다. 또한 아노미상태에서 소르주를 비롯한 소설 속의 등장인물들이 죽음과 맞붙어 절규를 내뱉고 있는 동안, 우리 독자들은 언어 내의, 언어로 인한 유한성의 극단을, 언어의 뿌리에서 발견되는 죽음의 심연을 목도하게 된다. 죽음으로 되돌아가야만 언어는 멈추고, 언어가 끝나는 곳만이 죽음이 본래의 모습을 드러내는 장소, 즉 진정한 죽음의 장소일 수 있다.

　『하느님』에서 저자는 여러 인물들이 제출한 담론들이 하나로 통합되는 높이를 마련해주지 않는다. 이 소설에서 소르주 역시 저자를 대신해 결론을 제시할 수 있는 인물이 아니며, 어떠한 인물도 그렇지 못하다. 반대로 말미에 소설의 묘사는, 특히 소르주의 말들이 증명하고 있는 것처럼, 사르트르가 '뒤집어진 세계'라 부른 것을 그리는 데에 바쳐진다. '뒤집어진 세계'에서, 다시 사르트르의 표현을 빌리면, "모순된 세계"에서 "정신은 물질이 되며", "나는 바깥에서 내 자신을 본다".[36] 거기에서 언어 역시 모순되고

---

36) J.-P. Sartre, "Aminadab ou du fantastique considéré comme un langage", *Critique littéraire(Situation I)*, p. 128.

기이한 방법으로 말한다. 일반적 언어가 사물들을 동일화(재현)하고 그 의미들을 규정하는 동시에 그 의미들의 타당성을 보장하는 말하고 글쓰는 주체의 진정성(의미들을 통해 사물들을 통제하는 주체의 주체성, 언어를 사용하는 '진정한 주체'는 의미의 타당성을 보장하는 주체이다)을 가정하고 있는 반면, '뒤집어진 세계'를 향해 나아가고 있는 이 언어는 사물들과 주체 사이의 일반적 관계의, 즉 주체가 사물들을 의미 규정을 통해 자신에게 종속시키는 관계의 역전을 보여준다. 물론 이 언어, '바깥의 언어'에서 겉으로 보아 말하는 주체(『하느님』의 저자, 블랑쇼)가 부재하지 않으며, 문장의 기본 구조이자 의미의 기본 구조인 주술 구조가 파괴되어 있지도 않고, 문법이 지켜지고 있지 않는 것도 아니다. 그러나 이 언어에서 의미들은 하나로 수렴되지 않은 채 기이하고 폭력적인 이미지들의 출몰 앞에서 흩어져 간다. 의미들은 하나의 중심을 이루지 못하고 폐기되며(사르트르는 "우리는 그것[모순된 세계]에 대해 스스로 파괴되어 사라져 가는 개념들에 따라서만 생각할 수 있다"[37]라고 말한다), 그에 따라 단어들은 말하는 주체의 통제를 벗어나 떠돌아다니는 것처럼 보이게 된다.

여기서 『하느님』은 우리로 하여금 일반적 말하는 주체('나')에 대해 다시 생각하게 한다. 말하는 나, 쓰는 나, 언어를 사용하고 있는 '나'는 누구인가? '나'는 언어를 사용하면서 존재자들에게 죽음을 가져오는 자이며, 존재자들의 죽음 위에 단어들의 도움으로 사물들과 그 의미들을 구성하는 자이고, 그에 따라 존재(의미의 존재)를 규정하는 자이다. '나'는 언어에 매개되지 않은 '나'의 존재의 직접적 확실성을——언어 바깥에서——획득한 실체적·자율적 주체가 전혀 아니며, 다만 의미들이 지속적으로 타당성 있

---

37) 같은 곳.

게 고정되어 남아 있기 위해, 의미들의 타당성을 보장하는 근거(주체)로 존재하기 위해 언어에 구속되기를 수락한 자, 단어들 사이로 끼어들도록 부름 받은 어떤 사람이다. (언어 바깥에서, 의미들 바깥에서 '나'는 없다. '나'는 다만 문장들의 주어이며, 의미들의 타당성을 사회적 관계 속에서 책임지도록 요구받은 자이다. 언어에 의해서만 나는 사회적 주체가 된다. 언어의 주체는 사회적 주체 이외에 아무것도 아니다. 언어 때문에 인간은 존재자들과 직접 마주하는 자연의 존재로 남아 있기를 포기당하고 비자연적非自然的이자 부자연스러운 의식적·사회적 존재가 된 것이다. 언어 때문에 인간은 원치도 않았는데 '내'가, 자아가 된 것이고, 인위적·의식적으로 '나'라고, '자아'라고 자부하게 된 것이다.) 그러나 '내'가 그렇게 언어를 기반으로 존재한다는 것은, 의미들이 자라나온 토양의 붕괴 위에서, 즉 의미들의 진정한 근거이자 지주인 존재자들의 죽음 위에서 내 자신 안에 구멍이 난 채 존재한다는 것이고, 그 죽음을 계속 감내해 나아가야, 그 죽음을 죽음 가운데 두어야 한다는 것이다. 간단히 말해 '나'는 사물들이나 존재만큼이나 비존재이다. '나'는 사물들이나 존재만큼이나 실체를 결여하고 있다. "내 안에서 말할 수 있는 힘이 내 존재의 부재로부터 나온다는 사실은 분명하다."[38] 왜냐하면 "인간은 자신 스스로가 탄생시켜야 하는 의미를 통해서만 살아갈 수 있도록 운명 지어졌기"[39] 때문이다.

'내'가 있다면 언어 내에서만, 언어와의 관계 내에서만 있다. 다시 말해 '나'는 '나'라고 불리는 자에 불과하다. 다시 말해 '나'는 사물들과 존재가 지속적으로 의식에 표상되기 위해, 의미들이 견고하게 '비현실성'에 붙

---

38) PF, p. 313.
39) PF, p. 313.

들어 매어져 있기 위해 요청된, 단어들 사이에 전제된 가정에 불과하다. 따라서 '나'는 말하면서 어떤 의미를 지속적으로 보장할 수 있을 때에만, 어떤 의미가 '나'와 '내' 자신의 관계에서 계속 확증될 때에만 '내' 자신의 동일성(정체성)을 확보한다. '나'는 어떤 의미를 통제·지배하는 힘을 가질 수 있는 한에서만 존립한다. '나'에게 의미는 거주해야 할 세계, 스스로 안정될 수 있는 세계를 구성하며, 세계를 무화시키기에 충분한 의미의 부유 또는 무의미는 즉시 '나'의 동일성을, '나'의 존재를 위협한다. '나'는 언어를 통해 어떠한 의미에도 이르지 못하게 될 때, 이미 '내'가 아닌 자가 되며, 다만 말하기 위해 말하고 있는 것이다. 소르주의 말들은 '뒤집어진 세계'만을 나타낼 정도로 그 가운데 의미가 부유하고 있다. 소르주의 입을 통해 블랑쇼는 스스로 말한 것 내에서만 자신을 정립할 수 있는 말하는 주체의 불안정성을 부각시키고 있다. 즉 블랑쇼는, 말하는 주체가——주체인 한에서——동시에 자신이 발설한 말을 '비현실성'에 빠지게 하는 '비현실적' 주체 또는 엄밀히 보아 비非-주체라는 사실(모든 말함에 이미 가정되어 있지만, 가령 『하느님』에서의 묘사가 노골적으로 드러나게 하는 사실)을 강조한다. 결국 『하느님』에서 마지막으로 남는 것은 통일성을 이루지 못하고 여기저기 산재散在해 있는 이미지들, 의미의 불가능성을 주장하고 있는 이미지들뿐이다. 그러한 이미지들만을 그려내면서 말하고 있는 자는 자신을 긍정(자기의 동일성을 긍정)하지 못하고 다만 죽음을, 언어가 만들어낸 '비현실성'을 확인하면서 의미의 세계에 거주하지 못하는 자이다. 그는 죽음을, '비현실성'을 거쳐 자유에 이르는 자가 아니라 다만 끊임없이 '뒤집어진 세계'와 자신의 유한성만을 목도하는 자이다. 말하자면 그는 죽음을 받아들여 죽음 가운데 안정을 취하지 못한 채(죽음 가운데에서의 자유와 휴식, 그것들을 하이데거는 바랐지만, 우리가 본 대로, 그 경우 죽음은 결코 급진적인 것이

될 수 없다[40]) 오히려 불안정 가운데로 내몰려 다만 떠도는 말들만을, 잡담 bavardage만을 내뱉도록 선고받은 자이다.

* * *

잡담, '쓸데없는 말parole vaine', 이 표현을 블랑쇼는 루이-르네 데 포레 Louis-René des Forêts의 소설 『잡담꾼Le Bavard』[41]을 해석할 때 사용한다. 블 랑쇼는 『잡담꾼』에서 끊임없이 무의미로 돌아가고 있는 말의 움직임을 본 다. 여기서 무의미는 불안을 가져오는 묵언默言 가운데, 작가가 말하는 데 있어서의 책임 또는 최소한도로 왜 말하는가를 밝혀야 하는 책임을 회피 하고 있다고 보이게 하는 침묵의 동요(동요하는 침묵) 가운데 스며든다. 『잡담꾼』에서 데 포레는, 블랑쇼의 지적에 의하면, "침묵의 고독 속에 갇혀 있는" 인간들보다 더 고독하고(사실 데 포레는 『잡담꾼』에서 헤아릴 수 없이 많은 쓸데없는 말들을 쏟아놓는다) "침묵을 말들처럼 내뱉고 말을 가장을 위 해 내뱉어 자신의 묵언을 표현하는"[42] 벙어리처럼 나타난다. 하지만 『잡담 꾼』에서의 이 말하기 위한 말하기, 독자로 하여금 의미 중심을 포착하지 못

---

40) 이 책의 1장 참조.
41) L.-R. des Forêts, *Le Bavard*, Gallimard, 1973. 데 포레의 대표적 작품들 중의 하나인 이 책은 '말꾼'이라는 제목으로 번역되었다(루이-르네 데 포레, 『말꾼』, 이기언 옮김, 현대문학, 2002). 또한 블랑쇼의 『잡담꾼』에 대한 비평 「쓸데없는 말La Parole vaine」(A) 참조. 여기서 블 랑쇼는 잡담Gerade을 평균적 일상성에 빠져 자신의 고유한 실존의 가능성을 잊어버린 인간 의 존재양태로 보았던 하이데거에 암암리에 반대하면서 잡담의 진정성을 부각시키고 있다. 데 포레는 2000년 말 사망 전후로 프랑스에서 점점 더 영향력이 커져 가고 있는 작가이다. 그 는 문학과 예술에 대한 근대성의 모든 환상(가령 독창적 개인·창조자로서의 예술가·작가라는 관점, 세계 배후의 실재를 탐색하는 예술·문학이라는 관점)이 제거되고도 유효할 수 있는 문학 의 최소 존재조건을 묻고 있다는 점에서 블랑쇼와 문제를 공유하고 있다.
42) A, p. 141.

하게 만드는 이 말하는 것을 단순히 흉내내기는 또한 『하느님』에서 소르주라는 가면을 쓰고 블랑쇼가 연출하고 있는 것이다.

잡담은 말하는 주체가 발설하는 불분명하며 모호한 말이다(따라서 여기서 말하는 주체는 진정한 주체가 아니라 사실은 가짜 주체, 나아가 비-주체이다). 의미가 단어들이 지정해 재현하고 있는 현실의 사물들을 참조해서만 분명해질 수 있는 것이라면(의미는 명제를 통해 확인된, 사물과 관념의 일치에 이를 때만 분명한 것이 된다), 잡담에서 단어들은 분명한 의미에 이르지 못하고 그로부터 끊임없이 우회한다. 잡담은 현실의 사물들의 존재 목적을 일상적 관점(도구적 관점)에서 또는 보다 정신적·본질적 관점에서 밝혀, 그것들을 통제하고 관리할 수 있게 만드는 명제들로 수렴되지 못한다. 잡담은 현실 바깥으로 밀려난 말하는 주체(가짜 주체) 내부에서 맴도는 말, 현실의 사물들을 규정할 능력이 없는 말이다.

따라서 잡담은 당연히 헤겔이 말하는 진정한 내용에, 즉 사회적 공동의 삶의 규범이 되고 그 삶을 이끌 수 있는 종교적·철학적 진리가 담고 있는 객관적 내용[43]에 이르지 못한다. 또한 잡담은 헤겔이 독일 낭만주의자들을 비판하면서 특별한 한 개인의 판단으로 격하시킨 "자기의식의 장소"[44]

---

43) G. F. W. Hegel, "Solgers nachgelasene Schriften und Briefwechsel", *Werke*, 11, Suhrkamp. 1970, pp. 232~234. 졸거Solger의 『유고와 서한집』에 대한 헤겔의 이 서평은 특히 독일 낭만주의자들(쉴레겔 형제, 노발리스, 티크)에 대한 헤겔의 견해를 이해하는 데 중요하다. 이 서평에서 헤겔은 졸거가 표현의 측면에서는 아직 학적이지 못하지만 내용의 측면에서는 사변성에 이른 것에 반해, 프리드리히 쉴레겔Friedrich Schlegel은 스스로 철학적이기를 원하지만 내용에서조차 개인적 내면의 추상성을 벗어나지 못하고 있다고 비판한다. 헤겔의 이 텍스트의 불어 번역본(G. W. F. Hegel, *L'Ironie romantique*, trad. J. Reid, Vrin, 1997)과 번역자 제프레 레드Jeffrey Reid의 해설(J. Reid, "Hegel, critique de Solger: l'échec d'une expression scientifique et le problème de la communication scientifiqu", 같은 책) 참조.
44) Ph. Lacoue-Labarthe, J.-L. Nancy, *L'Absolu littéraire*, Seuil, 1978, p. 44.

로서의 자유에 대한 적극적 긍정을 표방하지도 못한다. (헤겔의 입장에서, 독일 낭만주의들의 그러한 주관성에 대한 긍정, 자유에 대한 긍정은 감정Gefühl 의 수준에서 이루어지는, 자아와 자신의 관계에 대한 단순한 긍정에서 비롯된 다. 여기서 감정은 "알맹이 없는 공허한 주체의 허무의 감정이며, 그에게 결여된 것은 그 공허함에서 벗어나 자신을 실제적인 내용으로 채울 수 있기 위해 필요 한 힘이다"[45]. 다시 말해 그러한 낭만주의적 감정은 오성의 높이에 이를 수 없으 며, 따라서 객관적 현실과 만나 객관적 내용을 제시할 수 있는 진정한 담론을 만 들어낼 힘을 갖고 있지 못하다. 나아가 그러한 감정에 사로잡혀 있는 낭만주의 자들의 자기의식은, 헤겔이 볼 때, 공동의 삶 또는 전체의 삶으로부터 멀리 떨어 져 있을 뿐만 아니라 그 삶에 대립된다.)

잡담은 세계의 이상적 법으로 제시되는 객관적 진리로 나아가지도 못 하고, 반대로 그 객관적 진리와의 대립하에 자아의 비밀을——즉 내밀한 주 관성의 또 다른 진리와 내면의 신비한 또 다른 세계를——드러내 주는 낭 만적 표현도 아니다. 잡담은 말하자면 진리를 가장하는 것, 다만 진리를 모 방하는 것이며, 따라서 잡담에 의미의 중심이 있을 수 없다. 물론 잡담에서 도 이러저러한 의미들을 내어주는 말하는 주체가, 작품에서 화자나 또는 다른 인물들의 입을 빌려 말하는 작가의 '나'가 가정되어 있다. 잡담 역시 다른 모든 말들과 마찬가지로 주술 구조(SP구조, 'A는 B이다'라는 형식)에 따라 '무엇'의 '어떠함'을 규정하고 있기에 어떤 의미들을 나타내고 있기는 하지만, 그것들은 하나의 중심 또는 몇몇 중심으로 수렴되고 있지 못한 것 처럼 보이며, 따라서 그것들의 정합성을 보장해 줄 진정한 말하는 주체에 귀속되어 있지 못한 것처럼 보인다. 따라서 작가의 '나'는 "설령 3인칭으로

---

45) 헤겔, 『헤겔미학』, I, p. 117.

나타난다 하더라도 자신의 지식으로 규정 가능한 것들을, 자기 위치의 한계를 넘어서서 말하지 않도록 세심히 주의를 기울이는 특권적 '나'"[46]가 아니다. 잡담 가운데 작가의 '나'는 스스로 내보인 의미들을 종합하고 있지 못한 가짜 주체, 무력한 주체 또는 비-주체에 불과하다. (따라서 잡담에 빠져 있는 그러한 '나'에게 자아의 개별적 주관성——가령 낭만주의적 주관성——뿐만 아니라 객관적 진리——헤겔이 말하는 내용 있는 현실적 진리——도 표현하는 것이 불가능하다. 그러한 '나'는 한편 말하면서 자신의 말들을 통해 어떠한 관점에서도 자신 고유의 주관성을 표현하지 못하고, 다른 한편 사회라는 공동의 외부 세계와의 교섭과 더불어 자신으로의 회귀적·반성적 운동을 요구하는 객관적 진리를 표현하지도 못한다.) 그러한 의미에서 잡담은 말하는 것을 가장하는 것, 말하는 것을 흉내내는 것에 불과하다. "잡담한다는 것은 언어의 수치인 것이다. 잡담한다는 것, 그것은 말하는 것이 아니다. 수다는 말을 막는 동시에 침묵을 깨뜨린다. 우리가 잡담할 때, 우리는 설령 아무런 거짓도 말하지 않는다 하더라도 아무런 진리도 말하지 못한다. 왜냐하면 우리는 진정으로 말하고 있는 것이 아니기 때문이다."[47]

잡담이 이러저러한 의미들을 내놓을 수는 있다. 그러나 그 의미들은 기이한 것들인데, 왜냐하면 변증법적 종합에 이르기는커녕 가능한 모든 결절점으로부터 끊임없이 벗어나 멀어져 가기 때문이다. 잡담은 다만 의미들을 동요의 침묵으로 이끌고 간다. 잠담 가운데 의미들은 떠도는 이미지들 뒤에서 폐기된다(묵언의 글쓰기). 잡담, 묵언으로 남는 말은 물론 사물들을 가리켜 재현하고 사물들에 대해 말한다. 그러나 거기서 사물들은 내

---

46) EI, p. 561.
47) A, p. 145.

용이 없는, 의미가 없는 단순한 외현들로, 언젠가 거기에 있었지만 이제 더 이상 거기에 없는 것처럼 보이는 사물들의 그림자들로 전환된다. 잡담은 우리가 통일된 관점에서 포착할 수 없는 '환상적 세계'로 우리를 이끈다.

그러나 잡담은 글쓰기와 관계가 있다. 잡담을 내뱉는 경험과 글쓰기의 급진적 경험은 서로 겹쳐진다. 잡담은 글쓰기로 향해 있는 언어이다. "잡담한다는 것은 아직 글을 쓴다는 것이 아니다. 하지만 무한히 분리되어 있는 두 경험은 서로 근접할수록, 두 경험의 중심에, 즉 중심의 부재에 근접할수록 두 경험은 서로 무한이 다르다 하더라도 서로 구분될 수 없는 것들이 된다. 시작도 끝도 없이 말하는 것, 말 전부와도 같은 중성적인 움직임이 말하게 하는 것, 그것은 잡담으로 이루어진 작품을 만드는 것인가, 아니면 문학 작품을 만드는 것인가?"[48] 잡담이 '글쓰기'로 전환될 수 있다는 것, 그 사실에 대해 우리는 생각해 볼 수 있다. 잡담이 목소리를 거쳐 발설될 때, 그 사실에 대해 생각해 볼 수 있다. 목소리, 문학적 언어, 말하자면 작품에 최후로 남는 기표, 잡담과는 달리 주술 구조의 형태를 갖고 있지 않기에 아무런 의미도 담고 있지 않은 언어, 즉 목소리는 또한 누구도 홀로 말할 수 없고 오직 글 쓰는 자와 읽는 자 사이의 최후의 소통 가운데에서만 말하여지는 언어이며, 따라서 절대적으로 말하는 주체를 갖고 있지 않은 언어이다(이 사실에 대해 이후에 『하느님』을 참조해 다시 살펴보기로 하자). 블랑쇼는 이렇게 쓴다. "목소리, 약해져 가는 오래 전에 들은 목소리, 그 목소리는 침묵할 것이다. 이는 그 목소리가 말할 것이다라는 것과 마찬가지로 참이 아니다. 목소리는 말할 수 없으며, 목소리는 침묵할 수 없다. 그리고 어느 날, 여기에서, 하나의 장소가 아니라 어느 날, 어떤 다른 날들도 없을 어느 날, 불가능한 목소리로부

---

48) A, p. 146.

터 나온 완성시킬 수 없는 존재와 시작의 날이 있으리라. 모든 것은 침묵과 공허와 어둠에 빠져 있으리라, 지금처럼, 곧 그럴 것처럼. 모든 것이 끝날 때, 모든 것이 말한다[……]./——따라서 더 기다려야만 하는데, 기다리면서? 우리는 무엇을 합니까?/——기다리면서 우리는 잡담을 하는 겁니다./그래요, 잡담을 하는 겁니다, 목소리를 들으면서."[49)]

4. 참여로서의 미메시스(플라톤)

'뒤집어진 세계'에서 인간은 물질에 매몰되어 있는 것처럼 보인다. 거기에서 물질을 자신에게 예속시키지 못한 채 인간은 자신의 말들이 물질의 소음과, "그치지 않는 모래소리와 같은 소음"과 구분되지 않는 것을 보면서 의미의 부재에, 헐벗음에 노출되어 있다. 『하느님』에서 궁극적으로 남게 되는 것은 의미와 만나지 못한 채 난립하는 기이한 이미지들(사르트르가 말하는, 정신과 물질의 관계의 전도를 보여주는 이미지들, "바깥에서 내 자신을" 보게끔 하는 이미지들)이며, 그 이미지들은 '뒤집어진 세계'에 내몰린 인간의 고통과 공포를 대변한다. 그 이미지들은 물질을 자신의 통제하에 두지 못하는 인간의 무력無力을 보여준다. 그것들은 통합된 하나의 의미 또는 몇몇 의미들로 수렴되지 못하며, 따라서 세계의 사물들이 아니라 이미 죽었지만 죽음으로부터 유령처럼 다시 나타나는 세계 바깥의 존재자들을 보여준다. 그것들은 말하자면 사물들이 아니라 사물들의 외현만을, 공허하고 황폐한 외현만을 드러낸다. 결국 그러한 이미지들만을 소설 여기저기에 흩뿌려 놓고 있는 블랑쇼의 글쓰기는 우리가 잡담이라고 부른 것에 속한다.

---

49) EI, pp. 485~486. 첫번째 강조는 블랑쇼, 두번째는 인용자.

그러한 블랑쇼의 글쓰기는, 멀리 되돌아가 다른 관점에서 본다면, 플라톤이 공허한 말이라 규정한 시예술(포에지)에 부합한다. 그것은 플라톤이 사물들의 예지적 근거(예지적 단일성)를 이루는 이데아를 표현하지 못하고 다만 사물들의 빈껍데기(그림자)만을 모방한다고 본 시예술에 부합한다. 블랑쇼가 설정해 놓은 문학에 대한 관점들은 멀리 거슬러 올라가 본다면 플라톤이 문학에 대해 가졌던 의문들에 대한 대답일 수 있다. 여기서 먼저 플라톤이 『국가』에서 제출한 미메시스 개념으로부터, 이어서 『이온』에서의 메텍시스 개념을 통해 『하느님』에서 블랑쇼가 전개한 글쓰기를 살펴보고 그 몇 가지 특성들에 대해 생각해 보자. 따라서 문제는 플라톤이 말하는 미메시스와 메텍시스에 비추어 『하느님』에 주어진 언어들의 움직임을 따라가 보는 데에, 보다 정확히 그 언어들이 잡담으로부터 목소리로 전환되는 과정을 추적해 보는 데에 있다.

*　*　*

플라톤은 침대 제작을 예로 들어 제작을 세 가지로 구분하였다. 첫번째는 신神에 의한 침대의 이데아의 제작이다. 침대 자체인 침대의 이데아는 침대를 만들 때 참조해야만 하는, 침대를 침대 되게 하는 예지적 원리이자 근거이며, 모든 종류의 침대가 만들어질 수 있기 위한 조건이다. 두번째는 침대 제작자인 목수에 의한 침대 제작이며, 이 경우 목수가 만든 침대는 침대의 이데아가 물질적·구체적으로 실현된 결과이다. 마지막으로 예술가, 화가가 화폭 위에 침대의 단순한 외현을 그리는 것, 즉 겉모양에 국한된 침대의 모방으로서의 침대 제작이 있다. 플라톤은, 우리가 잘 아는 대로, 이 세번째 제작, 예술적 모방에 가치를 부여하지 않는데, 왜냐하면 그에 따라 나타나는 침대의 단순한 외현은 존재론적으로 침대의 이데아는 말할 것도 없고 현실의 침대보다 더 하위에 놓여 있기 때문이다. 예술적 모방은 근원으로부터, 원형으로부터, 이데아의 예지적 세계로부터 가장 멀리 떨어져 있다.

플라톤이 회화와 시예술을 가르는 어떠한 차이도 없다고 말하면서[50] 그림을 만드는 사람과 시예술을 만드는 사람, 즉 화가와 시인을 근원·진리로부터 멀어져 있다는 점에서 곧바로 같은 부류로 본 것은 시사적이다. 플라톤이 회화(화가)와 시예술(시인)을 근본적으로 동일하게 생각한 이유는 간단한데, 시예술은 선과 형 그리고 색채를 사용하는 회화와는 달리 "단어들과 문장들을 이용해서" 만들어진다는 점에서 차이가 있기는 하지만, 둘 모두는 공통적으로 이데아로부터 멀리 떨어져 대상들의 외현들만을 복사하는 모방으로서의 제작들이기 때문이다.

여기서 플라톤이 말하는 이데아는 '경제적'인 것이다. 말하자면 여기서 이데아는 '할 줄 앎'의, 사물들을 만들어내고 다룰 줄 아는 힘의, 무엇을 생산해내는 능숙함의, 즉 테크네techné의 근거에 있다. 목수는 자신의 '할 줄 앎'을 통해 침대의 이데아와 관계하고 있는 반면, "모방자는 자신이 모방하는 사물들에 대해 언급할 가치가 있는 어떠한 것도 알고 있지" 못하며, "진지한 일이 아니라 하나의 유희, 그것이 바로 모방"[51]인 것이다.

회화와 더불어 시예술이 표현하는 외현은 이데아 바깥에서 사물이 존재할 가능성을 보여준다는 점에서 '순수' 외현이다. 그 외현은 우리로 하여

---

50) 『국가』 10권, 597e, 600e~601a. 다른 곳에서 플라톤은 회화와 시예술은 우정의 관계로 묶여 있다고 명확히 한다. "회화와 일반적으로 모방 예술[시예술]은 진리에서 멀리 떨어져 있는 작품을 만들어내며, 또한 그것들 모두는 어떤 참되고 건전한 목적도 없이 우리 안에 분별(지혜)과는 멀리 떨어져 있는 것과 교섭하고 우정과 동료의 관계로 연결되어 있다네"(603a~b).
51) 602b.

금 사물들을 사용할 수 있게 하고 우리의 통제하에 둘 수 있게 하는, 사물들에 대한 지식의 근거로서의 이데아로부터 분리되어 있다. 같은 맥락에서 블랑쇼의 글쓰기 역시 사물들의 외현들을, 즉 인간이 물질에 매몰되어 있음을——정신과 물질의 관계가 역전되어 있음을——보여주는 기이한 이미지들을 묘사하는 데로 나아간다. 블랑쇼가 그려내는 이미지들은 플라톤이 말하는 '경제적' 이데아로부터 분리되어 있는 순수한 외현의 정확한 하나의 예가 된다. 그 이미지들 가운데 사물들이 변형(변질)되어 나타난다. 그 이미지들, 『하느님』에서 끊임없이 나타나고 있는 그것들은 이해 가능성 바깥에서——따라서 지식 바깥에서——자율적으로, 근거 없이, 즉 중성적인 것의 양태로 회귀하는 존재자들을 보여준다. 그것들은, 플라톤이 지적하는 대로, 사물들의 "미세한 부분"에, 어떤 지식과도 상관없이, 사물과 관념의 실재적 일치 바깥에서 존재하는 사물들의 "시뮬라크르eidôlon"[52]에 닿아 있다. 플라톤이 말하는 미메시스의 관점에서 보아——나아가 사실상 모든 관점에서——블랑쇼의 글쓰기는 쓸데없는, 무익한 모방이다.

예술은 이데아로부터 멀리 떨어져 있는 외현만이 홀로 독립적으로 존재할 수 있다는 사실을 보여준다. 그 사실은 사물의 단일성과 동일성을, 즉 모든 것은 예지적 동일자인 이데아에 근거한다는 것을 주장하는 플라톤의 사상에 위협이 된다. 왜냐하면 이해 가능성 바깥에서 감각적인 것으로 나타나는 외현의 존재는 모든 존재가 예지적 본질인 이데아에 근거해 결정된다는 플라톤적 논리에 대한 반례가 되기 때문이다. '순수' 외현의 존재는

---

52) "따라서 모방술은 진실된 것에서 멀리 떨어져 있으며, 그 때문에 모든 것들을 만들어내는 것 같네. 모방술은 각각의 것의 미세한 부분을, 각각의 것의 시뮬라크르를 건드릴 뿐이네" (598b).

이데아로 흡수되지 않으며, 따라서 존재의 근원으로서의 이데아가 미칠 수 없는 영역을 가리킨다. 순수 외현의 존재는 이 존재-이데아의 반대편에 있으며, 이 근원으로서의 존재-이데아를 부정한다. 따라서 순수 외현을 표현하는 동시에 그 존재를 증명하는 예술은, 사물의 단일성을 믿는 플라톤의 입장에서 보면, 추방의 대상이 된다. 존재론적 관점에서 예술은 존재의 땅에서 추방되어야 한다. 하지만 플라톤에게서 예술은 존재의 땅에서 추방되어야 할 것일 뿐만 아니라, 나아가 정치적 관점에서 본다면 국가로부터 추방되어야 할 것이다.

블랑쇼의 글쓰기에 대해 살펴보기 위해 여기서 플라톤의 예술에 대한 입장을 다시 생각해 보자.

* * *

존재론적 관점이 아니라 정치적 관점에서 예술의 문제점과 폐해를 말할 때 플라톤은 화가는 내버려둔 채 시인에만 주목한다. (또한 플라톤이 시인이 국가에서 추방되어야 한다고 역설할 때, 그가 예술을 비판한 본질적 이유가 드러난다. 즉 그는 존재론적인 관점에서보다 정치적 관점에서 예술이 가져오는 문제가 크다고 생각했다.) 플라톤에 의하면, 인간의 정체성은 국가의 체제 내에서 직업에 의해서만 규정될 수 있음에도 불구하고, 시인은 인간이 정체성 없는 어느 누구가 될 수 있음을 보여준다. 국가에서 "각자는 하나의 일만 하므로, 둘로 변할 수 있는 사람도, 여럿으로 변할 수 있는 사람도 존재하지 않지만"[53], 정체성을 가진 현실의 인간(예를 들어 구두제조공, 농부, 장군 등)을 모방하는 시인은 아무나 될 수가 있다. 시인은 현실의 인간에게 요구되는 직업에 필요한 지식(구두제조술, 농작술, 전술 등)은 아무것도 갖지 못한 채 그에게 동일화되어 그의 입장에 서서 말한다. 시인은 진정한 지식을 소유하지 못했으면서도 인간의 외현에 대한 모방에만 열중하는 것이다.[54] 그러나 그러한 사실은 시인을 국가에서 추방해야 할 충분한 이유가 되지 못한다.

플라톤이 시인을 비난한 진정한 이유는, 시인이 국가가 유지되기 위해 필요한 덕(예를 들어 지혜, 용기, 품위, 절제)에 배치되는 해로운 정념들을 시민들에게 일깨워 국가질서를 교란한다는 데에 있다. 따라서 플라톤이 단호하게 시인이 국가에서 추방되어야 한다고 말할 때 문제가 되는 것은, 사물에 대한 모방이 아니라 정념의 수준에서 이루어지는 인간에 대한 모방이다. 플라톤의 눈에 변경 바깥으로 쫓아내야 할 예술가가 화가가 아니라 시인이라면, 그 이유는 시인이 국가에 도움이 되지 않는 쓸데없는 정열들로 시민들을 감염시키기—즉 인간에 대한 모방으로 이끌기—때문이다. 플라톤 철학의 진정한 적은 회화가 아니라 오늘날 우리가 여러 장르들로 이어져서 일반적으로 '문학'이라는 이름으로 부르고 있는 시예술(포에지)이다.[55]

시예술은 자신 바깥으로 나간 인간, 즉 국가에서 도덕적 질서가 유지되기 위해 기본적으로 개인들에게 요구되는 자기 통제에서 벗어나 정념에 사로잡힌 인간이 주는 매혹에 눈뜨게 한다. 따라서 시예술은 국가의 이익

---

53) 『국가』 3권, 397e.

54) 397d~398b.

55) 필립 라쿠-라바르트에 의하면 플라톤에게서 '진정한' 모방자, 즉 진정 위험한 모방자는 화가가 아니라 시인이다. 또한 라쿠-라바르트는 『국가』 10권 607b에서 플라톤이 철학이 담판을 지어야 할 대상은 회화가 아니라 문학(시예술)이라고 명시적으로 밝혔던 것을 주지시킨다 (Ph. Lacoue-Labarthe, "Typographie", *Mimesis des articulations*, Aubier-Flammarion, 1974, pp. 218~219).

에 반대되는 것을 가르친다. 거기에 바로 플라톤이 타자가 될 수 있는, 타자들(다른 직업을 가진 타인들)로 변신할 수 있는 시인의 능력을 폄하하는 이유가 있다. 시인의 말들은 하나의 직업에 요구되는 고유한 지식과 아무런 관계가 없으며, 그는 본질적으로 타자를 모방하기 위해 말한다. 그러나 그러한 시인의 모방술은 정치적 관점에서 볼 때 단순히 부정적이기만 한 것은 아니다. 사실 플라톤은 시예술이 국가의 원칙들과 국가의 덕들을 옹호해주는 한 국가 내에서 받아들여져야 한다고 지적한다.[56] 설사 시예술이 위험을 내포하고 있다 하더라도, 어떤 시예술 작품은 국가에 유용한 것이, 시민들로 하여금 국가의 덕들을 공유할 수 있게 하는 필요한 것이 될 수 있다. 하지만 여기서 시적 모방술이 갖는 가치는 그 자체에 의해 결정되고 있지 않으며 국가의 이익이라는 관점에서만 평가되고 있다. 중요한 점은, 어떤 종류의 시예술 작품이 국가에 위협이 되고 다른 종류의 작품은 국가에 유용한 것이 된다 할지라도, 둘 모두는 시예술이 갖는 어떤 같은 정치적 힘에 근거하고 있다는 것이다.

플라톤 역시 시예술이 갖는 마력적 효과를, "시예술의 이 매혹"을, "시예술이 우리에게 행사하는 마법의 매혹"[57]을 이해하고 있다. 시예술의 그 마력적 효과는 인간을 모방하게 하는 힘, 즉 단순한 인간의 겉모습이나 성격에 대한 모방을 넘어서 '타자'를 모방하게 하는 힘에서 나온다(그 힘은 하나의 정치적 힘이다). 다시 말해 시적 효과는 본질적으로 어떤 소통을 실현시키는 데에 있다. 플라톤은 『이온』에서 그 소통을 자기작용磁氣作用으로 보고 문제 삼고 있다. 그에 따라 『이온』에서의 플라톤의 논제들은 문학의 문

---

56) 607c.
57) 같은 곳.

제의 핵심으로, 즉 어떠한 종류의 미메시스가 근본적으로 문학에서 실현되는가라는 문제로 들어가게 된다.

*   *   *

『이온』은 호메로스의 작품을 암송하는 데 특별한 재능을 가진 이온이 서창시敍唱詩(랩소디) 경연대회에서 우승하고 돌아온 후 소크라테스와 나눈 대화의 기록이다. 두 사람 사이의 대화는 도대체 어디로부터 이온의 재능이 나오는가라는 물음을 중심으로 이어진다.

소크라테스의 눈에 이온의 재능은 매우 특별한 것으로 보이는데, 왜냐하면 그것은 다른 재능들과는 달리 하나의 사물에 대한 앎에 근거하고 있지 않기 때문이다. 즉 그것은 그리스어의 '테크네'가 갖는 의미 내에서의 앎에서가 아니라, 시인들도 그 영향권하에 있는 어떤 신적인 힘에서 비롯된다고 여겨지기 때문이다.[58] 그 증거는 하나의 테크네를 가진 모든 전문가들은 하나의 대상과 관련된 모든 지식을 습득하고 있는 반면——예를 들어 마차꾼은 모든 종류의 마차들을 능숙하게 다룰 줄 아는 반면——, 서창시인은 모든 시인들의 작품들을 동등하게 잘 따라 부르지는 못한다. 이어서 이온은 그러한 소크라테스의 견해에 동의하고 그것이 바로 자신의 경우라고 말한다. "그런데 소크라테스, 사람들이 다른 시인들에 대해 말하는 경우 나는 조금도 집중할 수가 없고 가치 있는 어떠한 것도 언급할 수 없는 반면, 사람들이 호메로스에 대해 한 마디라도 하기만 한다면 나는 즉시 깨어나 완전히 집중해서 힘들이지 않고 많은 것을 말할 수 있는 이유가 무엇

---

58) 『이온』, 535a.

일까요?"[59] 서창시는 지식을 통해 배울 수 있고 가르칠 수 있는 기술이 아니다. 서창시는 본질적으로 지식을 통해 알아가야 할 하나의 대상을 갖고 있지 않다. 이온이 오직 호메로스의 작품만을 능숙하게 낭송할 수 있었다면, 그 이유는 그가 호메로스를 제외한 다른 시인들의 작품들이 의미하는 바(내용)를 이해할 수 없었기 때문이 아니라 오직 호메로스에게만 자기력을 통해 이끌렸기 때문이다(여기서 자기력이 무엇인가라는 물음이 남는다).

플라톤이 정확하게 보고 있듯이 지금 문제가 되는 것은 어떤 지식의 대상이 아니다. 문제가 되는 것은 시예술이 이루어지기 위한 조건으로서의, 시예술을 통해 생성되고 있는 타인(타자)과의 관계이다. 시예술은 그 자체를 규정할 수 있는 지식의 대상을 갖고 있지 않다——말하자면 탁월한 시예술을 창조하게 할 수 있는, 지식의 대상이 될 수 있는 '그것'이 있을 수 없다. 그러나 시예술은 지식의 관점에서 보면 유용하지 않지만, 타인과의 관계를 열 수 있다. 이온과 호메로스의 관계가 그러하듯, 서창 시인은 시인과 자기력으로 관계를 맺었을 때에만 제대로 작품을 낭송할 수 있는 것이다. 또한 자기력은 서창 시인을 시인에게로 이끌리게 할 뿐만 아니라, 그 이전에 시인과 시의 여신인 뮤즈로 하여금 서로가 서로에게 내밀성 가운데 접근하게 하고, 그 이후에 서창 시인이 관객들 앞에서 작품을 낭송할 때 그들을 열광에 빠지게 한다. 플라톤이 말하는 대로, 헤라클레스의 돌(천연 자기석)이 하나의 고리를 자화시키면 자기력을 갖게 된 그 고리가 다른 고리들을 끌어당길 수 있게 되듯이, 뮤즈는 시인을 이끌고, 시인은 서창 시인을, 마지막으로 서창 시인은 관객들을 이끈다.[60] 뮤즈는 자기석과 같으며, 시

---

59) 532b~c.
60) 533d~e.

인은 첫번째 고리와 같고, 서창 시인은 두번째 고리와, 관객들은 마지막 고리와 같다.[61] 그에 따라 그들 모두는 자기 사슬로 서로가 서로에게 묶여 있게 되는 것이다. (플라톤은 시예술이 갖는 자기력에서 신적인 힘을 보고 있기는 하지만, 결국『이온』말미에 이르면『국가』에서 이미 제기했던 시예술에 대한 '경제적' 관점에서의 비판으로, 즉 시예술은 어떠한 실질적이고 유용한 지식도 가져오지 못한다는 견해로 다시 돌아간다.)

여기서『이온』에 대한 장-뤽 낭시의 탁월한 성찰인『목소리의 나눔 Le Partage des voix』에 대해 주목해 볼 필요가 있다. 이 텍스트에서 낭시가 문제삼는 것은 다시 플라톤이 비판적 관점에서 논의한 시예술의 자기력이다. 낭시는 시예술의 자기력이라는 문제를 미메시스의 문제에 연결시킨다. 문제가 된 미메시스는 부름과 응답의, 호소와 납득의 구조를 갖는 미메시스로서 사물이 아닌 인간에 대한 모방이며, 화가가 아니라 시인이 실행시킬 수 있는 진정으로 위험한 모방, 즉 국가의 덕들에 배치되는 '해로운' 정념들에 시민들로 하여금 눈뜨게 하는 모방이다. 자기력처럼 작용하는 이 미메시스에 대한 낭시의 해석은 여기서 결국 다시 돌아가야 할 텍스트인『하느님』의 언어가 어떤 지점을 향해 나아가는가라는 우리의 궁극적 물음을 다시 살펴보기 위해 거쳐 가야 할 중요한 준거점이 될 것이다.

낭시의『이온』에 대한 해석의 중심에 미메시스에 대한 새로운 성찰, 또는 사물에 대한 미메시스와는 다른 종류의 미메시스에 대한 성찰이 발견된다. 그는 시예술이 갖는 자기력(가령 앞에서 말한 뮤즈와 시인, 시인과 서창 시인, 서창 시인과 관객들 사이에서 서로가 서로에게 이끌리도록 만드는 시적 자기력)이 하나의 미메시스, 즉 메텍시스methexis에서, 타자(타인)로의

---

61) 535e~536b.

참여에서 발생한다고 본다.[62] 시적 자기력을 메텍시스로서의 미메시스라는 관점에서 다시 살펴보는 데에 플라톤이 남겨둔 시예술의 문제에 대한 낭시의 해석의 출발점이 있다. 진정한 미메시스, 열정을 가져오는 신적인 힘을 시예술에 부여하는 '위험한' 미메시스는 사물들의 외현들에 대한 모방도, 한 개인의 외현이나 성격에 대한 모방도 아니다. 어쨌든 그 미메시스는 예술에서 일반적으로 가정되었던, 모델과 복제된 것(모방된 것과 모방하는 것, 재현된 것과 재현하는 것) 사이의 관계의 특성인 모방과 동일시될 수 없다. 그것은 메텍시스, 즉 "열정을 나누는 데에 따라 이루어지는 참여", '나'와 타인 사이의 관계에서 실행되는 "창조 또는 재-창조의 역동적 미메시스"[63]이다. 인간들 사이에서의 미메시스, 즉 메텍시스는 어떠한 모델에 대한 모방도——모델로서의 한 사물에 대한 모방이 아닐뿐더러 마찬가지로 모델로 여겨질 수 있는 한 특정 개인에 대한 모방도——아니다. 또는 메텍시스가 하나의 모방이라면, 그것은 다만 타인의 어떤 탈존의 양태에 대한 모방이다. 그것은 한마디로 타인의 열정에 감염되는 사건이다. 그것은 타인과 '나' 사이의, 시예술을 전하는 자와 수용하는 자 사이의 소통의 무대를 창조하고 재-창조한다.

낭시에 의하면 그 소통은 시예술에 있어서 로고스logos 또는 디아노이아dianoia[64]의 전달, 즉 의미의 전달에 국한될 수 없는 것이다. 그 소통은 시

---

62) J.-L. Nancy, *Le Partage des voix*, p. 71.

63) 같은 곳.

64) 디아노이아는 사유, 반성, 말하고자 하는 바 등의 뜻을 가지고 있으며, 그 대응어인 에페epê 는 운문韻文, 시詩, 단어 등을 의미한다. 플라톤 자신도 『이온』 530b~c에서 시인(호메로스) 의 시구뿐만 아니라 그의 사상을 알아야 한다고 말할 때, 에페와 디아노이아를 구분하고 있다. 모니크 캉토Monique Canto가 자신의 『이온』의 새 번역본(Platon, *Ion*, trad. M. Canto, GF Flammarion, 1989)에 붙인 주석 p. 136을 참조.

예술이 전달하는 의미와 시예술의 표현으로서의 시구 자체인 에페의 결합 너머에서 이루어진다(디아노이아는 내용에, 에페는 형식에 각각 대응될 수 있다). 이온은 단순히 호메로스가 말하고자 했던 바(로고스 또는 디아노이아, 즉 내용)를 이해해 반복함으로써만 결코 호메로스와 진정한 소통(소크라테스가 지적했던 대로 자기력에 따르는 소통)에 들어갈 수 없다. 그 소통은 이온에게 말하는 매순간 그 자신 스스로 시인의 시구들에 들어와 있기를 요구한다. 그것은 이온에게 시구들에서 말하여진 것(로고스 또는 디아노이아)을 단순히 반복하는 것이 아니라 시인의 말함이라는 행위에 응답하면서 습득하기를, 즉 에크마테시스ekmathesis[65]를 요구한다. 행위로서의 시인의 말함dire(시인의 말의 현시)은 내용으로도, 내용에 따라 체계적으로 분석할 수 있는 형식으로도 환원되지 않는다. 왜냐하면 시인의 말함은 시예술 가운데 가시적으로 드러나지 않으며 내용과 형식의 결합에 앞서 이루어지고 그것을 주도하기 때문이다. 신적인 힘을 부르는 시인의 말함은 역동적으로 시구들을 무대화한다. 그것은 단어들이 이어지고 있는 가운데 어떤 타자가 나타나고 있는 무대를 연다. 그러나 그 타자는 "다른 사람, 즉 대화의 상대자가 아니다. [……] 그 타자는 모든 대화에서 타인이 있다면, 그 타인을 타자로 만드는 자이다. 그 타자는 인간의 형태를, 즉 넓은 관점에서 이해할 만한, 인간의 정체성을 갖지 않는다. 그 타자는 결코 동일자로 되돌아가지 않는, 대화의 가능성·필연성 그리고 불가능성을 결정짓는, 타인의 타자이다".[66] 시인의 말함이 여는 무대에 나타나는 타자는 특정 개인이 아니다.

---

65) J.-L. Nancy, *Le Partage des voix*, pp. 56~57. 에크마테시스의 동사형, 에크마타네인 ekmathanein은 '깊이 있게 배우다'를 의미한다.
66) 같은 책, pp. 85~86.

그 타자는 대화자들(가령 시인 호메로스와 서창 시인 이온) 사이의 소통을 유도하면서 그 소통 가운데 일종의 정념의 현시로 나타난다. 그 타자가 주재하는 소통 가운데에서만 시예술이 본질적으로, 즉 에크마테시스의 양태로 펼쳐질 수 있다.

에크마테시스(시예술을 수용하는 자 편에서 '깊이 있게 습득함')는 시인의 헤르메네이아hermeneia에, 즉 시인이 스스로를 자신의 시구들 속에 가져다 놓는 행위에 따라 나온다. 헤르메네이아는 시인이 어떤 로고스를 진술하는 것, 즉 개인적이고 **인간적으로** 어떤 의미를 부여하는 것에 국한되지 않는다. 헤르메네이아는 시인에게 귀속되지는 않지만 시인을 통과해 가는 언명, 시인이 말하고자 하는 내용 너머의——내용에 대한——차이의 언명, **신적인 것의 언명이다.** 다시 말해 헤르메네이아는 시인이 스스로 타자화된다는 것의 표현, 시인의 타인들(말을 듣는 자들)을 향한 외존外存ex-position의 표현, 즉 시인 자신이 "자신이 부여한 의미 바깥에, 자신 바깥에"[67] 선다는 것의 표현이다. 한마디로 헤르메네이아는 '공동-내-존재'를 요구한다(낭시는 여기서 시인이 오직 정신이 자신 안에 있지 않을 때에만, 광기 가운데에서만 창조할 수 있다는 『이온』 534b에서의 플라톤의 견해에 대한 자신의 입장을 보여주고 있다[68]).

---

67) 같은 책, p. 65.

68) 하지만 헤르메네이아는 다만 시예술에만 개입하는 것도 아니고, 호메로스의 시예술에만 개입하는 것은 더더욱 아니다. 헤르메네이아는 말이 전달되는 어디에서나 언제나 문제가 된다. 헤르메네이아는 로고스(디아노이아)를 실어 나르는 말함의 행위 자체이기에, 그것이 없다면 로고스는 단어들 내에서 화석화되어 굳어져 버리거나 대화의 전제 조건으로서의 인간들 '사이'(관계)를 무시하는 전체주의적 법으로 군림하게 될 것이다. 말함에 있어서의 타자는, 플라톤이 『이온』 534b에서 지적하고 있는 바와는 반대로, 단순히 어떤 착란상태에 들어가 있는 것이 아니다. 그 타자는 말 가운데 스스로를 노출시키는 자이며, 오직 말을 듣는 자에 의해서만 나타날 수 있는 현전이다. 그 타자가 '나'와 타인, 말하는 자와 말을 받아들이는 자 모두의

낭시는 헤르메네이아의 본질적인 측면을 밝히고 있다. 헤르메네이아는 로고스가 정립되기 이전에, 또한 로고스가 확증되기 위해서 무엇보다도 먼저 소통의 장소를 마련하며 타인과 함께-있음을 가능하게 한다. 말이 '나'로부터 타인에게로, 타인으로부터 '나'에게로 전달되는 한에서 헤르메네이아는 언제나 그 전달의 과정에 개입되어 있다. 헤르메네이아는 말의 전달에서 언제나 문제가 되는 '공동-내-존재'를 실현한다. 헤르메네이아

타자라면, 그 이유는 그 타자가 '나'와 타인 너머의 어떤 초월적 신비의 제3자이기 때문이 아니라, '나'의 탈존과 타인의 탈존 모두를 서로가 서로에게로 향해 가는 외존으로 변형시키는 말의 현전이기 때문이다──그리고 그 말의 현전은 '나'와 타인 사이에 놓여 있기에, '나'에게도, 타인에게도 고유한 것으로 귀속될 수 없다. 또한 그 타자, 말 가운데 드러나는 타자는 말하는 자에 의해 통제될 수 없는데, 왜냐하면 그 타자만이 홀로 말을 의미 너머에서 인간들 사이에 가져다 놓을 수 있기 때문이다. 헤르메네이아는 따라서 "소통하도록 스스로를 내버려 두는 단수적이고 수동적인 '속성'"(J.-L. Nancy, *Le Partage des voix*, p.75)을 갖고 있다. 낭시는 이렇게 말한다. "로고스는 스스로 해석된다는 것, 로고스는 헤르메네이아 내에서만, 헤르메네이아로서만 로고스이다──또는 로고스가 된다"(같은 책, p.79). 요컨대 문학적이든, 철학적이든, 비평적이든 모든 담론은 언어 바깥에서 침묵 가운데 어떤 초월적인 인간 지성에 의해 전달되고 이해될 수 있는 것이 아닌 한, 헤르메네이아로부터 벗어날 수 없다. 모든 담론은 독백으로 남지 않고 언어의 도움으로 인간들 사이에 개입해야 하는 것이라면 헤르메네이아를, 즉 자신 바깥에서의 말함을 전제해야만 한다. 또한 모든 경우 담론은 다른 담론들과의 연계 내에서만 창조될 수 있다. 왜냐하면 하나의 담론은 다른 담론들을 운반했던 헤르메네이아에 대한 응답일 수밖에 없기 때문이다. 예를 들어 생각해보자. 플라톤은 이온을 단순히 호메로스의 모방자라고 비판하였다. 그러나 플라톤 역시 자신의 사상을 자신만의 어떤 초월적 이데아와 교섭해 구축해 낸 것이 결코 아니다. 기껏해야 그는 이온이 호메로스를 모방하듯 자신의 스승 소크라테스를 모방해 자신의 담론을 만들어냈을 뿐이다. 플라톤의 소크라테스에 대한 관계는 이온의 호메로스에 대한 관계와 같다. 철학사를 보자. 아리스토텔레스는 플라톤을 모방했고, 토마스 아퀴나스는 아리스토텔레스를 모방했으며, 칸트는 루소와 흄을, 니체는 쇼펜하우어를 모방했다. 철학자들도 앞선 다른 철학자들에 자기력을 통해 감염되고 나서야만 철학에 들어갈 수 있었다. 따라서 『이온』에서 시예술이 자기력에 따라 자신 바깥에서 타인을 모방함으로 전개된다는 플라톤의 비판이 가능하다면, 그러한 시예술에 대한 비판은 마찬가지로 철학에도 적용될 수 있다. 플라톤은 소크라테스의 헤르메네오스, 즉 소크라테스의 해석자·대변인에 불과하며, "그는 [『이온』에서] 말하자면 그 자신 이온과 소크라테스 사이에서 나뉘어져 있다"(같은 책, p.81). 그러한 의미에서 플라톤은, 자신이 믿는 바와는 반대로, 자신도 모르게 모방에, 즉 메텍시스에 빠져 있는 것이다. 따라서 플라톤은 이온과 마찬가지로 하나의 모방자인 것이다.

는, 낭시가 명확히 하고 있듯, 하나의 미메시스이다.[69] 헤르메네이아는 로고스 이전이며, 말하는 자가 의미를 명확히 하는 작용과 전달하는 작용에 부수적으로 필요한 행위가 아니다. 헤르메네이아는 말하는 자 자신이 말한 것 가운데 스스로를 말을 듣는 자를 향해 노출시키기를, 역으로 말을 듣는 자가 소통(말을 통해 현전하는 타자를, 말하는 자와 말을 듣는 자 모두의 타자를 맞아들이는 사건, 즉 '공동-내-존재'에 대한 요구에 공동으로 응답하는 사건)을 실행시키기 위해 이 타자(말하는 자와 말을 듣는 자 모두의 타자)에 참여하기를 요구한다. 헤르메네이아는 소통을, 모든 소통의 조건으로서의 소통을, 말하자면 어떤 '우리'의 조건으로서의 소통을 개시한다. 헤르메네이아는 물론 하나의 미메시스이지만 메텍시스 이외에 아무것도 아닌 미메시스이다. 헤르메네이아는 메텍시스, 즉 타자로의 참여이다.

* * *

여기서 우리의 문제로 되돌아가자. 하나의 문학 작품, 소설로서 『하느님』은 플라톤이 고대에 제기했던 미메시스·메텍시스라는 문학적 문제에 대한 하나의 응답이다. 『하느님』에서의 언어는 최후의 말이 되기 위해 플라톤이 말하는 자기력을 형성하고 있으며, 메텍시스로서의 미메시스를 유도한다. 다시 말해 이 소설의 종착지에서 '나'도 타인도 아닌, 말하는 자도 말을 듣는 자도 아닌, 모두의 타자인 타자가 말한다. 그 사실을 살펴보는 것이 문제가 된다.

---

69) J.-L. Nancy, *Le Partage des voix*, p. 70.

5. 소통에 대한 요구로서의 유한성의 목소리

"나는 당신에게 하나의 덫입니다. 내가 당신에게

모든 것을 말해 봐야 소용없습니다. 내가 충성스러울수록

나는 당신을 더 기만하게 될 것입니다. 바로

나의 진솔함이 당신을 속일 것입니다."

"나는 그러한 사실을 당신이 이해해주기를 간곡히 바랍니다.

나로부터 나와 당신에게 간 그 모든 것이 당신에게는

거짓에 불과할 것입니다. 왜냐하면

나는 진리이기 때문입니다."

『하느님』을 펼치자마자 첫머리에 명구銘句로 나오는 이 말은 하나의 수수께끼처럼 보인다. 이 문장들의 주어 '나Je'는 누구인가? 소르주인가, 저자 블랑쇼인가, 아니면 어떤 제3자인가? 또한 여기서 '내'가 말을 건네고 있는 '당신vous'은 누구인가? 소설의 등장인물들 중 한 사람인가, 또는 우리 독자들인가? 이 문장들은 사실 소설 한가운데에서 소르주가 북스에게 보낸 편지의 한 부분에 반복되어 다시 나타난다. 그렇다면 여기서 '당신'은 북스로, '나'는 소르주로 동일시될 수 있는가? 나아가 누가 자신이 하는 말 모두가 거짓임에도 불구하고 자기 자신을 진리라고 주장할 수 있는가? 또한 그 '진리'란 어떤 것인가?

　『하느님』은 단순히 인간이 물질에 매몰되어 있음을 보여주는 이미지들만이 여기저기 흩어져 있는 작품이 아니다. 이 소설의 핵심은 '뒤집어진 세계'를 부각시키는 데에, 사물들에 대한 통제력을 상실하고 죽음의 경험 가운데 어쩔 수 없이 극단의 유한성에 부딪힌 인간의 실존을 최후의 진리

라고 강조하는 데에 있지 않다. 이 소설에서 블랑쇼의 최후통첩은 '뒤집어진 세계'가 바로 '바로 된 세계'의 궁극적 진리이며, 인간 존재란 헛되고 무익한 것이고, 아무런 명예 없이 무기력하게 죽어가는 것이 인간 최후의 운명이라는 '허무주의적' 전망에서 발견되지 않는다.

물론 블랑쇼는 인간이 죽어가고 있는 이 공허하고 끔찍하며 역겨운 '뒤집어진 세계'를 부각시키는 말들을 소설 곳곳에 배치시켜 놓았다. 그러나 그 말들은 최후의 말을 위한 전주곡에 불과하다. 소설에서 최후의 말이 주어질 때, 죽어가는 인간의 유한성(죽음의 유한성)은 말하는 인간의 유한성(언어 내의, 언어로 인한 유한성)과 겹쳐져 나타나게 될 것이다. 그때 죽어가는 인간은 말하는 인간으로 변신해 죽음 가운데에서의 삶을, 죽음까지 파고드는 삶을, 죽음 끝에서의 삶을 긍정하게 될 것이다. 다시 말해 결국 '거짓'은, 즉 소설에서 끊임없이 강조되고 있는 존재(언어를 매개로 의식이 동일화한 일반적·관념적 존재)와 존재자의 결정적 차이는, 우리가 방금 말했던 '진리'("나로부터 나와 당신에게 간 그 모든 것이 당신에게는 거짓에 불과할 것입니다. 왜냐하면 나는 진리이기 때문입니다")로 전도順倒될 것이다.

*　*　*

『하느님』에서 블랑쇼는 그 스스로 문학적 언어(또는 본질적 언어)[70]를 찾아나서면서 그것을 다만 설명하는 것을 넘어서 실현하고자 하는 것처럼 보인다. 문학적 언어는 작가가 홀로 의도적으로 자신이 쓴 것에 남겨둘 수 있는 언어가 아니고, 그 결과 독자가 체계적 분석에 따라 확인할 수 있는 언

---

70) 우리는 앞에서 문학적 언어(본질적 언어)에 대해 살펴보았다. 이 책 pp. 151~158 참조.

어도 될 수 없다. 문학적 언어는 이미지적 언어, "이미지가 된 언어"[71]에만 기입되어 있다. 또한 여기서 이미지는, 언어가 전환되어 남게 된 이미지는 문학 작품 어디에서나 발견되는 일반적 이미지가 아니다. 다시 말해 그 이미지는 다만 가시성의 수준에서 형상화된 이미지(연계된 의미의 맥락에서 판독·이해 가능한 이미지)가 아니라, 작품에서 궁극적으로 드러나는 감지되는 것으로서 말과 부름의 양태로 가시성 내에서 가시성을 초과하는 양태로 순간 주어지는 이미지이다. 따라서 그러한 이미지에 기초하고 있는 문학적 언어는 지속적으로 해석 가능한 의미들——설사 그것들이 무한한 해석의 여지를 남겨놓을 만큼 다양하다 하더라도——의 집합체가 아닌 것이 된다. 문학적 언어는 책 속에 있는 것이 아니며, 제3의 인물(타자, 글 쓰는 자와 읽는 자 모두의 타자, '그' 또는 '그 누구')의 현전이 촉발하고 글 쓰는 자와 읽는 자 사이에서 순간 전개되는 '사이에서-말함'에 기입된다.

『하느님』에 첨부한 서평 의뢰서prière d'insérer[72]에 블랑쇼는 이렇게 썼다. "이 소설과 같이 1인칭으로 쓰어진 책에서는 원칙적으로 하나의 시선

---

71) 이 책 p. 150 참조.
72) 잡지 『참을성 연습Exercices de la patience』의 편집위원들(알랭 다비드Alain David, 자크 롤랑 Jacques Rolland, 프랑시스 비브랑Francis Wybrands)은 블랑쇼가 『하느님』과 『죽음의 선고』를 위해 1948년 6월 직접 작성한 서평 의뢰서를 발견하였다(서평 의뢰서는 당시에 출판사가 언론에 신간서적을 보낼 때 첨부하는, 보도 자료가 담겨 있는 서식이었다). 1960년대 무렵까지 갈리마르Gallimard 출판사에서는 신간서적에 서평 의뢰서를 첨부해 놓는 것이 상례였다고 한다(Exercices de la patience, 2호, 1981 겨울, p. 104). 블랑쇼의 그 서평 의뢰서는 우리에게 매우 중요한데, 왜냐하면 그것은 『하느님』과 『죽음의 선고』에 대해 저자 블랑쇼 자신이 내린 해석이기 때문이다. (그러한 경우는 자신의 삶뿐만 아니라 작품에 대해서도 언급하기를 거부했던 이 작가에게 매우 드문 것이다. 다만 예외적으로 『의문에 부쳐진 지식인들Les Intellectuels en question』(Fourbis, 1996)에서 블랑쇼는 동시대의 지식인들이 처한 정치적 상황을 검토하면서 자신의 삶에 대해 스쳐 지나가듯 약간 언급하고 있다.) 그럴 수밖에 없는 더 중요한 이유는, 그 서평 의뢰서는 곧 살펴보겠지만 『하느님』과 『죽음의 선고』 두 작품의 움직임과 최종지향점을 암시적으로 보여주고 있기 때문이다.

의 두께와 스스로를 긍정하는 현전 사이에서 무엇인가가 진정 일어납니다."[73] 이어서 블랑쇼는 이렇게 덧붙인다. "이러한 책들[『하느님』과 같은 책들]이 갖는 기이함은 따라서 다음과 같은 사실에서 유래합니다. 그 책들은 1인칭으로 씌어졌지만 3인칭으로 읽혀집니다. 나아가 그러한 기이함은 이러한 모순에서 유래할 것입니다. 말하자면 그 책들은 어떤 현전에 대한 긍정이며, 어떤 현재에 대한 이야기입니다."[74] 다시 말해 소설 배면에 하나의 시선이 있고, 하나의 현전이 있다. 『하느님』은 대다수의 다른 소설들처럼 과거형으로 씌어져 과거의 이야기를 풀어내고 있는 것처럼 보이지만, 사실은——『죽음의 선고』와 마찬가지로——역설적으로 어떤 현재에, 바로 '지금maintenant'에 호소하고 있다.

그러나 문제가 된 현전을 운반할 '현재'의 시점을 결정하는 자는 소설의 저자 블랑쇼가 아니다. 소설의 저자는 기껏해야 사물들을 통제하지 못하는 인간을 보여주는 기이한 이미지들을 여기저기 흩뿌려 놓고, 소설에 대한 추론이 불가능해지고 주어진 모든 담론들이 의미의 결정 불가능성에 빠지는 지점을 가리키고 있을 뿐이다. 그에 따라 그는 다만 쓸데없는 '잡담들'만을 내놓기로, 자신이 말한 모든 것을 묵언으로 되돌리기 위해 결국 침묵하기로 결정한 것처럼 보인다. 그러나 동시에 저자는 『하느님』을 1인칭으로 쓰면서 소설 속에서 죽어가는 인간이 소설 바깥의, 극단에서 말하는——'진정으로 말하는', 단어들을 발설해 말하는 것이 아니라 스스로 말하는, 스스로가 '말'이 되는——인간으로 변신하게 되는 무대를 준비한다. 인간에게 죽어간다는 것은 사물들과의 관계 내에 더 이상 존재하지 못한

---

73) M. Blanchot, "Prière d'insérer", *Exercices de la patience*, 2호, 1981년 겨울, p. 105.
74) 같은 곳.

다는 것, 사물들을 통제하고 관리함에 따라 부여되는 인간적 동일성(사물들에 대한 주체임)을 더 이상 유지하지 못한다는 것, 사물들의 '비현실성'으로의 회귀를 자유 내에서가 아니라 광기 가운데 받아들여야 한다는 것이다. 달리 말해 인간에게 죽어간다는 것은 다만 이 '비현실'을, 사물들 내의 공허를 가리키면서 모든 말하는 행위에 언제나 이미 스며들어가 있는 실체 없는 '비현실'(죽음)을 드러낸다는 것이다. 그 공허는 인간에게 언어의 도움으로 '비현실'을 거주의 장소로 만들 수 없다는 불가능성 그리고 인간적 동일성(정체성)의 불가능성을, 즉 언어로 인해 자아와 자신과의 관계에 균열이 있을 수밖에 없다는 필연성을 가리킨다. 그러나 묵언으로 돌아간 『하느님』의 언어는 완전하고 단순한 침묵(말의 단순한 부재)과 동일시될 수 없다. 그 언어는 요동치고 있으며 불안을 가져오고, 소설에 주어진 이야기와 담론들을 가로지르는 시선이 되어, 하지만 언제나 침묵(말의 침묵 또는 침묵의 말) 가운데 부과된다. 그 시선은 저자 블랑쇼의 시선도 아니고 소르주나 어떤 다른 등장인물의 시선도 아니다. 그 시선은 소설 내의 어떠한 문장에서도 현전하지 않지만 소설을 관통하고 있고 소설을 단어들의 집적체로부터 떠나 그 바깥으로 나가게 하는 것이라는 의미에서, 언어의 시선, 언어 자체의 시선이다.

결국 그 시선은 하느님Le Très-Haut의 시선이다. 소설 말미에 잔느는 소르주에게 이제 그가 누구인지 안다고 말하고 이어서 그가 바로 하느님이라고 고백한다. "지금, 나는 당신이 누구인지 알아요. 나는 당신이 누구인지 간파했고 이제 선언해야만 합니다. 지금…… [……] 지금…… 그녀는 갑자기 몸을 젖히고 머리를 들어올렸다. 그리고 벽들을 꿰뚫고 도시와 하늘을 뒤흔드는 목소리로, 낭랑하지만 침착한, 너무나 강압적이기에 나를 아무것도 아닌 것으로 돌아가게 만드는 목소리로 그녀는 절규했다. 그래요,

나는 당신을 보고 당신을 듣습니다. 그리고 나는 하느님이 존재한다는 것을 알아요. 나는 하느님을 찬양하고 사랑할 수 있어요. 나는 하느님께로 돌아서서 말합니다. 들으소서, 주여."[75] 물론 소르주는 잔느의 이러한 말을 부정한다. 그는 스스로 여러 번 밝힌 대로 '평범한 인간', 어디에나 널려 있는 인간에 불과할 것이다. 나아가 등장인물들 중 어느 누구도 하느님과 동일시될 수 없다. 요컨대 『하느님』에서 어떤 인물에 의해 구현될 수 있는 전형적인 개인을 인간의 모델로 제시하는 것이 문제가 될 수 없다. 블랑쇼가 자신의 작품의 일본어 번역자들 중의 한 사람에게 보내는 편지에서 명확하게 하고 있듯이, 북스는 익명의 이름이다.[76] 의심의 여지없이 소르주도 마찬가지이다. 북스와 소르주는 결국 우리에게 언어의 경험의 형태 아래에서 나타날 뿐이며, 우리 모두가 기입될 수 있는, 우리(또는 '나')의 두 가지 모습을 결정하는 서로 다른 두 실존의 양태들을 대변할 뿐이다. 말하자면 북스는 이상적인 것(의식적인 것 또는 자유)에 머무르기 위해 언어가 남겨준 '비현실성'을 어떤 대가를 지불하고라도 남성적으로 붙들고 있는 우리('내') 안에 있는 어느 누구이다. 반면 소르주는 의식적인 것의 불가능성을, 말하자면 인간으로 하여금 자신의 동일성(정체성)을 상실하지 않을 수 없게 하는 '비현실성'의 초과로 인해 그려지는 의식적인 것의 한계를 보고 있는 우리('내') 안에 있는 어느 누구이다. 그렇다면 하느님은 누구인가?

『하느님』은 소르주의 죽음으로 끝난다. 마지막 장면에서 잔느는 소르주에게 리볼버를 발사한다. 아마 우리는 소설 내부에서, 이야기의 전개만

---

75) TH, p. 221.
76) 「아마자와Amazawa에게 보내는 편지」, 1970년 9월 4일. 이 편지의 일부분이 『참을성 연습』 2호에 실렸다(*Exercices de la patience*, 2호, pp. 106~107).

을 고려해 소르주의 죽음을 이 세계에서 살아나갈 방법도 이유도 찾지 못한 한 절망한 유배자의 최후의 숙명이라 간단히 해석할 수 있을는지 모른다. 그러나 피에르 클로소프스키Pierre Klossowski가 정확히 지적하고 있듯이, 소르주의 죽음은 자살과 같은 것이며, 잔느의 리볼버는 이야기 구성에 맞게 부가된 소품에 지나지 않는다.[77] 우리는 더 나아가 이렇게 말할 수 있다. 소르주의 죽음 자체가 소설의 결말에 어울리게 도입된 장치에 지나지 않는다. 소르주의 죽음은 인간이 허망하게 죽어갈 수밖에 없는 존재라는 '진리'를 단순히 내용의 측면에서 말하기 위해 소설의 끝에 필연적으로 발생한 사건이 아니다. 결국 소르주의 죽음은 죽는다는 것과 말한다는 것이 분리될 수 없는 상황, 언어가 표상 작용과 의미 부여의 작용(언어의 구성적 작용)을 넘어서 오직 인간의 한계와 유한성만을 폭로하기 위해 주어지는 극한의 상황을 소설 바깥에서 무대화할 뿐이다. 그 극한의 상황은 의도에 따라 줄거리를 직조하고 여러 진술들을 구성하는 저자가 아니라, 클로소프스키의 표현에 따르면, '저자의 저자Auteur de l'auteur'가 말하는 소설 바깥에서 전개된다. (클로소프스키는 이렇게 말한다. "죽음 가운데 실존이 말을 되찾는다면, 그 말은 진정한 저자Auteur의 말, 저자의 저자의 말, 또는 단순히 저자의 말이어야만 할 것이다."[78] 하지만 여기서 '저자의 저자'가 누구인지 알아보는 것이 문제로 남는다.)

죽음이 군림하는 곳에서조차 말해야만 한다. 즉 죽음의 순간에서조차 삶을, 생명을 붙들고 있어야만 한다. 보다 정확히 말해 "죽어가는 것 대신에 말하면서parlant au lieu de mourir"[79] 죽음의 순간을 살아야만 한다. "지

---

77) P. Klossowski, *Un si funeste désir*, Gallimard, 1963, p. 172.
78) 같은 곳.

금, 바로 지금 내가 말합니다Maintenant, C'est maintenant que je parle."[80] 이것이 소설 최후의 말이자, 죽어가는 소르주의 최후의 말이다. 그러나 그 '지금'은 단순히 1인칭으로 씌어진 소설 『하느님』의 화자 소르주가 이야기의 직조에 따라 다른 한 등장인물인 잔느에게 최후로 말을 건네는 소설의 마지막 순간만이 아니다. 그 '지금'은 또한 소설에 주어진 모든 단어들이 침묵을 드러내고 보여주기 위해 부름 받은 이미지로, 다시 말해 과거로 씌어진 모든 단어들이 현재의 소통을 여는 침묵으로 환원시키는 이미지로 전환되는 순간이다("그 책들[『하느님』과 같은 책들]은 어떤 현전에 대한 긍정이며, 어떤 현재에 대한 이야기입니다"). 또한 그 이미지는 저자가 소설이라는 허구를 넘어서 소설 바깥에서 직접적으로 스스로(를) 독자에게 호소하는 이미지, 독자가 최후에 마지막으로 응답해야 할 이미지이다. 저자의 묵언으로의 결단에 부응하는 화자(소르주)의 죽음 가운데, 즉 '아무것도 말하지 않음' 가운데, 침묵 한가운데에서 부과되는 이미지의 말(이미지의 호소, 부름 또는 이끎), 그것이 하느님일 것이다. 또한 여기서 하느님은 소르주도 아니고 저자 블랑쇼도 아닌, 클로소프스키가 '저자의 저자'라고 이름 붙인 자일 것이다.

"지금, 바로 지금 내가 말합니다." 이것이 소설 최후의 말, 소르주와 저자의 최후의 말이지만, 또한 그것은 아무것도 말하지 않는, 사실 그 안에 어떠한 단어도 들어 있지 않은 **최후의 말**들 중 하나이다. 거기서 소설을 감시해오던 시선이 번쩍인다. 그 시선으로 수렴된 모든 단어들은, 저자를 대신해 진정한 저자의 자격으로 말하는 제3의 인물(블랑쇼가 '타자', '그' 또는 '그

---

79) AO, p. 140/119.
80) TH, p. 243. 인용자 강조.

누구'라고 부르는 자)의 접근과 현전을 알린다. 시선, 즉 언어의 시선, 이미지의 시선은 언어의 구성적 작용을 거쳐, 그러나 그 바깥에서 스며 나오는 언어의 침전물일 것이며, 그것은 '이미지적 언어'('언어의 이미지')[81], 어느 누구도 말하지 않는 언어, 즉 저자의 부재로부터 말하는 이미지일 것이다. 그것은 또한 목소리로, 말하는 주체의 유한성이 적나라하게 드러나는 목소리로, 말하는 주체가 말한 것의 지워짐과 말해야 할 것의 부재를 통해 내놓는, 즉 제3의 인물의 접근을 알리는 목소리로 생성한다[82]("이러한 책들[『하느님』과 같은 책들]이 갖는 기이함은 따라서 다음과 같은 사실에서 유래합니다. 그 책들은 1인칭으로 쓰어졌지만 3인칭으로 읽혀집니다"——소설에 주어진 모든 가시적 이미지들은 비가시적 이미지(언어의 시선)로 전환되고, 또한 그 비가시적 이미지들은 목소리로서 우리를 부른다).

『하느님』은 재현적 이미지와는 다른 이미지를, 소설 내에서 재현(모방)을 통해 허구적으로 단순히 보이는 이미지가 아닌 소설 바깥에서 말하는 이미지를 창조한다(그러한 이미지 가운데 벽, 빈 방 또는 죽어가는 인간이 보일 뿐만 아니라 말한다). 그러한 이미지 가운데 또한 '지금', 현재, 독자에게 허구 바깥에서 직접 호소하는 제3의 인물이 있다. 그 말하는 이미지는 어떤 모델(원본)을 허구적으로 재현하지 않고 그 자체 글 쓰는 자와 읽는 자의 내밀한 관계를 유도하는 '살아 있는' 기호로 생성하는 목소리로서의 이미지이다. 그 관계에서 궁극적으로 문제가 되는 것은 어떤 메시지——그것이 철학적·정치적·이데올로기적 메시지이든 윤리적 메시지이든——의

---

81) 앞에서 우리는 블랑쇼가 말하는 '이미지적 언어' 또는 '언어의 이미지'에 대해 살펴보았다(이 책 p. 150). 또한 그것은 '본질적 언어' 또는 '문학적 언어'에 대응한다.
82) 앞에서 우리는 마찬가지로 블랑쇼가 말하는 '목소리'에 대해 살펴보았다(이 책 pp. 167~176).

전달이 아니며, 어떤 인간적 모델(전형적 개인)에 대한 모방은 더더욱 아니다. 그 관계는 두 '개인'들 사이의 관계가 아니다. 그것은 다른 관계이다. 왜냐하면 그 관계를 유도하는 목소리로 전환된 이미지는 글 쓰는 자와 읽는 자 모두를 타자로 변형시키기, 타자로 향하는 탈존(보다 정확히 외존)에 기입되게 만들기 때문이다. 그 관계에서 오직 소통(의미 부여의 의지와 자아의 표현 바깥에서의 소통)에 대한 요구에, 말하자면 소통 가능성으로서의 비인칭성에 스스로를 내던지는 어느 누구가 나타난다. 여기서 어느 누구는 말하자면 죽음 가운데 인간의 유한성을 공유하기를 요구하는 자이다. ("지금, 바로 지금 내가 말합니다." 다시 말해 "지금, 바로 지금 내가 당신께 말합니다." 그러나 여기서 '당신'은 누구인가? 잔느인가, 아니면 바로 당신, 즉 우리 독자들인가?)

『하느님』 여기저기에 돌출해 있는 이미지, 목소리로서의 이미지 또는 이미지로서의 목소리를 감지하고 있는 어떤 독자는 그렇다고 이 소설을 객관적으로 해석하고 있다고 주장할 수 없다. 작품에 대한 객관적 해석이 플롯의 얽힘과 등장인물들의 성격들과 재현적 이미지들을 분석하는 데에, 그리고 무엇보다도 작품의 핵심적·본질적 의미를 포착하는 데에 있다면, 사실 목소리로서의 이미지를 준거점으로『하느님』을 객관적으로 해석하는 것은 불가능하다. 왜냐하면 목소리로서의 이미지, 한마디로 목소리는 가시적으로, 이해 가능한 것으로, 즉 객관적으로 소설 어디에도 주어져 있지 않기 때문이다. 사실 저자 자신도 소설 어디에도, 어떠한 사물의 이미지나 어떠한 인물의 형상에도 목소리를 '객관적으로' 새겨놓지 않았다. 따라서 어느 누가 목소리가 소설에 없다고 말한다면, 그에 대해 아무런 할 말이 없게 되는 것이다. 목소리가 책에 부재한다는 것은 분명 사실이다. 하지만『하느님』을 위해 쓴 서평 의뢰서에서 밝힌 것처럼, 만일 저자 블랑쇼가

1인칭으로 씌어진 이 소설이 3인칭으로 읽힐 수 있게 하는 전환점을 찾으려 했었다면, 그 전환점은 목소리 이외에, 제3의 인물을 그려내고 그로 하여금 말하게 하는 목소리 이외에 다른 것일 수 없다. 또한 그 목소리를 듣는 데에서 소설의 최후의 움직임이, 소설의 마지막 몸짓이 완성된다. 소설은 소설 바깥에서 완성된다.

* * *

문학 작품은 어떤 심오한 사상을 제시하려는 동시에 또한 그에 어울리는 새로운 형식을 창조하려는 작가의 노력에 의해 완성되지 않으며, 그러한 작가의 노력에 대한 응답으로 이루어지는, 독자의 작품에 대한 이해와 분석에 따라 완성되지도 않는다. 문학 작품은 주어진 단어들 너머에서 그 이하에서 침묵으로 울리는 목소리(침묵의 목소리, 목소리의 침묵)가 이끄는 책 바깥의—허구 너머의—'실재'에 대한 소통의 공간으로 끊임없이 이동하고, 거기서 끊임없이 완성되어 간다.

그러한 사실을 블랑쇼는 『죽음의 선고』의 첫번째 에피소드(이 작품은 두 가지 에피소드로 이루어져 있다) 마지막에서 다시 한 번 확인한다. 『하느님』과 같은 시기에 출간된 『죽음의 선고』(두 작품은 모두 1948년에 출간되었다) 첫번째 에피소드의 마지막 문장들은, 블랑쇼가 이 작품의 서평 의뢰서에서 지적하고 있는 것처럼, 『하느님』에서와 마찬가지로 텍스트에 부재하는 현실, 책 바깥의 현실[83]에서 울린다. "다음과 같은 사실이 이해되어져야

---

83) "의심할 바 없이 이 두 책들 『하느님』과 『죽음의 선고』 사이에 어떠한 공통점도 없습니다. 그러나 그 책들을 쓴 나로서는, 그 책들이, 서로 연결되어 있는 두 텍스트로서가 아니라 둘 모두

한다. 나는 어떠한 특별한 것도, 어떠한 놀라운 것도 이야기하지 않았다. 내가 말하기를 그치는 순간 특별한 것이 말하기 시작한다. 나는 그 말의 주인이 아니다."[84)

그 '특별한 것'이란 무엇인가? 우리는 알 수 없다. 어쨌든 이 말은 1인칭으로 씌어진 이 작품에서 화자의 마지막 말이다. 이 말은 J라 불리는 소녀의 죽음을 기억하면서 화자가 내놓은 말들에 이어지는 마지막 말이다. (어린아이 같은 외모를 가지고 있었던 J라는 소녀와 화자는 연인 관계나 아주 가까운 관계에 있지는 않았지만, 어떤 내밀한 관계 가운데 서로 묶여 있었다. J의 담당의사는 그녀를 수년 전부터 이미 죽은 것으로 여기고 있었지만, 또한 그녀도 자신이 이미 죽음의 선고를 받았다는 사실을 알고 있었지만, 그녀는 "자신이 원한다면 언제까지나 죽음을 무력하게 만들 정도로 강한 힘으로" 불치의 병과 영웅적인 싸움을 벌이고 있었다. 화자 '나'는 J가 죽음으로의 접근이 어떠한 것인가에 대해 고백할 수 있는 그녀의 마지막 동반자였다. '나'는 실제로 생명의 차원에서는 아니지만 J를 구할 수 있는 유일한 사람이었다. 왜냐하면 '나'는 그녀에게 최후에 찾아온 사람, 마지막으로 남은 자, 그녀를 최후까지 동반할 수 있었던——동반해야 했던——, 그에 따라 그녀와 함께 죽음의 경험을 나눌 수 있는 유일한 사람이었기 때문이다.)

이 마지막 말은 작품에 울림을 가져온다. 이 마지막 말은 짜여진 허구적 이야기의 중심에 놓여 있는 한 소녀의 예외적인, 따라서 보통의 삶을 살고 있는 우리 일반 독자들과는 무관한 삶과 죽음을 표현하기 위해 주어진

에 부재하는 같은 현실에 부합하는 양립될 수는 없는 두 판본으로서, 하나가 다른 하나 뒤에서 현전하는 것처럼 보입니다"(M. Blanchot, "Prière d'insérer", *Exercices de la patience*, 2호, p. 105).

84) AM, p. 53/45.

것이 아니다. 그 말은 저자가 화자를 대신해 독자들에게 직접 말할 수 있도록 작품의 허구성을 부정한다. 그 말이 읽히는 것을 넘어서 들릴 때 허구는 현실이 된다. 저자가 화자로 하여금 하게 한 모든 말들은 지워지면서 그 한 마디로, 그 마지막 말로 환원된다. 화자의 말과 저자의 말은 우리가 구분할 수 없을 정도로 서로 겹쳐져 나타나는 것처럼 보이며, 그에 따라 현실과 허구의 경계가 무너지게 된다. 아마 그 마지막 말이 현재형으로 씌어져서 그렇기도 하겠지만, 설사 과거로 씌어졌다 하더라도 사정은 마찬가지일 것이다.

저자 블랑쇼는 허구의 이야기에 직접 개입하고 있는 것처럼 보인다. 다시 말해 저자는 독자가 들어가 완성해야 할 공간에 미리 들어가 있는 것처럼 보인다. 텍스트 내에서 발견되지 않지만 독자가 저자와 함께 공동으로 구성하는 그 공간은 어떤 소통의 경험 그 이외에 아무것도 아니다. 그 소통은 독자 편에서 저자가 텍스트에 새겨 넣은 어떤 의미(사상)를 이해하는 데에서, 또는 어떤 새로운 문학적 형식을 발견하는 데에서 끝나지 않는다.

그 소통을 촉발하고 주관하는 것은, 그 소통에서 궁극적으로 문제가 되는 것은 목소리이다. 그러나 목소리는 표상 불가능한 것이다. 왜냐하면 목소리는 아무것도 가리키지 않고, 아무것도 재현(모방)하지 않으며, 아무것도 말하지 않고, 아무것도 남기지 않기 때문이다. 그렇다고 해서 목소리는 아무것도 아닌 것, 없는 것이 아니다(차라리 목소리는 아무것도 아닌 것 그 이하, 없는 것 그 이하이다). 목소리는 어떠한 작용을, 미메시스를, 메텍시스를, 즉 타자로의 참여를 촉발한다. 저자와 독자가 인간의 유한성(인간이 사라져 간다는 의미에서의 유한성, 또한 그 사라짐 가운데에서 오직 타인으로의 외존을 통해서만 인간의 존재가 긍정된다는 의미에서의 유한성)에 대해 공동으로 증언함으로써 타자로의 참여가 이루어진다. 저자 블랑쇼가 이야기에 마지막 말을 던져놓으면서 독자를 허구 바깥의 소통의 공간으로, 소통의 경험으로 인도하고 있다는 사실을 부정할 수 없다. 목소리가 그 소통의 경험을 가져오며, '죽음의 선고'라는 제목의 이 이야기는『하느님』의 경우와 마찬가지로 그 소통의 경험 내에서 완성된다. (그러나 그 마지막 말에서만 목소리가 들리고 있다고 말할 수 없으며, 하나의 말에 불과한 그 마지막 말이 목소리와 동일시된다고 말할 수 없다. 목소리는 어디에나 있으며 아무 곳에도 없다. 목소리는 단어들 내에 있지 않으며, 어쨌든 단어들이 불러일으키는 효과 가운데 있다. 목소리는 단어들 배후에서, 뒤에서, 단어들이 주어진 이후에 울리고, 또는 단어들에 앞서서 들린다.)

*　*　*

장-뤽 낭시는 블랑쇼의 사유가 목소리의 문제에 천착하고 있다는 점에서, 글쓰기와 텍스트에 대한 동시대의 사유(롤랑 바르트Roland Barthes, 자크 데리다)와 맥락을 같이 한다고 지적하였다.[85] 우리는 더 나아가 블랑쇼가 이론을 넘어서서 직접적으로 목소리를 들리게 하고 있다고──목소리를 설명하는 것이 아니라 목소리를 울리게 하고 있다고──말할 수 있다. 낭시가『이온』을 참조해 밝히고자 한 것은 목소리가 헤르메네이아에, 즉 말의 열림 자체에 기입되어 있다는 것이다. 다시 말해, 낭시에 의하면, 목소리는 주술 구조에 포착되지 않는, 주술 구조의 틀 너머의, 그 이전의 헤르메네이아(말함에 있어서의 외존이라는 행위──말함에 있어서 타인을 향해 나아가는 열리는 탈존)를 통해 울린다. 목소리는 주술 구조에 따라 명제로 표현될 수 있

---

85) J.-L. Nancy, *Le Partages des voix*, p. 64 각주 45.

는 로고스에 선행하는 명제 이전의 헤르메네이아를 통해 감지된다. 헤르메네이아는 목소리의 나눔의 실현이다. 또한 목소리는 메텍시스를, 즉 헤르메네이아에 대한 응답을 유도한다. 목소리는, 다시 낭시의 관점에서 보면, 그 자체가 향해 있는 자로 하여금 타자로 참여하게 한다. 여기서 타자는 말하는 자(저자·작가)와 말을 듣는 자(독자) 모두의 타자이며, 더 나아가 차라리 인간 자체의 타자이다. 타자는 어쨌든 작가의 자아와 동일시될 수 없다. 타자는 '나'에 속해 있지 않을뿐더러 또한 타인이 소유할 수도 없다.

블랑쇼의 작품에서만 목소리가 들린다고 결코 말할 수 없으며, 호메로스의 작품에, 셰익스피어의 작품에, 모든 위대한 작품에 목소리가 들어가 있다. 하나의 작품이 플라톤이 말하는 자기력에 따라 움직이고 작가와 독자 사이에 자기장을 형성하고 있는 한, 거기에는 목소리가 기입되어 있다. 그러나 블랑쇼가 『하느님』과 『죽음의 선고』에서 드러나게 하는 목소리는 예외적인 목소리이다. 『하느님』과 『죽음의 선고』에서 울리는 목소리는 로고스 가운데 해명되기를 의도적으로 거부한다는 점에서 예외적이다. 다시 말해 두 작품에서 목소리는 하나의 결정적 의미를, 하나의 사상을, 철학을, 하나의 로고스를 전달하기를 의도적으로 거부하는 목소리, 즉 **잡담** 가운데 들려오고 **잡담**에 스며들어가 있는 목소리이다. 그것은 하나의 결정적 로고스의 구성을 끊임없이 저지하는 목소리, 제시될 수 있는 모든 로고스에 의도적으로 저항하는 목소리이다. 한마디로 그것은 소리 없는 목소리, 묵언 가운데 울리는 목소리, 침묵의 목소리이다.

"나는 어떠한 특별한 것도, 어떠한 놀라운 것도 이야기하지 않았다. 내가 말하기를 그치는 순간 특별한 것이 말하기 시작한다. 나는 그 말의 주인이 아니다." 말해야 할 특별한 것l'extraordinaire이란 무엇인가? 그것은 사실은 아무것도 아닌 것le rien, 아무 특별한 것이 없는 아무것도 아닌 것이다.

아무것도 아닌 것을 말해야 한다. 특별한 것은 전혀 특별하지 않은 것le rien d'extraordinaire이다. 이 아무것도 아닌 것, 이 아무 특별한 것이 없는 것은 아무것도 아닌 것인데, 왜냐하면 그것은 작품 가운데 어떠한 명제 내에서도 정식화되지 않으면서 '무엇'이라고 규정되지 않은 채 다만 침묵을 통해서만 울려야 하기 때문이다. 이 아무것도 아닌 것은 작품에서 단어들이 포착할 수 없는 것(단어로 규정할 수 없는 것)이며, 가시적 이미지를 통해 재현(모방)되는 것도 아니다. 목소리가 이 아무것도 아닌 것을 전달한다. 목소리가 이 아무것도 아닌 것을, 언어를 가로질러 접근하는 타자를, 즉 특별한 것을 우리에게 보여준다. 다시 말해 목소리는 어떠한 '말하여진 것'도 남기지 않지만, 침묵을 통해 우리로 하여금 인간의 비참함과 인간의 영광을 보게 한다(그 인간의 비참함과 영광은 어떠한 특정 개인의 것이 아니기에 전혀 특별하지 않은 것이지만, 바로 우리 모두의 것이기에 특별한 것이다). 인간의 비참함, 왜냐하면 목소리는 한계의 언어로서 언어가 불가능해지는 지점을, 인간을 자유의 존재로 만드는 이 최고의 인간적 힘이 무력화되는 지점, 따라서 인간 세계에서의 거주가 불가능해지고 인간 자신의 동일성(정체성)이 불가능해지는 지점, 한마디로 죽음의 지점·시점을 명료하게 지시하기 때문이다. 인간의 영광, 왜냐하면 목소리는 그 모든 불가능성 속에서 언어에서 파생된 모든 권력(동일성을 규정하는 권력, 넓은 의미에서의 법의 권력)을 부정하고 오직 '나'와 타인의 관계의 끈을 드러내면서 불가능성과 죽음을 딛고, 최후의 공동의 영역을, 외존만이 인간 존재를 정당화하는 영역을, 그에 따라 인간 안에 있는 '우리'의 가능성을 가리키기 때문이다.

목소리는 타자의 접근을, 즉 '그 누구'(또는 '그')의 현전을 드러낸다. 그에 따라 목소리는 무한의 소통을 연다. 목소리는 말하여질 수, 언어에 의해 정식화될 수 없는 것이며, 다만 침묵 속에서 '감지'될 수 있는 것이다. 그렇기 때문에 블랑쇼가 『하느님』과 『죽음의 선고』에서 목소리에 대해 설명하고 증명할 수 없는 것이고, 기껏해야 목소리를 독자에게 건네 독자로 하여금 독서라는 행위를 통해 울리게 할 수밖에 없는 것이다.

6. 목소리의 진리

만일 『하느님』에 작품의 정치가 있다면, 그것은 소르주가 다른 등장인물들과 나눈 정치에 대한 담론에서 드러나지 않는다. 그것은 어쨌든 소설 내에 주어진 이야기와 서술에서 발견되지 않고, 모델로 여겨질 수 있는 한 인물의 말이나 행동에서도 구현되지 않는다. 소르주가 정치적으로 미결정적 입장에 있는 것처럼 보인다면, 그 이유는 저자가 소르주라는 가면을 쓰고 정치적 허무주의를 주장하고 있기 때문이 아니다(저자가 말하고자 하는 것은 어떠한 어떠한 정치적 담론도 어떠한 정치사상도 어떠한 정치적 행동도 현실에서 필요없다는 것이 아니라, 작품의 정치는 현실 정치와 구분되며 현실 정치가 망각할 수 있는 것, 도달할 수 없는 것에 이르러야 한다는 것이다). 그 이유는 저자가 작품의 정치는 현실 정치와 동일시될 수 없다고 보기 때문이다. 『하느님』은, 『죽음의 선고』의 경우도 마찬가지이지만, 작품의 정치를 향해 나아간다. 이 소설에서 작품의 정치는 이야기와 서술 바깥에서, 책 바깥에서, 소설 자체가 지워질 수밖에 없게 되는——즉 허구로서의 소설이 허구가 아니게 되는——또 다른 무대에서 전개된다. 작품의 정치에서 문제가 되는 것은 허구가 아닌 '실재'의 무대에서 '그 누구'(또는 '그')의 현전을 독자가 저자와 함께 목도하는 데에 있다. 또 다른 무대, '실재'의 무대는 '그 누구'의 현전을, 함께-있음의 사건을, 궁극적 '우리'를 공유하는 것이 문제가 되는 실제의 소통의 장이다. (피에르 클로소프스키가 다음과 같이 말할 때, 그는 우리와 독서의 경험을 같이하고 있는 것처럼 보인다. "따라서 모리스 블랑쇼의 예술은 우리 자신의 일부를 그가 말한 것에 연결짓는 데에 있다. 우리는 그가 우리에게 말한 것을 읽은 다음 곧 이해하지는 못한다. 우리는 이해한다기보다는 그의 문장 내에 이미 포함되어 있게 되는 것이다. 우리가 더 앞으로 끊임없이 나갈 수밖에 없게 된다면, 그 이유는 우리가 이해하지 못해서이기 때문이 아니라, 우리가 상실했지만 어떻게 해서라도 복구하기를 원하는 우리 자신의 일부를 소설에서 계속 찾아 나아갈 수밖에 없기 때문이다. 마찬가지로 독자들로서 우리는 우리의 주의를 빼앗는, 사건들을 그대로 베껴 읽는 경험 가운데 소멸된 것을, 또는 그 소멸된 것을 넘어 어떤 실재의 현전을 다시 붙잡기를 원하게 되는 것이다."[86])

작품의 정치는 설명될 수 있는 것이 아니며(그러나 우리가 지금 여기서 작품의 정치에 대해 계속 설명하고 있다면, 그에 따라 부각되는 것은 작품의 정치의 '실현'과 그에 대한 '설명' 사이의 차이뿐이다), 소설 바깥에서, 책 바깥에서, '우리'에 대한 공동의 경험 가운데 침묵을 통해 긍정될 수 있을 뿐이다. 그 공동의 경험에서 문제가 되는 것은 벌거벗은 인간, 타인과의 관계 내에서—그 관계로 인해, 그 관계를 위해—벌거벗는 '지평 없는 인간homme sans horizon'이다. 벌거벗음, 그것은 인간 공동의 고유성(작가에게도 독자에게도 속해 있지 않은 고유성, '너'에게도 '나'에게도 타인에게도 귀속되어 있지 않은, 그러나 관계에, 즉 만남의 사건, 탈존과 탈존의—외존과 외존의—겹침이라는 사건에 속해 있는 고유성, 명사로 지정되는 한 개체의 고유성이 아닌 어떤 사건의 고유성, 동사성으로서의 고유성, 말하자면 '우리' 모두의 고유성, 따라서 비-고유성으로서의 고유성 또는 비-고유성으로만 정의될 수 있는 고유성)에의 호소의 양태이다. 벌거벗음, 이 인간의 비-고유성으로서의 고유성,

---

86) P. Klossowski, *Un si funeste désir*, p. 158 각주.

또는 이 인간의 고유성으로서의 비-고유성은 모든 개별적 동일성(고유한 개인이라는, 자율적 개인이라는 인간의 정체성)의 한계를 설정하고 초과하는 인간의 유한성 이외에 아무것도 아니다. '그 누구'가 유한성의 찬란함, 유한성의 영광을 위해 말한다——이 사라져 갈, 스러져 갈 삶의 비참함과 영광. 현실 정치 너머에서, 그 이하에서 '그 누구'인가 작품의 형태로, 작품(소통 가운데 순간적으로 생성했다 사라져 가는 작품, 즉 책 바깥의 작품)을 위해 모든 정치적·사회적 조직과 집단에 선행하는 어떤 공동체를 가리키고 나아가 실현시킨다. '그 누구'가 소통을 위한 원초적이고 급진적인 나눔의 양태를, 어떤 공동체가 발현하고 나아가는 지점을 보여준다. '그 누구'가 어떤 공동체를 위해 말한다. 어떤 공동체를 위한 '그 누구'인가의 목소리가 말한다. 어떤 공동체를 위한 '그 누구'인가의 목소리. 그로부터 『하느님』이나 『죽음의 선고』 같은 작품에서의 정치에 대해 말할 수 있다. 그 정치는 설명을 통해 무엇인지 밝혀지고 이해되기 이전에 이미 작품 내에서 실현되고 있는 정치이다.

목소리가 작품의 정치를 추진한다. 목소리는 말하는 이미지, 즉 이미지들(작품에 이미 주어져 있는 사물들의 이미지들 또는 인간들의 이미지들) 배후에서 말하는 이미지, 이미지들의 이미지, 또는 이미지의 호소 자체, 이미지의 울림 자체이다. 목소리는 또한 우리(독자들)가 쫓아갈 수 있는 언어가 아니라 우리를 쫓는 언어, 우리로 하여금 책으로부터, 주어진 단어들로부터 떠나 우리 자신을 향해 돌아서게 하는 언어-시선이다. 목소리는 우리 안에서 우리 자신을, 즉 '그 누구'(제3의 인물, 타자, '그')를 보게 한다. 따라서 목소리는 책에 미리 주어져서 형상화되어 있는 이미지가 아니라 생성하는 이미지, 또는 이미지의 생성 자체이다. 달리 말해 목소리는 오직 이미지의 공유라는, 이미지를 통한 소통이라는 사건 자체 내에서만 울린다

(이미지의 동사성·역동성, 즉 이미지의 음악성, 이미지가 단어들 바같으로 터져 나와 음악이 됨). '그 누구'가 목소리 안에서 그려진다. 다시 말해 어떤 탈존이, 타인을 향한 급진적 외존이, 가령 타자의 몸짓이, 타자의 얼굴이, 타자의 떨리는 손이, 멀어져 가는 타자의 등이, 타자의 눈물이, 한마디로 타자의 현전이 목소리에 스며들어가 있다. 목소리가 '그 누구'의 현전을 지정한다. 목소리의 울림으로부터 나타나는 '그 누구'는 어떠한 작중 인물과도, 저자와도, 독자들 중 하나와도 동일시될 수 없기에 제3의 인물, 즉 '나'와 타인 모두의 타자이다. 목소리는 작가가 자신의 의도에 따라 보여줄 수 없는 타자의 현전이라는 사건을 보여준다. 목소리는 '나'의 것도 '너'의 것도 아닌, "작품이 침묵하는 이 장소 없는 장소로부터 작품을 말하는 중성적인 목소리"[87]이다. 목소리는 작품의 궁극적 이미지 자체, 즉 중성적인 이미지이다. 목소리는 작품 내에서 '그것'이라고 확인될 수는 없지만, 중심의 부재로서의 중심을, 책 바같을, 비인칭적·익명적인 중성적인 것을 형성한다. 비인칭적·익명적인, 하지만 감지될 수 있는, 왜냐하면 중성적인 것은 작품에서 '그것'으로 지정될 수는 없지만 완전한, 단순한 부재가 아니며, '너'와 '나' 둘 사이에서, 작가와 독자 사이에서 소통 가능한 것이기 때문이다. "왜 이 [중성적인 것이라는] 이름이 필요하지요?/——그것은 하나의 형상인가요?/——아마 이 이름만을 형상화하는 형상일 것입니다./——그런데 왜 겉보기와는 달리 한 명의 말하는 사람은, 하나의 말은 그 이름을 부르는 데에 성공할 수 없지요? 그 이름을 말하기 위해 적어도 두 명이 있어야만 하는 것입니다./——그러한 사실을 나도 압니다. 우리는 둘이어야만 합니다./——그러나 왜 둘이어야만 하지요? 왜 같은 것을 말하는데 두 가지 말이 필요합니까?/——왜냐하면 같은

---

87) EI, p. 565.

그것을 말하는 자, 그는 언제나 타자이기 때문입니다."[88]

* * *

"나는 그러한 사실을 당신이 이해해주기를 간곡히 바랍니다. 나로부터 나와 당신에게 간 그 모든 것이 당신에게는 거짓에 불과할 것입니다. 왜냐하면 나는 진리이기 때문입니다." 목소리는 진리를 공표한다. 그러나 그 진리는 책을 통해, 책 안에서 확인할 수 있는 사물과 표상의 일치(존재와 관념의 일치), 즉 본질과 표상에 부과된 의미의 일치가 아니다. 그 진리가 어떠한 종류의 일치와도 관계가 없다면, 그 진리의 준거점이 되는 목소리가 어떠한 것도 모방하지 않기 때문이다. 목소리가 진리를 규정하지 않고——규정할 수 없고——진리를 실행시킨다는 점에서, 명제로 정식화될 수 있는 모든 진리 이전에, 그 너머에서, 타자의 탈존의 급진성(외존의 극단, 타인에게로 열림·향함의 급진성)을 '보여준다'는 점에서 목소리는 '진리'를 말한다. 다시 말해 목소리는 말들을 내놓는 것이 아니라 모든 말들을 연다는 점에서, 인간 자체가 말로 전환되게 한다는 점에서 진리를 전달한다. 따라서 문제가 된 진리, 명제로 분절될 수 없고 참(객관적으로 옳은 것)으로 고착될 수 없는 진리는 어떤 나타남, 어떤 무대화, 어떤 실현, 어떤 행위이다.

저자의 편에서, 진리는 글쓰기의 진리, 즉 목소리가 표식이 되는 헤르메네이아이다. 다시 말해 저자가 들어갈 수 있는 진리는 증명에 맡겨질 수 없는——증명이 문제가 되지 않는, 증명될 수 없는——'명백한 진리'인데, 왜냐하면 그 진리는 명제로 번역되는 것에 저항하는 진리, 즉 타인을 향한 적

---

88) EI, pp. 581~582.

나라한 탈존의 실현, 급진적 외존 그 자체에 대한 긍정이기 때문이다. 블랑쇼의 글쓰기에 대해 생각해 본다면, 가령 『하느님』과 『죽음의 선고』의 경우——나아가 소설화된 작품, 비평과 철학적 시론을 포함해 그의 모든 작품의 경우——, 거기서 헤르메네이아는, 로고스의 전달을 의도적으로 저지하고 있다는 점에서, 예외적인 헤르메네이아이다(다시 말해 블랑쇼의 글쓰기는 의미의 수준에서 그 자체 지워져 가는 글쓰기이다). 거기서 가장 먼저 그리고 최후로 문제가 되는 것은 저자 그 자신, 즉 작품 내에서 독자에게 직접 말하는 자로 나타나지만 자신의 사상을 공표하고 자신의 개성을 보여주기는커녕 '우리'를 위해 타자에게, '지평 없는 인간'에게 응답하기 위해 지워져가는 헤르메네오스 자신이다.

독자의 편에서, 진리는 어떤 분절된 명제들이 아니라 헤르메네이아의 공유, 헤르메네이아에 대한 응답, 즉 미메시스이다. 다시 말해 독자에게 진리는 어떤 철학적 또는 정치적 사상(로고스)이 아니라, 저자가 무대화하고 책 바깥의 무대에서 울리게 하는 목소리에 참여하는 것, 즉 인간에 대한 모방으로서의 메텍시스이다. 따라서 그 진리는, 만일 독자가 저자를 도우러 오지 않는다면, 저자가 책 바깥의 무대에서 울리게 한 목소리를 듣지 못한다면, 있을 수 없는 것이다. 왜냐하면 그 진리는 독자가 듣고 현전하게 해야만 살아남을 수 있는 목소리로부터만 나올 수 있기 때문이다. 그 진리는 보이지 않는 것을 보고 납득하고, 들리지 않는 것을 듣는 독자의 능력에 의해서만 진리가 된다. 말하자면 그 진리는 메텍시스에 의해서만 완성되고 그 자체가 된다. 따라서 헤르메네이아로서의 진리(저자 편에서의 진리, 저자의 진리)는 메텍시스로서의 진리(독자 편에서의 진리, 독자의 진리)에 이르러야 한다. 결국 저자와 독자 모두는 목소리의 인도에 따라 익명적 타자인 '그 누구'에 참여하는 사건에 이르러야 한다. 헤르메네이아로서의 진리는 비인칭성에 대한 소통으로 열려야 한다. 그 사건 가운데 작품은 이제 더 이상 저자의 내면성·주체성의 표현이나 반영이 아니게 되고, 또한 독자의 자아에 대한 발견에서 끝나지 않게 된다. 오직 그러한 의미에서만 그 사건은 저자와 독자 모두가 결국 지워지게 되는 장소가 된다. 헤르메네이아-메텍시스로서의 진리, 즉 목소리의 진리는, 블랑쇼에게서 "'은밀한' 광기와 닮은, 강렬한 단수성singularité의 작업이자 강렬한 단수성을 듣는 것이다. 모든 은밀한 것은 광기이다. 적어도 우리가 광기에 따라 소통을 추구하는 한에서는 그러하다".[89] 여기서 광기는 의심의 여지없이 소통에 대한 요구, 즉 '그 누구'의 공유에 대한 요구이다. 작품은 분명 소통에 대한 요구의 한 양태이다.

『기다림 망각』의 화자는 이렇게 말한다. "그가 그녀에게 한 번도 물어보지 못했던 것은 그녀가 진실을 말했던가라는 물음이다. 그러한 사실이 그들의 어려운 관계를 설명한다. 그녀는 진실을 말했다. 그러나 그녀가 말하였던 것 가운데에서는 아니다."[90] 그녀는 진실을 말한다. 그러나 그녀를 통해 말해지는 진실은 그녀가 한 말에 있지 않고 그녀가 스스로를 그에게 열었다는, 그녀가 그에게 자신을 호소했다는 사실 자체에 있다. 진실은 그녀가 받아들여 전달한——'그녀'의 현전이 아닌——인간의 현전이다. 진리는 그녀의 말 속에 있지 않고 그녀가 지워져 사라져 갈 수밖에 없었던 이 장소 없는 장소에, 즉 인간의 현전 가운데에 있다. 그 현전이 우리로 하여금

---

89) ED, p. 75/90. 이 인용문 앞에 이러한 문장이 있다. "각자가 자신의 은밀한 광기를 갖고 있다고 가정해보자."

90) AO, p. 36/34. 또한 『무한한 대화』와 『카오스의 글쓰기』에서의 몇몇 장면들에서 목격할 수 있는 것처럼 『기다림 망각』에서 블랑쇼의 글쓰기는 철학적 시론과 허구의 경계를 무너뜨리기에 이른다. 『기다림 망각』에는 상황·배경·인물·사건에 대한 묘사가 거의 없다. 거기서 다만 어떤 두 사람의 대화가 끝없이 이어질 뿐이다. 그런데도 이 인용문이 보여주고 있는 것처럼 이 작품은 너무나 생생하고 절실한 그 무엇을 우리에게 전해준다.

인간의 유한성(인간의 사라져감, 순간 번쩍이는 인간의 얼굴)을 보게 하고, 우리를 타자에게로, '너'도 '나'도 아닌 제3의 인물에게로, '지평 없는 인간'에게로 이끈다. '지평 없는 인간', 정체성(동일성) 바깥의 인간, 세계로부터 추방되어 자신의 끝에 선 인간, 그렇지만 끝에서, 인간의 끝에서, 유한성의 극단에서 타인을 부르는 인간. 악의적으로 인간의 비참함을 과장하는 것이 문제가 되지 않는다. 다만 모든 철학과 모든 이데올로기의 '진리들'이 그것들의 시간이 다해 한계에 이르는 곳에서, 모든 종류의 인간의 자기의식이 헛되이 스스로를 긍정하지만 사실은 무너져가는 때, 마지막으로 긍정될 수밖에 없는 벌거벗은 인간을, 또는 인간의 벌거벗음을 정면에서 바라보는 것이 문제가 된다. 벌거벗음에 대한 긍정, 이 아무것도 아닌 것에 대한 긍정, 그것은 인간의 유한성 가운데 드러나는 우리 모두에 속한 것에 대한 긍정, 영광으로서의 긍정이다. 나아가 그 긍정은, 블랑쇼가 명확히 하고 있는 것처럼, '정치적 긍정'이다("[……] 욕망과 말에 의한 관계에 대한 요구. 타자——불가능한 자——가 환대되는 그 관계에서의 절박함이 가장 강한 의미에서 정치적 결단과 정치적 긍정의 본질적 양태를 구성한다"[91]).

---

91) A. p. 112 주석.

결론을 대신하여

목소리의 정치

목소리의 정치

책은 대체로 이해 가능한, 또는 노력에 따라 보다 완벽한 이해에 이를 수 있는, 백지 위에 씌어진 단어들로 이루어져 있다. 책이 형식과 내용의 납득할 수 있는 결합인 한에서, 책은 체계적으로 분석 가능한 것이 된다. 그러나 작품은 책과 다른 것이다. 그것은 단어들의 지워짐을 통해 나타난다. 그렇다고 그것이 단어들의 단순한 말소(단어들이 삭제되어 백지상태로 돌아감, 그것은 당연히 절대적으로 불가능하다)인 것은 아니다. 그것은 책 바깥에서 단어들이 에너지 장을 형성하면서 순간적으로 음악처럼 울리면서 사라지는 사건을 통해 이루어진다.

그 사건을 목소리가 주도하며, 그 사건에 작가는 글쓰기 가운데, 독자는 독서 가운데 공동으로 개입될 수 있다. 그 사건은 단어들의 부재로부터의 소통, 즉 단어들의 부재를 통한 작가와 독자의 소통이며, 그러한 양자의 소통에서 궁극적으로 문제가 되는 것은 우리 모두에게 공통된 최소한의 고유성(비-고유성으로서의 고유성)을 공유하는 것이다. 다시 말해 단어들의 부재를 통한 소통 또는 작품을 통한 작가와 독자의 침묵의 소통은, 작가가 단어들의 사라짐과 동시에 기입되게 된 외존에서 드러나는 유한성

(두 가지 의미에서의 유한성, 하나는 죽음으로서의 유한성, 다른 하나는 타인과의 관계 내에서만 긍정되는 탈존이라는 의미에서의 유한성)을 독자가 알아듣는 데에, 간단히 유한성을 바탕으로 열리는 작가와 독자의——'나'와 타인의——서로를 향한 공-현전co-présence 가운데에 있다("작가가 부재이고 부재의 장소인 한에서"[1], 작품은 작가를 필요로 한다).

  그러한 작가와 독자의 소통과 동시에 생성하는 작품은 책 바깥에서 퍼지는, 단어들의 부재의 순간적(시간적) 울림을 그 자체에 고유한 공간, 즉 '문학의 공간espace littéraire'으로 만든다(단어들이 음악이 됨, 작품에서 이루어지는, 시간의 공간화). 그 공간, 즉 책의 바깥은 중성적인데, 왜냐하면 그것은 단어들이 사물들을 동일화(재현)하는 구성적 기능이 중단될 수밖에 없는 장소이기 때문이다(중성적인 것은 '이것' 또는 '저것'으로, '이것이 아님' 또는 는 '저것이 아님'으로 규정할 수 없는 존재, 따라서 비존재로서의 존재이다). 중성적인 말(바깥의 말)은 사물의 부재를 포착하는 말이다. 다시 말해 중성적인 말은 연장되어 있는 공간으로서가 아니라 시간으로서 사물의 부재의 현전(작품에서 사물들이 단어의 부재에 부응하면서 부재로 돌아가는 순간에 나타나는 현전)을 드러내는 말이다. 그 사물의 부재 가운데 작품에서 '그'('그 누구')가 현시된다. 사물의 부재는, 즉 작품에서 단어의 부재는 단순한 무無로 돌아가지 않고 '그'를 현시하며, '그'로 하여금 말하게 한다. 작품에서 '그'는 언어 바깥의, 언어에 매개되지 않은 어떤 신비로운 순수 현전이 아니라 언어적 형태를 통해, 즉 목소리(시선-언어)를 통해 나타난다.

  독자 편에서 보면, 주어진 단어들 바깥에서, 말하여진 것 바깥에서 목소리를 듣는 것이 작품에 대한 마지막 경험, 또는 작품으로서의, 문학에 대

---

1) LV, p. 310/430.

한 긍정으로서의 궁극적 경험이다. 독자는 작품을 완성하기 위해 마지막으로 오는 자이다. 작품을 탄생시키고 재탄생시키는 과제는 독자에게 주어진다. "작품 앞에서, 작품 안에서 저자와 독자는 동등하다. 둘 모두 유일무이한 존재들이다. 둘 모두 이 작품에 의해서만, 이 작품으로부터만 실존을 갖는 자들이다. 그들은 일반적 의미에서의, 여러 시들의 저자가 아니며, 시예술에 취미를 가지고 모든 위대한 시작품들을 하나하나 이해하며 읽는 독자가 아니다. 그들은 유일무이한 존재들이다. 그러한 사실은 저자 못지않게 독자도 '유일무이'하다는 것을 말한다. 왜냐하면 독자 역시 시를 다시 말하여진 것, 이미 말하여진 것, 이미 이해된 것으로가 아니라 매번 전혀 새로운 것으로 말하기 때문이다."[2] 작품의 매개를 통해, 작품 앞에서 독자와 저자는 동등하다. 독자와 저자는 평등하다. 왜냐하면 독자는 작가 못지않게 근본적이고 급진적으로 작품의 경험에 들어가기 때문이다. 작품의 경험은 사실 문학의 모든 것이다. 작품은 완성되기 위해 저자와 독자의 대화의 사건을, 양자가 비인칭적·익명적 내밀성 가운데 만나는 사건을 요구한다("작품은 그것이 작품을 쓰는 어느 누구와 작품을 읽는 어느 누구 사이의 열린 내밀성이 될 때에만 작품이다"). 결국 블랑쇼가 저자와 독자의 평등을 말하면서 확인하는 것은 작품을 통한 소통의 궁극적 무근거성an-archie(무차별성, 무정부주의), 말하자면 문학에 있어서의, 문학적 소통에 있어서의 민주주의이다.

---

2) EL, pp. 302~303/330~331.

저자와 독자 사이의 평등, 그것은 '나'와 타인 사이에서 이루어지는 문학적 소통에 대한 긍정이자 책에 이미 가시적으로 씌어져 주어진 모든 것에 대한 최후의 부정, 나아가 문학에 고유한 과제라고 여겨질 수 있는 것(새로운 스타일과 형식의 창조, 이미지를 통한 사상의 전달, 전형적 인물에 대한 모방, 한 시대의 반영)에 대한 궁극적 부정이다. 하나의 문학에 대한 긍정(작품에 대한 긍정)은 또 다른 하나의 문학에 대한 궁극적 부정(책에 대한 부정)으로 귀착된다. 문학은 문학 자체를 향해, 즉 사라짐을 향해 가고 있다("문학은 문학 자체를 향해, 즉 사라짐이라는 문학의 본질을 향해 나아가고 있다"). 그러나 문학의 사라짐에 대한 긍정은, 오늘날 우리가 흔히 말하고 부각시키는 문학의 소멸이나 문학의 죽음에 대한 긍정이 전혀 아니며, 작품의 빛나는 현전에 대한 긍정 이외에, 따라서 문학에 대한 강렬한 긍정 이외에 아무 것도 아니다. 하지만 작품의 현전에 대한 긍정은 오직 작품을 책 바깥에 가져다 놓는 목소리에 의해 유도되는 문학적 소통으로부터 따라 나올 수 있다. 그렇다면 목소리는 오직 문학적 소통에만 고유한 것인가, 문학적 소통에서만 들려오는 것인가? 나아가 목소리는 문학에만 고유한 것인가? 목소리의 경험이란 무엇인가? 그것은, 블랑쇼 자신이 말하는 대로, "우리로 하여금 어떤 완전히 다른 관계, 제3의 유형의 관계를 예감하도록" 이끄는 "언어의 경험——글쓰기——"이 아닌가?

우리가 살펴본 대로, 블랑쇼에게서 사물들을 표상하고 사물들에 의미를 부여하는 언어의 일반적 기능(언어의 구성적 기능)으로부터 벗어난 문학적 언어(본질적 언어)는 목소리로 귀착된다. 목소리는 작품의 자율적 언어, 사물들에 종속되지 않는 언어 그 자체이다. 그러나 목소리가 다만 문학 작품에서만 현시되는 빈 곳인 것은 아니다. 목소리는 문학(작품)을 통해 우리로 하여금 어떤 삶의 양태, 말하자면 제3의 유형의 관계(타자의 현전을 통해 열리는 '나'와 타인의 관계)에서 드러나는 탈존 또는 외존의 양태를 보게 한다. 그러나 제3의 유형의 관계는 문학에 앞서 문제가 되는 문학 이전의 관계이다. 그것은 삶 가운데에서의, 죽음 가운데에서의, 삶과 죽음 가운데에서의 '나'와 타인의 관계, '우정'의 관계, 우리가 문학(작품) 바깥에서 들어갈 수 있는 관계이다. 목소리가 문학(작품)의 자율적 언어 자체라면, 그 이유는 단지 목소리가 사물들을 표상하고 사물들의 세계를 묘사하는 일반적 언어로부터 독립되어 있기 때문이다. 다시 말해 그 이유는 단지 목소리가 사물들에 대해 말하여진 것으로부터 벗어나 있는 언어, 간단히 세계로부터 분리되어 있는 언어이기 때문이다. 반면 목소리는 삶 가운데에서의 하나의 사건에, '나'와 타인의 관계의 사건, 제3의 유형의 관계가 이루어지는 사건에 개입되는 한(목소리는 문학 작품에서의 어떤 언어이기 이전에, 삶 가운데에서 나타나는 타자의 몸짓과 얼굴이다) 삶에 대해 타율적이다——삶에 의존하고 있다. 블랑쇼는 삶의 모든 정치적·윤리적 요구로부터 거리를 두고 문학의 본질을 문학 내에서만 찾는 순수 문학 또는 심미주의적 문학을 주장하지 않는다. 목소리가 주도하는 작품 역시 삶으로부터 떨어져 긍정될 수 없으며, 따라서 삶에 대해 자율적인 것인 것이 아니다. "글을 쓴다는 것, 삶과의 이 관계, 상관없는 그것이 긍정되는 우회를 통한 삶과의 이 관계."[3]

---

3) EI, p. 564. 또한 블랑쇼는 왕정王政으로서의 예술을 거부한다. "작품이 언제나 의미하는 바는 어떤 예술이 이미 있다는 것을 무시해야 한다는 것이고, 이미 하나의 세계가 있다는 것을 무시해야 한다는 것이다"(EL, pp. 157~158/174). "글쓰기는 예술 위에 있지 않지만, 우리가 예술에 대해 애착을 갖지 않고, 예술이 스스로 지워지는 것처럼, 예술을 지우리라는 것을 가정한다" (ED, p. 89/103).

작품은 책 속에서 사라져 가면서 스스로를 긍정하지만, 또한 작품은 스스로를 긍정하면서 삶을 긍정하고, 제3의 유형의 관계에, 우정에 영광을 가져오면서 스스로 사라져 간다. 블랑쇼가 작품의 무위無爲désœuvrement 또는 작품의 부재를 말한다면, 그 이유는 작품이 제3의 유형의 관계를 여는 소통 가운데 소멸해 가기 때문이며, 작품이 결국 삶에 대해 자율적이지 않기 때문이다. 그 소통은 삶에서의 정치적·윤리적 요구인 '우정'이라는 요구에 대한 응답으로 이루어진다.

자크 랑시에르Jacques Rancière는, 프리드리히 쉴러Friedrich Schiller를 예로 들어, 미적 근대성에 가장 고유한 것들 중의 하나인 예술의 자율성 또는 자율적 예술에 대한 취소될 수 없는 요청이 언제나 삶에 의존하고 있음을, 따라서 삶에 대해 타율적임을 지적한다. (쉴러가 예술의 고유한 영역과 예술의 자율성을 부각시키는 이유는, 예술만이 인간으로 하여금 유희충동Spieltrieb에 눈뜨게 한다고 보기 때문이다. 또한 예술을 통해 유희충동으로 열린다는 것이 인간에게 반드시 필요한데, 그렇지 않다면 인간은 소재충동Sinnlich Trieb에 빠져 맹목적 감정의 노예가 되거나, 아니면 형식충동Formtrieb에 마찬가지로 맹목적으로 따름으로써 능동적이고 엄격한 이성(즉 도덕적 이성)의 노예가 될 것이기 때문이다. 유희충동은 소재충동과 형식충동의 조화로운 중앙이다. 예술만이 인간을 유희충동으로 열리게 해 조화로운 미적 존재로 도야시킬 수 있다는 것, 즉 인간의 미적 교육ästhetische Erziehung des Menschen의 필요성에 대한 이 주장은 예술이 삶으로부터 독립되어 있다는 것을 말하기는커녕 반대로 예술이 자유로운 동시에 도덕적인, 한마디로 자율적인 인간을 형성해야 한다는 삶의 요구에 부응해야 한다는 것을 강조한다.[4]) 쉴러는, 랑시에르에 의하면, 미적 근대성

---

4) F. Schiller, *Lettres sur l'éducation esthétique de l'homme/Briefe über die ästhetische*

의 역사에서 "예술의 자율성과 더불어 예술의 형식들과 삶의 형식들의 동일성"[5]을 주장한 여러 많은 사람들 가운데 최초의 인물이다. 블랑쇼의 경우 그 역시 작품이 정치적·윤리적 실천의, 즉 삶에서 요구되는 '우정'의 실현의 한 양태라는 것을 지적하면서, 예술의 자율성과 예술의 타율성 사이의 긴장이라는 미적 근대성의 전통적 문제에 자신의 방식대로 응답하고, 또한 예술과 삶 사이의 관계에 대해 주목하고 있다.

문학에서 작품이 전부이다. 왜냐하면 작품만이, 문학의 궁극에 이르러, 완성된 이념의 소통이 아닌 소통의 요구 자체에 대한 소통에, '우리'에 대한 공유로서의 소통에 귀착되기 때문이다. 그 소통이 이루어질 때, 작품은 아무것도 아닌 것이 된다——작품은 무위에 처하게 된다. 말하자면 작품은 문학을 넘어서면서 삶의 정치적·윤리적 요구에 부응하는 소통 가운데에서만 완성되고 동시에 사라져 간다. 여기서 삶의 정치적·윤리적 요구는 비인칭적 내밀성에 대한,——글을 쓴다는 것과 읽는다는 것을 통해 가능해지지만, 원칙적으로 모든 문학적 소통 너머에 있는——'우정'에 대한 우리의 요구이다. 블랑쇼에게서 그 정치적·윤리적 요구는 문학과 결부된, 문학의 고유한 문제들(예를 들어 스타일의 문제, 형식과 내용의 결합이라는 문제, 작가의 창조성·천재성의 문제, 문학 작품의 해석의 문제) 너머에 있다.

* * *

작품에서 감지되며 목소리가 현전하게 하는 '그'(또는 '그 누구')는 어떤 인

Erziehung des Menschen, Aubier, 1992.

5) J. Rancière, *Le Partage du sensible*, La Fabrique, 2000, p. 33.

간의 모델이 아니고, 어떤 그룹 또는 특정 공동체를 대표하는 인간형도 아니다. 또한 '그'는 하나의 사회적 계급이나 어떤 정치적 이념에 기초한 하나의 조직을——또는 어떤 민족을——대변하는 인간이 아니다. 어쨌든 '그'는 모든 그룹·공동체·계급·민족을 구성하는 근거가 되는 자아의 자신에 대한 규정으로부터 벗어난다. 다시 말해 '그'는 자아와 자신의 관계에서 구축된 주체성이나 개인성 바깥에 있다. '그'는 인간의 실체 또는 실체로서의 인간이 아니라 인간의 존재 양태, 정확히 말해 유한성의 전근원적——의식 이하의——양태이다(죽음을 드러낸다는, 자아와 자신과의 관계의 궁극적 파기라는, 자아로의 복귀의 불가능성이라는 의미에서의 유한성, 또한 그 불가능성과 동근원적인, 의식과 자아 바깥으로의 타인을 향한 외존의 시간성이라는 의미에서의 유한성). '그', 즉 '나'와 타인 모두의 타자는 양자의 관계에서 하나를, 하나의 항을 지정하는 것이 아니라 관계 자체를, 만남 자체를 지정한다.[6] 다시 말해 '그'는 우리가 연루되어 있는 탈존 자체, 사건 자체로서 어느 특정 개인에게도 귀속되지 않기에 '그'를 전유할 수 있는 고정된 주체는 없다. '그'는 우리 자체이자 어느 누구도 아니다. '그'는 '나'도 아니고 '너'도 타인도 아니고 명사로 지칭될 수 있는 어떤 제3자도 아니며, 어쨌든 함께-있음이라는 탈존, 타인을 향한 외존, 결국 하나의 동사적 사건이다. 문학(작품)과의 연관하에 생각해본다면, '그'는 작품에서 모든 이미지들이 수렴되고 있는 이미지이자, 작품에서 궁극적으로 감지되는 언어적 현시인 목소리에서 드러나는 익명적 인간의 탈존이자 만남의 사건이다. 목소리는 독자에게 '그'를 공유하기를, 즉 유한성의 익명적 탈존을 나누기를, 간단히

---

6) EI, p. 105.

타자로의 참여를, 메텍시스를 요구한다.

따라서 목소리는 그 자체 내에 작가의 어떠한 개인성도 남겨 두지 않고 침묵해야, "침묵으로 또 다시 열리는 침묵"[7]으로 돌아가야 한다. '그'는 특정 개인이 아니라 우리 모두에 속해 있어야 한다. 만일 목소리가 작가의 개인적 고유성을 표현하고 작가를 근원과 중심으로서의 자아로 찬양하기 위해 왜곡되게 쓰인다면——익명적일 수밖에 없는, '우리'를 대변하는 목소리가 특정 자아의 것으로 왜곡되어 변형된다면——, 그에 따라 독자의 메텍시스가 작가의 정체성을 자아 일반의 본질로 확증해주게 된다면, 남는 것은 일종의 '자아중심주의égotisme'일 뿐이다. 만일 익명적 인간의 탈존을 담아내는 이미지인 목소리가 허위 가운데 자아 일반으로 승격된 어떤 인간 유형(즉 작가가 구현하는 인간 유형)을 대변하고 그 인간 유형을 하나의 사상·이데올로기를 구현하는 육체로 상찬하는 것으로 변질된다면, 그렇게 변질된 가짜 목소리는 문학적 본질주의·내재주의를, 나아가 문학적 전체주의를 실현할 위험을 안게 된다. 왜냐하면 이 경우 이상理想은 타인으로서의 독자가 그 인간 유형을 모방하는 데에, 하나의 인간 모델과 동일시되어 전체를 이루는 데에 설정되기 때문이다. 그러한 어떤 자아·에고에 대한 찬양에 이어지는 독자의 작가에 대한 동일시는 인간의 본질을 설정하고 결정하며, 어떤 문학적 공동체(특정 인간 유형을 바탕으로 이루어진 공동체)의 구성이라는 목표를 향해 나아가게 된다. 사실 거기에, 역사적 관점에서 볼 때, 독일 낭만주의 이후로 새로운 신화를 찾으려 했던 낭만주의적 문학은 이르려 했다. 그러한 이유 때문에 블랑쇼는 몇몇 독일 낭만주의자들

---

7) "말하는 데에 있어서, 말에 의한 현전 가운데, 침묵조차 그것이 침묵으로 또 다시 열리는 침묵이 아니었다면 응답으로 충분하지 못한 진실한 어떤 것이 있었다"(PDA, p. 60).

을 예로 들어, 그들에게서 "강력한 개인성"을 소유한 주권적 창조자인 "예술가가 작품보다 더 사랑받으며"[8] 더 중요해진다고 지적하면서, 예술가의 자아가 축성되는 데에 끊임없이 반대한다.[9]

---

8) LV, p. 266/370. 또한 같은 맥락에서 EI, p. 589, ED, p. 205/224 참조. 예술가-자아가 작품에 우선한다는 이러한 생각은 독일 낭만주의의 이론적 기초를 정식화한 프리드리히 쉴레겔의 『아테네움』의 한 단상에서 이렇게 요약되었다. "최고의 소설들 가운데 많은 것들은 한 천재적 개인의 정신적 삶 전체의 개요, 사전에 불과할 뿐이다. [······] 사실 교양 있는, 교양을 갖추는 과정에 있는 모든 인간은 마음속에 하나의 소설을 갖고 있다. 그러나 그 소설을 쓰고 알리는 일이 꼭 필요한 일은 아니다"(F. Schlegel, "Fragments critiques", Ph. Lacoue-Labarthe, J.-L. Nancy, *L'Absolu littéraire*, p. 90).

9) 라쿠-라바르트에 의하면, 독일 낭만주의(노발리스, 쉴레겔 형제 등으로 대표되는 초기 독일 낭만주의)의 영향 아래 예술을 통해 새로운 신화를 창조해 하나의 이상적 공동체를 구현하려는 낭만주의적 시도를 대표하는 사람은 어느 누구보다도 바그너이다. 물론 독일 낭만주의가 전적으로 바그너의 사상의 기원이 된다고 볼 수는 없다. 특히 정치적 관점에서 독일 낭만주의는 바그너와는 달리 민족주의가 아니라 오히려 범세계주의를 옹호했다(Ernst Behler, *Le Premier romantisme allemand*, PUF, 1996, p. 5). 그러나 라쿠-라바르트의 지적대로 "프랑스 혁명과 나폴레옹 이후로(다시 말해 피히테Fichte 이후로) 독일의 정치적 문제는 민족적 동일성-정체성의 물음, 사변적 용어로 말하자면, 민족-주체 구성의 문제이다. 민족의 정령이 나타나는 것이 문제가 된다"(Ph. Lacoue-Labarthe, *Musica ficta*(*figures de Wagner*), Chrstian Bourgois, 1991, p. 57). 독일 낭만주의자들이 피히테의 세계와의 합일에 이른 절대 자아라는 생각을 받아들이는 한에서, 즉 칸트의 도덕적 주체 너머의 의식의 절대적 자유를 주장하고 세계를 자아의 상관항으로 보는 한에서(Ph. Lacoue-Labarthe, J.-L. Nancy, *L'Absolu littéraire*, p. 48), 또한 새로운 신화를 통해 '구성적인' 공동체를 구현하려는 시도가 그들의 문학적 핵심과제인 한에서, 그들은 적어도 바그너가 걸어간 전체주의적 민족주의로의 왜곡된 길을 준비했다고 말할 수 있다. 문제는 독일 낭만주의자들에게서 철학적·미학적으로 정립된 '자아중심주의'가 결코 민족중심주의와 무관하지 않다는 데에 있다. 또한 여기서 설정된 우리의 물음은, 블랑쇼의 사유와의 연관하에 그 철학적·미학적 '자아중심주의'의 한계와 문제점을 생각해 보는 데에 있다. 낭시 역시 낭만주의(독일 낭만주의를 비롯해 어떤 인간 모델, 인간의 본질을 규정하고 공동체를 구축하는 데에 기초가 되는 신화를 창조하려는 모든 낭만적·회고적 움직임)를 '신화를 향한 힘에의 의지volonté de la puissance du mythe'라고 정의하며, 그러한 한에서 전체주의의 위험을 내포하고 있는 '내재주의immanentisme'라고 본다(J.-L. Nancy, "Le Mythe interrompu", *La Communauté désœuvrée*, p. 142). 따라서 블랑쇼와 독일 낭만주의(초기 독일 낭만주의)와의 관계가 명확히 설정될 필요가 있다. 물론 블랑쇼가 구현하고 있는 문학은 독일 낭만주의 이후에 속한다. 그러나 그렇게 여겨질 수 있는 이유는 독일 낭만주의가 역사적으로 너무나 광범위하고 결정적인 영향을 후대에 주었다는 데에서 찾을 수 있다. 19세기와 20세기의 수많은 문학적 운동들은 직간접적으로 독일 낭만주의와 연결되어 있다. 또한 독일 낭만주의는 탈근대

(포스트모던) 사상의 철학적·미학적 영감의 근원지라 여겨질 수 있다. 위르겐 하버마스Jürgen Habermas는 니체를 '탈근대로의 입구'라고 정의한 바 있지만, 탈근대의 사상적 특성들(거칠게 말해 합리주의적 이성에 대한 거부, 최고의 경험에 이르기 위한 계기로서의 이성이 아닌 '감정', 또한 최고의 경험으로 우리를 인도하는 좌표로서의 예술, 철학과 예술의 동등성, 나아가 철학에 대한 예술의 우위)을 독일 낭만주의가 선취하고 있다는 점에서, 독일 낭만주의자들을 니체에 앞서는 탈근대의 최초의 이정표라고 볼 수 있다. 프랑스에서 라쿠-라바르트와 낭시가 독일 낭만주의의 핵심적 이론들의 집약체인 『아테네움』의 중요 텍스트들을 편역한 『문학적 절대L'Absolu littéraire』를 출간한 배경에 분명 독일 낭만주의의 현재성에 대한 인식이 깔려 있다.

독일 낭만주의는 다만 몇몇 작가들에 의해 1796년부터 1801년까지 몇 년에 걸쳐 진행된 하나의 문학적 운동에 지나지 않는 것이 아니다. 독일 낭만주의는 독일 내에서뿐만 아니라 독일 바깥에서 19세기와 20세기에 걸쳐 지속적이고 광범위한 영향을 끼쳤다. 영국에서의 사무엘 테일러 코울리지Samuel Taylor Coleridge, 미국에서의 에드거 앨런 포Edgar Allan Poe 그리고 프랑스에서의 마담 드 스타엘Madame de Staël 등은 낭만주의 운동의 중요한 지지자들이자 실천가들이며, 각자 자신의 나라에서 낭만주의적 정신을 표현함으로 큰 반향을 불러일으켰고 문학의 흐름을 주도했다(독일 낭만주의의 역사적 발전과 진화에 대해, Ernst Behler, Le Premier romantisme allemand 참조). 특히 프랑스의 경우 낭만주의적 정신이 결정적으로 받아들여지게 된 계기는, 보들레르와 말라르메가, 독일 낭만주의를 한편으로는 정당하게, 다른 한편으로는 왜곡되게 이어간 바그너의 영향을 받게 된 데에 있다. 라쿠-라바르트는 『무지카 픽타Musica ficta』에서 보들레르와 말라르메가 모두 영어권 문화에 친숙했던 작가들이었음에도 불구하고 낭만주의적 정신의 미학적·철학적 그리고 특히 정치적 중대성을 간파한 것은 그들의 천재에서 비롯된다고 말한다. 보들레르가 바그너에게 보낸 편지나 말라르메의 「리하르트 바그너. 한 프랑스 시인의 몽상Richard Wagner. Rêverie d'un poète français」에서 이들 두 프랑스 작가 모두는 예술적·미학적 관점에서 바그너에게 대단한 찬사를 보내고 존경을 표하고 있기는 하지만, 거기에 바그너를 끝까지 따를 수 없는 그들의 정치적 입장이 표현되어 있고, 또한 그에 따라 바그너에 대한 비판이 암시되어 있다. 보들레르와 말라르메는 바그너가 자신의 작품을 통해 새로운 신화를 창조하고 위대한 민족공동체를 건설하는 데 필요한 기반을 구축하려 한다는 것을 간파했다. 바그너가 자신의 작품에서 자아로 회귀하는 고양된 영혼의 자신에 대한 전유專有의 위대함을 강조해 어떤 완성과 어떤 지복과 열락을 보여주려 했던 반면, 보들레르에게서 아름다움은 비극적·디오니소스적 환희를 가져오는 것과 매우 유사한 자기박탈과 공포와 고통으로의 노출이다(Ph. Lacoue-Labarthe, Musica ficta(figures de Wagner), pp. 78~79). 같은 맥락에서 말라르메는 민족공동체를 구축하려 했던 바그너에 반대해 예술은 어떤 특정 주체, 특정 인간 유형, 또는 어떤 특정 공동체의 형태를 그리는 것이 아니라, "어느 누구도 아닌 형상Figure"(말라르메의 표현)을, 장터 어디에서나 발견될 수 있는 익명의 인간들을, "신성한 현전" 또는 "모든 현시의 가능성으로서의 언어 자체의 현시"인 '유형Type'(말라르메의 표현)을 제시해야 한다고 본다(같은 책, p. 160). 보들레르와 말라르메의 바그너에 대한 비판은 본질적으로 정치적인 것인데, 왜냐하면 그것은, 예술이 어떤 고귀한 주체·민족·민족공동체를 구현하는 데 필요한 기반이 되어야 한다는 바그너의 생각과는 반대로, 예술이 표현해 목소리 가운데, 침묵으로 돌아가야 할 목소리 가운데 작가는 자신과 독자 사이의 동일화가 어떠한 형태로든 이루어지지 않게 하기 위해(그 동일화의 증거는 독자가 작가의 '자아중심주의'를 용납하는 것이다) 마찬가지로 침묵해야 한다. 독자가 동일화 가운데 자신 안에서 작가의 자아를 발견하는 것이 아니라, 분리 가운데 어떤 '우리'를 발견하기 위해, 독자가 함께-있음의 요구를 충족시키고 다시 요구하기 위해 작가는 목소리와 함께 침묵해야 한다. '우리' 속에 제3의 인물이, 작가와 독자 모두로 하여금 어떠한 이념의 공유에도 앞서는 비인칭적 내밀성의 나눔을 실현하게 하는 타자가, '그'('그 누구' 또는 제3의 인물)가 들어와 있다. '그'는 작가와 독자를 분리시켜 놓고, 양자로 하여금 동일화를 추구하는 모든 종류의 열광을 거부하게 하면서, 양자를 문학에서의 '공동체 없는 공동체' 가운데 놓아둔다. 목소리를 나누는 것, 타자를 나누는 것, 즉 작가와 독자가 글쓰기를 통해 그들 자신 안에서 그려지는 '그'의 현전에 대한 공동의 증인이 되는 것, 그것은 명제로 정식화될 수 있는 모든 이념의 공유에 선행한다──그것은 또한 이념의 공유라는 것에 있을 수밖에 없는 한계와 피상성을 지적한다. (블랑쇼의 한 독자로서의 필자가 여기서 그의 사상에 대해 비판하지 않았다면──못

야 할, 거리에 흩어져 있는 이름 없는 군중을, '자기의식'·'주체' 바깥에 놓인 도시의 익명적 인간들을 옹호하고 있기 때문이다. 그러한 사실의 증거가 되는 것은 보들레르와 말라르메의 문학이, 바그너가 보여준 주체-민족의 고양과 완성을 향한 '신성한 열광'과는 다른, 횔덜린적 의미에서의 '간소함', 말하자면 인간의 한계와 한계로의 움직임을 보여주는 절도의 파토스를 표현한다는 것이다. 블랑쇼 역시 피히테의 절대 자아의 개념으로부터 파생되어 독일 낭만주의로 이어진 예술가의 고유성·절대성이라는 생각에 거슬러 예술가의 주변성(예술가의 세계로부터의, 작품으로부터의 추방)을 고백하고, 독일 낭만주의의 절대적·예술가적 주체라는 개념과 결코 무관하지 않은 바그너의 신성한 민족이라는 생각에 맞서 거리의 무명의 인간, '그 누구'('그' 또는 타자)를 옹호한다. 한마디로, 낭시가 분명히 하고 있듯, 블랑쇼는 낭만주의자가 아니다(J.-L. Nancy, "À propos de Blanchot", *L'Œil de bœuf*, 14/15호, p. 57).

했다면—, 그 이유는 그가 제시한 어떤 '이념'을 확실한 것으로 만들려 했기 때문이 아니라, 모든 이념 이전에 문제가 되는 어떤 나눔의 양상을 보여주려 했기 때문이다. 그 나눔, 목소리를 나누는 것, 타자를 나누는 것은 작가 블랑쇼가 어떤 이념을 통해 '가르칠 수' 있는 것이 아니고, 그가 자신이 쓴 책들에서 제시한 명제들을 독자가 이해하는 데에서 이루어지지도 않는다. 그 나눔을 실현시키는 자는 결국 블랑쇼가 아니라 우리 독자들이다. 그 나눔은 나아가 참이라고도 거짓이라고도 규정할 수 없는 것이다. 왜냐하면 그 나눔은 참 또는 거짓으로 판단될 수 있는 명제들에 기입될 수 없는 목소리를 나누는 것이기 때문이다.) 목소리로 하여금 말하게 하는 것, '그'를 현전하게 하는 것, 그에 따라 함께-있음이라는 증명될 수 없는 사건을 현시시키는 것, 결국 거기에 블랑쇼의 글쓰기에서 과제로 설정된 정치적인 것—또는 정치윤리적인 것—이 발견된다. 그리고 '우리'로 향해 있는 목소리, 즉 '그' 또는 '그 누구'인가의 목소리는 침묵의 절규, 자아와 자신과의 관계를 기준으로 인간의 본질 위에—이상적으로 여겨지는 주체를 보여주는 인간에 대한 이념 위에—설정된 모든 휴머니즘을 거부하는 '인간의 절규cri humaniste'일 것이다. "따라서 '휴머니즘'이란 무엇인가? '휴머니즘'을 정의定義définition의 로고스와 결부시키지 않고 정의해야만 한다. 무엇으로 '휴머니즘'을 정의해야 하는가? '휴머니즘'을 언어로부터 가장 멀리 벗어나게 하는 것으로. 다시 말해 절규로, 궁핍의 절규 또는 이의제기의 절규, 단순한 침묵도 아니고 단어들로 표현되지도 않는 절규로, 비천한 절규, 또는 엄밀히 말해 씌어진 절규로, 벽에 그려진 그라피투[스프레이로 벽에 그려진 낙서]로."[10]

　『하느님』에서 결국 우리는 무엇을 말하였던가? 전염병으로 아수라장이 된, 황폐화된 도시에서조차, 도시가 인간들이 신음하면서 죽어가고 있는 '뒤집어진 세계'로 변하는 때에조차, 죽어가고 있는 인간의 유한성만이 조곡弔哭으로 울려 퍼지는 곳에서조차, 언어가 어떠한 사물도 동일화하지 못하며 현실과 세계의 지주가 되지 못하고 다만 '뒤집어진 세계'에서 떠돌아다닐 수밖에 없는 때에조차 인간의 말 가운데 '소통에 대한 요구만으로 이루어지는 소통'의 가능성이 남아 있다는 것이다. 언어가 더 이상 사물들과 세계를 통제하지 못하고 인간의 힘의 한계만을 가리키고 있는, 그러한 시간과 그러한 장소에서조차 또 다른 언어는 타인을 향해 열려 있고, 타인과의 관계를 다시 연다. 그 또 다른 언어, 즉 타인과의 관계를 여는 언어, 사물들과 세계를 관리하고 통제하는 능동적 언어에 앞서는 언어, 능동적 언어의 한계에서조차 타인을 향해 있는 언어가 시詩이며, 언어의 조건으로서의 언어, 모든 언어의 밑바닥을 이루는 언어, 모든 언어의 구원으로서의 언어이다. 그 또 다른 언어는 목소리 또는 절규이다. 문학은 그 또 다른 언어를 현시하고, 목소리로 하여금 말하게 하고 침묵의 절규가 들리게 한다. 거기에 모든 종류의 정치 너머의, 그 이전 또는 그 이후의, 문학에 개입하는 정치적인 것이, 절규의 휴머니즘이, 즉 타자와의 소통에 대한 최후의 긍정이 있다. '우리'는, '그'는, 또는 '그 누구'인가 삶과 죽음의 접경에서, 그러나 죽음을 위해서가 아니라 삶을 위해, 죽음의 편에서가 아니라 삶의 편에서 절규한다.

---

10) EI, p. 392. 「무신론과 글쓰기 —— 휴머니즘과 절규L'Athéisme et l'écriture —— l'humanisme et le cri」(EI)라는 텍스트에서 블랑쇼는 절규가 목소리라고 여러 차례 밝히고 있다. 또한 그는 사무엘 베케트Samuel Beckett에 대한 자신의 한 텍스트에서 목소리와 절규가 서로 호환될 수 있는 용어들임을 명확히 한다. "—— 그래요, 잡담을 하는 겁니다, 목소리를 들으면서. 그런데 그 목소리는 어떠한 것이지요?/ —— 들을 수 있는 어떤 것이 아니라 아마 쓰여진 최후의 절규, 책 바깥에서, 언어 바깥에서, 미래에 기입될 그것일 겁니다./ —— 그런데 그 목소리는 어떠한 것이지요?"(EI, p. 486)

다른 텍스트들

| 일러두기 |

이 책의 부록에는 초판에 없던 6편의 글을 새로 실었다. 각각의 출처는 다음과 같다. 「블랑쇼의 또 다른 긍정」은 '이데올로기로부터 가장 멀리 떨어진 사유'라는 제목으로 『교수신문』(2006년 9월 25일자)에, 「모리스 블랑쇼, 얼굴 없는 '사제'」는 『현대문학』 581호(2003년 5월)에, 「언어 안의 자연」은 『문학수첩』 27호(2009년 가을)에, 「『죽음의 선고』에 대하여」는 『창작과 비평』 153호(2011년 가을)에 실렸던 글이다. 「언어의 현전」과 「한 어린아이」는 각각 블랑쇼의 『기다림 망각』(그린비, 2009), 『카오스의 글쓰기』(그린비, 2012)를 위해 쓴 옮긴이 해제였다.

블랑쇼의 또 다른 긍정

1

모리스 블랑쇼는 우리의 큰 관심을 불러일으킨 철학자들(푸코, 들뢰즈, 데리다, 낭시, 라쿠-라바르트 등)과 더불어 20세기 후반에 국제적으로 알려지기 시작했지만, 사실은 장-폴 사르트르나 알베르 카뮈와 마찬가지로 20세기 초반에 태어나서 제2차 세계대전이 끝나고 가장 활발하게 활동했던 작가이자 사상가이다. 그가 2003년 2월 사망했을 때, 프랑스의 『르 몽드』는 이러한 기사를 내보냈다. "우리 세기에 가장 비밀에 감추어진 작가가 2월 20일 목요일, 이블린의 자신의 집에서 95세로 사망하였다. 비평적 시론과 소설을 쓴 작가로서 그는 20세기에 가장 중요하고 영향력 있는 사람들 중 하나였다"(『르 몽드』, 2003년 2월 25일 기사). 그는 프랑스 문학의 마지막 황금시대, 제2차 세계대전 전후를 중심으로 활동했던 프랑스 작가들(물론 사르트르와 카뮈 그리고 조르주 바타유, 마르그리트 뒤라스, 에마뉘엘 레비나스, 모리스 메를로-퐁티, 루이-르네 데 포레 등)의 마지막 산 증인이었다. 블랑쇼가 그렇게 뒤늦게나마 알려지게 된 데에는 방금 거론한 그 다음 세대의 철학자들의 공이 컸다. 그들 모두가 예외 없이 그를 사상적 모범으로서 계속 참조해 왔기 때문이다. 프랑스에서 그는 언제나 계속 읽히고 연구의 대상이 되어 이미 고전의 반열에 올라 있고, 영미권에서도 그의 거의 모든 작품들이 번역되었으며 특히 최근 몇 년간 그에 대한 연구서들이 활발하게 출간되고 있고, 일본에서도 1962년 『문학의 공간』이 번역된 이후로 그의 모든 주요 저작들이 번역되었고 문학 이론, 예술 비평, 정치 철학의 영역에서 그의 사상이 지속적으로 영향력을 발휘하고 있다. 한국에서는 1990년대 『문학의 공간』과 『미래의 책』이 번역되어 적지 않은 사람이 그의 사상에 관심을 갖게 되었고, 특히 일군의 독자들에게는 그가 컬트적인 작가로 여겨졌지만, 그의 다른 작품들이 이어서 출간되지 않고 있었다. 그러나 근래 몇 년 동안 『밝힐 수 없는 공동체』를 시작으로 그의 다른 저작들이 국내에 출간되기 시작했고, 앞으로 소개될 수가 점점 더 늘어 갈 전망이다.

프랑스에서 그가 차지하는 위치는 매우 독특한데, 그가 한 명의 중요하거나 탁월한 이론가나 작가라기보다는 한 시대의 '영혼'의 움직임을 대변하는 '선배'('스승'이라는 표현보다는 '선배'라는 표현이 더 정확한 것처럼 보인다)로 여겨지기 때문이다. 그가 어떤 영향력이 있다는 것인데, 그것도 그의 '후배들'(가령 바로 앞에서 언급한 여러 중요한 프랑스 현대 철학자들)이 그와 직접 교류했다거나 그의 어떤 이론을 전수받았기 때문이 아니라. 다만 그들이 그의 작품을 끊임없이 반추해 왔기 때문에 생겨난 것이다. 그 사실은 아마 지금 우리에게까지도 들려올 수 있는 그의 호소의 힘을 말해 준다. 그는 잘 알려진 대로 어디에서도 강연한 적도 강의한 적도 없고 공식 석상에 나타난 적도 없으며, 그의 호소 또는 목소리는 전적으로 글로 쓰어진 작품에서 울려나오고 울려퍼진다. 이상하게도 그의 작품을 읽으면서 우리는 어떤 친구, 모르지만 가깝게, 더할 나위 없이 가깝게 다가오는 한 친구의 움직임을 감지하게 되는 것이다. 적지 않은 사람들이 증거하고 있듯이, 그 친구와 함께하고 있다는 강한 느낌을 받게 되는 것이다. 그것은 아마 블랑쇼 자신이 반복해서 강조했던 '모르는 자에 대한 우정amitié pour l'inconnu'에서 비롯되는 것인지도 모른다.

블랑쇼는 살아 있을 때, 은둔 때문에 오히려 '알려진' 작가였다. 각종 매체(신문, 방송, 인터넷)에서 쏟아져 나오는 정보의 홍수를 문학이 비켜 나갈 수 없게 된 시대에, 각종 매체에 의존해 얻을 수 있는 선전 효과를 무시할 수 없는 시대에 블랑쇼의 은둔은 오히려 눈에 띌 수밖에 없었다. 아마 그의 은둔은 그의 사상을, 그의 글쓰기, 그의 작품을 신비화시켰으리라. 그러나 나는 그 신비화에 블랑쇼가 저항했었을 것이라 믿는다. 블랑쇼는 작품을 통해 자기 자신에 대해 말하고자, 1인칭 '나'를 보여주고자 하지 않았다. 그는 거리 아무 데나 흩어져 있는 이름 없는 자들, '그들'로 하여금 말하게 했을 뿐이었다. '그들', '나'라고 말할 수 없는 자들, 어떠한 1인칭의 권력도 행사하지 못하는 자들, 다만 헐벗음으로만 그 권력을 거부하고, 그 권력에 저항할 수 있었던 자들. 필요하다면 결국 자신의 사라짐·지워짐을 긍정으로 받아들일 수밖에 없었던 침묵의 제3자들, 3인칭의 인간들.

블랑쇼가 거부하고자 했던 1인칭의 권력(그 권력을 그가 의도 가운데 원했을지 모른다고 말할 수 있지만, 중요한 것은 그가 은둔을 통해, 나타나지 않음으로 그 권력을 행사하지 않았다는 사실이다)을 그에게 돌려주어서는 안 된다. 신비화된 1인칭 블랑쇼로부터 그의 작품을 읽어서는 안 된다. 문제는 다만, 단순히, 그의 작품에서 3인칭의 인간들, 타자들의 목소리를 듣는 데에, 작품으로부터 그를 이해하는 데에, 작품으로부터 한 개인 블랑쇼의 은둔·지워짐이 3인칭이 말하기를 원했던 그에게 글쓰기의 실천이라는 사실을 이해하는 데에 있다. 그는, 살아 있을 때, 단어들, 문장들 사이로 사라지기를 원했고, 이제, 그의 죽음 이후로, 그 사라짐을 영원한 것으로 만들어야 할 과제는 그의 독자들의 몫으로 남는다.

2

모리스 블랑쇼에 대해 쓰고 말한다는 것이 쉬운 일은 아니다. 그 이유는 단순히 그의 사상이 어렵거나 심오하기 때문이 아니다. 자주 우리는 그의 사상이 난해하고 그의 작품이 이해하기 매우 어렵다는 견해를 들을 수 있다. 그러나 블랑쇼가 하는 말은 반복해서 주의 깊게 들어보면 학문적으로 그렇게 복잡하지도, 어렵지도 않다. 가령 그를 가장 존경하고 그와 여러 측면에서 사상적 공통점들을 공유하고 있는 자크 데리다의 글과 비교해 볼 때, 블랑쇼의 글은 방대한 여러 학문적 조류들을 직접적인 배경으로 삼아 씌어진 것이 아니다 ── 물론 그는 그것들을 도외시하지는 않았다. 보다 정확히 이렇게 말할 수 있다. 그가 현대의 여러 중요한 철학적 경향들(가령 니체·하이데거·레비나스·맑스·푸코 등)에 주목했다면, 이는 또 하나의 보편적 철학을 구축하기 위해서가 아니라 어떤 단수적單數的 경험을 그려내기 위해서였다. 말하자면 블랑쇼의 글은 철학이 아닌, 철학이라는 명칭과 어울리지 않는 하나의 예술 작품으로 남는다. 그것은 철학적 분석과 해석을 기다리는 의미들의 집적체라기보다는, 독자들의 감응과 몰입을 요구하는 그림·음악 또는 춤이다. 블랑쇼의 글쓰기가 어렵게 느껴진다면, 그 어려움은 이해하기 까다롭고 복잡한 어떤 이론이 강요하는 어려움이 아니라 처음 대하는 어떤 예술 작품 앞에서 마주하게 되는 '낯섦'에 가깝다. 블랑쇼의 글쓰기에는 명제들로 정식화될 수 없는 어떤 요소가, 예술 작품을 알아듣기 위해 필요한 직접적인 감지력을 요구하는 어떤 것이 존재한다. 블랑쇼에 대해 말하고 쓰기 어려운 이유는, 개념적으로 붙잡을 수 없는 것, 오히려 예술 작품에서 살아 숨쉬는 어떤 것, 시간에 따라 순간 명멸하는 그것이 그의 사유를 이끌어 가고 있기 때문이다. 그의 사유는 아마 이데올로기로부터 가장 멀리 떨어져 있는 사유일 것이며, 원칙적으로는 가르치거나 전파할 수 없는 사유이고, 결코 무기로 사용할 수 없는 사유이다. 그것은 권력화될 수 없는 사유이다.

*　*　*

다시 말해 블랑쇼의 사유는 침묵의 사유이다. 그러나 그것을 떠받치고 있는 침묵은 완전한 백지 상태에 있는 것이 아니며 어떤 생명을 표현한다. 그 생명이 바로 그가 여러 철학들을 되돌아보면서 단수적 경험 속에서 찾고자 한 것이다. 그러나 그 생명은 어떠한 문화(도덕·법·제도·지식·이데올로기)에 의해 침입당해 본 적도 없고 문화의 폭력을 겪어 본 적도 없는 순백의 자연적 생명이 아니다. 그것은 문화가 그 한계를 넘어 인간을 파괴하고 병들게 할 수 있다는 사실이 자명해지는 문화의 빈 곳이다. 문화에 의해 일그러진 바로 그 생명을 니체는 『비극의 탄생』에서 『오이디푸스왕』을 해석하면서 찬양하고 긍정했을 것이다. 말하자면 문화의 궁극적 한계와 억압을 폭로하는 스캔들을, 어린아이의 절규를. 그러나 그 생명을 이해하는 방식에서, 60년대 니체의 중요한 해석자들 가운데 한 사람으로 여겨졌던 블랑쇼는 니체와 다른 입장을 취한다. 니체가 오이디푸스의 비극에서 긍정되는 그 생명을, 모든 진정한 예술이 표현하고자 하는 그것을 『비극의 탄생』에서 의식철학과 근대의 개인주의·고립주의·허무주의를 교정할 수 있는 치료약이자 새로운 공동체로의 길을 가리키는 기표로 보았다면, 이후에 니체는 소통의 궁극적 근거로서 그 생명이 갖는 공동체적 속성을 망각했다. (니체의 후기 철학에는 공동체나 소통에 대한 '정치적' 관점이 부재한다.) 반면 블랑쇼는 그 생명이, 사회와 문화의 맹점을 폭로하는 미약하고 무시당하는 그것이 우리들 사이의 공동체의 중심에 있다는 사실을 끊임없이 부각시킨다. 그러나 그것은 근본적으로 문화 바깥에 놓여 있기에 문화의 테두리 내에서 규정될 수 없고[1] 정식화·도식화될 수 없는 것이다. 문화의 벌어진 틈을 가리키는 한 어린아이의 저항과 항의의 몸짓에서 표현되는 그 생명은 어느 누구도 통제·관리할 수 없고 전유할 수 없는 것이다. 그러나 우리가 그것을 무시하고 망각한다면, 그로 인해 우리가 속해 있는 공동체는 필연적으로 왜곡되고 와해에 이르게 된다. 그 생명은 붙잡아 고정시킬 수도 없는 것이지만 눈감아 버려서도 안 되는 것이다. 그것은 공동체의 비어 있는 지점을, 정해져 있지 않은 낯선 장소를 가리킨다. 문화화될 수 없는 것, 제도화될 수 없는 그것이 우리의 정치를 그렇게도 어렵게 만드는 근거가 된다. 그러나 바로 그것이 우리의 정치와 모든 공동체의 가리킬 수 없고 '밝힐 수 없는inavouable' 중심을 이룬다. "공동의 것이 될 수 없는 낯선 것이 영원히 일시적일 수밖에 없으며 언제나 이미 떠나 있을 수밖에 없는 공동체를 세운다"(『밝힐 수 없는 공동체』).

* * *

분명 블랑쇼는 다른 어떤 사상가들보다도 죽음의 문제에 집요하게 천착했었다. 그러나 나는 다음과 같은 사실을 확신한다. 그가 그랬었던 이유는, 죽

---

1) 이 책 부록의 「한 어린아이」 참조.

음 속에서만 더 빛날 수밖에 없는 생명을 사실적으로 표현하기를, 우리에게 허무주의에 빠지는 것이 얼마나 안일한 감상에 불과한가를 알려 주기를, '우리'('나'아닌 '우리')의 삶에 대한 최후의 답은 긍정밖에 없다고 단언하기를 원했기 때문이었다. 데리다는 블랑쇼에게서 니체적 긍정과는 다른 긍정이, 다른 '그렇다'가 있다고 정확하게 보았다. "여느 성급한 독자가 믿고 있는 것 너머에서, 죽음이라는, 이 죽어 감이라는 사건 아닌 사건에 대한 블랑쇼의 지속적인 관심이 생각하도록 하는 것 너머에서, 모리스 블랑쇼는 나타남의 빛 가운데에서 삶과 산다는 것만을 사랑했었을 것이고, 그것만을 긍정했었습니다"(자크 데리다, 「영원한 증인」).

모리스 블랑쇼, 얼굴 없는 '사제'

모리스 블랑쇼에 대해 물론 우리는 이 시대의 독창적인 사상가들 중의 한 사람이라고 말할 수 있을 것이다. 그러나 만일 '독창적인 사상가'라는 말을 새롭고 영향력이 큰 어떤 담론을 생산하는 이론가로 단순히 이해한다면, 블랑쇼에게는 분명 그러한 이해를 벗어나는 점이 있다. 그는 특히 프랑스의 담론의 장에서, 50년 넘게 실존주의, 하이데거주의, 구조주의, 니체주의를 지나가면서, 이러한 표현이 허용된다면, '사제'의 역할을 하고 있다. 단순히 독창적인 사상가가 아닌 어떤 종교적 힘을 갖고 있는 '사제'. 이러한 정의는 무엇을 의미하는가?

그 물음에 대답하기 전에 한 가지 사실을 지적해 보자. 블랑쇼는 지난 반세기 동안 프랑스 담론의 장을 차례로 지배했던 위에서 열거한 철학 사조들 중 그 어느 것도 한 번도 대변한 적도 주도한 적도 없다. 뿐만 아니라 그는 자신이 공식적으로 속해 있다고 여겨지는 문학이라는 장르에서의 주도적 운동들(예를 들어 초현실주의, 누보로망, 기호학 등) 중 그 어느 것에도 명시적이든 비명시적이든 한 번도 참여한 적이 없다. 블랑쇼가 어떠한 이론과도 함께 분명히 자신을 드러낸 적이 없다는 사실을 차치하고라도, 우리는 그에 대해 간단히 얼굴 없는 작가, 은둔의 작가라고 말할 수 있다. 어디서든 강의나 강연을 한 적도, 공식적 자리에 나타난 적도, 누구와도 논쟁을 한 적도 없으며, 인터뷰도 없고, 하다못해 사진도 없는 작가(예외가 있다면, 그가 대학시절 친구였던 에마뉘엘 레비나스와 다른 몇몇 친구들과 찍은 서너 장의 사진과 먼 거리에서 말년의 그의 모습을 보여주는 흐릿한 한 장의 사진뿐이다). 모리스 블랑쇼는 말하자면 존재하지 않는다. 그게 아니라면 그는 '모리스 블랑쇼'라는 이름으로 불리는 그 누구일 뿐이다. 그러나 우리는 블랑쇼의 은둔에 대해 과장되게 말해서는 안 된다. 그의 은둔을 신비화해서는 안 된다. 어떤 관점에서 본다면, 그 은둔은 분명히 한 개인의 선택과 취향의 문제일 수 있다.

그러나 여기서 블랑쇼의 은둔에 대해 언급했어야 했다면, 그 이유는 그의 은둔이 어떠한 의미에서 그가 '사제'라고 불릴 수 있는가라는 문제에 시사점을 주고 있기 때문이다.

블랑쇼가 '사제'로 여겨질 수 있다면, 이는 그가 어떤 사상들과 이념들을 권위를 갖고 통합하면서 대표한다는 것을, 축성祝聖한다는 것을 의미하지 않는다. 오히려 블랑쇼의 사유는 20세기에 그 극점에 다다랐던 서양의 모든 잠재력, 근대성의 모든 힘들이 쇠진되어 가는 장소에서 전개된다. 따라서 차라리 이렇게 말해야 할 것이다. 블랑쇼에게서 다만 지난 50년간 프랑스에서의 여러 사조들이 집결되고, 흩어져 가고 있는데 그치지 않고, 나아가 근대성을 뒷받침했던 이념적 지주들(예를 들어 인간의 주체성, 신神, 예술의 자율성과 절대성, 예술가의 천재·내면성, 공동체의 이념) 자체가 무너져내리고 있다. "근대성의 한가운데에서, 환상에서 깨어난 세기, 자신의 파탄을 역설적 사유의 대상으로 삼은 세기의 표징, 즉 블랑쇼라는 지고의 상징이 떠올랐다."[1] 블랑쇼는 근대성의 환상, 한마디로 말해 인간의 힘·능력의 확신에 대한 환상이 깨어져 나가는 장소이다. 그는 한편으로는 건조하고 냉정하게, 다른 한편으로는 단호하고 열정적으로 주체의 최고주권, 이성의 사유 능력의 최고주권이 주체의 사라짐으로, 어떻게 변증법적으로 구성된 개념적 절대 존재가 존재의 바깥Dehors으로, 독일 낭만주의자들이 강조한 예술가의 고유성·절대성이 예술가의 주변성(예술가의 세계로부터의, 또한 작품으로부터의 추방)으로, 어떻게 세계 변혁의 이론으로서의 맑스주의가 단순히 타자의 발견으로 귀결되는가를 말한다. 블랑쇼는 근대성이 쌓아올렸던 거대한 이념 더미들을 태우는 불꽃을, 그리고 이 더미들이 타고서 남은 잿더미를 보여 준다. 말하자면 블랑쇼는 이 불꽃, 이 잿더미로 우리를 부르는 목소리이다. 그는 이 불꽃과 함께, 이 잿더미 가운데에서, 근대성 전체를 회상하면서 그 죽음의 미사를 집전하고 근대성의 조종을 울리는 '사제'이다. 그 울림 가운데 그는 어떠한 구성적 이론도 더 이상 전해 주지 않으면서 다만 우리를 우리 자신에게 맞닥뜨리게 한다——우리가 가졌던 환상을 직시하게 한다. 여기서 그의 은둔이 어떻게 그가 이 '사제'의 역할을 수행하는 데에 필연적일 수 있는가에 대해 다시 생각해 볼 수 있다. 블랑쇼는 은둔을 통해, 글쓰기 바깥의 어떠한 개인적이자 사회적인 권력으로부터도 멀어지면서, 말하자면 스스로 사라지면서, 근대성의 더미들을 태우면서 스스로 소진되어 가는 불꽃이 되어 자신의 목소리를, 자신이 울리는 조종을 비개인적인 것, 비인칭적인 것, 중성적인 것으로 만들고 있다——결국 문제는 그의 은둔의 삶에 비추어 그의 작품을 읽는 것이 아니라, 반대로 그의

---

1) M. Zarader, *L'Être et le neutre à partir de Maurice Blanchot*, Lagrasse:Verdier, 2001, p. 302. 현상학자 마를렌 자라데르Marlène Zarader는 이 책에서 총체적인 근대성의 체험이 철학과 문학의 구분을 넘어 블랑쇼에게서 표현되고 있지만, 프랑스 사상계가 그에게 '무조건적'으로 베푼 환대를 비판하면서, 그의 사유를 철학적(현상학적) 입장에서 다시 검토하고 있다.

작품을 통해 그의 은둔을 이해하는 데에 있다. 그의 은둔이, 이름의 지워짐이, 한 개인으로서의 모리스 블랑쇼에 대한 포기가 그의 목소리를 작품을 통해 비인칭적인 것으로, '나' 아닌 '우리'를 대변하는 얼굴 없는 '사제'의 목소리로 전환시키고 있는 것이다. 그 목소리는 근대성의 주변에 머무를 수밖에 없는 '그 누구'의 목소리이며, 그 조종은 근대 문화 바깥으로 몰린 무력한 이름 없는 자가 울리는 조종이다.

그러나 블랑쇼는 사회·문화·정치 이론으로서의 포스트모더니즘과 관계없다. 그는 포스트모더니즘의 문화 바깥에 있는 것처럼 보인다. 보다 정확히 말해 그가 향해 나아가는 지점은 모든 문화가 그 영향력을 상실하게 되는 곳이다. 그 지점은 죽음, 병, 고독, 추방 등 한계 상황 가운데 '나'의 자기 동일성이 의문에 부쳐지는 지점이다. 그 지점은 모든 문화의 바깥이며, 가치체계를 가능하게 하는 세계, 구성적 담론, 예술의 문화·사회적 의미, 나아가 인간의 모든 의식적 가치 부여가 무효가 되는 곳이다. 그 지점은 다만 인간의 유한성이 극적으로 드러나는 장소, 불가능성의 장소, 죽음의 장소이다. '바깥', 문화·세계의 바깥을 말하는 블랑쇼의 사유는 일종의 비극적 사유, 세계에서 추방된 자의 사유이다. 그것은 나아가 하나의 이론 또는 담론에 가두어 둘 수 없는 오이디푸스의 신음이다.

하지만 블랑쇼가 우리에게 궁극적으로 전해 주고자 하는 메시지는 완전히 비극적 사유로 환원되지 않는다. 블랑쇼의 사유는 비극적 사유라고 간단히 규정될 수 없다. 또는 이 사유를 일종의 비극적 사유라고 보아야 한다면, 또한 이 사유에 개입하는 어떤 긍정적인 계기를 읽어야만 한다. 블랑쇼는 자아의 불가능성 ——자기 긍정의 궁극적 불가능성——, 세계의 불가능성을 말할 뿐만 아니라, 분명히 그 불가능성 가운데 하나의 긍정이, 나와 타자 사이의 '우리'의 가능성이, 날 것의 소통의 가능성이 남아 있다는 것을 말한다. 여기서 나와 타자의 소통은 문화 바깥에서 또한 모든 정치·경제·문화·철학·이념의 지평 바깥에서 이루어질 것이다. 이 소통은 환원 불가능한 인간의 유한성 ——죽음으로 나아가는 존재, 죽음을 드러내는 존재——의 나눔이자 바깥의 분절로서의, 바깥으로의 탈존으로서의 숨결의 나눔, 죽음 가운데 숨쉬는 생명의 나눔이다. 모든 지평 바깥의, 모든 동일성들(예를 들어 자아의 자기 규정, 이념, 국적, 정치적 이데올로기) 바깥의 타자의 숨결, 모든 소통의 전제조건으로서의 숨결, 유한성과 죽음을 드러내지만 또한 그 가운데 빛나는 불꽃 같은 생명을 드러내는 숨결, 그 숨결의 나눔.

블랑쇼의 작품들 가운데 이 긍정으로서의 나눔의 양상을 가장 정확히 보여 주고 있는 것이 바로 『밝힐 수 없는 공동체』이다. 그러나 『밝힐 수 없는 공동체』는 블랑쇼 혼자의 사유의 결과가 아니다. 이 책은 고립된 고독한 사유의 산물이 아니라 대화의 산물이다. 블랑쇼 곁에 장-뤽 낭시가 있고, 『밝힐 수 없는 공동체』 옆에 『무위無爲의 공동체』라는 낭시의 저서가 있다 (이 『무위의 공동체』의 표제작이 되는 논문의 원본은 잡지 『알레아Aléa』 1983년 4호에 실렸다). 또한 낭시의 『무위의 공동체』는 조르주 바타유가 제출한 공동체의 문제를 다시 반성해 보는 데에 그 중심 주제가 있으며, 외형상 바타유의 사상에 대한 주석의 형태를 띠고 있다. 사실 블랑쇼는 『밝힐 수 없는 공동체』에서 낭시의 『무위의 공동체』에서 제기된 물음들을, 즉 낭시를 거쳐 드러난 바타유의 공동체에 대한 문제들을 이어가면서 확장시키고 있을 뿐만 아니라 레비나스와 마르그리트 뒤라스의 타인이라는 주제에 대한 사유에 비추어 다시 성찰하고 있다. 따라서 블랑쇼의 『밝힐 수 없는 공동체』에 타인과 공동체에 대한 낭시·바타유·레비나스·뒤라스의 생각의 편린들이 중첩되고 있다고 볼 수 있다.

바타유와 낭시가 제출하고 블랑쇼가 『밝힐 수 없는 공동체』에서 이어

받은 공동체의 문제의 핵심에 우리가 지금까지 벗어나고 있지 못할 수 있을 전체주의적 공동체의 이념에 대한 비판이 있다. 왜 공동체는 어떤 원리·기준·이념, 즉 어떤 동일성들을 전제하지 않고서는 생각될 수 없는가? 이 동일성들의 바탕에 이미 인간 본질에 대한 정의定義, 즉 인간의 그 자신과의 관계, 자아와 자신과의 관계에 대한 정의가 놓여 있지 않은가? 왜 이러한 인간 본질에 대한 정의로부터만, 그에 따르는 동일성으로부터만 타자를, 타인과의 관계를 이해하는가? 결국 인간 본질에 대한 정의로부터 구성될 수 있는 공동체에서 구성원들은 전체의 '경제적' 목적에 봉사해야 하는 원자들로 환원되지 않는가, 또한 그 정의에 부합되지 않는 타자들은 배제될 수밖에 없지 않은가? 왜 항상 공동체는 내재內在주의적이어야만, 전체주의적이어야만 하는가?

블랑쇼는 『밝힐 수 없는 공동체』에서 바타유, 낭시와 함께 내재주의와 전체주의를 넘어서 있으며 전체의 고정된 계획을 갖고 있지 않은 공동체의 가능성을 찾는다. 공동체 없는 공동체의 가능성. 기구·조직·이념 바깥의, 동일성, 정체성 바깥의 공동체의 가능성. "어떤 공동체도 이루지 못한 자들의 공동체"(바타유)의 가능성. 이러한 공동체에서 나와 타인의 관계, 나와 타인의 함께 있음은 개체의 확대로서의 전체의 실현이 아니며, 전체에 종속된 개체의 의식에 기초하지 않는다. 거기서 나와 타인의 관계는 양자를 하나로 묶을 수 있는 어떤 기준·동일성에 따라 이루어지는 것이 아니다. 거기서 나와 타인의 관계는 양자 모두가 소유하고 있다고 여겨지는 어떤 고정된 공동의 속성에 의해 성립되지 않는다. 나와 타인의 관계는 개체나 전체의 어떤 본질을 전제하지 않으며, 다만 관계 그 자체에 의해서만 발생하며 개체의 영역으로도 전체의 영역으로도 환원될 수 없는 '우리'의 존재를 드러낸다. '우리'의 존재, 공동-내-존재, 즉 내가 타인을 향한 접근의 기호가 될 때, 나의 고유한 내면성을 드러내는 것이 아니라——나의 내면적 존재를 확인하는 것이 아니라——오히려 나의 존재 자체가 관계 가운데 해소될 때, 그 순간에 가능한 '우리'의 존재, 외존(자신 바깥·외부에서 존재함, 즉 하나의 탈존의 형태, 타인을 향해 존재함, 타인과의 관계 내에 존재함)을 통해 가능한 공동 내 존재. 나의 존재 전체를 모두 내가 결정한다는 것은 불가능하다는 것을 알리는 내 바깥의 존재, 타자와의 소통, 타자로의 접근, 타자의 응답 가운데에서만 알려지는 관계 내에서의 존재, 나의 존재로도 타자의 존재로도 환원될 수 없는 공동의 영역을 알리는 '우리'의 존재.[2] 블랑쇼는 『밝힐 수 없는 공동체』에서 이 '우리'의 존재를 죽음·문학·사랑의 예를 들어 보여 준다. (타인의 죽음은 그의 존재 전체가 나의 응답에 맡겨져 있는 전형적인 외존의 양태이며, 타인의 죽음의 체험은 바로 모든 계획·이념·기구 바깥에서 이루어지는 공동체 없는 공동체의 체험이다. 문학의 궁극적 가능성은 글쓰기가 어떻게 독서를 통해 타자의 현전에 대한, 또는 '우리'의 존재에 대한 긍정으로 이어질 수 있는가에 달려 있다. 연인들의 공동체communauté des amants는 모든 목적 너머의 공동체, 내가 지배할 수 있는 사물화된 모든 관계 너머의 공동체, 나의 존재가 타인을 향한 외존에 달려 있는 대표적인 밝힐 수 없는 공동체이다.)

　　블랑쇼는 이 이루기 힘든 공동체, 동일성에 근거를 두고 있지 않고 동일자의 억압을 거부하는 공동체, 오히려 타자의 발견과 차이의 발견으로 역설적으로 지속되는 밝힐 수 없는 공동체에 대한 요구가 나와 타인의 관계에서 취소될 수 없다고 본다. 나아가 이 공동체 없는 공동체에 대한 요

---

2) 블랑쇼가 궁극적으로 강조하는 것은 '관계'이지 '관계'의 한 항인 '타자'가 아니다. 즉 그는 레비나스가 말하는 '나'와 타자 사이의 일방적 비대칭성을 전적으로 받아들이지 않는다.

구가 미래의 모든 정치적 구도의 설정에서 고려될 필요가 있다고 본다(데리다는 블랑쇼·바타유·낭시의 공동체에 대한 사유를, 그들의 관점에서보다 더 구체적인 관점에서, 명시적으로 정치의 문제와 연결시키고 있다——J. Derrida, *Politique de l'amitié*, Galilée, 1994). 결국 블랑쇼가 이 드러나지 않는 공동체에 대한 요구를 정당화하고 있는 이유는 '우리'의 존재의 지고성을 강조하기 위해서이다. 타자와의 관계의 무한성이, 타자와의 관계가, 가시적인 계획·목적·기구·이념·철학에 따라 한정될 수 없음을, 고정화·사물화될 수 없다는 것을 말하기 위해서이다.

언어 안의 자연

A 모리스 블랑쇼는 우리에게 어느 정도 알려진 사상가이기도 하지만, 여전히 잘 알려져 있지는 않고, 항상 미지의 영역으로 남아 있다는 인상을 줍니다. 그 이유는 아마 무엇보다 그의 '신화적' 은둔 때문일 것인데, 먼저 그의 은둔에 대해 어떻게 생각하시는지요?

B 방금 그의 은둔과 관련해 '신화적'이라는 표현을 쓰셨는데, 저는 먼저 그 표현부터 검토할 필요가 있다고 봅니다. 우리가 '신화적'이라는 말을 단순히 일상적 의미나 언론에서 쓰는 의미에서 받아들이지 않는다면 말입니다.

근대에 '신화적'이라는 것은 '낭만적'이라는 것과 분리시켜 생각할 수 없습니다. 그리고 '낭만적'이라는 것이 원래 가리키는 것은, 단순히 부드럽다거나 달콤하다거나 감상적인 어떤 것이 아니고, 비일상적이고 비세속적인 어떤 반사회성입니다. 그러나 그 반사회성은 자신의 어떤 개인적 욕구를 만족시키기 위해 사회의 법을 무시하는 한 범죄자의 반사회성이 아니라, 보다 높은 차원에서의 반사회성, 즉 상호간에 이익을 실현시키기 위해

협력하고 투쟁하는 개인들을 묶어 놓는 경제 원리에 입각해 있는 사회에 대립하는 반사회성, 우리의 내밀한 영혼에 호소하면서 경제적 차원 너머에서 삶의 의의와 죽음의 의의를 연결해서 소통의 통합 원리를 가져다주는 반사회성입니다. 그것은 이 세계에, 경제 원리에 종속된 이 사회에 대립하는 반사회성이지만, 보다 높은 지평에서 소통과 통합의 공동 영역을 연다는 점에서, 진정한 의미에서의 공동체성입니다.

A 바로 그렇게, 낭만성을 탈세속성과 초월성의 높이에 가져다 놓으면서 정치적으로 공동체성을 추구한 대표적인 예술가로 리하르트 바그너를 들 수 있을 것입니다. 그러나 바그너에게 공동체성은 결국 게르만 민족의 민족성과 동일한 것으로 귀결되고 맙니다. 그런데 '신화적'이라는 것과 '낭만적'이라는 것, 그리고 사회 너머의 공동체성이라는 것이 블랑쇼 그리고 그의 은둔과 무슨 관계가 있나요?

B 원래 질문하신 것에 직접 답하지 않고 제가 약간 장황하게 다른 데로 흐른 이유는 블랑쇼가 신화와 '신화적'인 것, 그리고 '낭만적'인 것에 대해 취하는 거리가 얼마나 먼가를 말씀드리기 위해서입니다.

사실 '신화적'인 것과 '낭만적'인 것의 정점이 바로 바그너입니다. 그는 슐레겔 형제와 노발리스 등이 최초로 주창한 낭만주의 운동을 '나름대로 왜곡시켜서' 완성한 인물이자 낭만주의 이후의 낭만주의자인 니체의 영웅이었습니다. 바그너의 경우에도, 자신의 이익을 추구하는 원자화된 개인들의 경제적 집합인 이 세계 또는 이 사회에 대한 과격한 부정과, 내밀한 영혼들의 근원적 소통에 기초한 초월적 공동체에 대한 긍정이, 즉 낭만주의의 기본 원리가 사유의 토대에 놓여 있습니다. 헤겔은 이 세계에 대립하는 내면성을, 순수한 영혼을 낭만적이라고 정의하면서, 그 내면적·낭만적 영혼의 시조를 예수로 잡았지요. 예수야말로 이 세계에서 유통되는 가치들(돈·권력·명예)로 환원될 수 없을뿐더러 그것들의 피상성을 반증하는 내면의 존재를 역사에 각인시킨 사람이니까요. 니체 역시도 예수로 대변되는 반사회적 영혼의 의의를 완전히 부정할 수 없었기 때문에, 자신을 "십자가에 못 박힌 디오니소스"로 표현했던 게 아닐까요?

다시 바그너로 돌아가서 말해 보면, 그는 반사회적인 동시에 예외적인 영혼, 즉 이 세상에서 배척받고 수난을 겪지만 우리의 삶의 의의와 죽음의 의의를 통합시켜 꿰뚫고 있을뿐더러 소통의 근원적 공동 영역을 여는 영혼을 사실 이 세계 그 이하로부터 그 이상으로, 그 너머로, 즉 이 세계의 진정한 주인으로 격상시켰습니다. 그는 그 영혼에게 '신화를 창조하는 예술가'라는, 그 영혼을 따르는 집단에게 '게르만 민족'이라는 지나치게 긍정적이고 규정되고 고정된 동일성의 이름들을 부여했습니다. 즉 그는 자신의 운명과 독일의 운명을, 이 사회와는 다른 게르만 공동체의 토대를 구성할 민족 신화를 창조하는 낭만적이자 초현세적인 영혼에게, 예술가적 영혼 또는 영혼의 예술가에게 맡겨버린 것입니다.

A 사실 낭만적 예술가의 존재와 이미지 자체가, 슐레겔 형제의 초기 독일 낭만주의 이후로, 이어서 낭만주의를 자국에 도입시켰던 스타엘 부인(프랑스), 포우(미국), 코울리지(영국) 이후로, 근대의 신화로 남았으며 바로 미적 근(현)대성의 핵심을 이루어 왔습니다. 낭만적 예술가는 단순히 작품 제작자가 결코 아니고, 작품의 주인이자, 이 세상에 물들지 않고 타협하지 않는 자기 자신의 주인(주체, 이 점에서 낭만주의는 계몽주의와 함께 근대 주체 철학의 원천으로 간주될 수 있습니다)이며, 사랑과 우정의 진정한 공동체의 주

인으로 군림하게 됩니다. 그는 이 세계에서 패배할지라도, 아니 차라리 패배하기 때문에 우리 깊숙한 내면의 주인이 되는 것이지요.

B 바로 그러한 낭만적 예술가라는 근(현)대적 신화에 블랑쇼가 급진적으로 반대하기 때문에, 저로서는 그에게 늘 따라다니는 '신화적'이라는 꼬리표가 적절치 않다고 생각하는 것입니다.

바그너는 이 세계에서 이해받지 못하고 배제당한 일종의 주변자를 깊게 조명했지만, 결국 그러한 인간을 이 세계의 감추어진 주인(주체)으로, 민족과 국가를 대변하는 숨겨진 영웅으로 승격시켜 놓았습니다. 그러한 인간은 사실 주변자가 아니고, 주인으로서의 자기를 부각시키기 위해 주변자로 가장한 인물에 불과합니다.

우리가 잘 알고 있는 대로, 블랑쇼는 문학에 투신하기로 결정한 이후에 어디에서도 가르친 적도, 강의를 한 적도 없고, 공식석상에 나타난 적도 없으며, 그의 사진은 파파라치가 기습적으로 찍은 사진 이외에 공개된 것이 없습니다. 우리는 이러한 블랑쇼의 태도를 두고, 사람들을 무시하고 지나치게 폐쇄적이며 엘리트적이라고 부정적인 시각에서 볼 수도 있을 것이고, 반대로 막연한 신비감이나 근거 없는 경외심을 느낄 수도 있을 것입니다.

A 그러한 그의 태도는, 이유야 어떠한 것이든, 예외적인 한 사람의 것이지, 일반화될 수는 없지 않겠습니까?

B 그렇습니다. 일반화될 수 없을 것입니다.

그러나 그의 은거는 문학과 예술, 그 이전에 우리의 삶 자체가, 근본적 관점에서 보면, 국가와 더 넓게는 사회를 벗어난——국가나 사회와 무관한 것이 아니라 '벗어난'——자연적 차원에 근거하고 있다는 사실을 예시적으로 보여 주는 하나의 '행위'입니다. 어쨌든 그는 자신의 은둔에 대해서 설명한 적이 없고 설명하려 하지 않았으며, 그것을 통해 실제로 어떤 것을 입증했습니다. 즉 그는 국가와 사회가 부여하고 강요하는 여러 가치들과 위계질서에 저항하라고 단순하고 손쉽게 가르치지 않았고, 은거를 통해 우리 삶의 실상이 자연의 지평에, 즉 생로병사의 차원에, 어린아이의 미소와 눈물과 죽어가는 노인의 깊게 패인 주름에 있다는 사실을 증명했습니다.

장-뤽 낭시는 몇 년 전 블랑쇼가 죽었을 때 이렇게 썼습니다. "그가 그랬었던[은거의 삶을 살았던] 것은 자신 위에 사상가의 웅장한 형상을 구축하기 위해서도, 작가의 돋보이는 형세를 구축하기 위해서도 아니었다. 의심할 바 없이 그러한 방향에서 분석을 시도해보는 일이 언제나 가능하고, 적어도 유혹적인 것일 수 있지만, 결론적으로 그러한 관점을 넘어서야만 한다. 그 이유는 그의 끝이 너무나 드러나지 않는 것이어서 집요하게 은거하고 있었던 삶을 하나의 변증법적 절정으로 끌어올릴 수 없기 때문이다. 어떠한 미래의 영광도 그러한 변증법적 급격한 방향전환을 유도할 수 없을 것이다. 은거 속에서 죽어가면서 블랑쇼는 죽음에서도 은거의 삶을 이어갔다. 그는 은거의 삶을 극적으로 만들지 않은 채 그 헐벗음을 지켜나갔다."

A 그래도 그의 은둔에는 뭔가 석연치 않은 점이, 이해할 수 없는 점이 남아있는 것 같습니다.

B 블랑쇼는 『문학의 공간』에서 작가의 '세계로부터의 추방'과 '작품으로부터의 추방'에 대해 말합니다. 어떤 자가 이 세계나 이 국가나 이 사회로부터 유배된다는 것은, 문화적으로, 동시에 의식적·개인적으로 구성된 자신의 자아를 박탈당한다는 것이고, 어떤 자가 자신이 쓴 작품으로부터 배제된다는 것은, 자신이 쓴 것을 매개로 자신에게 부여될 수 있고 스스로를 독자들 위에 놓여 있다고 가정할 수 있게 만드는 모든 지적·예술적·문화적 권력을 박탈당한다는 것입니다. 문학의 공간은 그러한 권력의 유희가, 즉 사회적이고 개인적인 자아들의 상호 긍정과 상호 경쟁이 벌어지는 곳으로부터 멀리 떨어져 있으며, 그곳 밑바닥에서 자연적·익명적 생명의 움직임과 그 고통과 환희가 현시되는 장소입니다.

정치에서도 중요한 것은 국가나 사회에 대항하는 개인들의 어떤 개성의 요구가 아니라, 어떠한 경우라도 우리 모두의 것일 수밖에 없는 익명적 생명의 호소와 요청입니다. 블랑쇼의 은둔은 문화적·사회적 가치들과 위계질서와 우리의 자아의 권력에 저항하고 그것들을 상대화시키고 그것들로부터 돌아서는 몸짓이자 우리의 익명적 생명을 긍정하는 몸짓입니다. 그것은 소극적으로 보일 수 있겠지만, 급진적인 '수동적 저항resistance passive'이고, 사실 사회적·개인적 자아의 권력을 바탕으로 이루어지는 능동적 힘의 행사보다, 말과 글을 통해 '자신을 주장하고 외치는' 비판보다 훨씬 더 어려울 수도 있습니다.

A 그렇게 지나치게 호의적인 평가는 블랑쇼의 은둔을 오히려 신비화시키고 그를 그야말로 특별한 인간으로 고정시키게 되는 결과를 가져오지 않을까요? 또한 그러한 평가는, 현재 정치적 여러 문제들이 있는 많은 곳에서, 아니 모든 곳에서 모든 것을 걸고 말하고 글을 쓰는 많은 지식인들의

노력과 투쟁을 간과하는 데에서 나오는 것일 수도 있습니다.

B 제가 이러한 말씀을 드리는 궁극적 이유는 블랑쇼와 그의 은둔에 대한 신비화에 문제가 있다고 생각하기 때문이고, 그가 사실은 모든 사람과 똑같았다는, 가령 옆집 할아버지와 다를 게 없었다는 점을 부각시키고 싶기 때문입니다. 다만 그 할아버지가 나름대로 힘겹고 고통스러운 삶을 살았을뿐더러 참아 왔고, 자신에게 부과된 의무들에 최대한 성실하게 응답해 왔으며, 늙어서도 타인들의 목소리에 귀 기울일 줄 알았다는 가정하에서 말입니다.

물론 제게 자신의 모든 것을 걸고 저항하고 투쟁하면서 말하고 글 쓰는 지식인들을 무시할 수 있는 권리는 전혀 없습니다. 또 블랑쇼가 나름대로 그들에 속한다고 믿습니다. 나아가 그러한 지식인들은 이 사회에 필연적으로 필요합니다. 어쨌든 그의 은둔이 일반적으로 다른 사람들에게 요구될 수 있거나 이상적인 것이라고 생각할 수는 없습니다.

우리가 그의 은둔을 그 자체로 모방할 필요도, 이유도 없고, 우리 모두가 그것을 그대로 따라 한다는 것은 불가능할뿐더러 난센스이겠지만, 그것은 모두가 공유할 수 있고 나눌 수 있는 하나의 실존의 양태를 현시하고 있습니다.

A 그것이 무엇인가요?

B 너무 진부하다고 여겨질 수 있지만, 정치적 현장에서든, 다른 곳에서든, 어떤 정치적 문제와 결부되었든 아니든, 말 또는 글로 언어를 제시하기 전에 자신과의 대화가 필요하다는 것입니다.

A 그 사실은 말씀하신 대로 너무 진부하고, 그 사실을 모르는 사람은 없습니다.

B 그렇습니다. 하지만 흔히 우리가 말하는 자신과의 대화라는 것은 자주 단순히 자신을 강요하거나 타인들로부터 자신을 닫아 버리는 데에서 끝납니다. 그러나 자신과의 대화에서, 그것이 진정한 것이라면, 그 전제나 귀결점은 결코 자기의식의 확인이나 긍정이 아니고, 오히려 자기의식과 모든 의식을 '벗어나는' 타자에 대한 음악적 공명입니다. 가령 타자의 눈물을—보는 것이 아니라—듣는 것이고, '그'의 침묵을 납득하는 것이며, '그'의 절규에 대해—그것을 보는 것이 아닐뿐더러 듣는 것도 아니고—절규하는 것(설사 그것이 소리 없이 안에서 내뱉는 것이라 할지라도 말입니다)이고, 한마디로 타자의 몸짓에 응답하는 몸짓입니다. 자신과의 대화는 어쨌든 실존의 익명적 공간에, 즉 '나'의 것도 '너'의 것도 아닌 공동의 공간에 기입되는 것이고, 거기로 열리는 것입니다. 블랑쇼라면 그러한 행위acte를, 그 행위 아닌 행위를, 어떠한 자기의식에 기초하지도 않고 어떠한 의식도 촉발시킬 수 없고 마감시킬 수도 없는 그 행위를 '중성적neutre'이라고 불렀을 것입니다. 즉 그 행위는 의식이 '그렇다' 또는 '아니다'라고 결정할 수 없는 어떤 움직임이며, 의식과 절대적으로 무관하지는 않지만 의식을 초과하는, 의식에 대한 차이이고, 자아와 자기의 통일성이나 단일성으로서의 자기의식을 증명하지도 않으며, 오히려 자기의식을 비롯해 의식 일반을 벗어나는 욕망의 움직임으로서 '내' 안에 분열·틈 또는 구멍을 현시시킵니다. 그 행위 자체는 우리가 흔히 말하는, 특히 정치를 염두에 두고 말하는 '실천'은 아니지만, '실천'이라고 부를 수 있는 모든 것의 전제조건이자 동반자입니다.

A 그렇다고 칩시다. 그러나 그러한 자신과의 대화라는 행위가 이루어졌다는 사실을, 어떻게 말로 발설되거나 글로 씌어진 언어에서 확인할 수 있을까요? 말하는 자나 글 쓰는 자는 어떻게 그 행위의 진정성을 스스로 보장할 수 있을까요? 그 행위의 진정성이라는 것 역시 주관적인 것 아닙니까? 말하는 자나 글 쓰는 자가 자신의 그 행위의 진정성을 주장한다는 것은, 왜곡된, 즉 나르시스적인 주관성을 드러내는 것 그 이상이 아닌 것처럼 보입니다.

B 먼저 한 가지 점을 분명히 할 필요가 있습니다. 여기서 자신과의 대화는, 방금 말씀드렸듯이, 사실은 타자와의 대화입니다. 그러나 말하는 자나 글 쓰는 자가 대화할 필요가 있는 이 타자는 타인(들)과 무관하지는 않지만—즉 타인(들)이 언제나 이 타자를 깨어나게 하고 있지만—, 그렇다고 정확히 개인(들)으로서의 이 사람 또는 저 사람 자체는 아닙니다. 또한 이 타자는 에마뉘엘 레비나스가 말하는 것과 달리, 타인의 고유성 자체인 타자성altérité을 정립하면서 '나' 아닌 타인에게 귀속되지도 않습니다. 이 타자는—물론 레비나스도 이렇게 말합니다만—고정된 개인으로서의 어떠한 사람도 아니고, 어떤 나타남, 어떤 현현, 다시 말해 명사적으로 고정된 이 사람 또는 저 사람이 아니라 누구나 기입될 수 있는 어떤 동사적(비실체적)·익명적 탈존의 양상(그러나 레비나스는 타자의 동사성을 인정하지 않습니다), 하나의 현전(목소리와는 다른, 목소리의 현전, 몸짓과는 다른, 몸짓의 현전)입니다. 따라서 말하는 자나 글 쓰는 자는 하나의 현전에 하나의 행위로 응답해야 하는 것입니다. 한 사회적·의식적 자아에 또 다른 한 자아가 응답하는 것이 아닙니다. 이 타자는 비실체적이고 익명적이라는 점에서, 그리고 수신되어야 할 곳에서 수신되고 응답되어야만 '살아나는' 일종의

호소이자 부름이라는 점에서, 즉 공동의 영역과 소통을 이미 전제하고 있다는 점에서, 공동의 '우리' 또는 '우리' 그 자체입니다.

그리고……, 말하는 자나 글 쓰는 자는 어쨌든 자신과 대화했다는, 즉 타자와 대화했다는 사실을 결코 스스로 장담할 수 없습니다. 물론 다른 사람들 앞에서 얼굴과 얼굴을 마주하고 말하는 경우와 홀로 백지와 대면하여 쓰는 경우가 같을 수는 없겠지만……, 첫번째 경우라면 다른 사람들의 반응이 즉각적이고 직접적으로 오기 때문에 말하는 자가 그 영향을 받을 수 있는 가능성이 보다 크겠지만, 어떠하더라도 그는 자신의 언어의 진정성에 대해 스스로 확신할 수 없습니다. 첫번째 경우, 만일 말하는 자가, 가령 정치 연설이나 웅변을 할 때, 다행스럽게도 상대방으로부터 열광적인 호응을 끌어냈다면, 그것이 단순히 왜곡되거나 적어도 피상적인 융합의 동일성으로 나아가는 공동의 움직임이 아닌가라고 의심해 볼 필요가 있습니다.

따라서 백지와 홀로 마주해 글을 쓴다는 것은 타자와의 대화라는 언어 사용의 근본 조건에 무방비로, 헐벗은 채로 부딪혀야 한다는 것이고, 그렇기 때문에 그것은 타자가 개입하는 언어의 전개 경로를 말하는 것보다 더 원래대로, 더 엄격히, 더 원칙대로 따라야만 하는 행위일 수밖에 없습니다(그러한 점에서 블랑쇼는, 상대방을 앞에 두고 이루어지는 말로 하는 대화를 언어의 원형이라고 간주한 플라톤·레비나스와 의견을 달리합니다). 따라서 침묵은 금이고 웅변은 은입니다. 그리고 글쓰기는 근본적으로 침묵이고, 침묵으로 되돌아가야 합니다.

A 그렇다고 칩시다. 그러나 한 독자가 글쓰기에 나타나는 침묵을 읽는다는 것도 그의 주관적 반응에 지나지 않는 것이 아닐까요? 어떻게 그가 읽

었다고 자신으로서는 확신할지도 모를 그 침묵이 객관적으로 입증될 수 있을까요?

B 글쓰기가 들리게 해야 할 그 침묵은 흰 종이 위에 까만 글자들로 씌어 있지 않기 때문에 사실 객관적으로 입증될 수 없고, 해석학적 의미 분석을 통해 증명될 수도 없습니다. 그러나 객관성이 있다고 여겨지는 한 담론의 경우를 생각해 봅시다. 어떠한 담론이, 어떠한 철학적·문학적 이론이 시간성을 벗어나 영원히, 누구에게나 100%의 객관적 동의를 얻어 낼 수 있을까요? 모든 담론이 주관적이거나 상대적이고, 나아가 자의적이라고 말씀드리는 게 아닙니다. 다만 모든 경우에, 한 담론이 그 자체의 진리를 증명하기 위해 호소할 수 있는 그 자체보다 상위의 어떤 플라톤적·관념적 실체와 맞닿아 있지 않다는 것을 말씀드릴 뿐입니다. 즉 모든 담론은 객관적 실체와 같은 어떤 것의 보증 아래에 있을 수 없고, 상호주관적 전달과 수신의 장 내에 있을 수밖에 없다는 것입니다. 모든 담론은 언어로 이루어져 있고(당연하지만 모든 담론은 언어이고, 언어의 절대적 바깥에서 구성되는 담론은 존재하지 않습니다), 우리 인간은 언어의 완전한 외부를 절대로 알 수 없으며, 오직 언어를 통해서만, 언어를 거쳐서만 소통할 수 있다는 사실(방금 말씀드렸던, 글쓰기에 기입되는 침묵도 마찬가지인데, 그것은 언어와 무관한 침묵이 아니라, 언어가 전하는, 언어만이 그려낼 수 있는 침묵, 즉 언어의 침묵입니다) 그 자체는, 우리의 의식을 매개하고 통합하는 상위의 절대 의식이 존재하지 않는다는 사실과 더불어, 언어가 발언되거나 씌어지지 않을 때, 의식들은 원래 고립되어 있을 수밖에 없다는 사실을 반증합니다.

언어의 침묵, 즉 글쓰기에 흔적으로 남아 있는 침묵, 즉 언어의 절대 타자가 아닌 그 침묵은 인간이 언어를 사용하면서 자신의 의식 내에 갇혀 있지 않으며, 반대로 이 공간과 이 타인(들)을 향해 열려 있다는 사실의 징표, 즉 자기 아닌 곳으로 돌출되어 있고 거기에 접촉되어 있다는 사실의 표식입니다. 말하자면 그것은 존재를 분절하고 타인과의 관계를 여는 리듬, 들리지 않는 음악, 음악 이전의 음악, 소리 없는 정념, 언어의 의미들을 운반할뿐더러 그것들 이후에 울리는 에너지, 들리지 않는 목소리이자 보이지 않는 몸짓과 표정입니다. 그것은, 우리의 언어를 통한 소통이 완벽한 객관성이 아니라 상호주관성에 근거할 수밖에 없다면, 그 상호주관성을 현실화시키고 고립된 의식들을 통하게 하는 의미 이전 또는 이후의 비의미, 문화의 숙주이자 모태인 언어 내에 남아 있는 자연입니다.

A 그러나 이 모든 당신의 이야기가 블랑쇼의 은둔과 어떠한 관계가 있습니까? 원래의 물음으로 되돌아가 봅시다.

B 그의 은둔 ……, 결국 그가 문학을 통해 그 침묵을, 문화가 배제된 진공이 아니라 문화의 여백 또는 빈 공간인 언어의 자연을 최대한도로 보존하기 위해서입니다(그의 이론이 아니라 그가 그 자연을 보존하려는 투쟁이 그의 글쓰기에 설득력을 줍니다). 그가 은거했던 이유는 작가로서 그가 가질 수도 있었던 문화적·사회적 권력을 최대한도로 무화시키면서 적극적으로 그 언어의 자연 스스로가 말하도록 내버려 두기를 원했기 때문입니다. 세인들의 반응을 예측하고 교묘하게 계략을 꾸며서 문학적 권력을 강화하려고 했기 때문은 결코 아닙니다.

　　낭만주의자들은 하나의 문화 세계인 이 세계를 거부했지만, 거기를 넘어선 어떤 초월적 세계로 올라가려는 상승의 운동이 그들을 좌우했고, 설사 낭만주의의 창시자인 노발리스나 슐레겔 형제가 원하지는 않았다 하더라도, 바그너에 이르면 그 초월적 세계는 자아와 문화의 또 다른 세계인 민족과 국가로 구체화되어 나타납니다. 반면 블랑쇼의 사유 전체는, 모든 세계 그 이하, 그가 말한 대로 "모든 세계의 타자", 즉 그가 '바깥'이라고 부르는 공간으로, 어떤 문화적 기준이나 어떤 명칭에 부합하는 개인들이나 한 집단에 속해 있지 않고 모두가 공유할 수밖에 없는 생로병사의 익명적 생명의 움직임이 주관하는 공간으로 내려가는 하강 운동에 의해 노정되고 있습니다.

A 그러나 그 '바깥'이라는 말 자체도 여전히 신비하게 들립니다. 저는 완전히 납득할 수 없습니다.

B 아니 바깥은 신비한 어떤 것이 아니라, 오히려 신비를 가져올 수 있는 모든 문화적 치장이 벗겨진 헐벗은 공간을 가리킵니다. 가령 우리가 죽음에 접근할 때 마주하게 되는, 문화적 의식으로 어쩔 도리가 없는 그 불가능성의 공간 말입니다. 블랑쇼가 하이데거에게 반대해 죽음의 불가능성을 말할 때, 저는 결국 그가 죽음은 우리의 어떠한 사유와 의식 작용이나 언어로도 포착하거나 통제할 수 없는 자연의, 구체적으로는 몸의, 몸의 고통과 한계의 군림이라는 것을 지적하려 했다고 생각합니다. 제가 너무 단순화시킨 점이 없지 않지만……, 더 나아가 분명히 해보면, 블랑쇼에게 몸과 몸

---

1) 물론 블랑쇼는 『카오스의 글쓰기』에서 이따금 '몸corps'이라는 표현을 사용하고 몸에 대한 사유를 전개한다(그 점에 대해 이 책의 「한 어린아이」 참조). 그러나 『카오스의 글쓰기』가 단상들로 이루어진 것만큼이나, 거기서 그의 몸에 대한 언급들은 지나치게 단편적이어서 그의 사유 전체와 어떻게 연결되는지 알기 쉽지 않다. 그가 몸에 대해 집중적으로 탐구한 텍스트는, 우리가 아는 한에서, 존재하지 않는다.

의 감각에 대한 구체적 성찰이 없다는 것이 그의 사유에서 최대의 약점이라고 생각합니다만…….[1]

완전히 납득하실 수 없다는 것을 납득합니다. 당연히 제게는 모든 것을 말할 수 있는 능력이 없습니다.

『죽음의 선고』에 대하여

『죽음의 선고』는 모리스 블랑쇼의 허구적 글쓰기(소설 또는 이야기récit)들 가운데 하나이다. 그의 작품의 경우 픽션이라고 이론적 저작들보다 더 번역하기 쉽지 않으며, 또한 독자의 입장에서 확인할 수도 있겠지만, 그것이 더 읽기 쉽지도 않다. 그의 작품 가운데 자국 프랑스에서도 픽션들이 철학적 시론試論들보다 덜 읽히고 덜 언급되고 덜 연구되어 온 것이 사실이다. 여기서 난해하다는 평가를 자주 받아 온 한 작가가 얼마나 다가가기 쉽지 않은지, 얼마나 어려운지, 다시 한 번 강조하는 것이 관건이 아니다. (그래 봐야 무슨 소용이 있겠는가?) 오히려 우리의 의도는, 그럼에도 불구하고, 또한 우리가 철학적·문학적 지식이 많지 않음에도 불구하고 블랑쇼의 비평적 글쓰기에서와 마찬가지로 허구적인 글쓰기에서도 독자가 느낄 수 있는 무엇인가가 있고 납득할 수 있는 무엇인가가 있다는 점을 확인하고 싶은 데에 있다. 오히려 그는 전문가의, 비평가의 독서를 믿지 않는다고 자주 말했으며, 그의 관점에서 "작품은 작품을 쓰는 자와 작품을 읽는 자 사이의 열린 내밀성intimité이 될 때에만 [······] 작품이 된다"(『문학의 공간』). 여기서 내밀성은 작품에 대한 이해나 해석과 무관하지는 않지만 그렇다고 그것들에 근거하고 있지 않으며, 오히려 쓰는 자와 읽는 자가 어떤 상황의 공유하는 사건, 양자가 어떤 경험이 펼쳐지는 공간에 함께 들어가는 사건에서 비롯된다.

그 상황, 그 경험의 공간은 물론 언어의 매개로 준비되지만, 언어가 완전히 규정할 수도 없고 어떠한 경우라도 언어가 귀결점(결론)이 될 수 없는, 언어 이전 또는 이후의 '자연적' 움직임(인간이 귀속되어 있는 '자연'의 움직임)을 감지함으로써만 열린다. 그 공간은 쓰는 자와 읽는 자가 자연적인, 즉 익명적인 생로병사生老病死의 추이를 공동으로 따라감으로써만 열리는 공간이다. 즉 블랑쇼의 표현을 빌리자면 바깥, 언어의 바깥, 따라서 관념과 의식의 바깥, 언어·관념이 고유의 동일화의 힘을 통해 구성해 낸 의식적 내면 공간의 바깥, 거기에서 의식이 긍정할 수도 부정할 수도 없는, 언어 이전 또는 이후의 중성적인 것이 보이지 않는 것으로서(삶의 환희이자 고통으로서, 죽음의 고통이자 환희로서, 정념의 응결로서, 간단히, 시간으로서) 회귀하면서 관념적 동일화 작용을 무력화시키거나 무효로 돌리거나 파괴한다(중성화neutralisation). "공포의 도저한 내밀성"(『죽음의 선고』).

『죽음의 선고』는 두 부분으로 이루어져 있다. 첫번째 부분의 주인공인 J와 두번째 부분에 등장하는 나탈리·콜레트·시몬은 물론 서로 다른 여자들이지만 화자인 '나'에게는 얼굴이 지워진 인물들, 근본적으로 비인칭적인 인간들로 나타난다. "그녀의 개성, 나는 그것을 알지 못하며, 그녀에게 그런 것이 있는지조차 모른다." 이는 그녀들이 일반적 의미에서 '개성 없고 밋밋한' 인물들이라는 사실도, 그렇다고 반대의 사실도 말해 주지 않으며, 만일 '개성'이 어떤 사회적·문화적 관점에서 드러나는 변별점이나 차이를 가리키는 단어라면, 다만 '나'와 그녀들 사이의 관계가 어떤 개성을 중심으로 형성되기에는 지나치게 사회로부터 멀리 떨어져서 사회 이전 또는 이후에 침입하는 것들(예를 들어 J의 치명적인 병과 죽음, '나'의 병과 자신의 죽음에 대한 예감, 콜레트의 "그 비인칭의 슬픔", 각자의 고독이자 모두의 고독, 말하자면 사회 내에 있지만 동시에 사회로부터, "세계로부터 추방된 자"의 삶)에 의해 잠식당해 있음을 말해 준다. 『죽음의 선고』에서 "공포의 도저한 내밀성"은 한 가정집의 방, 한 거리, 샹젤리제 대로, 한 호텔방, 한 지하철 차량과 같은 그토록 일상적인 장소에 침투하며, 바로 그렇기에 이 세계가 또한 바깥이다. "사무치게 슬픈 어떤 일이 그곳, 그 지하철 차량 안에서 그 모든 대낮의 승객들과 함께 벌어지고 있었다. 바로 지척에, 진정한 불행이 그러하듯, 그토록 소리 없이, 구제될 모든 가능성과 무관한, 아무것도 드러나게 할 수 없는 미지의 중대한 불행이 있었다."

분명 『죽음의 선고』에서 확인할 수 있는 낯설고 접근하기 어려운 어떤 스타일이 있다. 그러나 이 스타일은 단어들·문장들, 나아가 드러난 모든 형식적 특성 위에서 쉽게 눈에 들어오는 종류의 것이 아니고, 단순히 단어들과 문장들을 읽는 것을 넘어서 그것들이 만들어내는 어떤 효과를 몰입 속에서 일종의 '음악'처럼 '들을 수' 있을 때에야 감지된다(거기에 이 작품에서의 표현들 하나하나에 주시해야 하는 이유가 있으며, 그것을 요구한다는 점에서 이 작품은 분명 온순하고 친절한 책은 아니다). 또한 그 스타일은 어떤 순수하거나 새로운 형식실험에 대한 요구에서 비롯된 것이 전혀 아니고, 중심 주제라 할 수 있는 "공포의 도저한 내밀성"이 그야말로 비인칭적인 것이, 우리 모두의 것이 되어야 한다는 요구로부터 따라 나온다. 한마디로 그 스타일은 단순히 저자가 스스로 말하기를 원했던 것을 선명하게 부각시키기 위해서만 요청된 것이다. 그것은, 하나의 소설을 많은 경우 흥미 있고 박진감 있는 이야기로 만들어 놓으면서 그에 따라 독자를 이야기의 관객으로 소외시키는 전통적인 소설 기법들(가령 놀라움을 가져다주는 사건들의 배치와 구성 그리고 개성 있는 동시에 예외적이고 전형적인 성격들의 갈등과 조화)을 의도적으로 배격하며, 다만 우리로 하여금 공유할 가능성이 있는 어떤 정념으로 열리게 하고 또한 그것을 만질 수 있게 하는 언어 고유의 움직임을 따라간다. 『죽음의 선고』에서 이야기가 펼쳐지는 무대는, 나아가 문학이라는 사건이 전개되는 무대는 책 속에 있지 않으며, 저자의 의식이나 의도 내에도 있지 않고, 바로 단어들을 쫓아가는 독자의 눈의 움직임에 따라 형성된 독자 자신의 내면 속에, 적어도 저자와 독자 사이에 놓여 있으며 (작품의 공동구성), 이를 바로 이 작품의 스타일이 증명하고자 한다. "다음과 같은 사실이 이해되어져야 한다. 나는 어떠한 특별한 것도, 어떠한 놀라운 것도 이야기하지 않았다. 내가 말하기를 그치는 순간 특별한 것이 말하기 시작한다. 나는 그 말의 주인이 아니다."

　　모든 관념적 동일화 작용을 무시하는, 보다 정확히, '있음'il y a' 자체로서, 모든 관념에 포섭되지 않는 차이로서 회귀하는 "공포의 도저한 내밀성"은 바로 모든 의식보다 더 큰 삶-죽음, 삶 배면의 죽음이자 죽음 배면의 삶이 가져다준 내밀성이다. "그렇지만 가장 거대한 삶이 그곳에 있다. 내가 만지고 나를 만지는 삶, 다른 삶들과 완벽하게 같은 삶, [……] 이 삶, 그것을 이해 못하는 자는 다가와 그리고 죽어가기를. 왜냐하면 이 삶은 그 앞에서 뒷걸음치는 삶을 거짓으로 만들어 놓기 때문이다." 그 삶을 받아들이는 것은, 블랑쇼가 '불가능성의 가능성'으로서의 죽음(하이데거)에 유보를 표명하면서 강조한 '모든 가능성의 불가능성'으로서의 죽음을 받아들이는 것과 다르지 않다. 그 하이데거적인 가능성으로서의 죽음이, 블랑쇼가 『문학의 공간』에서 키릴로프를 예로 들어 말한 것처럼, 어떤 관념 또는 의지에 삶-죽음을 포섭하려는 시도의 한 형태라면, 불가능성으로서의 죽음은 "뒷걸음치는 삶"으로부터 매순간에 돌아서서 죽어감을 받아들이는 데에 있다. 그러나 그 받아들임은 동시에 죽음에 대한 '수동적' 저항인데, 삶-죽음의 순간들(결국 우리 모두의 삶의 순간들)에 받아들임과 저항이 구분되지 않기 때문이다. 『죽음의 선고』에서 그 받아들임이자 저항은, 흔히 우리가 블랑쇼의 죽음에 대한 사유에 대해 비판하는 바와는 다르게, 그렇게 비관주의적이거나 허무주의적이지 않다. 바로 그것이 이미 죽었다는 판정을 받은 J를 삶으로 되돌려 놓기도 하고, 나탈리로 하여금 그 밤의 순간에 '나'의 방문을 열게 만들고 거기에 있게 하고 결국 '나'를 기다리게 한다. 그러한 움직임들은 우리의 그토록 일상적인 삶 속에서 일어나는 기적들이다. "공동의 시간에 대한 한없는 갈망"이 만들어낸 기적들이다. 더 나아가 『죽음의 선고』의 저자는 작품 자체로 되돌아와 또 다른 기적의, 문학적 기적의 무대를 마련한다. 관념보다 언제나 더 큰, 따라서 언어를 초과하는 공동의 그 내밀성이 언어 안에 결코 규정되지 않는다면, 저자는 그것을 언어를 통해, 하지만 언어를 넘어서서, 단어들 위로 흘러다니는 음악으로 '연주하는' 것이다. 한 독자가 그 음악을 들을 수 있다는 것도, 우리는 기적이 아니라고 쉽게 단정할 수 없을 것이다.

언어의 현전

음악적 추상화

『기다림 망각』은 모리스 블랑쇼가 허구fiction의 형식으로 쓴 마지막 작품
이다. 물론 단행본으로 출간되었던 그의 마지막 작품 『나의 죽음의 순간
L'Instant de ma mort』 역시 허구라고 여겨질 수 있지만, 블랑쇼는 거기서 "자
신이 총살당할 뻔했었던" 실제 경험(그것을 자크 데리다는 블랑쇼의 장례식
추도문 「영원한 증인Un Téoin de toujours」에서 부각시켰다)을 이야기의 중심
에 갖다놓으면서 허구와 사실이 중첩되는 지점을 탐색하겠다고 표명하고
있는 것처럼 보인다. 『기다림 망각』 이후에도 모리스 블랑쇼는 몇몇 저작
에서, 특히 『무한한 대화』에서 허구의 인물들을 등장시켜 그들이 나눈 대
화들을 그대로 적어 넣는 형식을 여러 번 도입했지만, 그것이 한 작품 전
체를 이끌어 가는 중심으로 작동하지는 않았고, 철학적 성찰이 언제나 글
쓰기를 주도했다. 물론 『기다림 망각』에서도 철학적 성찰이 작품을 구성
하는 중요한 한 축임에는 틀림없지만, ──『나의 죽음의 순간』에서와는 달
리──블랑쇼 자신이 명시적으로 설정한 허구의 시공간과 허구의 두 남녀

의 대화와 허구의 이야기를 중심으로 작품이 진행되고 있다.

아마 이 책을 펼쳐 보는 독자들은 매우 낯선 글쓰기를 목도하게 될 것이다. 이 책은 분명 하나의 허구적 이야기이지만 곳곳에 어떤 자의 사유의 궤적이 그려져 있다. 이 책이 하나의 이야기라고 동의할지라도 우리는 막상 단정적으로 분류하기 힘든 종류의 작품과 마주하게 된다. 그러나 허구와 철학적 단상들의 결합으로 이루어진 문학작품은 『기다림 망각』만이 아니며 사실 수없이 많다. 우리가 이 책을 따라가면서 낯설다고 느끼지 않을 수 없는 정확한 이유는, 단순히 거기에 문학적 허구와 철학적 사유가 중첩되어 있기 때문이 아니다. 거기에서 어떤 극단적인 추상화가 이루어지고 있기 때문이다.

문제는 하나의 문학작품의, 나아가 글쓰기라는 예술의 추상화이다. 그러나 그것은 어떠한 추상화인가? 그것은 『기다림 망각』이 허구적 형식 위에서 쓰여졌다고 하더라도 궁극적으로 어떤 철학적 명제들과 메시지들을 제시하는 데에서 마감된다는 것을 의미하지 않는다. 이 작품을 이끌어 가고 있는 추상화는 철학책에서 볼 수 있는, 나아가 철학책이 의존하고 있는 개념적 추상화가 아니다. 설사 거기에서 저자가 '현전', '시간', '공간', '존재', '죽음'과 같은 철학적 개념들(즉 등장인물들과 그들의 말들과 행동들과 상황들·사건들을 단번에 일반화·보편화시킬 수 있는 단어들)을 자주 그대로 노출시키고 있다고 하더라도 그렇다. 반대로 우리는 이 작품이 개념적 정식에 들어앉혀지기에 저항하고 있으며, 주어진 철학적 개념들로부터 결국 우회해서 다른 곳을 향해 나아간다는 사실을 발견하게 될 것이다——다른 어떠한 곳인가?

『기다림 망각』에서 우리가 쉽게 읽고 확인할 수 있는 추상화는 인물들·상황들·사건들의 추상화이다. 거기에서 등장하는 두 인물, 그와 그녀에 대해 거의 아무것도 밝혀져 있지 않다. 이 책을 읽으면서 우리는 이 두 사람에 대해, 이름이 무엇인지, ─모두 젊은 사람들인 것 같지만─나이 가 어느 정도 되었는지, ─그녀는 "키가 큰 처녀였다"(56)[1]라는 묘사가 있 기는 하지만─외모는 어떠한지, 성격은 어떠한지, 어떠한 직업을 갖고 있는지(그의 경우, 아마 글 쓰는 일을 하고 있는 것처럼 보이지만 확신할 수 없 다) 거의 알 수 없다. 또한 이 책에 그들이 어느 도시에, 어느 시대에 살고 있는지, 어떠한 이유로 호텔에 묵게 되었는지, 만나기 전에는 어떠한 삶들 을 살았는지, 만난 후에는 어떻게 되었는지, 상황들과 사건들에 대한 묘사 가 자세하게 주어져 있지 않다. 우리는 벌어진 사건들에 대해서는 너무나 간단하게 설명할 수 있을 것이다. 한 호텔에 어떤 남자가 흘러들어 왔고, 먼 저 거기에 묵고 있었던 한 여자에게 신호를 보냈으며, 그녀는 그의 방에 들 어왔고 함께 있었다는 것이다(그가 그녀에게 신호를 보냈고, 그녀가 그의 방 에 들어와서 함께 있었다는 사실은 한 번은 과거형으로, 또 한 번은 현재형으로, 그리고 서로 다른 관점들에 따라 여러 번 다르게 묘사된다).

　　이 책은 단순히 새로운 형식이 도입된 하나의 문학작품인가? 이 책에 서 궁극적으로 주목해야 하는 것은 하나의 형식 실험, 즉 추상화된 이야기 에 추상적이고 철학적인 성찰들을 겹쳐 놓는 기법인가? 그러나 현대 소설 에서 그러한 추상기법은 적지 않게 쓰여 왔으며, 나아가 소설의 한 흐름을 형성하고 있다는 사실을 되돌려 본다면, 추상화라는 형식적 측면을 강조 함으로써만 『기다림 망각』이 갖고 있는 특성과 궁극적으로 나아가고 있는 지점을 밝힐 수는 없을 것이다. 나아가 문학에서 새로운 형식 실험 그 자체 는 결정적으로 중요한 문제가 아닐 수 있다. 하나의 문학작품을 기존의 다

---

1) 이후로 블랑쇼의 『기다림 망각』(그린비, 2009)을 인용할 경우 이 책의 쪽수만 괄호 안에 기입한다.

른 작품들과 눈에 띄게 차별화시키는 새로운 형식 그 자체는 최우선의 문제가 아닐 수 있다. 블랑쇼는 호르헤 루이스 보르헤스Jorge Luis Borges의 현대 소설에 대한 견해(현대 소설에 대해서조차 타당한 견해)에 동의하면서, 또한 헨리 제임스Henry James의 단언에 의거해서 "주제가 전부다"[2]라고 분명히 말한 적이 있다. 블랑쇼에게도 어떻게 말하는가라는 문제보다 무엇을 말하는가라는 문제가 더 중요했던 것이다.

『기다림 망각』은 새로운 형식을 선보이기 위해 쓰여진 작품이 아니다. 거기서 우리는 마지막에 어떤 주제를, 어떤 내용을, 어떤 말하여지고 전달되는 경험 자체를 읽어야 한다. 그렇다면 이 작품은 무엇을 말하는가? 그것은 그 줄거리만큼이나 간단하고 단순할 것인데, 바로 그 또는 그녀가 있다는 사실 자체, 또는 어떤 자가 있다는 사실 자체이다. 그 사실을 모르는 사람은 없을 것이고, 그만큼 그 사실은 너무나 자명하다. 그러나 아마 그 사실만큼 우리가 간과하고 있는 것도 없을 것이다. 그 사실을 '안다' 또는 '이해한다'라는 것과 그 사실에 전제되어 있는 ——어떤 자가—— '있다'라는 사건으로 열린다는 것 사이의 차이는 무한에 이를 수 있다.

물론 블랑쇼의 글쓰기가 우리를 어떤 자에게 실제로 열리는 행위의 실천으로 직접 유도한다고 말할 수 없다. 그것은 한 작가나 사상가가 할 수 있는 일이 아니며 그의 힘 바깥에 놓여 있는 문제이다. 그러나 『기다림 망각』은 어떤 행위로 이루어진, 나아가 하나의 행위인 작품이며, 오직 독자의 또 다른 하나의 행위로 완성되는 작품이다.

이 작품에서 저자는 궁극적으로는 어떠한 명제도 제시하지 않으며, 아무것도 주장하지 않고 가르치지 않는다. 동시에 그는 거기에서 인물들·상

---

2) 모리스 블랑쇼, 『도래할 책』, 심세광 옮김, 그린비, 2011, p. 243.

황들·사건들과 관련해 구체적으로——구상적具象的으로——거의 아무것도 밝혀 놓지 않는 추상화 작업을 시도한다. 다시 말해 그는 소설가에게 정당하게 부여된, '소설 속의 허구의 공간'을 나름대로 구체적으로 구축할 권리를 포기하면서, 또한 어떠한 철학적·도덕적 메시지나 교훈도 주기를 포기한다. 그는 작품을 통해 저자가 독자에 대해 가질 수도 있을 우월하거나 주도적인 모든 위치에서 스스로 내려왔던 것이다. 『기다림 망각』이 하나의 행위로 이루어진 작품이라면, 그것은 바로 저자 스스로 행한 사라짐의 행위이다.

따라서 이 책이 하나의 문학으로서 설정한 허구의 공간은 사실 그 자체의 안이 아니라, 바깥에, 즉 독자가 단어들을 따라가는 데에 따라 형성된 독자 내부에 놓이게 된다. 그 허구의 공간을, '책 바깥의 허구의 공간'을 본래대로——문학작품이라는 것이 원래 요구하는 대로——제대로 설정해 놓기 위해,[3] 저자는 추상화로 나아갈 수밖에 없었던 것이다. 그러기 위해, 저자는 그와 그녀를 아무나 될 수 있는 익명의 인물들로 제시하고, 그들이 머무르고 있는 호텔을 아무나 드나들 수 있는 익명의 호텔로 설정해 놓았던 것이다. 다시 말해 저자는, 독자가 책에 쓰여져 있는 단어들로부터 눈을 돌려서 자신 안에서 다시 씌어져 가는, 그려져 가는 어떤 흔적(어떤 스크래치 또는 어떤 떨림)을 '읽을 수' 있도록, 문학의 공간을 책 바깥으로 이동시켜 놓았던 것이다.

따라서 독자에게도 저자의 사라짐의 행위에 응답하는 또 다른 하나의

---

3) 본래 '문학의 공간espace littéraire'은 책 자체가 아니라 작가와 독자 사이에, 정확하게는 작가의 글쓰기와 독자의 독서 사이에 놓여 있다. 그것은 손가락으로 가리킬 수 있는 책이나 책 어딘가에 있지 않다. 그것은 보이지 않는 공간, 즉 글쓰기라는 행위와 독서라는 행위가 만나서 열리는 공간이다.

행위가, 저자가 썼지만 자신(독자 자신) 안에서 흩어져 가는 단어들이 남긴 흔적을 읽는──보이고 읽히는 단어들이 아니라 그것들이 남긴 보이지 않고 읽히지 않는 그것을 읽는──행위가, 즉 단어들이 사라져 가면서 남긴 음악을 듣는 행위가 요구된다. 독서의 과정 가운데 단어들은 지워져 가면서 완전한 백지 상태로 돌아갈 수 없으며 음악으로 울린다. 단어들을 따라가면서 읽던 독자의 눈은 내면(즉 단어들의 바깥, 언어의 바깥)의 음악을 듣는 귀에 자리를 양보해야만 한다. 『기다림 망각』의 형식은 어떠한 형태로든 눈에 보이게 드러나는 특이한 것이 아니며, 미리 정해져서 작품이 말하고자 하는 바(주제)를 담아 놓은 틀이 아니다. 그 형식은 어떤 경험을 포착하기 위해서, 또한──특이하고 새로운 문학의 한 형태를 단순히 전시해 놓기 위해서가 아니라──어떤 경험을 전하기 위해서 저자가 낚아챘던 단어들 하나하나가 결합되어 나중에 형성된다. 그것도 결코 책 안이 아니라 책 바깥의 독자 안에서, 따라서 그 형식은 눈으로 확인할 수 있는 드러난 어떠한 것도 아니며 보이는 것의 보이지 않는 것으로의, 단어들의 음악으로의 전환이다. 『기다림 망각』은 철학적이거나 윤리적인 개념들로 설명되거나 요약되기를 거부하며(이는 이 책이 결코 그렇게 설명되고 요약될 수 없다는 것을 의미하지 않는다), 오히려 모든 개념들로부터 우회해서 음악을 향해 나아간다. 이 작품을 지배하고 있는 추상화는 개념적 추상화가 아니며, 반대로, 확인되는 소설적 추상화(인물들·상황들·사건들의 추상화)가 심화되어 이르게 된 음악적 추상화이다.

망각 기다림 : 책의 안과 바깥

그 음악적 추상화가 『기다림 망각』에서 어떻게 전개되고 이 작품을 어디로 이끌고 가는지 밝혀야 할 것이며, 거기에 핵심적인 문제가 있다. 그러나 그이전에 이 책의 제목에 주어져 있지만 아마 여전히 모호하게 남아 있을 수 있는 두 표현 '기다림'과 '망각'에 대해 살펴볼 필요가 있다. '망각'과 '기다림'에 대한 조명이 우리의 그 궁극적 물음이 위치하고 있는 맥락과 방향을 드러내 줄 수 있을 것이다.

* * *

망각은 일상적으로, 또는 사전에 나타난 대로 어떤 것을 잊어버림이나 어떤 것이 잊혀져 감을 의미하지만, 이 책에서 망각은 그러한 의미를 넘어선다. 또한 그것은 두 남녀의 사랑 이야기라고 정당하게 읽을 수 있는 이 책에서 단지 그들의 관계가 이어지고 한계에 이르는 과정을 표현하기 위해서만 선택된 단어도 아니다. 블랑쇼가 말하는 망각은 무엇보다 존재의 경험 그 자체를 가리킨다. "존재는 또한 망각을 가리키는 하나의 이름이다"(61). 즉 망각은 언어에 개입하기 이전에, 또는 언어에 개입하는 동시에 보이는 것(특히 끊임없는 탐색의 주제로 나타나는 그녀의 현전, 부동不動의 현전)과 그것을 보고 있는 자 사이의 관계의 사건을 나타낸다. "망각은 망각되는 것과의 관계, 관계에 들어가 있는 것을 비밀로 만들면서 비밀의 힘과 의의를 간직하고 있는 관계이다"(76).

　보이는 것이 보는 우리와의 관계 가운데 있다는 사실을 어떻게 감지할수 있는가? 만약 보이는 것이 단지 보이는 것으로만 남는다면, 그래서 우리내면과 거리가 사라진 상태에서 —또는 공간적 거리로 측정할 수 없는 상태에서— 접촉되는 것으로 전환되지 않는다면, 그것은 거리 가운데에서 영원히 "명석 판명"한 인식의 대상으로만 남게 될 것이다.[4] 그러나 보이는 것은 보이지 않는 것과 함께 경험에 기입된다. 그것은 보이지 않는 것으로 전환된다. 즉 그것은, 우리가 그것을 바라보고 있을 때조차 사라져 간다. 그것이 실제로 우리 눈앞에서 증발하여 공백의 무로 돌아간다는 것이 아니고, 정서의 차원에서 보이지 않는 것으로 변형되어 내면화된다는 것이다. 그러나 그 내면화는 인식의 모든 능동적 작용 이전의 정념의 수동적 움직임(받아들임, 보다 정확히 말해 열려 있지 않을 수 없음)이며, 오히려 모든 인식의 조건 또는 근거인 의식 바깥으로의 열림이다. 그 내면화가——따라서 보이지 않는 것이——바로 보이는 것이 단순히 인식의 대상이 아니라 보는 자와 관계하고 있다는 사실을 증명한다. 보이는 것과 보는 자의 관계를 다시 설정할 필요가 있다. 만약 데카르트가 그랬듯이, 보는 자를 인식 주체로, 보이는 것을 인식 대상으로 설정하고 양자의 관계를 오직 전자가 후자에게 가하는 능동적 인식 작용(표상화·관념화·이해)을 기준으로만 파악한다면, 보이는 것은 다만 의식에 규정된 것으로 남아 종속되고 사실상 관계는 파괴된다.

그러나 보이는 것이 보는 자를 수동적인 존재로 머무를 수밖에 없게 만들면서 그의 안에서 보이지 않는 것으로 기입되는 사건이 있다. 보이는 것이 스스로 보여지기를 그치고 우리 안에서 흔적으로 스며들어 보이지 않는 원음악源音樂으로 울리는 사건이 있다. 그 사건이, 보이는 것이 단순히 우리에게 종속된 의식의 대상이 아니라는 사실을 증명하는 관계의 사건 또는 존재의 사건이다. 보이는 것은 어떠한 상처(스크래치)도 남기지 않고 우리 눈에 고정되어 있기를 거부하면서 터졌다가 흩어져 가는 불꽃처

---

4) 데카르트는 잘 알려진 "명석 판명한 인식"을 눈이 대상들을 보는 행위에 정초해 놓았다. René Descartes, *Les Principes de la philosophie, Œuvres et lettres*, Gallimard, 1953, p. 591.

럼 우리 안에서 사라져 간다. 따라서 공간은 단순히 보이는 공간이 아니며, 마찬가지로 내면의 사유(블랑쇼에게 사유pensée는 다만 인식을 위한 작용만이 아니며 관계를 위한 움직임이다)의 공간이다. "사유가 기다림 속에 현전하는 고요히 자리 잡은 공간이 되어 버렸던 기다림"(53). 또한 그녀의 현전은 보이는 것이자 보이지 않는 것이다. 보이는 그녀의 현전은 흩어져 사라져 가면서 보이지 않는 것으로 남을 수밖에 없음에도 불구하고 그에게 인식의 확실성과는 다른, 부인할 수 없는 명백성을 가져다준다. "보이는, 하지만 바로 그 가시성 때문에 보이지 않는. 보이지도 않고 보이지 않지도 않는, 언제나 빛보다 앞서 나아가는 어떤 빛에 따라 그에게 보일 권리를 주장하는. 아마 그것은 실제의 빛이 아니었겠지만 단지 그들의 비밀로부터 나와서 그들도 모르게 비추인, 그들이 공동으로 나누어 갖고 있는 광명이었다"(64).

그녀의 "부동의 현전"은 보이기 때문에 보이지 않는다. 그러나 그것은 진공의 무가 결코 아니며, 부정할 수 없게 그를 가로질러 가는, 오직 들을 수밖에 없는 '말parole'로 나타난다. 따라서 그녀는 그들의 관계가 온전하게 남아 있도록 하기 위해 그를 무한한 기다림 속에 놔두고, 그에게 "저는 당신에게 말하라고 요구하지 않아요. 들으세요. 다만 들으세요"(17)라고 요구할 수밖에 없다. 어떤 현전은 시선으로부터 끊임없이 벗어나 다만 들을 수밖에 없는, 사실은 보이지 않을뿐더러 귀에 들리지도 않는 '말-음악'으로 남게 되는 것이다. 망각은 백지를 회수하는 것이 아니라 어떤 음악을 듣는 것이다.

그러나 그들에게 그 음악을 듣는다는 것은 결코 단순히 감미로운 행위가 아니다. 왜냐하면 망각이 "그들이 근거 없이 서로가 서로를 향해 갔던, 봄과 말함 사이의 이 빈 곳"(120)에 놓여 있기 때문이다. 봄과 말함이 우리 인간이 자신을 지탱하기 위해 언제나 끊임없이 되찾기를 원할 두 가지 능동적 행위라면, 양자의 간극 사이에 놓여 있는 망각은 우리의 지반을 박탈당하는 경험과 다르지 않다. 분명 우리는——아마 참을성 없이——뭔가 보기를 원하고 뭔가 말하기를 원할 것이다. 그러면서 너무나 많은 경우, 우리가 결국 원하는 것은, 봄과 말함이라는 인간의 이 두 자발적 행위를 통해 마주한 어떤 것을 대상 또는 자기 것으로 만들어 그것을 딛고 자아를 확인하는 것이다. 따라서 망각은 고통스러운 것이다. 그것이 대상을 정립할 수 있게 하는 모든 능동성을 포기하는 것과 다르지 않으며, 다만 듣는 수동적인 행위, "어떠한 수동성보다도 더 수동적인"(에마뉘엘 레비나스의 표현), 또는 행위 아닌 행위이기 때문이다. 따라서 한없이 망각 속으로 들어가기를 요구받은 그들은 언제나 보이는 것으로부터 돌아설 수밖에 없고 말하여진 것을 다시 지울 수밖에 없다. 망각 속에서의 돌아섬(우회), 붙잡은 것을 망각 속에서 거듭 포기하는 것, 그것이 기다림이다. 기다림은 망각을 견뎌 내려는 움직임이고, 기다림을 다시 견뎌 내려는 움직임이며, 언제나 무한의 복수로 주어지는 기다림, 언제나 기다림의 기다림이다. 그것은 보이는 것이 말할 수 있는 것으로 결코 온전히 보존되지 않는다는 사실에 대한 자각, 즉 봄과 말함 사이에 언제나 건널 수 없는 간극이, 나아가 심연이 있다는 사실에 대한 자각이다. 그들은 보이는 것과 말하여진 것 사이에서 언제나 부족과 결핍과 불충분성을 확인하며, 이는 그들을 끝없는 기다림으로, 침묵의 기다림으로, 침묵만이 군림하는 기다림으로 내몬다. 끊임없는 기다림이 그들에게 관계(관계없는 관계) 또는 '사이'가 놓여지고, 그들에게서 아마 '사랑'이라 부를 수 있는 어떤 것이 힘겹게 이어지는 과정이다.

"만일 사물이 보이는 사물과 말해지는 사물로 분리되어 있다면, 말은 그 분리를 없애는 데에, 그것을 보다 뿌리 깊은 것으로 만드는 데에, 그것이 말하도록 그대로 내버려 두는 데에, 그것 속에서 사라져 가는 데에 착수한다"(122). 그는 보이는 것과 말하여지는 것 또는 말해야만 하는 것 사이에 놓여 있다. 그리고 그는 바로 그 사이에서 '기다리고' 있다. 보이는 것이 말하여진 것으로 전환되는 과정은 시간이 진행되는 과정이다. 즉 그것은 보이면서 생생하게 감각되는 살아 있는 것이 언어에 규정되어 붙들려서 관념화된 죽은 것으로, 시간에 실려 기억으로만 남는 것으로 변형되는 과정이다(알렉상드르 코제브가 말하는 "언어는 살해한다"라는 중요한 통찰). 그에게 견딜 수 없는 사실은, 보이는 것과 말하여진 것의 분리를 가져오는 말 자체를 써서 말함으로써 그 분리를 제거하기가 거의 불가능하다는 데에, 즉 그녀를 기억에 넘겨주게 되는 데에, 그녀를 죽음에 다가가게 하는 데에 있다. 따라서 그에게 남겨진 해야만 하는 일은 말함으로써, 언어를 사용함으로써 시간의 흐름에 자신과 그녀를 실려 가도록 내버려 두지 않고 오히려 시간을 붙드는, 붙잡을 수 없는 것을 붙드는 불가능한 과제일 수밖에 없다.

그러나 흘러가 사라지는 시간을 포착한다는 것의 불가능성과 마주해 그에게는 시간에 들어가 시간을 견디는——시간과 타협하는, 보다 정확히, 시간의 폭력을 감수하는 방법인——기다림밖에 남아 있지 않다. 그의 유일한 선택은, 아니 선택이라기보다는 자신 앞에 다만 놓여 있는 것은 한없이 기다리는 기다림의 기다림 이외에 아무것도 없다. 기다림은 시간을 기다리는 것이다. "기다릴 때, 기다릴 아무것도 없다"(50). 그는 어떤 '것'을 기다리지 않으며, 어떠한 '것'도 기다리지 않고, 오직 기다릴 수 없는 것, 기다리기 불가능한 것만을 기다린다. "기다린다는 것의 불가능성은 본질적으로 기다림에 속한다"(46). 기다림은 어떤 '것'이나 어떤 '사람'에게 가해지는 능동적 작용이 결코 아니고, 어떠한 것도, 어떠한 사람도 붙잡지 못하고 어디에도 의존하지 못한 채 사실은 시간의 흐름에 자신을 맡기는, 마치 죽음으로 향해 가는 순간들에 떠밀리는 것 같은 극단의 수동적인 움직임이다(50).

　그러나 기다림은 오직 그(또는 그녀)의 몫인가? 보이는 것 또는 본 것, 결국 경험한 것을 말로 드러내야 하는 고통은, 즉 기다림의 고통은 원칙적으로 우리 모두의 것이자 특별히 글 쓰는 자의 것이 아닌가? 그 고통이 있다면, 그 속에서 아무 말이나, 그저 적당한 말이나 해서 실족하지 않아야 한다는 것과, 동물 아닌 인간이 자신을 인간으로 입증한다는 것이, 또한 작가가 자신의 진정성을 입증한다는 것이 별개의 문제일 수 있는가? 글 쓰는 자의 진정성은 보이는 것과 말하여지는 것 사이의 분리를 자의적이고 무책임하게 무시하면서 사회가 요구하는 기준이나 가치나 도덕을 맹목적으로——아니 맹목적이라기보다는 사회적 권력 내에 있기 위해——옹호하는 데에 있지 않으며, 바로 보이는 것 또는 경험한 것을 언어로 충실하게 옮기는 불가능한 작업을 수행하는 데에 있다. 설사 사드Sade와 같이 사회가 요구하는 모든 것을 거부하고 파괴하는 일을 자신의 사명이라고 생각했던 작가도 글 쓰는 자의 그 진정성을, 나아가 문학의 진정성 자체를 무시할 수는 없었고 그것을 나름대로의 방법으로 지켜 나갔다.[5]

　『기다림 망각』에서 "그는 자신이 오직 기다린다는 것의 불가능성에 응답하기 위해서만 글을 써 왔다는 사실을 알게 되었다. 따라서 말하여진 것은 기다림과 관계가 있었다"(46)라는 문장을 읽을 때, 이 책의 등장인물인 허구의 그와 이 책의 저자는 겹쳐져서 나타난다. 이 책의 주인공 그와 마찬가지로 이 책의 저자는 언어로 인해 벌어진 보이는 것과 말하여진 것

---

5) 「동물의 목소리—바타유에서 사드로」, 『빈 중심: 예술과 타자에 대하여』, 그린비, 2008.

사이의 무한한 틈을 언어로 메워야 하는 불가능한 과제와 마주하고 있다. 그것은 오직 불가능하기 때문에 과제가 될 수밖에 없는 문학의 불가능한 과제이다. 또는 문학의 불가능성이라는 과제, 또한 언어의 불가능성과 다르지 않다는 점에서 철학의 불가능성과도 다르지 않은 과제, 오직 언어 때문에 생겨난 불구를 언어로 치료해야 하는 과제, 언어로 인해 입 벌리고 있는 심연을 언어로 건너야 하는 기이한 과제. 여기서 어쩔 수 없이 "글쓰기라는 이 미친 짓ce jeu insensé d'écrire"이라는 말라르메의 고백이 들려온다.

그녀의 현전, 언어의 현전

따라서 그는 그녀를, 그녀가 한 말을 기억하지 말고 침묵 속에서 망각해야만 한다.

> 마치 말의 우회와 망각의 우회 사이에 어떤 관계가 있는 것처럼, 망각이 그렇게 말에 달려 있을 수 있고 말이 망각을 받아들일 수 있다는 사실은 기이했다.
> 망각이 이끄는 방향에 따라 글을 쓰면서.
> 말하고 있는 각각의 말 속에서 망각이 미리 말한다는 사실은, 각 단어가 망각되도록 예정되어 있다는 것뿐만 아니라, 망각이 말 속에서 휴식을 취하고 말을 스스로를 감추는 것과 조화를 이루도록 붙든다는 것을 의미한다.
> 모든 진정한 말은 망각에게 휴식을 허락하며, 그 휴식 가운데 망각은 모든 진정한 말이 망각에 이르기까지 말하도록 내버려 둔다.
> 망각이 모든 말 가운데 놓여 있기를(77).

앞에서 본 대로 『기다림 망각』에서 망각은 보이는 것이 보이지 않는 것으로 전환되는 존재의 사건을 가리킨다. 우리는 보이는 것을 경험할 뿐만 아니라 보이는 것이 남긴 보이지 않는 것을 경험(망각의 경험)하며, 그 보이지 않는 것에 대한 경험은 보이는 것이 단순히 대상이 아니라는 사실을 입증하는 '관계의 사건'의 경험이다. 그러나 존재와 결부되는 망각은 또한 언어에 개입한다. 언어는 사라진다. 언어는 말해지면서 쓰여지면서 기억에 남을 과거의 관념(표상·재현)으로 변형되어 사라진다. 그러나 언어는 말해지거나 쓰여지기 이전의 백지 상태로 되돌아갈 수 없으며, 스스로 사라져 가는 떨림의 자취를, 울림의 흔적을 남긴다.[6] 언어는 살해한다. 즉 언어는 우리가 본 것을 몇몇 기호들로 전환시키면서 그것을 과거의 것으로 방부해 버린다. 그러나 그 과정은 단순한 무화無化가 아니며, 말하고 들으며 쓰고 읽는 인간이 얽혀 들어가 있는 시간의 전개 과정, 시간이 군림하는 과정이다. 언어는 결코 매끈하게 지워지지 않으며, 지워지면서 울리고, 그 울림의 흔적을 남기고 전달한다. 즉 언어는 본 것을 사라지게 하는 동시에, 그 사라짐의 순간이 도래하는 순간을 현전하게 한다(공간 내의 사물에 대한 모방이 아닌 시간의 모방, 음악적 초-모방hyper-mimesis). 그 시간의 현전을, 즉 보이고 경험되는 모든 것을 과거로 돌아가게 만드는 언어의 현전을 목도하는 것, 모든 것을 죽여 지나간 과거의 것으로 고정시키는 언어 안에서 언어의 현재를 포착하는 것, 그것이 망각에 이르는 과정이다. "망각이 이끄는

---

6) 언어의 움직임으로서의 망각. 망각은 존재와 결부될뿐더러 또한 언어의 동사성이다. 망각은 "각각의 말 속에" "미리 말"하면서 언어를 떠받치고 있고, "모든 진정한 말이" "말하도록 내버려" 두면서 그 자체 언어가 수렴되고 있는 흔적으로 나타난다. 존재에 스며드는 망각과 언어와 관계하는 망각은 서로 별개의 것들이 아니지만 전자는 후자에 앞선다. 존재의 경험이 모든 언어작용보다 존재론적으로 앞서기 때문이다.

방향에 따라 글을 쓰면서." 그러나 망각에 이끌려 글을 써야 하는 자는 단지 그녀의 현전과 대면하고 있는 그만이 아니라, 또한 아마도 어떤 자(어떤 여자 또는 독자 또는 인간 자체?)와 마주하고 있는 블랑쇼일 것이다.

보이는 것과 말하여진 것 사이에, 봄과 말함 사이에, 본 것과 기호들 사이에 진공의 무無가 있는 것이 아니라, 시간이, 직선 위에서 움직이는 시간이 아니라 시간의 응축과 현전이, 즉 음악이 있다. 그 사이의 분리를 가져오는 언어는 다만 기억 속에 굳어진 죽음만을 초래하지 않으며, 그 분리 가운데에서 그 분리를 전능의 영원이 되지 못하게 만드는 순간의 현전을 가동시킨다. "현전은 다만 분리 속에 있지 않다. 현전은 분리 한가운데에로 또다시 도래하는 바로 그것이다"(122).

그는 그녀의 현전과 마주하고 있다. 그녀의 현전은 그로 하여금 봄으로부터 말함으로 쉽게 건너가지 못하게, 침묵하게 만드는 장벽인 동시에 말하게, 말하지 않을 수 없게 만드는 동력이다. 또한 그것은 그가 침묵하거나 말하거나 두 경우에 모두 그가 마주해 있을 수 있는 유일한 시간, 유일한 현재, 바로 '지금'이다.

그러나 그 현전이 어떻게 『기다림 망각』이라는 책에 박혀 있는 문자들 위로 솟아날 수 있는가? 그것이 어떻게 오직 과거로 향해 있는 죽은 관념들만을 가리키는 문자들 위에서 현재화(현시現示)될 수 있는가? 과연 이 책의 저자는 언제 어디에선가 존재했을 수도 있고 아닐 수도 있는—즉 현실의 모델이 있을 수도 있고 아닐 수도 있는—허구의 한 여자에 대해, 그녀의 아름다움과 진실했을 사랑에 대해 단순히 모방imitatio하고 재-현re-présentation해서 독자들에게 설명하고자 하는가? 이 책의 저자뿐만 아니라 어떠한 작가의 작품도 설득력을 갖기 위해서는 창조된 상상의 공간(책 속의 가정된 허구의 공간) 바깥으로 나아가야만 하며, 작가 개인이 만들어낸 그 상상의 공간을 독자들의 익명의 공간으로, 어떠한 개인에게도 귀속될 수 없는 저자의 영역과 독자의 영역이 겹치는 공동의 공간으로, 즉 글쓰기라는 사건과 독서라는 사건이 부딪히는 역동적 공간으로 옮겨 놓아야 한다──블랑쇼는 바로 그 공간의 이동을 가능한 최대한 용이하게 만들어 놓기 위해 우리가 '음악적 추상화'라고 부르는 극단적 추상화를 『기다림 망각』에서 시도했던 것이다. 어떠한 문학작품도 그러한 공간의 이동이 제대로 이루어지지 않는다면, 다시 말해 책에 주어진 상상의 공간이 독서를 통해 독자의 내면에 자리 잡지 못한다면, 독자가 그 상상의 공간을 스스로 개입하는 공동의 공간으로 전이시키지 못한다면 호소력을 가질 수 없다. 이 책에 나타나는 '그녀'는 저자의 그녀도 아니고 독자의 그녀도 아니며, 나아가 어느 누구의 그녀도 아니고 익명의 그녀, 공공의 여자public woman 이다. 그렇게 될 때에야만 '그녀'가 단순히 모방되고 재-현된──관념화된──과거의 한 여자로 남지 않고 독서의 현재('지금')에 현전한다. 그녀는 오직 독자의 개입과 도움에 힘입어서 현전하는, 저자와 독자의 공동구성co-constitution을 통해서만 현시되는 어떤 자이다.

따라서 이 책의 저자는 글쓰기의 불가능성과 마주하고 있을 수밖에 없다. 그는, 또한 그의 작품은 스스로 어쩔 수 없고 타인(들)에게 내맡겨 놓을 수밖에 없는 타자의 영역에 놓여 있는 것이다. 『기다림 망각』 안에서 그 글쓰기의 불가능성이 그와 그녀의 관계의 불가능성 또는 사랑의 불가능성과 겹쳐진다.[7] "봄과 말함 사이에 한계가 정해져 있지 않은 빈 곳의──그 지점은, 그곳을 보는 자와 그곳에 대해 말하는 자로부터 벗어나 있다" (122). 그녀의 현전은 그가 보고 있지만 언어로는 결국 포착할 수 없는 것인데, 왜냐하면 그것은 그가 보는 것과 말하는 것 사이(분리된 "빈 곳")를 주재하고 그 사이에서 동요하고 있는 시간(내면에 응결되어 공간화된 시간, 또는 표상과는 다른, 언어적 개념으로 포착되지 않는 시간화된 공간)이기 때문이다. 그는 기다릴 수 없는 것을, 기다려서 손에 쥘 수 없는 것을, 어떠한 '것'도 아닌 시간을 기다리고 있는 것이다. 그가 소극적이거나 마음을 닫고 있거나 진실하지 않기 때문이 아니라, 설사 그가 할 수 있는 모든 것을 하더라도 관계에는 결코 쥘 수 없고 다만 스스로를 열 수밖에 없는 영역이 있기 때문이며, 따라서 관계 자체가 결코 쥘 수 없는 것이기 때문이다(관계의 불가능성).

작품의 공동구성 : 글쓰기라는 내기

마찬가지로 『기다림 망각』의 저자도 여러 기호들을 배치해서 제시해 놓을 수는 있었지만, 다만 그뿐이고 그 이상을 넘어갈 수 없는 불가능성과 마주하고 있다. 따라서 독자에게 책이라는 보이는 공간 속에 배치된 보이는 문자들 위로 떠오르는 시간을 읽는 것이, 문자들을 통해 그녀가 속해 있고 저자도 속해 있으며 독자 자신도 속해 있을 수 있는 공동의 인간 또는 어떤 자의 현전을 보는 것이, 읽고 보는 것이 음악을 듣는 것과 동일하게 되는 지점을 찾는 것이 과제로 남게 된다. 단어들 사이에, 단어들 위에 음악이 있다. 한 권의 책에서 단어들 위로 형성되는 에너지의 장이, 단어들 위로 솟아오르는 사실은, ——물리적으로—— 보이지도 않고 들리지도 않는 침묵의

---

7) 또한 그 안에서 언어에 대한 탐색과 에로스에 대한 탐색이 겹쳐진다. 『기다림 망각』은 언어의 움직임에 대한 추적이자 에로스의 움직임에 대한 추적이다. 이 작품은 언어가 에로스에서 그리는 궤적에 대한 묘사이며, 더 정확히 말해 성적 접촉이 아니라 언어 교환이 어떻게 에로스로 열리는가라는 물음에 대한 성찰이다. "마치 살아 있는 두 몸처럼, 하나가 다른 하나에 바싹 밀착해 있는 두 말, 그러나 미확정적인 경계를 두고"(36).

음악이 있다. 『기다림 망각』에서 저자 블랑쇼는 모든 단어들이 그 음악으로 환원되는 순간을 탐색하고 있으며, 그로부터 이 작품을 이끌어 가고 있는 음악적 추상화가 실현된다. 이 작품은 침묵으로, 하지만 진공이 아니고 단어들을 독서의 과정에서 지워지게 하면서 울리게 하는 음악으로 돌아간다. 그러나 왜 침묵이 말해야 하고 음악이 울려야만 하는가? 왜 음악적 추상화가 요청되어야만 하는가?

언어의 현전(현재)을 보여 주기 위해서이다. 언어의 중심에 어떤 사실이나 어떤 메시지나 사상을 주장하기 위해 제시된 명제들이 아니라 바로 타인(또한 타인으로서의 독자)과의 관계가 놓여 있음을 보여 주기 위해서이다. 명제들이 아니라 바로 침묵 또는 음악이 언어의 중심을 지정하고 타인과의 관계를 주재하고 있다. 『기다림 망각』에는 모든 명제를 소거하는 동시에 소설적 허구의 공간도 무너뜨리면서 다만 관계만을 이 순간 또는 그 순간 현시시키고자 하는 몸짓이 들어가 있다. 그러한 점에서 이 작품은, 설사 이러저러한 철학적 표현들과 명제들이 그 안에 주어져 있다고 하더라도, 모든 것을 규정하고 설명할 수 있으며 나아가 가르칠 수 있다고 전제하고 말하며, 그러한 한에서 필연적으로 개인적이자 사회적인[8] 권력을 따라가고 있는 어떤 철학책의 반대편에 놓여 있다.

그러한 종류의 철학책에서 말하는 자는 언어가 의식의 투명성을 그대로 보존해서 표현해 줄 수 있고 의식의 힘을 그대로 매개해 줄 수 있다고 믿는 자아(개인적이자 사회적 자아, 사회적으로 규정된 개인적 자아)일 것이며, 그러한 자아가 모든 것을, 자연과 역사와 사회와 인간을 하나의 이론 안

---

8) 여기서, 또한 이후에 '사회적인'은 '집단적인'과 동일하다. 즉 여기서 사회는 국가를 포함해서 한 담론이 유통되는 장소가 될 수 있는 집단과 모든 그룹을 가리킨다.

에 출구를 열어 두지 않고 결정적으로 가두어 둔다는 것은, 모든 것을 대상화하는 것이며, 동시에 그의 말을 듣고 읽는 자를 대상화하는 것과 다르지 않다. 적지 않은 경우, 그러한 자아의 지배 욕구가 지식 전반을 비롯해 철학에서 언어의 움직임을 전면적으로 주도해 왔고 또한 주도하고 있다(언어에 대한 개인적이자 사회적인 1인칭의 지배). 주목해 봐야 할 점은, 그것이 결코 무사無私한 중립적 지식의 욕구가 아니라 이 세상(이 사회, 이 세계)에서 가장 강력한 힘을 발휘하는 언어 일반에 대한 지배의 욕구일 뿐만 아니라(왜냐하면 이 세상을 움직이는 가장 근원적 권력은 폭력이나 돈의 힘이 아니고 바로 언어의 권력이기 때문이다——폭력과 돈의 힘조차 언어의 권력에, 누가 어떻게 말하느냐에 의존하고 있다), 그것이 타인의 개입에 의해 제한되지 않는다면 바로 현실적·역사적 정치 현장에서 정치적인 것('나'와 타자의, '우리'의 관계)을 와해시키는 근원적 계기로 작동한다는 것이다. 그 자아의 언어에 대한 지배 욕구로부터 돌아선다는 것은, 즉 침묵으로 들어선다는 것은, 아마 단순한 자연의 침묵을 넘어서는 인간의 가장 고귀한 움직임들 가운데 하나일 것이다. 그러나 언어와 한 번도 접촉해 본 적도 없고 언어에 의해 오염되어 본 적도 없는 자연의, 언어 이전의 침묵과는 다른, 말하는, 언어를 사용하는 인간의 침묵은 『기다림 망각』에서 나타나듯 완전히 언어를 차단하고 맹목적이거나 기계적으로 입을 다문다는 것이 아니다——나아가 흔히 우리가 말하듯 '비굴하게 입을 다문다'는 것이 아니다. 말해야 하며, 나아가 말로 절규해야 한다. 그러나 말과 절규의 배면에서, 들리는 말과 들리는 절규가 아닌 침묵이 말해야 한다. 침묵은, 즉 인간의 침묵 또는 언어의 침묵은 백지 상태로 돌아가거나 백지 상태를 유지하는 것이 아니다. 그것은 단어들의 열림이자 언어를 추진하는 동력이며 언어의 진정성을 보증하는 음악이며, 또한 말하는 '나'와 타자를, 언어에 함께 연루되어 있는 글 쓰는 자와 독자를 잇는 통로이다. 나아가 언어의 현전(현시, 현재, '지금')으로서의, 침묵인 음악으로서의 그 언어 덕분에, 닫힌 책이 '작품'으로 열리고, 또한 타자와의 관계 자체가 열리며, 우리 인간에게 '사랑'이라는 것이 문제가 되고, '그것'이 주어진다.

『기다림 망각』에서 마지막에 말하고 있는 자는 저자 블랑쇼가 아니고 독자를 포함한 어떠한 개인도 아니다. 그는 말을 한다는 것과 글을 쓴다는 것이 어떤 시점에서 관계에 내맡겨질 수밖에 없는 "주사위 던지기un coup de dés"(말라르메의 표현)가 될 수밖에 없다는 사실을, 궁극적으로 언어를 통해 '나'를 주장할 수 없고 오히려 '내'가 바깥으로 뒤집어지고 '나' 자신을 맡길 수밖에 없다는 사실을, 나아가 언어가 규정된 사회적 관계를 넘어서는 단수적singulier 관계 자체라는 사실을 받아들이고 있는 공동의 어떤 자이다. 아마 말한다는 것 또는 글 쓴다는 것은 이러한 것이리라. 그것은 '나'를 보편으로 승격시켜 타인들을 그 보편에 종속시키는 행위의 반대의 행위, 즉 단수적인 하나의 타자에게로 다가가서 '나'를 뒤집어 열고 그에게 이후의 일을 맡길 수밖에 없는 내기이리라.

한 어린아이

내 유년 시절 바람이 문풍지를 더듬던 동지의 밤이면 어머니는 내 머리를 당
신 무릎에 뉘고 무딘 칼끝으로 시퍼런 무우를 깎아 주시곤 하였다. 어머니 무
서워요 저 울음소리, 어머니조차 무서워요. 애야, 그것은 네 속에서 울리는 소
리란다. 네가 크면 너는 이 겨울을 그리워하기 위해 더 큰 소리로 울어야 한다.

기형도, 「바람의 집─겨울 版畵1」

우리가 읽었거나 읽게 될 모리스 블랑쇼의 『카오스의 글쓰기』는 그의 후기
사유를 대변하는 저작들 가운데 하나이자, 그의 사유 전체를 마지막으로 집
약시켜 보여 주고 있는 작품이다. 블랑쇼의 사상은 급격한 반전이나 결정적
인 방향 전환이나 심각한 모순 없이 끝까지 일관되게 유지되어 왔다고 볼
수 있지만, 그의 '후기 사유'라고 말할 수 있는 것이 있다면, 그것은 에마뉘
엘 레비나스의 타자의 철학으로부터 촉발되어 준비되었던 윤리적·정치적
전회 이후에, 즉 『무한한 대화』[1]에서부터 본격적으로 표명되었던 사유를
가리킨다. 물론 『카오스의 글쓰기』 이후에 출간된 블랑쇼의 중요한 저작들
이 있지만, 각각 한정된 몇몇 주제들 내에 머물러 있을 뿐이고, 바로 이 책
에서 그의 사유 전체를 관통하는 흐름의 궤적이 마지막으로 그려져 있다.

　　그러나 가장 철학적이고 가장 방대한 후기 저작 『무한한 대화』가 여기
에 아직 소개되지 않은 상황에서, 우리가 이 책 『카오스의 글쓰기』를 통해
블랑쇼의 후기 사유에 접근하는 데에는 어려움이 없지 않아 보인다. 왜냐

---

1) 모리스 블랑쇼, 『무한한 대화』, 최정우 옮김, 그린비 근간.

하면 단상 형식으로 씌어진 이 책에서 그 사유는 매우 압축적으로만, 매우 암시적으로만 제시되어 있기 때문이다. 보다 정확히 말해 그것은 이 책 여기저기에 어떻게 보면, 모든 상황을 알지 못하는 입장에서 보면 '흩뿌려져' 있을 뿐이다! 자신이 다루었던 주제들 사이의 연결고리들을 명확히 밝히면서 전체적인 담론체를 구성할 의도 없이 마치 일기를 쓰듯이 하루에 일정 분량을 쓴 결과로 나온 이 책에서 분명 블랑쇼는 자신의 이전 글쓰기를 충실히 따라왔고 그것에 익숙한 사람들을 독자들로 상정하고 있다. 그가 그러한 사람들을 염두에 두고 『카오스의 글쓰기』를 써 내려갔음은 의심할 바 없다.

따라서 이 책을 여기에 소개하는 입장에서도 그것을 어떻게 설명해야 하는지, 어떻게 그 전체적 윤곽을 보여 줄 수 있는지, 어떻게 거기에 접근할 수 있는 하나의 길을 가리킬 수 있는지, 어려움이 없지 않아 보인다. 이 작품에 주어져 있는 모든 주제들을 하나하나 밝히고 하나의 끈으로 묶는 일은 애초에——설사 능력 부족 때문이라 할지라도——가능하지 않아 보였고, 단상 형식으로 씌어진 이 파편적 글쓰기를 배반하는 것으로, 그 안에 담겨 있는 뉘앙스들과 그 어조를, 특히 그 '목소리'를 무시하는 것으로 여겨졌다. 오히려 이 책 전체를 떠받치고 있지만 마치 수수께끼처럼 가장 난해해 보이는, 적어도 우리 입장에서는 가장 중요해 보이는 하나의 주제를 집중적으로 조명하는 편이 바람직할 것으로 여겨졌다.

그 주제는 한 어린아이의 죽음인데, 『카오스의 글쓰기』에서 '하나의 원초적 장면?'이라는 제목하에 세 번에 걸쳐 무대화된다. 첫번째 '하나의 원초적 장면?'은 그 어린아이가 다른 한 어린아이 안에서 죽어가는 순간을 보여 주고 있고, 두번째 것에서 그 어린아이의 죽음에 대해 두 화자가 대화를 나누고 있으며, 세번째이자 마지막 것에서 그 어린아이는 고대의 나르시스로 등장해서, 우리가 익히 알고 있는 나르시스의 이야기가 '해체'되어 감에 따라, 자신의 정체를 드러낸다. 그렇다면 도대체 그 어린아이는 어떠한 어린아이인가? 누구인가? 이 물음에 대해 정확히 답하려는 시도가 있어야겠지만, 『카오스의 글쓰기』의 저자가 객관적 시간('시계의 시간')을 기준으로 일어났던 어떤 현실적인 사실이나 어떤 에피소드를 말해 주기 위해, 즉 한 특정 아이의 생물학적 죽음을 묘사해 보여 주기 위해 '하나의 원초적 장면?'들을 무대화한 것은 전혀 아니라고 일단 말해 두자. 또한 그 어린아이는 특별하거나 정해진 한 아이가 아니고, 어떤 특정 집단에만 속해 있는 한 아이도 아니며, 우리 모두 안에서, 보다 정확히 말해 바로 '내' 안에서 살아가고 있는, 죽어가고 있는, 오직 죽어감에 따라서만 살아가고 있는 그 어린아이라고 일단 간단히 대답해 보자.

그러나 한 어린아이의 죽음이라는 주제는 블랑쇼에게만 고유한 것이 아니며, 그가 처음으로 제출했던 것도 아니고, 그가 거기에 부여한 중요성이 컸던 것만큼이나, 다른 사상가들도 오랜 시간에 걸쳐 중요하게 다루어 왔던 것이다. 그 주제는 가령 이 책에서 명시적으로 참조된 세르주 르클레르Serge Leclaire가 정신분석학적 관점에서 먼저 개진하였던 것이며, 블랑쇼가 세 개의 '하나의 원초적 장면?'뿐만 아니라 이 책 곳곳에서 암시하고 있듯이, 알렉상드르 코제브가 자신의 헤겔 해석을 통해 제시했던, 또한 이후에 조르주 바타유가 그 해석에 대해 다시 해석하면서 심화시켜 놓았던 '언어와 죽음'이라는 주제와 밀접하게 연결되어 있다. 여기서 우리는 블랑쇼를 거슬러 올라가서, 또한 그가 이 책에서 직접적으로 말했던 것들 바깥에서 한 어린아이의 죽음이라는 주제를 헤겔-코제브와 르클레르와 바타유를 배경으로 비추어 보고자 한다. 왜냐하면 그렇게 함으로써 ─이 책이 가리키고는 있지만, 그 안에서 아마 우리가 분명히 알아보기는 쉽지 않을——그 주제의 범위와 맥락 그리고 그 주제에 함의된 쟁점들이 명확히 밝혀질 수 있다고 보기 때문이다. 그렇게 함으로써 이 책을 이끌어 가는 아리아드네의 실타래가 되는 중요한 그 주제가 보다 심도 있고 보다 광범위하게 해명될 수 있다고 보기 때문이며, 그에 따라 이 책 전체를 가로지르고 있는 움직임의 궤적을 추적할 수 있다고 보기 때문이다.

그러나 블랑쇼의 사유와 관계 있지만, 관점들·강조점들·범위들이 서로 다른 사유들을 한자리에 불러 놓은 결과, 애초에 의도했던 바는 아니지만, 우리가 읽게 될 이 텍스트가 블랑쇼의 사유만을 충실하게 따라가게 되지는 않을 것이다. 물론 이 텍스트가 그 사유의 흐름을 완전히 비껴 나가는 경우는 없을 테지만, 또한 『카오스의 글쓰기』를 이해하는 데에 도움이 되는 하나의 시도이기를 원할 테지만, 그것은 다른 사유들을 참조함으로써 제시된 주제(한 어린아이의 죽음, 언어 그리고 죽음 자체)를 해명하는 데에서 반드시 블랑쇼만의 것이라고 말할 수 없는 하나의 시각에 입각해 있다. 그 시각은 정치적 그리고 (또는) 윤리적인 것인데, 진부한 문제인 정치와 언어의 관계를 다시 한 번 조명하고자 한다. 아니, 정치와 언어의 관계라는 문제는 아마 정치와 역사나 정치와 경제나 정치와 사회의 관계라는 주제보다는 상대적으로 생소한 것인지도 모른다. 우리는 그 문제 안으로 들어가는 데에서 물론 블랑쇼를 염두에 두지 않지는 않았지만, 아마 블랑쇼 안에 충실히 머물러 있지도 않게 될 것이다. 아니면, 그의 안에 언제나 머무를 것이라고 장담할 수 없는 것이다. 이는 이 자리에 어울리지 않고 의도한 적도 없는 독창성과 같은 어떤 것에 대한 선언이 전혀 아니고, 다른 사유들과 다른 입장들·방향들을 참조하고 하나의 설정된 시각을 따르면서 이르게 된 결과에 대한 보고일 뿐이다.

비현실성 또는 죽음

헤겔은 죽음에 새롭고 심오한 의미를 부여하면서 그것을 '비현실성 Unwirklichkeit'이라고 정의했다. 여기서 죽음은 우리가 일반적으로 이해하는, 이해하지만——그것이 '나 자신'의 죽음이라고 본다면——경험할 수 없는 생물학적 죽음이 아니고, '나 자신'이 자신도 모르게 이미 들어가 있는 동시에 경험할 수 있는 죽음을 가리키는데, 인간에게 고유한 지성(오성)의 관념 구성 능력에 따라 인간이 자연의 전체적 존재로부터 떨어져 나오는, 분리되어 나오는 작용을 의미한다. "분리 작용Tätigkeit des Scheidens은 지성의Verstandes, 가장 놀랍고 가장 큰 역능의, 또는 차라리 절대적 역능의 힘과 활동이다."[2] 관념들을 구성하는 능력인 지성의 힘에 의해 촉발되는 인간의 움직임이, 즉 자연적·전체적 존재(주객 분리 이전의, 사유되기 이전의 단순히 주어져 있는 단일한 감각적 세계)로부터 의미의 세계(의식에 투과되어 사유되고 구성된, 관념화된 세계, 헤겔은 관념화되었다는 점에서, 즉 감각적이고 물질적인 토대를 상실했다는 점에서 그 세계를 '비현실적'이라고 부른다)로 넘어가는 이행이, 주어져 있는 존재를 규정되어 정립된 존재로 전환(지양)시키는 부정의 움직임이 바로 죽음이다. 왜냐하면 그 부정의 작용은 감각에 여기 지금hic et nunc 지금 직접적으로 주어진 생생한 것들을 '죽여서' 이미 지나간 과거의 것들의 잔해 또는 '시체'일 수밖에 없는 관념화된 것들로, 즉 의식에 재현再現된 것들로 전환시키는 작용 이외에 아무것도 아니기 때문이다. 인간에게 고유한, 의식의 그 부정성Negativität에 따라, 우리는 생생하게 살아 있는 감각의 구체적이고 개별적인 **여기 지금**으로부터 쫓겨나 표

---

2) 헤겔, 『정신현상학』I, 임석진 옮김, 지식산업사, 1988, p. 91. 번역 수정.

상représentation된, 재-현재화re-présentation된, 즉 이미 과거인, 죽은 추상적이자 보편적인 관념적 공간에 머무를 수밖에 없게 되기 때문이다. 그러나 바로 그 부정 작용 덕분에 자연적(직접적) 전체적 존재로부터 분리되어 추상적 사유·이해·인식·판단의 공간에 거주할 수 있기에, 간단히 말해 '죽을 수 있기에', 헤겔이 정확히 지적한 대로, 우리는 동물과는 다른 **자유롭고 창조적인 존재**가 된다. 단순한 자연적 존재가 아닌 사유하고 이해하고 판단하는 의식적이자 사회적·문화적인 존재가, 어린아이가 아닌 어른이, 한마디로 '인간'이 된다. '인간'이 되기 위해 "우리가 비현실성이라고 부른" "가장 두렵고 가장 큰 힘을 요구하는"[3] 죽음을 견뎌 내고 붙들고 있어야만 한다.

지성 또는 담론의 능력

헤겔이 새로운 관점으로부터 열어 놓은 죽음의 문제를 첨예화시키고 의미심장한 것으로 만들어서 다시 여러 사람들(예를 들어 조르주 바타유, 자크 라캉 그리고 블랑쇼)에게 넘겨주었던 사상가는 알렉상드르 코제브이다. 그는 그 문제에 대한 성찰을 통해 이렇게 말할 수 있었다. "헤겔은 **죽음**을 부정성으로서의 '비현실성irréalité' 또는 '부정적이거나–부정하는–실체'라고 부른다. 그러나 인간이 행동이라면, 또한 행동이 죽음으로 '나타나는' 부정성 가운데 있다면, 인간은 자신의 인간적이거나 말하는 실존에서 **죽음**에, 어느 정도 유예되고 죽음 자체를 의식하고 있는 **죽음**에 지나지 않는다."[4]

---

3) "이 죽음이야말로 가장 두려워할 만한 것이거니와 더욱이 우리가 이 죽음을 확고하게 손아귀에 움켜잡으려고 할 때에는 그 무엇에도 비길 수 없는 큰 힘이 필요할 것임에 틀림없다"(같은 책, p. 92).

인간의 그 행동, 즉 부정하는 행동은 주어져 있는 존재로부터 분리되어 지성의 추상적·의식적 공간으로 넘어가는 것이지만, 코제브가 분명히 밝힌 대로, 그것은 근본적으로 '말하는' 행동, 언어를 가동시키는 행동이다. 헤겔이 자신의 시대에 비합리성과 주관성이라는 혼란과 병폐의 발원지로 낭만주의자들을 지목했을 때, 그의 구체적이고 실질적인 비판은, 주관적인 내면에만 머무르는 '아름다운 영혼들'인 그들이 자신들의 사유를 객관적이고 명료하게 외화시키지, 즉 개념적인 학學으로 승격시키지 못한다는 데에 있었다. 하지만 여기서 헤겔이 다만 학의 형식으로서의 논리성의 결여만을 낭만주의자들에게 지적하고 있는 것은 아니다. 정신이 확인될 수 있고 검증될 수 있는 개념들로 표현되어 마치 법전처럼 객관적으로 외화될 때에만 역사와 사회에 대해 현실적으로 구속력 있는 내용을 정립할 수 있다는 것이다. 그렇게 개념적 인식과 표현의 중요성을 강조한 헤겔("정신은 [……] 학이다. 학은 정신의 객관적 현실성이다")에게서 코제브가 읽어 내고 부각시키고 개진시킨 점(어떻게 보면 그가 헤겔보다 더 멀리 더 앞으로 나갔다고 볼 수 있게 하는 점)은, 헤겔이 인간의 "가장 놀랍고 가장 큰 역능", 나아가 "절대적 역능"이라고 간주한, 인간을 비현실성으로 넘어가게 만드는 그 지성이 바로 "담론의 능력faculté du discours"이라고 규정한 데에 있다. "여기서 '지성'이 인간 안에서 고유하게 진정 인간적인 것을 의미한다는 사실은 명백한데, 그것은 인간을 동물 그리고 사물과 구분지어 주는 담론의 능력이기 때문이다."[5]

근대 철학에서 칸트에 의해 인간 정신에 내재하는 동시에 사유를 가

---

4) A. Kojève, *Introduction à la lecture de Hegel*, Gallimard, 1947, p. 548.
5) 같은 책, p. 541.

능하게 하는 선험적 능력으로 정의되었던 지성이 헤겔에게서는 담론의 능력, 즉 언어 능력 이외에 아무것도 아닌 것이 되어 버린다. 그 사실을 분명히 밝힘으로써 코제브는 인간의 이해·인식·판단과 같은 모든 지적인 사유 작용이 언어에 의존하고 있다는 사실을 '폭로한다'——'폭로한다', 왜냐하면 그 사실을 말한다는 것은 철학의 전통에서, 칸트에 이르기까지, 존재에 접근하는 내밀하고 신비한 움직임이라고, 나아가 인간 정신에 내재적이기에 선험적으로 보편적이라고 여겨져 왔던 사유를 언어라는 '물질적' 조건에 종속시킴으로써 탈신비화시키기 때문이다. 다시 한 번 코제브가 덧붙이는 대로, 지성의 "절대적 역능", 즉 부정의 역능은, 인간을 자연적 존재로부터 분리시켜 비현실성의 한가운데로 데려가는 힘은 바로 담론에, 따라서 언어에 근거한다. "헤겔은 지성(=인간)이 '분리 활동' 내에서 그리고 '분리 활동'에 따라, 보다 정확히 말해 '분리시키는-행위scheiden'로서 나타나는 '절대적 역능'이라고 우리에게 말한다. 그러나 그는 왜 그렇게 말하는가?/ 지성의 활동, 다시 말해 인간의 사유는 본질적으로 **담론적**이기 때문에 그는 그렇게 말하는 것이다."[6]

철학자·전사의 죽음

따라서 정신Geist은 어떠한 형태로든 미리 주어지고 이미 완성되어 있는, 인간에 외재하는 실체도 아니고, 인간에 내재적이지만 마찬가지로 미리 주어져 있는 선험적 구조도 아니며, 다만 담론이 구성되는 데에 따라, 언어가 조립되는 데에 따라, 따라서 단번에가 아니라 시간적으로 표명되는 의

---

6) 같은 책, pp. 541~542.

미들(내용) 가운데 드러날 뿐이다. 정신은 단 한 번에 또는 미리 완성되어 진리의 실체적 토대로 우리에게 주어져 있지 않으며, 시간성에 따라, 헤겔의 표현대로 '역사성'에 따라 완성을 향해 나아간다. 이는 언어로서의 담론이 끊임없이 자연이라는 전체적이고 단일한 존재를 '살해하는' 동시에 그에 따라 창조된 비현실적 공간으로 인간을 끊임없이 이주시켜 놓아야 한다는 사실을 전제한다. 인간은 정신의 완성을 위해 언어라는 칼을 휘둘러서 직접적으로 주어져 있는 것들을 끊임없이 무화시키면서 죽음의 비현실적 공간에 머무를 줄 알아야만 한다. 오직 그에 따라서만 인간은 또 다른 전체성에, 주어져 있는 물질적 전체성이 아닌, 그 전체성을 담론을 통해 변증법적으로 지양(부정)함으로써 얻어진 즉자대자적인 전체성에, 즉 역사에 진입할 수 있다. 헤겔에게서 변증법적 움직임의 세 단계가 있다. 첫번째는 즉자적 단계(즉자적 동일성, 즉 주어져-있는-존재, 자연, 정립), 두번째는 대자적 단계(대자적 부정성, 부정하는 창조적이고 자유로운 행동, 인간, 반정립)이며, 마지막으로 즉자대자적 단계(즉자대자적 전체성, 역사, 종합)가 있다.[7] 두번째 대자적 부정의 단계에서 개인성이 산출되는데, 거기에서 인간은 자신에게 고유한 담론(언어)을 구축함으로써 모든 이미 주어져 있는 전체성과 더불어 주어져 있는 신神으로부터 분리되어 나오고(무신론적 부정) 자유의 존재 또는 주체적 존재(비자연적·무신론적 분리·자유에 따라 의식적 기준들·법칙들을 구성하고 의식적 존재의 공간을 창조하는 존재)가 된다. 세번째 즉자대자적 종합의 단계는 역사성이 실현되는 장소인데, 거기에서 주체적·의식적 개인들은 변증법적 종합에 이르기 위해 투쟁할 수밖에 없으며, 그 투쟁은 본질적으로 정신적 투쟁, 즉 서로 다른 담론들 사이의 전쟁이

---

7) 같은 책, p. 534 참조.

고, 그 전쟁은 종합을 쟁취하려는 싸움이다. 따라서 그 변증법적 종합은 역사의, 즉 무신론적 부정 이후에 나타난 또 다른 신의, 인간인 신(보다 정확히 말해 개인이 아닌 국민 또는 민중으로서의 신)의 완성 이외에 아무것도 아닐 것이다.

그렇게 헤겔은 자연을 역사로, 개인들을 인간 공동체(국가)로 지양하는데, 그 전제 조건은 '자연의 침묵'을 개인적·주체적 언어들로, 이어서 그 것들을 전체적 언어(역사적 담론)로 지양하는 데에 있다. 이는 우리가 알고 있는 근대의 의미심장한 상황들 가운데 하나를 보여 준다. 그 철학적이자 정치적인 근대적 상황, 근대의 결정적 상황은 공식적으로는 철학자가 아니었지만, 헤겔 철학의 원토양이 되었던 프랑스 대혁명을 이끌었던 막시밀리앙 로베스피에르Maximilien Robespierre가 역사에서 최초로 열어 놓았던 것이다. 로베스피에르는 가톨릭의 종교적 담론이 구체제 지배세력의 권익을 유지시켜 주고 있는 가장 근본적인 토대임을 간파했었고, 그것을 완전히 붕괴시키려는 의도로·그가 개최했던 이성의 축제가 잘 보여 주고 있듯이, 그는 그것을 철학적 담론으로 대체하기를 시도했다(종교의 시대로부터 철학의 시대로 넘어가는 최초의 장면). 또한 그는 철학적 정당성이 궁극적으로는 어떠한 논리적 정당성도 아닐뿐더러 사상 그 자체 내에 내재해 있지도 않고, 나아가 토론이나 합의에 의해서도 확보될 수 없으며, 오직 정치적 투쟁('현실 정치'의 투쟁뿐만 아니라, 그 이전의 정신들 사이의 투쟁, 언어들·의미들 사이의 전쟁) 한가운데에서 전투를 통해서만 주어질 수 있다는 사실을 간파했다. (비현실적) 죽음을 어느 누구보다도 더 끝까지 견지하는 것이 승리의 조건이었다.

결국 자연과 물질에 얽매여 있는 노예 상태로부터 벗어나, 또한 개인적·주관적이자 부분적인 의미들의 지양을 거쳐서 공동체와 역사 전체를 포괄하고 가로지르는 전체적 진리(즉자대자적 진리)를 소유한 주인이 되는 것이, 죽음과 맞서는 동시에 죽음을 끝까지 견뎌 내고 끝까지 죽음 가운데 거하는 자유의 인간이 되는 것이 관건이었다. 노예가 아닌 주인이 되기 위해서는, 언어가 만들어 내는 비현실성의 공간을, 정신적이자 전체적인 의미의 공간을 장악해야만 했고, 이는 죽음을 지배하는 것과 다르지 않았다. 바로 그 '비현실적' 죽음이 근대 정치에서, 로베스피에르로부터 히틀러(민족정신을 추구하고 실현시키려는 피비린내 나는 '그의 투쟁')를 거쳐 근본적으로는 독일 관념론의 영향 아래에서 천황과 국가를 위해 자발적으로 죽음을 선택하는 지고한 의미를 일본 청년들에게 가르치면서 그들을 전쟁터로 내몰았던 니시다 기타로에 이르기까지 우리 곁에서 출몰했던 수많은 정치적·군사적 죽음들의 원인들 가운데 하나였다. (그렇기에 헤겔이 로베스피에르를 그대로 이어받았고 히틀러나 니시다로 그대로 이어진다는 말이 전혀 아니다. 헤겔은 설사 피로 물든 전쟁이 자유를 위한 하나의 투쟁이라고 보았다 할지라도 그들의 '범죄'나 '오점'이라 불릴 수 있는 것들을 '인륜성'이라는 이름으로 그대로 용인하지 않을 수도 있고, 그들이 진정한 의미에서의 역사적 자유를 위해 싸우지 않았기 때문에 충분히 '정치적'이지 않았다고 비판을 제기할 수도 있다. 그 이전에 어떠한 철학자나 사상가도 직접 정치에 뛰어들지 않았던 한에서 한 공동체의 어떤 정치적 결정이나 행동의 직접적 원인으로 지목되어 단죄될 수 없다. 다만 우리가 말하고자 하는 바는, '비현실성'으로서의 죽음이 인간에게서 모든 폭력의 기원이 되는 가장 근원적 폭력이며, 그 죽음이 근대 정치의 역사와 현실에 개입하고 있다는 점 ─죽음의 작동 구조─을 헤겔이 꿰뚫어 보았고 정식화했다는 것이다.) 헤겔의 죽음에 대한 사유는 실존적 차원을 넘어서서 공동체적·정치적 차원, 즉 역사적 차원에서 결론을 발견했고, 전쟁이라는 문제와 결부되는 지점에서 정점에 오른다.[8] 헤겔이 부각시킨 죽음은 지혜로운 자(철학자)이자 전사(정치적·군사적 투사)의 죽음이지, 결코 어떤 '윤리적'(이 '윤리적'이라는 표현이 무엇을 의미하는지 이후에 살펴보아야 할 것이다) 죽음이 아니다.

언어의 광기

근대는 바로 지혜로운 자이자 전사인 유형의 인간의 시대였다. 즉 철학(또는 헤겔이 말했던 '학Wissenschaft')과 정치의 시대, 철학적 담론과 정치가 가장 밀접히 결합되어 있었던 시대, 철학적 담론이 종교를 대신해서, 그러나 '종교적' 위치에서──인간 정신을 지배할 수 있는 위치에서──정치의 중심(인간들 사이의 관계의 질서·기준, 사회를 떠받치고 있는 전체적 의미의 토대, 간단히 말해 이념 또는 이데올로기)을 장악했던 시기, 거기서 그러나 철학자이자 투사는 죽어야만, 즉 세계(세상)의 흐름을 거슬러 올라가 지고한 최고 주권적인 '비현실성'의 의미의 공간 안에 위치해야만, 어떤 '형이상학적'(목적론적·역사적 또는 '역사주의적') 높이에 올라가 있어야만 했다. 그는 의미(언어·담론)의 '칼'을 휘둘러서 세계 내에 이미 주어져 있는 것들을 죽이고, 세계에 내재적이지만 동시에 초월적인 역사 안으로 들어가서 그 역사의 흐

---

8) 조르주 바타유에 의하면, 헤겔에서 죽음은 궁극적으로 "군인의 죽음mort militaire"이다(G. Bataille, "Hegel, la mort et le sacrifice", *Œuvres complètes*, XII, Gallimard, 1988, p. 339 각주). 코제브의 헤겔 해석을 재검토하고 있는 이 텍스트「헤겔, 죽음 그리고 희생」에서의 바타유의 그러한 관점은 코제브가 헤겔에게서의 죽음의 문제를 성찰하면서 내린 이러한 결론으로부터 유래한다. "따라서 바로 살상을 벌이는 전쟁이 역사적 자유와 인간 자유의 역사성을 보증한다. 인간은 오직 국가의 삶에 능동적으로 참가하는 한에서만 역사적이며, 국가의 삶에 그렇게 참가하는 행동의 정점은 어떤 순수하게 정치적인 전쟁에서 삶을 자발적으로 위태롭게 하는 데에 있다. 따라서 인간은 오직 전사이거나 적어도 잠재적으로 전사인 한에서만 진정 역사적이고 인간적이다"(A. Kojève, *Introduction à la lecture de Hegel*, p. 560).

름을 간파하고 주도해야만 했지만(그렇기에 근대에서 역사가 신을 대신한다), 그 '칼끝'은 언제나 다시 그 자신을 겨냥하고 그는 다시 죽어가야만 했다.

우리의 논의는 대자적 부정성의 영역을 넘어서 이미 즉자대자적 전체 성(역사, 변증법적 종합)의 영역으로 넘어와 있다. 다시 말해 우리의 논의가 문제 삼고자 하는 것은 단순히 부정에 머무는 주관적 담론이 아니라, 종교 를 대신해서 시간적 전체(역사)와 공간적 전체(공동체, 국가)를 **창조하는**, 자 연의 전체성을 지양하는 동시에 완성하는 정신의 전체성을 규정하는 전체 적·역사적·철학적 담론이다. 그 전체성의 담론이 자연적 존재를 존재 자체 또는 진정한 존재와 전혀 다르지 않은 존재의 전체적 의미 내에로 지양한 다. 그러나 어떤 지혜의 인간, 어떤 철학자가 그러한 담론을 제시할 수 있기 위해서는 담론 자체의 수준에서 어느 순간 비현실성의 극단에 위치하는 죽 음을 무릅써야만 하며(그래야만 하는데, 그렇지 못하면 역사도 진보도 있을 수 없기 때문이다), 마찬가지로 역사의 수준에서 자발적으로 의지적으로 죽을 수 있거나 생명을 걸 준비가 되어 있어야만 한다. (정치와 역사의 현장에서 죽 음으로 다른 누구도 아닌 자신의 존재를 증명해야만 했다는 것, 그것이 근현대 정 치의 가장 극적인 단면이 아니었던가! 그러나 다시 한 번 강조해야 할 필요가 있 는데, 그러한 단면을 역사적 무대로 만들어 놓았던 자는 헤겔이 아니며, 사실상, 즉 역사상 그 무대에 실제로 최초로 등장했던 인물은, 헤겔이 언제나 주목했던 로 베스피에르이다. 정확히 말해 헤겔은——좋은 의미로든 나쁜 의미로든——다만 그 역사적 무대에 다만 관조자로, 즉 '철학자'로 남아 있었을 뿐이고, 그 흐름에 실 려 가거나 떠밀려 갔을 뿐이다.) 진정한 철학자라면, 진정한 전사라면, 간단 히, 진정한 인간이라면 그러한——서로 연관이 없지 않을뿐더러 밀접히 연 관된——두 종류의 죽음과 대면해야만 한다. 중요한 점은, "인간은 그 자신 을 자발적으로 초월할 수 있고, 그 자신으로, 즉 한 인간적 존재로 남아 있는 채 스스로 자신의 '타고난 자연' 그 너머로 나아갈 수 있다는 것이다. 그러나 그에게 지주가 되는 동물에게 그 초월은 죽음을 의미할 뿐이다. 오직 인간 동물에게서만 그 죽음은 외부에 있지 않다. 말하자면 그는 자신 자체로서 (인간으로서) (동물로서의) 자신의 죽음의 원인인 것이다. 오직 그 '자율적'이거나 '자발적'인 죽음만이 의식적일 수 있고, 또한 자유롭게 받아들여지거나 원할 수vouloir 있다(생명을 거는 위험). 오직 그 죽음만이 진정 인간적이거나 인간을 인간되게 하거나 인간을 생성시킨다."[9]

　　동물에게 자연적으로 수용된 필연적 죽음이 아닌 자발적인 죽음, 즉 다른 자 아닌 '내'가 원한, 스스로 의지한vouloir 죽음, 그것이 바로 인간으로 하여금 자연적 자기인 동물을 초월해서 인간이 되게 한다. 또한 바로 의지가 추진하는 그 초월적 죽음이 전체적 담론의 구성 과정 한가운데에 개입한다. 이는 전체적 담론이 지성의 담론의 능력을 통해서만 논리에 따라 저절로 구성되지 않으며, 비현실성의 극점에서 버티고 그 극점마저 뛰어넘으려는 광기의 의지 또는 의지의 광기를 반드시 요구한다는 사실을 의미한다. 지성을 초월한다는 의미에서 '비합리적인' 그 의지 또는 그 광기가 사실상 전체적·역사적(역사주의적) 담론을 지배하고 좌우하고 있는 것이다. 그것은 다름 아닌 구성되어 정립된 어떤 전체적 의미체계를 완성시키기 위해——가령 국가·공동체와 역사를, 또한 인간 자체를 현실화시키기 위해——모든 '타고난' 주어진 자연적인 것을 어떻게 해서든 정신의 전체성에 종속시키려는 '살해'의 의지 또는 광기이며, 따라서 타인들의 생명을 파괴하는 것에 무관심할 뿐만 아니라 특히 자신의 생명을 무로 돌리는 것에 무감각한 광기(신의 부재와 죽음의 가능성을 증명하기 위해 자살을 시도한 키

---

9) 같은 책, p. 553. '원할 수'는 인용자 강조.

릴로프에게서 블랑쇼가 보았고 『문학의 공간』에서 자발적인 가능한 죽음을 시도하게 만드는 원동력으로 제시했던 광기, 전형적인 사드적 광기, 그 이론의 광기가, 무감각apathie의 극단적 열정이 프랑스 대혁명을 지배했음을 사드는 간파했고, 또한 근현대의 영웅적 열정이 될 것임을 사드는 예언하지 않았는가——헤겔이 보았던 대로 영웅이 되기 위해서는 자신의 죽음을 두려워하지 않아야 하며, 나아가, 우리는 이 점을 강조하고자 하는데, 자신의 죽음 앞에서의 그 불굴의 용기를 증명하고 전시해야만 한다)이다. 그것은 언어(명제, 정식, 이념, 의미)에 매개되고, 언어에 의해 촉발되고 추진되었다는 점에서 합리적·지성적이지만, 결국 언어를 초월하는 지점을 향해 나아간다는 점에서, 언어에 의존하지만 언어를 넘어서 자아(자기의식)의 초월적·절대적 현전을 포착하고 증명하고자 한다는 점에서 '비합리적'이다(헤겔에게는 그가 그토록 비난했던 낭만주의적 비합리성이 잔존한다). 그것은, 공동체(국가)라는 관점에서 본다면, 모든 법을 초월하는 지점으로 올라가거나 모든 법의 토대로 내려간 '공통의 언어'(동일성의 언어, 이념적 절대, 절대의 이념)를 추진시키는 원동력이라는 점에서 '신비한' 어떤 것이다. 근현대의 수많은 지식인들·철학자들이 사로잡혀 있었던 것은 단순한 지식에 대한 욕망이 결코 아니다. 그것은 담론 아래에 깔려 있으면서 담론을 작동시키는 그 '비합리적이고 신비한' 의지 또는 광기였다. 그렇지 않았던가? 그것은 담론 내에 내재해 있는 그 광기의 열정이 아니었던가? 그 열정의 광기, 즉 '살해'의 광기가 아니었던가? 또한 바로 그것이 수많은 현실 정치가들에게서 공유되면서 역사적·정치적 투쟁의 여러 현장에서 또 다른 인간들의, 어떻게 본다면 "타고난 자연"의 수준에 머물러 있었던 "동물들"의 피를 요구하지 않았는가? 그 이전에 과연 다른 이 아닌 바로 '나 자신'을 위해, '나 자신'을 증명하기 위해 비현실성의 극점에서 스스로 죽어가야만 했는가? 과연 언어가, 바로 비현실성의 숙주가 살해하는 것이다. 왜냐하면 언어가 인간이 손에 쥐고 있는 가장 예리한 칼, 가장 강력한 무기이기 때문이며, 인간이 실행할 수 있는 모든 폭력의 근원에 있는 근원적 폭력이기 때문이다.

언어가 가져온 필연적 결과 : 죽음의 (존재론적·실존적) 슬픔

이러한 모리스 블랑쇼의 문장들에 주목해 보자. "지식을 간직하고 있고 구축하는 이론의 종말. 이론이 허구에 따라 죽음의 위험에 놓이게 된 곳에서, '허구의 이론'으로 열려 있는 공간이 있다. 당신들 이론가들, 당신들은 죽을 수밖에 없으며, 이론이 당신들 안에서 이미 죽음 자체라는 사실을 알기를. 그 사실을 알기를, 당신들의 동반자를 알아보기를. 아마 '이론화하지 않고는 당신들은 한 발자국도 앞으로 나갈 수 없다'는 것은 사실일 것이지만 그것은 진리의 심연을 향해 한 발자국 더 내딛는 것도 아닐 것이다. 그 심연으로부터 침묵의 웅성거림이, 무언無言의 강도가 올라온다"(88).[10) 또한 이러한 문장들이 있다. "헤겔적 체계 내에서(즉 모든 체계 내에서), 죽음은 쉴 없이 활동하고 있으며, 아무것도 죽지 않고 죽을 수 없다. 체계 이후에 남아 있는 것은, 나머지 없는 잔금은 반복되어 새롭게 된, 죽어감의 격동이다"(91).

여기서 블랑쇼는 전체성을 목표로 삼은 이론뿐만 아니라 모든 이론이 죽음의 위협 앞에 놓여 있으며, 언제나 '허구'로 떨어지게 될 수 있는 통로인 공간(비현실성의 공간)으로 열려 있다는 점을 말하고 있다. 전체성의 이

---

10) 이후로 블랑쇼의 『카오스의 글쓰기』(그린비, 2012)를 인용할 경우 이 책의 쪽수만 괄호안에 기입한다.

론 이전에 이론 자체가 문제이며(그러나 어쨌든 블랑쇼든 우리든 어떠한 이론도 필요 없다거나 모든 이론은 거짓이라고 주장하지 않는다), 이론 이전에 언어 자체가 문제이다. 전체성의 이론을 추진하는 최고주권적인 힘인 의지의 광기는 결코 어떤 자연적인 광기가 아니며(도대체 자연 자체에서 비롯된 광기가 있는가), 근본적으로 언어로부터, 언어의 지극히 단순한 동일화·보편화 작용(모든 돌들을 '돌'이라고, 모든 개들을 '개'라고, 모든 인간들을 '인간'이라고 규정하는 것)으로부터 자라난다. 그러나 언어의 그 단순하지만 필연적인 작용 때문에 이론에의 의지의 광기는 '인간적인' 광기 자체가, 모든 폭력은 인간만의, 지극히 '인간적인' 폭력이 된다. 그것 때문에, 의식적일 수밖에 없는 인간만의 폭력이 동물들 사이에서 벌어지는, 차라리 '자연의 순환작용'이라 불러야 마땅할 모든 잔인한 힘의 시위보다 더 잔인한 것이 되고 더 전면적으로 실현될 수 있는 것이다. 그러나 '내'가 가진, 모든 것을 부정하고 무화시킬 수 있는 가장 예리한 칼인 언어를 내가 휘두를 때마다, 그 칼끝은 동시에 언제나 '나'를 향해 있다.

말하자면 의식이 언어를 토대로 부정성에 따라 작동하는 곳에서, 인간은 그 부정성의 작용의 원인이기만 한 것은 아니고, 그 결과가 되어 버리는 것이다. 인간이 언어를 사용할 때마다 인간은 비현실성의 죽음을 자기 아닌 것들에 부여하는 주체인 동시에 스스로가 죽음이 부여되는 대상이 되는 것이다. 인간은 의식적 부정의 힘에 의존해서 직접 주어진 자연적 존재를 변형시키고 무화시키는 동시에, 스스로 그러한 존재로부터 분리되어 마찬가지로 자연적인, 즉자적인 자기 존재를 무화시킨다. 죽이면서 동시에 죽는 것이다. 존재의 지주를 제거하면서 동시에 자신의 지주를 제거할 수밖에 없는 것이다. 이중의 죽음, 이중의 무화, 인간은 비현실성을 창조하면서 스스로 비현실적이 되어 비현실성-부정성 내에 머물러야만 한다. 그 의식의 비현실성-부정성을 바로 언어가 촉발시키며 끊임없이 추진해 나간다. 헤겔-코제브의 강한 영향 아래에서 문학과 죽음의 문제와 마주했던 블랑쇼는 이렇게 말한다. "내가 말할 때, 나는 내가 지적한 것의 실재를 부정하고 있으며 또한 그것을 말한 자의 실재를 부정하고 있는 것이다. 만일 나의 말이 존재를 비실재 가운데 드러낸다면, 존재의 그 드러남에서, 나의 말은 말하는 자가 비실재라는 사실로부터, 그가 자신에게서 멀어져 자신의 존재와는 다른 자가 될 수 있는 능력으로부터 발설된다."[11]

언어를 사용하는 자는, 즉 우리 모두는 언어 자체의 부정성으로 인해 자연적 자기 자신(그가 바로 이후에 우리가 집중적으로 조명해야 할 '어린아이'일 것이다)과 의식적·대자적 (나아가 사회적·문화적) 자아 사이의 심연에, 즉——헤겔이 『정신현상학』 서문에 썼고, 이후에 바타유가 각별한 의미를 부여하면서 우리에게 반복해서 제시했던 표현인——'찢김Zerrissenheit, déchirement' 속으로 떨어지게 된다. 헤겔에 의하면 인간은 '아픈 존재'이다. 이는 인간이 내적으로 자기 자신과 분리되어 있는 동시에 외적으로도 주어져-있는-존재(자연)와 분리되어 있으며, 그러한 한에서만 인간이라는 사실을 의미한다. 그 이중의 분리가 인간에게 바로 죽음이다. 인간이 언어로 인해 자연의 전체성으로부터 떨어져 나오는 동시에 자신의 자연적 토대로부터 떨어져 나와서 모든 직접적·물질적 지주를 상실한 채 비현실성의 공간(의식) 안으로 내몰리게 되는 것, 바로 그것이 죽음이다. 인간의 의식의 공간 내에서, 내면성 내에서 근본적으로는 어떠한 물질적·구체적 버

---

11) M. Blanchot, "La Littérature et le droit à la mort", *La Part du feu*, Gallimard, 1949, pp. 313~314. 여기서 인용된 「문학과 죽음의 권리」에서 블랑쇼는, "헤겔에게 이해는 살해와 같은 것이다"(같은 책, p. 312 각주)라는 테제로부터 중요한 여러 성찰들을 끌어낸 코제브를 참조하면서 자신의 문학에 대한 사유의 핵심을 보여 준다.

팀목의 지지도 받지 못하는 단어들만 부유하는 것이다. 바로 그렇게 떠도는 단어들이 '나'를 지배하고, '나'는 공허한 단어들에 의해 짓눌리는데, 그렇게 나는 존재의 전체성으로부터 분리된다. 분리, 즉 고독, 언어가 만들어낸 고독, 인간의, 인간만의 고독, 그렇기 때문에 바타유는 코제브가 헤겔의 죽음에 대한 사유를 성찰하면서 내놓았던 해석을 다시 해석하는 자리에서 "언제나 의식 배후에 있는, 죽음의 슬픔"[12]이라고 썼던 것이다. 문제는 모든 것에 대해 모든 것을 말할 수 있고, 역사라는 이름하에 자연적 전체성을 지양해서 정신이 주재하는 즉자대자적 전체성으로 끌어올릴 수 있는 한 철학자라 할지라도 죽음 가운데 놓여 있어야만 하고 스스로 죽어가고 있다는 데에, 고독(분리)이 강요하는 슬픔으로부터 벗어나 있지 못하다는 데에, 또는 슬픔을 무시해야만 한다는 데에 있다. (분명 우리 모두는 어떤 한도 내에서는 그 슬픔을 무시해야만 하고, 언제나 무시하고 있다! 그러나 끊임없이 그렇게 무시하는 것이 바로 모든 타자에 대해 문을 닫는 것이라면…….) 그러나 그 슬픔이 심리적인 것도, 주관적이거나 자의적인 것도, 더욱이 감상적이거나 낭만적인 것도 아니며, 다만 필연적이자 '존재론적'이라는 점을 강조해야만 한다. 왜냐하면 그것은 언어로 인해 단 하나의 전체적 존재가 필연적으로 둘로 나누어지는 데에서, 즉 인간이 '찢긴 존재'가 되는 데에서 발생하는 어쩔 수 없는 감정이기 때문이다. 또한 모든 종류의 '인간적인' 슬픔의 지류들로 뻗어 나가는 원천이 바로 언어로부터 발원하는 그 '존재론적·실존적' 슬픔이다.

---

12) G. Bataille, "Hegel, la mort et le sacrifice", *Œuvres complètes*, XII, p. 340. 또한 이 중요하고 널리 읽힌 바타유의 텍스트 「헤겔, 죽음과 희생」의 초두에 제사題詞로 나오는 "동물은 죽어간다. 그러나 동물의 죽음은 의식의 생성이다"라는, 코제브도 인용했던 헤겔의 말을 되돌려보자.

언어가 가져온 죽음에 대한 의식

언어가 가져오는 죽음은, 즉 의식이 언어 작용에 떠밀려서 자연적 전체성으로부터 떨어져 나온 결과인 죽음, 인간이 언어를 사용하면서 ——정확히 말해, 이 점이 중요한데, 언어에 사용되어 ——존재와 더불어 자기 자신에게 끊임없이 부과하는 죽음은, 우리가 흔히 이해하는 죽음과, 우리가 기다려야 하며 우리를 기다리고 있는, 미래의 어느 시점에서 아마도 '나'라는 존재가 부재하는 지점에서 실현될 결정적 죽음과 무관하지 않다. 왜냐하면, 우리가 이미 살펴본 대로, 언어의 부정성으로 인해 인간이 지속적으로 겪을 수밖에 없게 되는 죽음이, 직접적으로 주어지는 감각적 존재자들의 여기 지금hic et nunc의 구체적 시공간들이 상실되어 의식의 화석화된 추상적 관념들로 전환되는 데에 있다면, 마찬가지로 결정적 죽음도 의식의 타자인 그 구체적 시공간들의 전체로부터 우리를 결정적으로 분리시키는 데에 있기 때문이다. 두 죽음은 모두 몸의 주어진 감각들이 퇴색되어 가고 그것들의 물질적·자연적 지주가 무화되어 간다는 공통의 특성을 갖고 있다. 즉 분리된다는 공통의 사실, 그 사실이 고독을 가져오고 두 종류의 죽음 모두(그러나 두 죽음은 서로 무관한 것들이 아니다)를 두려운 것으로 만든다. 동물로서의 인간은 동물보다 훨씬 더 결정적 죽음을 두려워하며, 훨씬 덜 의연하게 그 죽음과 마주한다. 결정적 죽음이 몸이 구체적 공간(세계)으로부터 결정적으로 분리되는 데에 있다면, 의식은 언어로부터 자양분을 얻으면서 매순간 몸을 여기로부터 분리시키고 그에 따라 죽음을 진행시킨다. 본질적으로 언어가 가져오는 분리가 죽음을 두려운 것으로 만든다.

그러나 무화되었지만 '바깥'(블랑쇼가 말하는 '바깥', 언어의 바깥, 따라서 의식의 바깥)에 잔존하는 그 물질적·자연적 지주는 어느 시점에서, 어떤 계기를 통해 '나'의 모든 언어를 빼앗아 가려 하고, 그에 따라 언어로부터 형성된 '나'의 내면적 의식(자아)을 깨뜨리려고 한다——바깥이 주는 공포, 또는 『카오스의 글쓰기』의 표현대로 "카오스의 위협". 사회로부터의 배제(추방)나 병듦이나 사랑·우정의 상실이나 경제적 토대의 붕괴나 정치적·사회적 아노미 상태의 경험 또는 블랑쇼 자신이 부각시킨 글쓰기의 시련과 같은 '심각한' 계기가 개입되는 상황에서 각각의 계기가 강요하는 어떤 특정한 고통(몸의 고통, 배고픔의 고통, 심리적 고통 등)은 존재론적(실존적) 고통으로 덧난다. 말하자면 바깥의 자연 또는 바깥이라는 자연은 '나'의 모든 언어를 와해시키고자 하고, 그에 따라 '나'의 의식적 자아를 붕괴시키려고 하지만, '나'는 자신의 자아를 붙들고자 하고 보존하고자, 즉 '나'의 언어를 지키고자 하는 것이다——그로부터 자아의 힘을 통해, 의식적 힘을 통해 죽음을 극복하고 무화시키려는, 블랑쇼『문학의 공간』[13]에서 무대화했던 키릴로프의 형이상학적 자살의 시도가, 또한 블랑쇼가 끊임없이 부각시키면서 그 한계를 지적했던, 하이데거가 말하는 '모든 불가능성의 가능성인 죽음의 가능성'에 대한 요구가 비롯된다. 바깥은 왜 '내'가 근본적으로 자연과 문화·의식 사이의 틈(구멍, 심연) 속에 끼어 있는 찢긴 존재인가를 분명하게 말해 준다.

인간이 단순히 스스로가 찢긴 존재임을 아는 것이 아니라 스스로 찢긴 존재가 될 때, 즉 죽음과 같은 시련의 경험을 겪어야만 할 때 자신의 내면적 자아와 그러한 자아로 인해 생겨난——또는 그러한 자아의 내면성으로 흡수되지 않았던——바깥이 전쟁을 벌여야 하는 상황에 들어간다. 그 상황은 자아의 안에서 언어가 분출하는 동시에 그 바깥에서 언어가 파편화되

---

13) 모리스 블랑쇼, 『문학의 공간』, 이달승 옮김, 그린비, 2010.

는 상황, 즉 '문학적' 상황이다. 하나의 담론이 다른 담론들과 전쟁을 벌이는 변증법적·철학적 상황보다 더 근본적이고 더 급진적인, 인간이 하나의 담론 내부에서 타인들이 아니라 자기 자신(즉 자신의 타자)과 벌여야 하는 '문학적' 전쟁 상황, 그 상황은 헤겔-코제브가 말했던 언어의 부정성이 인간에게 마련해 주었던 자유와 창조의 공간에서 벌어지지 않는다. 그것은 담론이 정립되고 종합에 이르는 공간이 아닌 담론이 파열되고 와해되는 공간에서, 즉 담론의 토대가 부재하는 곳곳에 구멍 난 공간에서 벌어진다. 언어의 부정성 덕분에 열렸던 자유와 창조성의 공간이 바로 똑같은 그 언어의 부정성으로 인해 인간 존재에게 본질적이자 필연적인 불안정성의 공간으로, 절규의 공간으로 변하게 되는 것이다. 그러나 그러한 반전 자체 가운데, 이후에 집중적으로 다시 살펴봐야 하겠지만, 어떤 것 또는 어떤 자가 이미 죽었음에도 불구하고 다시 살아나 회귀하지 않는가? 되살아나 되돌아오지 않는가?

또한 다른 관점에서 언어의 부정성이 지속적으로 강요하는 죽음은 결정적 죽음과 무관하지 않은데, 전자가 후자를 예고하기 때문이다. 말하자면 언어는 여기 지금 생생하게 직접적으로 주어지는 감각적인 것들을 이해된 것들로, 의미들로, 즉 의식에 기억될 수 있는 것들로, 지금 아닌 과거의 것들로, 기억에 남게 되는 화석화된 것들로 전환시키는데, 이는 시간의 시간성의 전개 이외에 아무것도 아니다. 언어로 인해 인간이 죽음 가운데, 비현실성 위에 놓이게 되었다는 것은, 언어가 허위나 착각이나 거짓을 가져온다는 것이 아니라, 여기 지금의 것들을 의식에 투과(내면화)시킬 시간을 확보한다는 것, 즉 그것들을 과거로 돌린다는 것이다. 다시 말해 그것들을 표상re-présentation(재-현재화)하면서 성찰할 수 있게 된다는 것, 현재의 '폭력'으로부터 바리케이드를 친다는 것, 현재의 것들을 재-현재화하면서 과거로 돌리고 변형시키는 동시에 그것들을 굽어보면서 성찰(반성)할 시간을 확보한다는 것, 즉 시간 사이의 차이를 가져온다는 것이다. 한마디로 시간의 시간성의 전개, 따라서 죽음의 시간성의 전개, 죽음의 유예, 죽음을 통과해 나가는 의식적 삶의 전개, "동물은 죽어간다. 그러나 동물의 죽음은 의식의 생성이다". 만약 언어가 없었다면, '나'는 기억의 지배를 받지 않았을 것이고, 시간의 시간성을 이해할 수 없었을 것이며, '나'의 종말, '나'의 결정적 죽음을 예상할 수 없었을 것이다.

끝없이 죽어가지만 죽지 않는 한 어린아이

왜 철학자들도 대부분 마찬가지이겠지만 어른들은, 물론 전혀 예외가 없지는 않겠지만, 아이(자식)가 태어났을 때 기뻐하고 특별한 종류의 행복을, 나아가 말할 수 없는 환희를 느끼는가? 왜 아이는 어느 시점이 되기 이전에는 그토록 당당하고 그토록 자연스러워 보이는가? 왜 아이는 성인들이 줄 수 없는 경이와 매혹을 가져다주는가? 아이는 왜 부모에게, 설사 대단히 부유하고 사회적으로 성공한 남부러울 게 없는 부모라 할지라도, 위안을 주고 슬픔(개인적·주관적·심리적인 어떤 부정적 감정이 아닌, 앞에서 말했던, 언어가 발생시키는 필연적·존재론적 슬픔)을 치유해 주는 것처럼 보이는가? 어른과 비교할 때 아이는 왜 불안해 보이지 않고 분열되어 있지 않은 것처럼 보이며, 왜 어떤 자연적 통일성의 품 안에서 마치 동물처럼 살아가는 것처럼 보이는가? 왜 부모는 자신들에게 결핍되어 있었던 것들과 자신들을 고통스럽게 만들었던 것들로부터 아이는 면제되어 살아갈 수 있기를 원(소원)하는가? 이러한 물음들은 정신분석학자 세르주 르클레르의 중요한 저작『사람들은 한 어린아이를 살해한다』의 통찰력 있는 논제들과 무관하지 않아 보인다.

『사람들은 한 어린아이를 살해한다』의 초두에서 르클레르는, 오이디푸스의 이야기에 나타난 친부살해의 공포가 정신분석학에서 끊임없이 되돌아가 보아야 할 중요 주제들 가운데 하나로 지나치게 부각되어 온 반면, 오이디푸스가 어른이 되어 자신의 아버지를 죽이기 이전 유아 시절에 살해당할 위기로부터 벗어났다는 사실과, 신이 자식(이삭)을 죽이려는 아브라함의 손을 멈추게 했다는 사실은 망각되었음을 의문과 함께 강조한다. 의사들이 '당신은 아직 당신의 아버지를 살해하지 못했군요!'라고 말하면서 수없이 친부살해에 대해 부각시켜 온 반면, 아이 살해의 문제와 그 공포에 대해서는 주의를 기울이지 않았다는 것이다.[14] 르클레르는 우리에게 아버지의 죽음과는 다른 종류의 죽음에, 즉 어린아이의 죽음——"세대를 거쳐 부모의 꿈들과 욕망들을 증거하고 있는 놀라운(또는 끔찍한) 어린아이를 살해하는 데에 행사되는 죽음의 힘"——에 주목할 것을 촉구하는데, 그 어린아이는 물론 태어난 아이를 통해 현실화되지만, 우리 모두 안에, 우리의 무의식 안에 결코 완전히 죽어서 사라지지 않은 채 원초적 나르시시즘의 대표 표상représentation du représentant narcissique primaire으로 남아 있게 된다. 그로부터 현기증 나고 얼어붙게 만드는, 헤겔이 말했던 '찢긴 존재'로서의 인간을 다시 한 번 확인하게 해줄 딜레마가 비롯된다. 우리 각자는 그 어린아이를 그대로 살려 두어서는 안 되고 끊임없이 살해해 나가야만 하는데, 만약 그럴 수 없다면 자신 안에 갇혀 사회 안으로 진입하지 못한 채 타인들을 이해하지도 사랑하지도 못하고, 동물이나 그야말로 '아이'로 남아 있을 수밖에 없을 것이기 때문이다. 그렇다고 우리 각자는 그 어린아이의 살

---

14) S. Leclaire, *On tue un enfant*, Seuil, 1975, p. 10. 또한 같은 책, p. 16.

해를 완벽하게 실현시킬 수도 없는데, 왜냐하면 불가능할뿐더러, 만약 그럴 수 있다면 각자는 삶의 모든 향유에 무감각한 마치 조종당하는 기계와 같은 존재가 되어 버린 채 살아갈 아무런 근거나 이유를 찾을 수 없게 되어 버릴 것이기 때문이다. "그 표상을 포기한다는 것, 그것은 죽는다는 것, 살아갈 이유가 없다는 것이다. 그러나 그 표상에 매여 있는 것, 그것은 전혀 살 수 없다는 판결을 [사회로부터] 받는다는 것이다. 각자에게 살해해야 할 어린아이가 하나 언제나 있으며, 지내야만 할 초상初喪이, 부동의 향유의 충만한 표상을 눈멀게 만들 빛으로 지속적으로 변형시켜서 재차 지내야만 할 초상이 있다."[15]

그 어린아이를 그대로 살려 둘 수도 없고, 단 한 번 초상을 지내면 충분하도록 완전히 죽여 버릴 수도 없다. 그 어린아이가 죽었지만 되살아나는 것을 용납할 줄 아는 어른이, 즉 주체가, 창조할 줄 알고 사랑할 줄 아는 인간이 되어야만 한다. 그러나 창조할 줄 안다는 것은 바로 주어져-있는-존재(자연)를 부정할 줄 안다는 것을, 또한 사랑할 줄 아는 욕망의 주체가 된다는 것은 주어져-있는-존재로부터 멀어져 가 분리될 줄 안다는 것을, 즉 고독 가운데 놓일 줄 안다는 것을 전제하지 않는가? 따라서 그 모든 것이 언어를 근거로 가능하게 되지 않는가?

한 어린아이의 원초적 생명

세르주 르클레르에 의하면, 어린아이를 끊임없이 살해해 나간다는 것과, 의

---

15) 같은 책, p. 12. 또한 르클레르는 이렇게 말한다. "그 표상은 우리를 매혹시키고, 우리는 그것으로부터 돌아설 수도, 그것을 붙잡을 수도 없다"(같은 곳).

식을 갖게 된다는 것 또는 사회화되어 간다는 것은 정확히 같다. 어린아이에 대한 지속적인 살해 행위에서 무기는 칼이나 총이 아니고 언어이다. "원초적 나르시시즘의 표상은 유아infans라는 이름을 가질 만하다. 그것은 말하지도 않고 결코 말하지 않을 것이다. 정확히 바로 우리가 그것을 살해하기 시작하는 한에서 우리는 말하기 시작한다. 우리가 그것을 살해하기를 계속하는 한에서, 우리는 진정으로 말하기를, 욕망하기를 계속한다."[16] "그 살인이 단 한 번에 이루어질 수 없다는 불가능성"과 더불어 "우리가 진정으로 말하게 될 때마다, 사랑하기 시작할 때마다 살인이라는 그 범행을 저질러야만 한다는 필연성"이 존재한다.[17] 어린아이에 대한 살해가 단번에 이루어질 수 없기 때문에, 그 살해를 되풀이해야만 한다. 따라서 그 불가능성은 그 필연성으로 귀결된다.

르클레르가 '원초적 나르시시즘의 표상'이라고 부른 것은——분명 르클레르도 동의할 바이겠지만——어떠한 왜곡도 없이 그 자체로 의식에 현전(표상)되지 않는 것이고, 따라서 그것은 사실상 일반적 표상들 가운데 하나가 전혀 아니다. 원초적 나르시시즘의 표상을 죽음 충동이 겨냥하는 것(가령 자살하기를 원하는 어떤 자가 죽여 없애 버리고자 하는 그것)이라고 보면서 르클레르가 그 표상이 어떠한 방식으로도 파괴될 수 없기에 자살은 자기모순에 빠져 버릴 수밖에 없다고 말할 때,[18] 그는 그 표상이 의식·언어의 질서(한마디로 관념과 사실의 일치adaequatio라는 질서)에 들어가 있지 않

---

16) 같은 책, p. 22.
17) 같은 책, p. 14.
18) 같은 책, pp. 13~14. 이러한 르클레르의 논의를, 블랑쇼는 『문학의 공간』에서부터 자신이 부각시켜 온 자살의 불가능성이라는 주제와 나아가 죽음의 가능성의 불가능성이라는 주제를 뒷받침하기 위해 『카오스의 글쓰기』에서 원용하고 있다.

다고, 따라서 전혀 '인간화'될 수 없고 '인간적'인 것이 아니라고 말하고 있는 것이다. 그것은 사실 표상이 아니고, 따라서 '인간적'인 것이 아니다 — 르클레르가 그것을 '인판스infans'(라틴어 인판스는 말하지 못하는 자를 의미한다)라고 부른 이유는, 그것이 인간에게 속해 있지 않다는 사실을 말해 주기 위해서가 아닌가? 그것은 — 정신분석학 바깥에서 본다면, 그 바깥에서 보고자 하는데, 여기서 우리의 궁극적 관심사는 정신분석학 그 자체가 아니고, 우리의 능력을 훨씬 벗어나 있는 임상 자체는 더더욱 아니며, 오히려 헤겔이 말하는 '찢긴 존재'로서의 인간, '아픈 인간', 우리의 입장에서 본다면 '병들고 아픈' 인간 또는 동물, 따라서 우리 모두이다 — 가령 칸트가 말하는 '물자체Ding an sich'가 인간 위가 아닌 인간 아래로 하강해 버리면서 형성하게 되는 밑바닥에 속해 있지 않은가? 그것은 거꾸로 놓인 '물자체'에 속해 있다.

원초적 나르시시즘의 표상은, 보다 정확히, 쇼펜하우어가 '물자체'를 과감하게 번역하기 위해 말했던, 인간뿐만 아니라 모든 생명체가 그 존재의 뿌리에서부터 맹목적으로 매여 있는 '의지의 세계'에, 즉 '표상의 세계' 그 너머가 아니라 그 아래의 공간에 들어가 있다. 말하자면 쇼펜하우어의 영향 아래에서 니체가 해석한 대로, 눈에 보이지 않을뿐더러 의식화(표상화)되지 않는 원초적 생명 충동과 자연적·본능적 생명의 전개 과정 전체에, 의지Wille[19]에……, 다만 우리 입장에서 본다면, 의지(일반적 의미에서의,

---

19) 니체에 의하면, 의지는 생명의 충동 전체를 향해 있다. "과감하게 '작용'이 인정되는 곳에서는 어디에서나 의지가 의지에 대해 작용하고 있는 것이 아닌가 — 그리고 모든 기계적인 사건은 그 안에서 어떤 힘이 작용하는 한, 바로 의지의 힘, 의지의 작용이 아닌가라는 가설을 세워야만 한다. ── 그리하여 마침내 우리의 총체적인 충동의 생을 한 의지의 근본 형태가 ─ 즉 나의 명제에 따르면, 힘에의 의지가 ─ 형성되고 분화된 것으로 설명하게 된다면, 또 우리가 유기적 기능을 모두 이러한 힘에의 의지로 환원할 수 있고, 그 힘에의 의지 안에서 생식과 영양 섭

의식적 지향의 힘으로서의 의지가 전혀 아니고, 니체가 밝힌 대로, 의식 이전의 몸으로부터 발원하기에, 우리가 의식적으로, 허무주의적으로 무를 원한다 할지라도 우리가 다시 따를 수밖에 없게 되는 생명의 명령)는 우리에게 그 자체를 맹목적이라고 염세주의적 관점에서 판단하도록(쇼펜하우어) 허락하지 않는데, 왜냐하면 우리의 존재와 삶의 가장 밑바닥의 조건을 구성하는 의지는 그 자체 위에서 우리가 내리는 모든 판단을 사실상 무시하기 때문이다. 의지가 모든 판단 이전에 주어져 있고, 우리는 어떠한 의식 작용을 통해서도, 나아가 무나 자살을 갈망하는 허무주의의 극단적 운동을 통해서도 그것을 초월할 수 없기 때문이다. 그러나 '원초적 나르시시즘의 표상'이라 불리는 그것을 '지배의 의지'(니체의 적지 않은 언급들에서 발견되는 그 의지[20])와 결부시킬 수는 없는데, 왜냐하면 '지배의 의지'는 반-사회적인 원초적 맥락을 벗어나서 이미 어떤 사회적인 맥락(사회적 역학 관계나 권력 관계)에 들어가 있기 때문이다. 모든 사회 이전의 완전한 고독의 상태에 주어지

취 문제도 해결하는 방안도 ──이것은 하나의 문제이다── 찾아낸다면, 작용하는 모든 힘을 명백하게 힘에의 의지로 규정할 수 있는 권리를 얻을 수 있을 것이다"(니체, 『선악의 저편』, 『전집』, 14, 김정현 옮김, 책세상, 2002, p. 67). 또한 그 의지는 의식적 주체 내부에 대한 탐구인, 니체가 말하는 '심리학'을 통해 밝혀질 수 없는 것이다. "심리학은 감히 심층까지 들어가지 못했다. 내가 파악한 것처럼 심리학을 힘에의 의지의 형태론과 발달이론으로 파악하는 것──이 점에 관해서는 그 누구도 아직 자신의 사상을 통해 언급하지 못했다"(같은 책, p. 44).

20) 니체는 지배의 의지로서의 의지를 긍정한다. "생명 그 자체는 본질적으로 이질적인 것과 좀더 약한 것을 자신의 것으로 만드는 것이며, 침해하고 제압하고 억압하는 것이며 냉혹한 것이고, 자기 자신의 형식을 강요하며 동화시키는 것이며, 가장 부드럽게 말한다 해도 적어도 착취이다. [……] 그 조직체는 살아 있는 힘에의 의지가 되어야만 할 것이다. 그것은 성장하고 뻗어나가려 하고 자기 쪽으로 끌어당기고 우위를 차지하려고 할 것이다.──이것은 어떤 도덕성이나 비도덕성에서 나오는 것이 아니라, 오히려 그것이 살아 있기 때문에, 생명이야말로 힘에의 의지이기 때문이다"(같은 책, 273쪽). 그러나 우리에게, 마찬가지로 도덕적이지도 비도덕적이지도 않은 관점에서, 즉 '선악을 넘어서' 니체적 지배의 의지를 다시 문제 삼을 수 있는 가능성이 남아 있다. 또한 한마디 더 언급하자면, 우리는 니체가 말하는 '지배의 의지'가 그의 사상 전체에서 핵심적인 것이라고 보지는 않는다.

는(즉 '나르시스적인'), 그 표상 아닌 표상은, 아마도 니체가 말년에 채찍으로 얻어맞고 있는 말 한 마리를 보고 그 동물의 목을 부둥켜안고 통곡하면서 마주했었을 그것이거나, 그가 병석에서만 자신의 마지막 10년을 지내기 위해 길거리에서 쓰러졌을 때 '보았을', 자신 안의 어떤 자일 것이다. 그 표상화되지 않는 표상은 유아(인판스, 말할 수 없는, 말하지 못하는 자)가 우리에게 남겨 준, 죽음 충동에 따르는 자살의 시도로도 막을 수 없는 생명의 움직임이다. 인간 사회는 말하지 못하는 자에게, 인간 사회 바깥의 그 동물과 같이 고독한 자에게 어떠한 지배도 허락하지 않는다.[21]

언어 바깥의 그 어린아이

어린아이에 대한 살해가 단 한 번으로 끝날 수 없다는 불가능성이 그 살해를 무한히 반복해야 한다는 필연성으로 귀결된다는 사실, 그러나 그 사실은 무엇을 말해 주는가? 어린아이는 한 번의 살해 행위를 통해 죽지 않을 뿐더러, 수많은, 나아가 무한한 살해 행위를 통해서도 죽지 않으며, 따라서 우리는 무한한 초상을 지내야만 한다. 이는 언어와 담론이 무한에 이르기까지 증식되어야 한다는 필연성을 말해 준다. 무한하게 말하고 듣고 쓰고 읽어야만, 무한하게 언어를 유통시켜야만 하고, 완전한 법 ─ 그것이 어떠한 종류의 것이든, 일반적인 의미에서의 입법의 결과이든, 도덕적 입법의 결론이든, 형이상학적 입법의 결론이든, 철학적·인간학적·역사적 입법의 결론이든 ─을 정립시키려는 시도를 무한히 반복해야만 하는 것이다. 그

---

21) 블랑쇼는 세번째 '하나의 원초적 장면?'에서 그자(나르시스)가 절대적으로 고독하는 사실을 밝히고 있다.

러나 그 시도가 완벽하게 이루어질 수 없고, 완료(종말, 목적의 성취, 역사의 완성)란 있을 수 없다는 것이며, 언어의 무한을 초과하는 어떤 것이 있다는 것이다. 어린아이가 죽은 채로, 언제나 이미 죽은 채로 다시 되돌아온다는 것이다. 결국 어떠한 언어도 자연으로 승격되어 자연을 대치할 수 없으며, 어떠한 담론의 변증법적 전체성도 자연적 전체성을 대치할 수 없다는 것이다. 존재와 우리의 삶이 어떠한 언어·담론으로도 수렴되거나 종속되지 않고, 어떠한 언어·담론을 통해서도 규정되지 않는다는 것이다. 어떠한 언어·담론도, 설사 무한이라는 지점에 이른다 할지라도, 찢긴 존재로서의 아픈 인간을 치료할 수 없고, 인간 안의 찢긴 틈과 뚫린 구멍을 메워 줄 수 없다는 것이다.

말하지 못하는 그 어린아이의 '말', 즉 침묵

왜 그럴 수밖에 없는가? 대답은 이미 주어져 있다. 우리가 이미 또는 이제 죽었다고 믿을 수도 있는 어린아이가 다시 회귀하기 때문이다. 어린아이의 회귀, 그것은, 그 어린아이가 언어·의식·표상의 모든 인간적 질서를 벗어나 있는 반인간적인 ——인간 그 너머가 아니라 그 이하의, 그 아래의, 따라서 신적 실체가 아닌 —— 거꾸로 놓인 '물자체' 가운데 남아 있기에, 어떠한 형태로도, 감각을 통해서도, 의식적 표상을 통해서도 결코 경험되지 않는다(칸트가 말하는, 신적 영역에 들어가 있는 초월적인 '물자체' 역시 인식되지 않을 뿐만 아니라 어떠한 경험에도 들어오지 않는다). 우리는 언어를 배워서 말할 줄 알게 되고, 또한 끊임없이 말하면서 이미 레테를 건너와 이편에 들어와 있는 반면, 그 어린아이는 여전히 언제나 그 망각의 강 저편에 남아 있다. 그 어린아이는 살아 있는 채로, 즉 생생한 현전으로, 의식에 현전하는 것으로도, 몸의 감각에 현전하는 것으로도 경험될 수 없다.

그러나 그 어린아이는 어떤 지점에서, 어떤 계기를 통해 오직 죽어 있는 채로만, 경험이 아닌 비-경험 가운데, 어떤 시련 가운데 '나'와 조우한다. 그 어린아이가 죽은 채로 '나'와 만나게 되는, '내'가 이미 죽은 그 어린아이와 가장 가깝게 마주치게 되는 지점 또는 시점은, 아이의 탄생의 목격이나 사랑의 쟁취나 어떤 일의 성취와 같은 어떤 행복한 상황이 아니라, 삶이 파탄에 이르러 '나 자신'이 삶 가운데 남아 있기는 하지만 '죽어가는'(불가능한 죽음) 어떤 상황이다. 그 점에 대해 블랑쇼는 이렇게 말한다. "현전하지 않는 어떤 과거의 증거가 되는, 언제나 앞서 오는 그 불확실한 죽음은 결코 개인적인 것이 아니며, 또한 그것은 전체를 넘어선다(이는 이미 전체의 강림을, 그 완성을, 변증법의 종말 없는 종말을 전제하고 있다). 자아가 아직 없는 어린아이가 아직 존재하지 않기에 스스로 경험할 수 없는 충격적인 상태(몸부림치게 만드는 원초적 고통들)를 겪는데, 이후에 어른이 그 상태에 (그것을 욕망하기 위해서든, 공포 속에서 혐오하기 위해서든) 자신의 쪼개진 자아를 통해, 기억되지 않는 기억 가운데, 끝장나 버리거나 붕괴된 자신의 삶에서 이를 수 있다"(122~123). 그 어린아이와의 대면이 가져오는 시련의 증거(증거가 될 수 없는 증거)는 언어가 한계에 이른다는 데에 있다. '내'가 실제로 아무 말도 할 수 없다는 것이 아니라, 어떠한 말도 세계 내에 거주할 수 있는, 세계-내-존재의 가능성을 보증하지 못한다는 것이다. 레테 이편으로 건너와 있는, 즉 언어의 힘을 소유한 한 어른이 다시 레테 가까이로 되돌아갈 수밖에 없게 되면서 마치 언어를 배우기 이전의 어린아이나 언어를 상실한 어떤 자와 같이 되어 버리는 것이다. 삶이 붕괴되어 버린 한 어른이 쏟아 내는 말들은 "어린아이의 재잘댐"과 같을 뿐이고, 그의 말 못하는 무능력은 어린아이의 무력無力impuissance과도 같다. "수다스러

운 산문: 어린아이의 재잘댐, 반면 침 흘리는 사람, 백치, 더 이상 자제하지 못하고 늘어져서 눈물을 쏟아 내는 사람, 그 또한 힘을 박탈당한 채로 한마디 말도 못하고 있으며, 그는, 설사 지배력을 넘어서 행해지더라도 결국 자제하는 글쓰기보다는 흐르고 흘러나오는 말에 더 가까이 다가가 있다. 그러한 의미에서 씌어진 침묵만이 있으며, 찢김 속에서의 삼감이, 상세한 설명을 불가능하게 만드는 깊이 파인 상처가 있다"(34).

그 어린아이는 살아 있는 채로, 어떠한 규정된 현전을 통해서도 경험되지 않는다. 그 어린아이는 레테의 이편으로 살아서 건너올 수 없다. 말하자면 어떠한 **알레테이아**alèthéia(즉 레테——망각——를 벗어남, 하이데거가 밝힌 대로 탈은폐脫隱蔽)를 거쳐서도 '나'의 거주 가능성을 보장하는 '진리'로 나타날 수 없다. 그 어린아이는 죽은 채로만, 즉 '나 자신'이 죽어가는 시점에서만 '말한다'. 즉 말하지 않는다. 정확하게, 말하지 않는다. 말하지 않고 말하지 못하게 만드는데, 왜냐하면 그 어린아이가 바로 **인판스**(말하지 못하는 자)이기 때문이고, 그 어린아이의 부재의 말 또는 말의 부재는 바로 죽은 자연의 침묵(침묵의 현전)이기 때문이다. 그 어린아이는 어떤 지점에서 어떠한 방식으로도 경험에 들어오지 않고, 다만 불일치나 부조화(모든 관념과의 불일치 또는 모든 감각과의 부조화, 모든 현전의 파열 또는 파편화, 가령 현기증, 절규, 탄식 또는 "눈물의 쏟아짐")가 표식이 되는 시련을 가져올 뿐이다. 이미 죽은 과거의 그 어린아이가, 가장 늙은 그 어린아이가 '나'의 자리를 점령한다는 그 시련의 징표는 말할 수 없다는 것, 할 말을 찾을 수 없다는 것이다. 언어의 부재, 언어의 불가능성, 침묵, 그 어린아이가 과거에 이미 죽었음에도 불구하고, 하지만 바로 죽었기 때문에 다시 돌아오면서 '나'에게 강요하는 그것, 언제나 침묵해 왔고 지금도 침묵하는 자가 '나'에게 침묵을 명령하면서, 기억될 수 없는 과거에, 모든 과거보다 더 먼 과거에 스스로 겪었던

"몸부림치게 만드는 원초적 고통들"을 '나'에게 전가하는 것이다.

　　그 어린아이는 이미 죽었고, 그럼에도 불구하고 끊임없이 죽어가야 했으며, 그 죽음의 '비현실적' 자리를 차지한 의식적 자아(가짜의 에고, 아니 그렇다기보다는 피상적 존재로서의 에고)가 바로 말하기 시작하면서 사회 내에 거주해 왔다. 그러나 삶(즉 사회적 삶, 다시 말해 '인간'의 삶, 모든 인간의 삶은 사회적이다)이 어떤 계기 ——병, 죽음의 위협 또는 타인들의 죽음? 사랑하는 자의 상실, 정치적 혼란? 또는 도덕의 위반? ——를 통해 와해에 이르게 될 때, 인간은 바깥으로의 추방을 선고받게 되며(세계-내-존재의 불가능성), 바로 언어의 습득이 사회로의 진입을 위한 최초이자 최후의 과제였다면, 사회 바깥으로 내몰리게 되면서 인간은 침묵을 선고받게 된다. 이미 죽은 그 어린아이가 의식적·사회적 자아를 대신해서 말이 아닌 말을 하기 시작한다는 것은, 침묵의 자연(죽은 자연)이 침묵을 강요한다는 것과 정확하게 동일하다. 침묵을 언도받아 침묵 내에 매몰된다는 것, 그 침묵의 시련은 주관적이거나 심리적일 수도 있는 경험들 가운데 하나가 아니고, 정신분석학적 관점에서든 아니면 다른 관점에서든 병리적 치유에 호소하지도 않으며, 바로 언어가 존재론적 분리 또는 고독의 근거였다면, 그 시련은 그러한 분리나 고독의 역행 과정으로서 마찬가지로 존재론적인 것, 즉 인간 존재의 밑바닥으로부터 강요되는 것이다. 그것은 근본적으로 고독에 영원히 안주할 수 없다는, 분리 가운데 영원히 자족할 수 없다는, 즉 영원히 자아로 남아 있기 불가능하다는 데에서, 즉 무차별적으로 어디론가 열려 있을 수밖에 없다는 데에서 비롯된 시련이다.

언어의 능력, 즉 무능력

어린아이는 과거의 한 시점에서 죽은 후 무덤에 갇혀 고요히 누워 있지 않으며, 다른 어느 누구도 아닌 바로 '나'로 하여금 자신의 죽음을 대신 겪도록, 대신 반복하도록 강요한다. (이는 '나 자신'이 죽음에 다가가는 상황뿐만 아니라 '내'가 죽어가는 어떤 타인——타자——과 마주하는 상황에도 닥쳐오는 시련이다. 타자가 어린아이로서 '내' 안에서 침묵으로 말하며, 그러한 한에서 '우리'의, 공동의 인간이 타인과 '나' 사이에 들어선다. 타자와의 관계가 문제된다면, 레비나스가 강조하는, 타자를 '환대'하는 유일한 '나'의 윤리적 주체성 때문이 아니라, '내'가 타자의 볼모이기 때문이 아니라, '내' 안의 공동의 결핍——따라서 주체의 부재, 어쨌든 윤리는 어떠한 윤리성·책임에 대한 요구로부터도 유래하지 않으며, 어떤 결핍 또는 어떤 망각으로부터 시작되지 않는가——, '우리'의 구멍, 즉 가장 늙은 그 익명의 어린아이 때문이다. 비인칭의, 공동의 그 어린아이가 윤리를 주체 바깥에 위치시킨다. 왜 주체가 아니라 주체의 결여를 통해서만 우리가 윤리로 열리는가라는 물음으로 이후에 다시 돌아가야만 할 것이다.)

　어린아이의 죽음은 과거 어느 시점에서 완료되어 버린 남의 이야기나 에피소드가 전혀 아니고 하나의 신화도 아니며, 바로 '내'가 삶 가운데에서——또한 타자와의 관계에서——, 살아가면서, 삶에 묶여 있는 한에서 반복해야만 하는 죽음이다. '나'는 어차피 말 못하는 자의 입을 틀어막음으로써 그를 대신해서 말하기, 떠들기 시작했고, 그에 따라 말할 줄 아는 자들로만 이루어진 사회(언어를 토대로 구축된 인간 사회, 언어 위에 서 있지 않은 사회가 존재하는가) 내로 진입했으며, 거기서 살아가기 시작했고 살아왔다. 그러나 그 사회적 삶이, 간단히, 삶 그 자체가 흔들리고 위태로워지고 나아가 파탄에 이를 때, 입이 틀어 막힌 그 어린아이가 이제 '나'를 대신해 '말하기'――그러나 그 어린아이는 과연 '말하는가'―― 시작한다. 즉 침묵을 침묵으로 드러내기 시작한다. 침묵의 현전으로서의 말, 모든 말의 원천으로서의 침묵, 모든 말의 근거를 되묻는 말, 이번에는 '그'가 '나'의 입을 틀어막고 침묵을 강요하기 시작하는 것이다. 언제나 죽어 있었던, 이미 죽은 줄 알았던 그 어린아이가 '내' 안에서 다시 울기 시작하는 것이다. 절규 또는 죽은 자연의 침묵, 죽은 자연이 또다시 빠져 들어가는 침묵, 침묵의 침묵, 침묵으로 또다시 열리는 침묵.

따라서 그 어린아이는 단 한 번 결정적으로 죽었던 것이 아닐뿐더러, 설사 우리가 그 어린아이를 반복해서 살해하면서 그 어린아이가 죽었다고 언제나 믿을 수 있다 할지라도, 사실 그 어린아이는 결코, 한 번도 죽었던 적이 없다. 다만 망각되었을 뿐이다. 그 어린아이의 반복되는 죽음은 인간 사회 내에서, 즉 인간적·의식적 질서 내에서 발생했을 뿐 '실제로' 그 어린아이는 단 한 번도 '죽었던' 적이 없다. 그 어린아이는, 르클레르의 표현을 빌리면 원초적 나르시시즘의 대표 표상은 반인간적인 것이기에, 즉 인간(문화·의식) 바깥에 있었고 있고 있을 것이기 때문에, 바로 그렇기 때문에 그 어린아이는 인간이 파괴할 수 없는 것, 따라서, 간단히, 파괴할 수 없는 것 l'indestructible이다. 단지 인간 스스로가 혼자서 사라져 간 그 아이가 남긴 빈 구멍을 집요하게 틀어막고 또 틀어막다가, 때때로 그 빈 구멍을, 그 공허를, 그 심연을 발견하고 놀라서 이번에는 자신의 입을 틀어막곤 하는 것일 뿐이다. 단지 인간 스스로 혼자서 '북 치고 장구 치고' 다 하는 것일 뿐이다.

따라서, 대부분의 경우 삶이 이런저런 계기들을 통해 와해되어 갈 때 우리를 아마도 사로잡을 죽음 충동의 표적이 되는 그 어린아이는, 설사 자살이 실행된다 할지라도, '살해당하지' 않는다. 왜냐하면 그 어린아이는 인간적 질서 내에 있지 않기 때문이다. 자살에 대한 인식·의지를 비롯해 모

든 의식작용의 대상이 될 수 없고 어떠한 의식작용에도 포섭되지 않는 반
인간적인 자, 거꾸로 놓인 '물자체'에 들어가 있는 자이기 때문이다. 애초
에 인간적 질서 바깥에 놓여 있었고, 그 바깥에 언제나 놓여 있으며, 거기에
영원히 놓여 있을 것이기 때문이다. 따라서 자살이 불가능하다. 자살이 원
래 의도했던 목표에 자살은 이를 수 없다. 그 어린아이는, 그 인간이 아닌
자는 '나'의 자살에 전적으로 무관심한 반면, 자살이란 지고의 '인간적' 행
위가 아니던가! 자살이 불가능할뿐더러, 자살로 이어지든 아니든 '나'의 모
든 죽음(들)──결정적 죽음뿐만 아니라 삶이 파탄에 이르게 되는 시점들·
지점들──은 불가능한 것이다. 모든 가능성의 불가능성으로서의 죽음, 왜
냐하면 에피쿠로스의 유명한 격언대로 '나'의 죽음의 순간(들)에 '나'는 없
고, 그럴뿐더러 (인간적, 즉 의식적) '나'와 무관한 그 어린아이가 '나'의 자
리를 차지할 것이기 때문이다. 『문학의 공간』에서의 키릴로프에 대한 블랑
쇼의 분석과 모든 불가능성의 가능성으로서의 죽음을 역설하는 하이데거
에 대한 그의 비판을 떠올리지 않을 수 없게 되는 여기서 이렇게 말해야 한
다. '내'가 '나'의 죽음을 지배하지 못하는 것이다. '나'의 죽음의 주인은 '내'
가 아니라 '나'의 타자이다.

　　그 사실의 표식은 '나'의 죽음의 순간(들)에 침묵이 필연적으로 강요된
다는 데에 있다. 누군가로부터 내려오는 침묵의 명령, '내'가 할 수 있는 모
든 것은 오직 아무것도 안 하는 것, 특히 '떠들지' 않는 것뿐이라는, '나'의
모든 진실(진정성)은 입을 다무는 것뿐이라는 점이 명백해지는 것이다. (원
칙적으로 그렇다는 것이다. 거기서 우리가 실제로 아무 말도 하지 말아야만 한
다는 것은 아니다. 거기서 우리가 말할 수밖에 없기 때문에, 침묵을 끝까지 견뎌
내지 못하기 때문에 문학이 존재한다. 문학은 유죄이지만, 유죄임에도 불구하고
무죄이다.) 그러나 그 침묵의 명령에 대해 다시 한 번 주목해 봐야 한다. 죽

은 그 어린아이가 '나'의 자아를 폐위시키고 그 자리에 대신 들어서서 한계
상황의 극단적 계기들(즉 죽음의 계기들)과 마주할 때, 바로 그 말 못하는
자가 '내' 안에서 단지 눈물을 쏟아 내거나 절규하거나 신음하고만 있기에
'내'가 아무 말도 못하고 할 수 없다는 사실은 분명 언어의 무능력을 증명
한다. 그러나 그러한 극단적 계기들을 통해 증명되는 언어의 무능력은, 그
러한 계기들 이전에, 즉 '내'가 평온하고 안정되고 '자유로운' 남성적 상태
(어른의 상태, 헤겔이 말하는 '주인'의 상태, 주체로 남아 있는 상태)에서 이런
저런 것들과 이런저런 타인들과 이런저런 현상들·사건들에 대해 인식하
고 사유하고 판단하고 규정하기 위해 언어를 사용했던 그 모든 시간에, 바
로 그렇게 '자유롭게' 언어를 사용하기 위해 필연적으로 요구되었던 전제
가 아니었던가? 보다 단순하게 묻는다면, '내'가 묵언을 강요하는 그러한
계기들에 부딪히는 근본적인 이유는, 바로 '내'가 끊임없이 말해 왔기 때문
이 아닌가? 즉 '내'가 언어의 부정하는 능력과 자유를 가져다주는 능력(언
어의 부정성과 창조성의 힘)에 의존해서 자연의 전체성으로부터 분리되어
나옴으로써 관념적 의식의 공간으로 이동해서 거기를 지배하는 주인인 자
아로 즉위하고, 이어서 거기서 군림해 왔기 때문이 아닌가? 그렇다면 언어
의 부정하는 창조의 능력이라는, 모든 인간적 권력의 근원은 그러한 분리
(인간만의 고독, 고독이라는 안정 상태, 고독이라는 자유의 상태)를 고착화시
킨다는 점에서 언어의 무능력의 이면에 지나지 않는 것은 아닌가? 언어의
부정성·창조성의 능력은 필연적으로 언어의 무능력으로부터 비롯되었던
것이며, 또한 그 언어의 무능력으로 귀착되는 것이다. 바로 언어의 능력으
로 인해 언어의 무능력이 군림하게 된다. 다시 말해 바로 언어의 능력이 인
간을 찢긴 존재로 만들어 놓은 것이다. 그것이 어떤 경우 이미 죽은 그 어
린아이를 되돌아오게 만드는 동시에, '나'로 하여금 입을 다문 채 말없이

땅만 내려다보게 하는 것이다.

불가능한 죽음 또는 언어의 중지

다시 한 번 생각해 보자. 죽음(생물학적 죽음이 아니라 죽음으로 다가가는 시련, 어린아이가 자아의 자리를 빼앗는 상황, 즉 불가능한 죽음)이, 죽음 자체가 언어를 발생시키는 것이 아니다. 죽음의 순간 자체는 아무 말도 하지 않고, 어떠한 언어의 접근도 허락하지 않으며, 인간에게 어떠한 언어도 허락하지 않는다. 죽음 자체는 인간에게, 아직 삶 가운데 머무르고 있는 인간에게 허락된 유일한 불가능한 '말', 정확히 자연의 침묵이다. 그것은 인간적 질서(의식·표상·언어의 질서, 따라서 사회적 모든 질서)로부터 애초에 벗어나 있었고 영원히 벗어나 있기 때문에 불가능한 것이다. 그것은 인간적 질서의 영역 바깥의 영역에 속해 있다. 그것이 사실상 과거에 언어의 절대 타자였고 현재에도 그러하며 미래에도 그러할 것이기 때문에, 사실상 그 어린아이가 완전히 죽지 않으며 완전히 사라지지 않고 되살아나는 것이다. 그렇기 때문에 이미 거듭 살해된 그 어린아이가 다시 한 번 살해된 이후에도 다시 되돌아오는 것이다. 언어는 '바깥'에 대한 방어막일 뿐, 그것을 완전히 파괴할 수는 없다.

죽음의 시간성이, 즉 죽음의 현재(현재가 부재하는 현재, 의식이 어떤 대상을 포착해서 정립할 수 있는 시간이 아닌 현재, 따라서 현전이 부재하는 현전)가 과거로 지나갈 수 있다는 사실이 언어를 가능하게 한다. 말하자면 죽음이 의식의 삶을 허락할 때, 의식의 삶이 가능해질 때 언어가 작동한다. 또는, 같은 말이지만, 죽음이 그 자체 언어로 번역되기를 허락할 때 의식이 작동한다. 그렇기에 죽음이라는 바깥에 충격 받은, 바깥이 휩쓸고 지나간 자리에 남은 상처라고 자임하는 문학에서 언어에 대한 불신이 가장 중요한 원칙으로 격상되곤 하는 것이며(언어 예술로서 언어를 불신한다는 것이 문학의 가장 큰 아이러니이다), 언어를 허영이나 허위라고 보는 '문학적 자만심'이 존중되곤 하는 것이다. 적지 않은 경우 문학 자체의 목표가 반-언어, 언어의 부재, 즉 침묵이 되곤 하는 것이다.

인간 안의 자연과 언어의 불화

20세기는 인간이 신을 대신해서, 그러나 여전히 신적인 높이에서, 역사가 사실상 초월적인 높이에 오르게 되면서 즉자적 전체성을 역사적 담론의 전체성(모든 것을 포괄하는 최후의 담론, 모든 것에 대한 최후의 답이 될 수 있는 담론)으로 지양시키기를 열망했던 시대였다. 인간이 자기 자신의 권위와 이름으로 인간학적·철학적 절대의 담론을 정치에 개입시키면서 정치적 절대를 구축하기를 요구했던 시대, 또한 절대에 의해 정당화되는 투쟁들과 전쟁들과 폭력들이 지배했던 시대.

헤겔의 경우 "존재하는 '절대' 또는 전체성totalité은 동일성에, 주어져-있는-존재, 실체 또는 자연에 있지 않고, 정신에, 즉 말 또는 담론을 구성하는 이성(로고스)에 의해 드러나는 존재에 있다."[22] 먼저 헤겔은 죽음을 총체적 자연으로부터 분리되어 나오는 부정과 창조의 움직임이라고 간파했고, 이어서 죽음과 마주하고 죽음을 견디는 힘이 정신의 힘이며, 인간으로 하여금 의미들(인간적 의미들, 주체성의 의미들)을 역사의 장에서 구축하고 실현시키게 하는 동력이자 전제라고 보았다. 따라서 헤겔에게서 죽음의 힘은 동일성의 즉자적 존재로부터 이탈할 수 있는 능력일 뿐만 아니라, 역사

---

22) A. Kojève, *Introduction à la lecture de Hegel*, p. 573.

안에서 '정신적' 전쟁(헤겔에게서 '정신적'이라는 단어는 '변증법적'이라는 단어의 동의어이며, 따라서 그 '정신적' 전쟁은 의미들의 싸움, 담론들의 경합·전투이다)을 벌일 수 있는 능력이자, 거기에서 승리할 수 있는 능력이 된다. 누구보다도 더 과감하게 주어져-있는-존재로부터 떨어져 나올 수 있는 자, 즉 누구보다도 더 담대하게 죽음을 견뎌 내는 자가 역사의 장에서, 역사적 전쟁에서 승리자가 될 수 있다. 왜냐하면 그러한 자만이 안주하지 않고 진보를 향해 나아갈 수 있기 때문이다. 헤겔은 궁극적으로 죽음을 역사와 전쟁의 관점에서 파악했으며, 또한 그에게 모든 역사적·현실적 전쟁은 근본적으로 정신적 전쟁, 즉 담론들 사이의 변증법적 투쟁이다. 그 사실은, 헤겔 이후의 어떠한 유물론적 관점에서의 비판이 거기에 주어진다 할지라도, 타당한데, 인간이 '고귀한 정신적인' 존재이기 때문이 아니라, 개인이, 나아가 사회와 국가가 의미들과 담론들에, 결국 언어라는 '물질'에, 언어가 의식에 보장해 주는 현전의 확실성에 옭매여 있기 때문이다.

근대가 열리는 시기부터 20세기까지 ——아마도 지금까지? ——여러 지식인들은, 특히 그들 가운데 많은 철학자들이 공간적 전체(공동체·민족·국가)와 시간적 전체(역사) 위에 서서 인간 전체를 대리한다고 자임하면서 말해 왔다. 또한 그들은 스스로 그러한 시공간의 전체들에 이론적·담론적 전체로 응답해야 한다고 믿었고, 응답하기를 원했고, 또한 역사 위에 놓여 있는 자들로서 무한한 진보를 믿어야만 했고 '가르쳐야만' 했다. 그들에게 역사적 책임을 묻고자 하는 것이 아니다. 20세기에 이르기까지의 근현대에 여러 이데올로기들을 배경으로 벌어졌던 수많은 전쟁들·학살들·착취들의 책임이 바로 그들에게 있다고 말하려는 것이 아니다. 그 책임은 우리 모두에게 있거나, 아니면 그것들을 직접 사주하거나 조장하거나 실행한 자들(그들이 정치인들이었거나 지식인들이었거나 양자 모두였거나 상관없다)에게 있다. 다만 문제는, 그러한 이데올로기적 폭력의 정치에 직접 가담하지 않았던, 다만 이론적 전체성을 믿고 추구했던 사상가들의 경우에도, 언어의 부정성이 갖는 한계에 대해, 진보·계몽을 향해 무한히 나아가는 언어의 부정성이 진보·계몽과 무관한 인간 안의 '자연'과 불화를 일으키는 지점에 대해 탐색해 보지 않았다는 데에 있다. 그들이, 이론의 구축과 담론의 변증법적 완성·완결에 대한 열정에, 관념들의 확실성을 믿고 실현시키려는 광기(비현실성의 공간 안에서 움직이는 관념적 광기, 무차별적 동일화를 추진시키는 광기, 담론은 어떤 비합리적 광기가 없는 한 변증법적 대단원으로 나아갈 수 없다)에 눈먼 언어들이 자신들 안에서 어떻게 작동하는지, 그러한 언어들 자체로 인해 스스로 자신들 안에 어떻게 갇히게 되는지 되돌아보지 않았다는 데에 있다.

그러나 그러한 문제는 이미 지나가 버린 과거의 것만은 아니다. '거대담론'의 허구성에 대한 비판들이 이어진 이후에, 아마 헤겔이 추구했었던 것과 같은 전체성의 담론을 구축하려는 시도는 이제 더 이상 유효할 수 없게 되었는지도 모른다——하지만 그러한 시도가 완전히 사라졌다고도 말할 수 없는데, 역사의 종말을 확신하면서 역사의 정점 위에 서게 되고 누구보다도 더 깊숙하게 역사주의 속으로 들어갈 수밖에 없게 되는 프랜시스 후쿠야마를 기억해 보자. 그러나 적어도 사회·예술·문학, 정치 그리고 삶의 각 영역에서의 어떤 문제에 대한 답이 이론 가운데, 즉 관념 가운데 완결된 형태로 있거나 있을 수 있다는 믿음이 사라지지 않았다고 말할 수 있다. 자체 내에서 완결된 이런저런 관념들을 틀로서, 즉 구체적 어떤 상황을 미리 장악한 틀로서 제시할 수 있다는 믿음이 사라지지 않고 있다. 그러한 믿음은, 다시 한 번 강조할 필요가 있는데, 언어가 만들어내는 관념이 현실 자체라고 보는, 의미가 현실의 중심에 놓여 있다고 보는 헤겔적 언어 형이상학(현실적인 것과 이성적인 것의 동일성), 또는, 간단히, 언어 형이상학에 근거한다.

언어로 구성된 모든 담론은 전체를 구성할 수 없고 전체를 완결 지을 수 없을 뿐만 아니라, 상황에 앞설 수도 없고 상황을 완전히 포섭할 수도 없다. 왜냐하면 언어 자체가 전체를 가상으로 만드는, 전체 한가운데에 뚫려 있는 구멍에 빨려 들어가 있기 때문이다. 언어 자체가 죽음을, 분리를 가져오기 때문이다. 언어의 부정과 창조의 능력 자체가 오직 언어의 무능력을 바탕으로 해서만 발휘될 수 있기 때문이다. 언어의 능력 자체가 언어의 무능력이기 때문이다. 언어로 규정될 수 없는 것을, 언어로 규정되면 안 되는 것을 그대로 내버려 두어야 한다. 그게 아니라면 그것이 스스로 말하도록, 즉 파편화되도록 내버려 두어야 한다. 이러한 블랑쇼의 말을 다시 들어보자. "오직 표현될 수 없는 것만을 표현할 것. 그러나 그것을 표현되지 않은 것으로 내버려 둘 것."[23]

언어의 폭력, 실제의 폭력 그리고 침묵의 폭력

사람들은 한 어린아이를 살해한다. '사람들'(프랑스어 '옹on')은 여기서 불특정 다수의 인간들을 가리키지만, 그들은 어른들, 즉 사회 내에서 명시적으로 또는 암암리에 정립된 질서들을 따라가고 있고 규범들을 내면화한 자들, 따라서 우리 모두이다. 사람들은 한 어린아이를 살해한다. 그러나 그들이 물론 실제로 한 아이를 죽이는 것은 아니며, 언어가 모든 사회적인 것을 규정하고 ──의식적이자 사회적인 모든 동일화를 가능하게 만들고──

---

23) 모리스 블랑쇼, 『기다림 망각』, 박준상 옮김, 그린비, 2009, p. 33. 인용자 강조.

있다고 본다면, 바로 언어가 한 어린아이를 살해한다.

알렉상드르 코제브가 '개'chien라는 단어(개념)를 예로 들어 설명하는 것처럼,[24] 가령 '내'가 눈앞에서 여기 지금 꼬리치면서 짖고 있는 새까만 작은 이 개를 '개'라고 부르자마자 '나'는 세상에서 유일한 이 개를 즉시 '일반적인 개'로, '네발짐승' 또는 '동물'로 즉시 변형시킨다. 바로 여기 지금 생생하게 나타나는 단수적인 감각적·구체적 존재자를 어떠한 구체적인 시공간에도 존재하지 않는, 언제 어디서나 동일한 하나의 관념에 종속시키는 것이다——그것이 '언어가 살해한다'는 말이 의미하는 바이다. 마찬가지로 내가 이 개를 '개'라고 부를 때마다. 이번에는 '내'가 스스로 자연의 감각하는 존재자이기를 그치고, 그러한 존재자와는 다른 자가, 이해하고 규정하는 의식적 존재가 되어 버린다. 그렇게 자연적 존재자와 더불어 스스로를 변형시키면서 우리는 살해하고, 바로 그러한 언어의 부정성에 마찬가지로 의존해서 그 어린아이를 살해했고 끊임없이 살해하고 있으며, 또한 자신 안의 어린아이를 살해했고 끊임없이 살해한다. 이는 피할 수 없는 필연적인 의식화 과정, 따라서 사회화 과정이다.

모든 언어의 작동 원리인 부정성이 폭력적인 것은 사실이다. 단순히 '내'가 이 개를 '개'라고 부르는 것조차 사실상 폭력인데——물론 그렇게 불러서는 안 된다는 말이 아니다——, 왜냐하면 '나'는 그렇게 하면서 이 개가 차지하고 있는, 여기 지금이라는 직접적이고 구체적인 공간·시간을 이 개로부터 빼앗아 버리기 때문이다. 그러한 언어적 폭력성이 동물 아닌 인간의, 인간만의 모든 '실제의' 폭력의 기원에 자리 잡고 있다는 사실을 부정할 수 없다. 몸에 대한 과잉의 규정·통제, 나아가 억압이나 훼손이나 살해

---

24) A. Kojève, *Introduction à la lecture de Hegel*, pp. 542~543.

는, 어떤 개인이나 어떤 집단에 대한 언어적·의식적 동일화 작용이 전제되지 않는다면, 이미 폭력(인간적 폭력)일 수 없게 되고, 아무리 잔인해 보인다 할지라도 하나의 자연 현상이나 자연의 순환에 지나지 않게 된다.

언어의 부정성이 어떠한 경우라도 폭력적이라면, 즉 동일화라는 추상화·보편화 작용을 가져온다면, 바로 그 부정성이 우리에게 감각적·구체적 지주로부터 떨어져 나오고 그것을 무시할 수 있는 자유를 가져다주기 때문이다. 반드시 언어의 부정성에 근거하고 있는 인간적 폭력은, 간단히, 폭력은 언어가 우리에게 부여하는 자유 위에서 실행되는 것이다. 어떤 경우, 역사적 상황 내에서 그 폭력은 과도한 자유를 통해, 즉 전적으로 물질적·사실적 지주를 망각하거나 무시하면서 한 집단에 대한 '실제의' 과잉의 규제와 차별로, 나아가 '실제의' 폭력(감금·고문·살인·전쟁 등)으로 이어진다. 여기서, 언어가 가져오는 단순한 의식적 폭력이 문제되는 것이 아니라, 그 집단과 대립하는 다른 한 집단이 그 자체의 전체적 의미를 완성시키기를 열망하면서, 따라서 단순한 언어적·논리적 전개 과정과 사실들을 뛰어넘고 왜곡시키는 집단적 광기를 통해(한 공동체의 전체적 의미가 완성되기 위해서는, 그 사회의 토대와 목적과 전체적 가치가 '전체주의적으로' 규정되기 위해서는 반드시 언어와 논리 이전 또는 이후의 광기 어린 열정이 요구된다) 구성한 궁극적 담론이 가져오는 '실제의' 전면적 폭력이 문제가 된다. 그 폭력은 보편과 전체가 되기를 희구했던 한 집단의 이름으로, 전체성의 담론 위에서 말했던 자들이 저질렀던 폭력이며, 근현대에 우리가 지속적으로 마주해야만 했던 폭력이다. 그러나 바로 그 폭력이 한 집단의 전체적 의미뿐만 아니라 '우리 공동'의 의의의 마지노선(최소한의 의의)조차도 붕괴시켰다. 바로 그 어린아이가, 말하지 못하고 말할 권리 없는 어린아이가, 따라서 진보와 계몽과도 역사와도 절대적으로 무관한 그 야만인이 모든 의미의 한가운데 뚫린 구멍 속에서 진보와 역사를 거부하기 위해 침묵으로, 오직 침묵으로만 말하기 시작했던 것이다. 무의미한 침묵으로, 침묵의 무의미로, 그러나 진정한 의미에서의 정치적인 것은 바로 역사와 진보와 계몽을 거부하는 그 침묵과 그 무의미 가운데, 또 다른 '폭력' 가운데, 침묵과 무의미의 폭력 가운데 있지 않은가?

나르시스로서의 그 어린아이

세르주 르클레르는 우리 안에 각인되어 있는 원초적 나르시시즘의 대표 표상을 설명하기 위해 부모의 자식에 대한 사랑을 예로 든다. "모든 부모의 욕망 속에 ──그들 자신들의 어린 시절의 꿈을 포기하지 못했기 때문이라 할지라도──지내지 않은 초상이 있으며, 그들에게 언제나, 무엇보다 먼저 자손은 그들이 포기할 수밖에 없었던 것을 되찾게 해줄, 특권을 가진 훌륭한 후원자들이다."[25] 이와 관련해, 이를 분명히 밝히기 위해 곧이어 르클레르는 지그문트 프로이트의 「나르시시즘 서론Zur Einführung des Narzißmus」의 한 대목을 인용한다. "자식은 부모보다 나은 삶을 살아야 할 것이며, 사람들이 경험했던, 삶을 지배하는 곤궁들을 감수하게 되어서는 안 될 것이다. 병과 죽음, 향유의 포기, 의지에 가해지는 제한들이 자식과는 무관해야만 할 것이고, 사회의 법과 마찬가지로 자연의 법은 자식 앞에서 중지되어야만 할 것이며, 자식은 다시 창조의 중심 그 한복판에 놓여 있어야만 할 것이다. 마치 사람들이 이전에 자신들이 그랬을 것이라고 생각하는 존재인 아기 폐하His Majesty the Baby인 것이다. 남자아이는 아버지를 대신해서

---

25) S. Leclaire, *On tue un enfant*, p. 24.

위대한 인물, 영웅이 될 것이다. 여자아이는 왕자와 결혼함으로써 어머니에게 뒤늦은 보상을 베풀 것이다. 나르시시즘의 체계에서 가장 까다로운 지점은 자아의 그러한 불멸성인데, 자아는 자식에게로 피신하면서 현실에 의해 부정되는 자신의 불멸성을 보증해 줄 확고한 자리를 되찾는다. 부모의 너무나 감동적이고 요컨대 너무나 유치한 사랑은 그들의 다시 태어난 나르시시즘 이외에 아무것도 아니다."[26)

르클레르의 언급과 그가 인용한 프로이트의 말은 원초적 나르시시즘의 대표 표상이 현실 내에서, 세계 내에서 어떻게 작동하는가를 잘 보여 준다. 말하자면 우리 각자의 자아는 자기 이외의 모든 다른 타인들과 차별화되는 특권적 동일자로서, 마치 그들로부터 섬김을 받는 군주처럼 최고주권을 가진 존재로 군림하기를 원한다는 것이다. 그러나 현실과 사회는 자아의 그러한 욕망을 끊임없이 좌절시키면서 그를 사회적·현실적 기준들과 규범들 내에 묶어 둘 뿐만 아니라, 그를 지속적으로 또는 결정적으로 이런저런 비참한 곤궁들에 맞부딪히게 만들고, 그렇게 좌절하고 좌초할 수밖에 없는 그는 자신의 실현되지 못한 나르시시즘을 자식에게 투영한다는 것이다.

지금까지 우리가 법·사회·역사의 지평들 안에서 언어와 담론이 어린아이를 지속적으로 살해해 온 과정을 살펴보았다면, 이제 문제는 그 어린아이가 그렇게 살해되어 왔음에도 불구하고 모든 보편적·객관적 기준들을 무시하면서 고유하고 유일한, 환원 불가능한 자아로 다시, 여전히 남기를 원한다는 데에 있다. 그 어린아이는 어떤 점에서는 분명 그러한 나르시스적 자아로 여겨질 수 있고, 그러한 한에서, 르클레르가 밝힌 대로, 부모

---

26) 같은 책, pp. 24~25.

의 자식에 대한 특별한 사랑이 설명될 수 있다. 부모의 자식에 대한 예외적인 사랑만을 나르시스적 자아가 주재하는 것은 아닐 것이다. 자아의 나르시시즘은, 보편적·일반적 규칙들과 기준들에 종속되어 대세를 따라가기를 원하는 우리가 다른 한편으로는 때때로 그것들을, 프로이트가 밝힌 대로 "사회의 법과 마찬가지로 자연의 법"을 무시하거나 거부하면서 스스로를 예외적 주체(주관, 유일하고 독특한 주관)로 전시하기를 원하며, 그러면서 타인들의 사랑을 독점하는 남다른 고귀한 인간으로 부각되기를 원한다는 사실을 설명해 준다. 나르시스적 욕망은 타인들과 비교했을 때 탁월하고 특출한 어떤 인간이, 어떤 예외적인 모델이 되고 싶어 하는 욕망, 사회 내에서 사회와는 변별되는 개체가 되고자 하는 모순된 욕망이다. 또한 그렇게 타인들로부터 사랑받는, 평균화되지 않은 개성적인 인간이 되려는 욕망이 적지 않은 경우 사람들을 예술로 내몰거나, 사람들로 하여금 '예술'이라는 이름으로 자신들을 표현하게 만드는 것이 사실이며, 바로 그러한 욕망을 헤겔은 자신의 적들이었던 예술가형의 인간들, 즉 낭만주의자들에게서 발견하고 그들을 불신하고 경멸하면서 맹렬히 비판하기 시작했던 것이다.

물론 여기서 나르시스적 자아에 대한 욕망을 그 자체로 긍정하고자 하는 것도 아니고, 그것이 사회의 보편적 기준들을 따르려는 경향보다 더 근원적이라고 주장하려는 것은 더더욱 아니다. 르클레르도 그러한 의도를 갖고 원초적 나르시시즘의 표상이 부모의 자식에 대한 사랑에 개입한다는 사실을 밝힌 것은 아니다. 다만 르클레르는 현실에서, 세계 내에서, 우리 안에서 그 표상이 작동하고 있는 하나의 일반적 상황에 대해 말했을 뿐이다. 당연히 우리 각자는 자신 안의 자기에 도취되어 있는, 자신을 거울로 삼아 자신만을 바라보고 있는 폭군 같은 어린아이인 나르시스를 지속적으로 살해해 나가야만 한다. 자기 안에 갇힌 나르시스를 극복해 나가야만 한다. 그래야만 하겠지만, 그러나 원초적 나르시시즘의 표상(부모로 하여금 자식을 사랑하지 않을 수 없게 만드는 그것)은 결코 완전히 극복될 수 있는 것이 아니다. 왜냐하면 나르시스 안에 또 다른 나르시스가 숨어 있기 때문이다.

반-나르시스로서의 그 어린아이

여기서 나르시스 이야기에 대한 블랑쇼의 중요한 성찰(세번째 '하나의 원초적 장면?')을 되돌려 보고자 하는데, 그것은 우리에게 결코 살해할 수 없고 살해되지 않는 어린아이가, 파괴될 수 없는 어떤 자가, 또 다른 나르시스가 있다는 점을 부각시킨다. "왜냐하면 [……] 나르시스는 한 번도 살아가기를 시작한 적이 없기 때문이다. 이 어린아이-신(나르시스의 이야기가 신들 또는 반신半神들의 이야기임을 잊지 말자)은 타인들을 자신과 접촉하도록 내버려 두지 않고, 말하지 않으며, 자기 자신을 알지 못하는데, 왜냐하면 자신이 받아들인 질서에 따라 그는 자기로부터 돌아선 채로 있어야만 하기 때문이다——따라서 그는, 세르주 르클레르가 우리에게 말해 주었던, 이미 언제나 죽어 있지만 불확실한 죽음에 다시 예정되어 있는 경이로운 어린아이와 매우 가깝기 때문이다"(212).

이러한 문장들을 통해 블랑쇼는 우리에게 원초적 나르시시즘의 대표 표상(앞에서 말했던 대로 결코 표상화된 적이 없고 표상화되지도 않을 표상, 표상이 아닌 표상)의 가장 원초적인 형태를 탐색해 보기를, 그것을 세계 내가 아니라 세계 바깥으로 끌고 거슬러 올라가서 살펴보기를 권유한다. 나르시스의 이야기에 대한 기존의 일반적 해석을 '해체'하면서 요컨대 나르시스가 전혀 나르시스적이 아니라고, 자기에게 도취되어 있지 않을 뿐만 아니라 도취될 수조차 없다고 말하는 블랑쇼의 이 독법은 너무나 오래된 옛날의 한 신화에 대한 또 하나의 해석에 머무르지 않으며, 궁극적으로 우리 각자의 삶·죽음의 현장을 비추는 데에로 나아간다.

도대체 어디에서 우리는 우리 안에서 그 어린아이와, 원초적인 그 표상 자체와 급진적으로 마주하게 되는가? 그 지점은 자식의 탄생을 목도하거나 커 가는 자식을 바라보거나 어떤 작품(일)의 완성을 경험하거나, 아니면 아름답고 평화로운 자연을 경험하거나, 어쨌든 세계 내에 거주할 수 있는 가능성을 보장해 주는 것 같은 시간들이 아니라, 어떤 극단적인 계기들을 통해 그 거주 가능성이 불가능성에 빠지게 되는 시간들이다. 세계로부터의 추방을 선고받고 삶 속에서 불가능한 죽음으로 열려 있을 수밖에 없게 된 순간들, 거기서 '나'의 모든 힘은 무력화되고 '내'가 마주할 수 있을지도 모를 '나 자신'(하이데거가 말한, 죽음 앞에서의 각자성各自性Jemeinichkeit)의 자리에 익명의 타자가, 벌거벗은 자연의 어린아이가 들어서게 된다. 세계 가운데 거주할 수 있는 가능성의 파괴에 따라——하이데거가 본 바와는 반대로——'나'는 자신의 동일성을 다시 확보하게 해줄 어떤 본래적인 자기를 상관항으로 확보할 수 없다. 세계 내에 거주할 수 없게 된 '나'는 다만 자신의 비동일성만을 통고하는 그 어린아이와 마주할 수밖에 없게 되는 것이다. 그 어린아이가 '나'를 어떠한 방식으로도 '나 자신'으로 돌아올 수 없게 만들며, 바로 그렇기 때문에 '나'는 자신과 자기 반영적인(수면을 거울로 삼아 '나'를 비추기) 관계 내에 놓일 수 없다. '나'의 진정한 타자인 숨어 있던 나르시스가 '나'를 타자가 되도록 이끄는 것이다.

세르주 르클레르는 그 어린아이(원초적 나르시시즘의 대표 표상)가 일반적으로, 세계 내에서 부모의 자식에 대한 특별한 사랑에 어떻게 개입하는가를 밝혔다. 부모는 자식을 '절대적으로' 사랑한다고 믿을 수 있겠지만,

수많은 경우 그들은 자신들의 사회 내에서 형성된 에고를 사랑하고 있다. 다시 말해 그들은 적나라하게 나타난 어린아이가 아니라 사회 내에서 의식적으로 형성된, 자신들의 자아를 사랑하고 있다. 그들은 사회의 이런저런 가치 기준들(부·명예·권력 등)의 틀 내에서 왜곡되고 포장된 어린아이에, 마치 자신들의 자아에 집착하듯이 집착하고 있다. 그러나, 이렇게 말할 수밖에 없는데, 부모의 자식에 대한 전근원적인, 사회적 의식에 앞서는, 실제의 '절대적' 사랑이 있을 수 있다면, 그것은 모든 사회적 기준을 뛰어넘어서 바로 적나라하게 벌거벗은 그 어린아이(감추어져 있던 나르시스)를 향해 있을 것이다. 자식에 대한 부모의 나르시시즘에 의해 왜곡된 사랑조차도, 그 밑바닥에 그 어린아이가 숨겨져 있다. 또는 이렇게도 말할 수 있다. 부모의 자식에 대한 관계에서뿐만 아니라 모든 관계에서 어떤 사랑이 극단의 지점을 향해 갈 때, 그 지점에서 너무나 오래된 과거에, 가장 오래된 과거에 이미 죽은 어린아이가, 그 어린아이 자체가 군림한다.[27]

---

27) 우리는 부모의 사랑이 사회적 의식에 투과되면서 나르시시즘의 형태를 띠게 되고 왜곡된다는 점을 말했는데, 장-자크 루소는 일찍이 어떤 애정이 사회와 문화 내에서 변질된다는 사실을 밝힌 바 있다. 루소는 부모의 자식에 대한 사랑이 아니라 '나'의 자기 자신에 대한 사랑을 문제 삼고 있는데, 그것은 잘 알려진 대로 두 가지로, 즉 자연으로부터 발생한 자기애amour de soi와 사회 내에서 인간들 상호 간의 비교에 따라 인위적으로 생겨난 이기심amour propre으로 나뉜다. "이기심과 자기애를 혼동해서는 안 된다. 두 정념은 그 성질로 보나 그 효용성으로 보나 크게 다르다. 자기애는 일종의 자연스러운 감정으로, 모든 동물들로 하여금 자기 보존에 관심을 갖게 한다. 인간의 경우에는 자기애가 이성에 따라 인도되고 동정심에 따라 변용되면서 인간애와 미덕을 낳는다. 그에 반해 이기심은 사회 안에서 생기는 상대적이고 인위적인 감정에 지나지 않는다. 그것은 각 개인이 자기를 누구보다도 우선시하며 사람들이 서로 간에 행하는 모든 악을 일깨우는 동시에 명예의 진정한 원천이 되기도 한다"(장-자크 루소, 『인간 불평등 기원론』, 주경복·고봉만 옮김, 책세상, 2003, p. 195. 번역 약간 수정). 우리는 르클레르로부터 출발해서 자식에 대한 부모의 사랑에 대해 논했던 반면, 루소는 자기에 대한 사랑을 말하고 있다. 그러나 두 논의 사이에 전혀 연결점이 없는 것은 아닌데, 왜냐하면 우리는 부모의 사랑을 자기에 대한 사랑으로 보고 논의를 진행시켰기 때문이다. 나르시시즘의 일종으로서의 부모의 사랑은 자기에 대한 사랑과 무관하지 않을뿐더러 그것에 근거한다고 볼 수 있고, 부모의 사랑

나르시스를 이미 언제나 죽어 있는 경이로운 그 어린아이라고 보면서 블랑쇼가 나르시스의 이야기를 새로운 관점에서 이야기할 때, 그는 포장하고 왜곡시키는 모든 가상을 걷어 내고 바로 벌거벗은 타자, 우리 모두의 타자에게로 접근한다. '사랑'이라 부를 수 있는 것이든, '우정'이라 부를 수 있는 것이든, '효심'이라 부를 수 있는 것이든, '형제애'라 부를 수 있는 것이든 어떤 벌거벗은 관계에서, 죽은 그 어린아이가 죽은 채로 '우리'의 죽음 가운데, '나' 아닌 '그' 또는 '그 누구'의 죽음 가운데, 즉 불가능한 죽음 가운데 되살아난다. 그 죽음을 통해 그 어린아이는 자신의 맨 얼굴을 드러낸다. 카오스의 경험, 그 경험될 수 없는 경험, 바깥에서의 시련, 바깥이 가져다주는 시련.

'나'의 존재의 선험적 조건 : 과거의 그 어린아이

우리가 살아 있지만 죽어가면서, 죽어가지만 살아 있으면서 겪게 되는 불가능한 죽음을 그 어린아이가 주재하며, 그 죽음을 통해 우리는 그 어린아이에게 최대한 가까이 다가간다. 그 어린아이는 우리가 결정적 죽음(생물학적 죽음) 이전에, 어쨌든 태어난 이후에 삶 속에 남아 있는 채로만 만나게

역시 사회적 맥락과 자아라는 틀을 벗어나 뒤로 끝까지 되돌아가게 되면, 어떤 적나라한 형태의, 또는 무형태의 익명적이거나 '반사회적인' 근거로 귀착된다. 그 무차별적 근거에 "모든 동물들로 하여금 자기 보존에 관심을 갖게" 하는, 인간도 매여 있지만 궁극적으로는 반인간적인 생명이, 우리 모두의 생명이 자리 잡고 있다. 여기서 '우리 모두'는, 즉 "그들은 자연에 더 결부되어"(장-자크 루소, 『루소, 장-자크를 심판하다—대화』, 진인혜 옮김, 책세상, 2012, p. 29) 있을 것이지만, 그들이 놓여 있는, 바깥이라는 자연(블랑쇼는 바깥 또는 카오스와의 대면과 관련해 "자연적인 것의, 자연의 은밀한 회귀"[91]라고 썼다)은 루소가 상상했던 평화롭고 행복하며 목가적인 자연, 즉 문화 이전의 자연이 아니라, 문화의 한가운데 뚫린 반문화적이자 반자연적인 '자연'이다.

되는 어떤 자이다. 그러나 동시에 그 어린아이는 우리가 언어를 배워서 삶 속으로 들어가기 전에 사라졌던, 따라서 단 한 번도 기억 안으로 들어온 적이 없으며, 단 한 번도 의식에 표상된 적이 없는, 영원히 림보에 머물러 있는, 르클레르와 함께 블랑쇼가 말하는 유아이기도 하다. "세르주 르클레르의 어린아이, 우리가 끊임없이 죽음으로 돌려보냄으로써만 우리 자신이 삶과 말에 도달해서 살해할 수 있는 무섭고 폭군 같은, 영광에 둘러싸인 찬란한 유아는 [……] 살아가기 이전에 죽어감 가운데 침몰해 버렸던 자가, 어떠한 지식과 어떠한 경험에 비추어 봐도 그의 역사 가운데 과거의 어느 정해진 시점에서 죽었는가를 결정할 수 없는 어린아이가 아닌가?"(127~128) 그렇다면 '내'가 살아가면서, 살아가기 위해 끊임없이 살해해야만 했고, 불가능한 죽음에 빠져 들어가면서 그 어느 때보다도 더 가까이서 대면해야 할 그 자가 어떻게 단 한 번도 삶에도 기억에도 들어온 적이 없는, 여전히 그냥 림보에 머물러 있는 유아일 수 있는가? 어떻게 둘이 같을 수 있는가?

블랑쇼가 밝힌 대로 죽은 과거의 시점을 가리킬 수 없는 그 어린아이는, 시계의 시간을 기준으로 지적할 수 있는 어떤 시점(들)에서 살해되었거나 살해되어 온 것이 아니다. 여기서 시계의 시간, 양적인 시간의 균질적 흐름은 전혀 고려의 대상이 되지 못한다. '나'는 말하고 살아가면서 그 어린아이를 살해해 나가는 데 성공해 왔지만(비현실성으로의 이동, 언어를 칼로 삼아 그 어린아이를 지속적으로 살해하는 것, 그 경우 살해는 가능한 살해이고, 살해로 인한 죽음은, 블랑쇼의 표현을 빌리면, '가능한 죽음'이다), 죽었고 다만 언제나 또다시 죽음에 예정되어 있을 뿐이었던 그 어린아이가 어느 지점에서, 어떤 계기를 통해 죽은 채로 되돌아와 '나'의 입을 막고 '나'의 언어를 멈추게 만드는 것이다('나'의 동일성의 와해, 언어의 중지, 더 이상 살해가 불가능하다는 사실, 즉 '불가능한 죽음'). 그러나 그때 되돌아오는 그 어린아이는 바로 결코 기억될 수 없는 과거에 림보에 여전히 남아 있던 가장 늙은 유아인데, 왜냐하면 그 어린아이는 '내'가 언어를 배우고 사용하면서 어른으로 살아가기 위해 반드시 요구되었던 필연적 조건이기 때문이다(어른의 삶을 위해, 의식적 자아의 삶을 위해 요구되는 필연적 조건). 간단히 말해 '내'가 그 어린아이를 끊임없이 죽임으로써만 살아갈 수 있었다면, 그 어린아이는 비록 죽은 채로나마, 사실은 림보 안이 아니라 '내' 안에 언제나 남아 있었어야, 죽은 채로 남아 있어야 하기 때문이다. 그 유아가 '내'가 살아가고 있었던 모든 시간에 언제나 '나'의 삶의 선험적 조건이었기 때문이다. 그 어린아이가 '내'가 언어를 배우기 전부터, '내'가 자아로서 살아가기 이전부터, 결코 기억될 수 없는 과거에서부터, 따라서 '내'가 태어나기 전부터 '나' 자신도 모르게 '나'를 따라다니고 있었고, 바로 그러한 조건하에서만 '나'는 살아갈 수 있었기 때문이다. 그 어린아이로부터 끊임없이 달아나다가 어떤 계기를 통해, 어떤 한계 상황에서 불가능한 죽음에 맞닥뜨리게 되어서야 비로소 '내'가, '나 자신'이 바로 그 가장 늙은 어린아이임을, 모두의 타자임을 발견하고 그제야 눈물을 쏟아 내거나 눈물로 번지는 미소를 짓거나 그냥 묵묵히 땅만 바라보게 되는 것이다. '나'의 존재, 보다 정확히 말해 '나'의 비존재가, '나'의 결정적 비동일성이 그러한 단순하고 필연적인 몸짓으로 응결되면서 거기서 흩어져 갈 수밖에 없는데, '내'가 유아로 남아 있는 그 나르시스에게 다가가면 다가갈수록 '나'는 보다 더 깊숙이 언어의 부재 안으로 떨어지게 되고, 보다 더 깊은 침묵으로 들어가기를 요구받기 때문이다. '나'는 말할 수 없고, 그렇다고 죽음으로써 스스로를 끝장낼 수도 없다. 다만 유일한 목소리, 에코의 언제나 똑같은 목소리, 불가능한 죽음을, 다시 말해 익명적 삶을, 또는 우리 모두 공동의 삶-죽음을 끊임없이 통고하는 그 목소리를 들을 뿐이다. "나르시스는 고독하다고 여겨지는데, 자기 자신에게 지나치게 현전하기 때문이 아니라, 예언(너는 너 자신을 볼 수 없을 것이다)에 의해 다른 삶과 살아 있는 관계를 맺을 수 있게 할 반영적인 이 현전 —자기 자신— 이 그에게 결여되어 있기 때문이다. 그는 침묵한다고 여겨지는데, 자신에게 같은 것을 말하는 어떤 목소리를 반복적으로 듣는 것 이외에 다른 말을 갖고 있지 않기 때문이다. 또한 그는 그 목소리를 자신의 것으로 만들 수 없다. 그 목소리는, 그가 그것을 사랑하지 않는다는 점에서, 그가 사랑할 다른 아무것도 그에게 가져다주지 않는다는 점에서 정확하게 나르시스적이다"(213~214).

그 어린아이 또는 타자

나르시스, 즉 그 어린아이가 바로 '내' 안에 뚫린 구멍이고, '나'와 '나 자신'의 동일성을 항구적인 것이 되지 못하게 만드는, '나'의 한가운데 들어서 있는 타자이다. 보다 정확히 말해 그 유아는 우리 모두 안에 파여 있는 심연이다. 왜냐하면 그 유아는 우리의 모든 의식적·사회적 자아들이 존재하기 시작하기 이전의 가장 먼, 절대적 수동의 과거로부터 우리 모두의 공동 영역 내에 머물러 있었기 때문이다. 그 유아는 기억될 수 없는 가장 먼 과거에 우리 모두 안에 남은 결핍된 존재, 결핍으로서의 비존재일 것이다. 우리를 가장 오래된 과거에서부터 찢긴 존재로 예정해 놓은 자, 우리를 돌이킬 수 없을 정도로 아픈 존재로 미리 규정해 놓은 자, 우리에게 책임이 없지만 우리로 하여금 끝까지 책임져야 할 "망각된 불행"을 애초부터 가져온 자. 그 불행을, 우리 모두의 탄생 이전의 태고의 죽음을 견뎌 내는 것을 블랑쇼는 '참을성patience'이라고 부른다. "또한 직접적인 것이 과거라는 견딜 수 없는 역설을 받아들일 수 있어야만 할 것이다. 그에 따라 우리는 카오스를 말할 수 있다. 직접적인 것에 대해 더 이상 우리가 생각할 수 없는 것과 마찬가지로, 절대적 수동의 과거에 대해 우리는 생각할 수 없는 것이다. 어떤 망각된 불행을 우리가 우리 자신 안에서 참아 낸다는 것은, 절대적 수동의 과거가 무의식적으로 이어져 왔다는 표식인 것이다. 우리가 참을 때, 우리는 우리 자신에게 현재 침투하지는 않지만 우리를 기억되지 않는 한 과거로 되돌려 보내는 어떤 무한한 불행과 관계하고 있다. 즉 우리의 불행 또한 불행으로서의 타인과"(60~61).

이미 사라져 버려 현전하지 않지만 현전하는(비현전의 현전) 그 어린아이가 타인을 통해 다가옴을 견뎌 내는 수동적 행위, 거기에 윤리의 출발점이, 윤리로의 입구가 있다. 그러나 만일 '내'가 타인을 통해 자신의 죽음을 알리는 그 어린아이를 책임져야 한다면, 레비나스가 내세운 이유대로, '내'가 타인에 의해 책임의 주체로, 타자에 대한 책임을 감당하는 유일한 자로 지정되었기 때문은 아니다. 어떤 결핍을 견딜 수 없기 때문이고, 그렇기 때문에 동시에 그 결핍을 견뎌 내야 하기 때문이다. 그 어린아이가 '나'와 타인 사이에, 우리 안에 뚫려 있는 공동의 구멍, 공동의 결핍으로 현시現示présentation(보이는 것의 현전이 아니라 보이지 않는 시간적인 것의 현전과 흩어짐, 기억될 수 없는 과거가 흩어짐으로써 현전함)되고, '나'는 '우리'의 그 결핍으로, '우리'라는 해소될 수 없는 그 결핍으로 다가가는 동시에 그것을 감당하라는 명령을 받기 때문이다. 레비나스가 말하는 윤리적 '비대칭성 asymétrie' 내에서 마치 주인이 손님을 접대하듯, 마치 부자가 과부와 고아를 환대하듯 타인을 책임져야 하기 때문이 아니다. 그 불행한 타인 안에 뚫려 있는 구멍을 통해, 그 헐벗은 타인 안에 난 오래된 찢긴 상처를 통해 '나'를, 즉 '나'의 비존재를, '우리'를 발견하기 때문이다. 따라서 인간이 그 어린아이보다 더 나은 점이 있다. 그 어린아이는 즉자적 존재로서 인간을 결코 알아볼 수 없는 반면, 인간은 그 어린아이를 알아볼 수 있을뿐더러 그 어린아이에게로 다가갈 수 있는 것이다.

따라서 일찍이 헤겔이 인간을 정의하면서 문제 삼았고, 헤겔 이후로 계속 문제가 되어 왔던 '찢긴 존재'(인간은 '찢긴 존재'이다)가, 즉 자연과 문화·사회 사이에서, 감각·감정과 의식 사이에서 찢겨질 수밖에 없는 인간의 원초적 불행이 그 자체 내에 담고 있는 긍정적 요소가 있다. 인간이 어린아이를 알아볼 수 있게 된 것이다. 인간이 어린아이와 분리되는 고통과 불행 덕분에 어린아이를 알아볼 수 있게 된 것이다. 인간이 어린아이를 통해 타인과의 급진적 소통으로, 자신의 존재가 비존재로 뒤집어지게 되는 반전(불가능한 죽음)에 의해 추진되는 소통으로 열릴 수 있게 된 것이다. 인간이 자신 안에 뚫려 있는 구멍이 자신의 것이 아니라 공동의 것(공동의 틈새, 공동의 영역을 여는 틈새, 공동의 영역으로 열리는 틈새)임을, 우리 공동의 타자임을, 인간 스스로가 비존재임을 깨닫게 됨에 따라 타인에게로 향할 수 있게 되고 타인과 마주할 수 있게 된 것이다. 타인과의 관계에서 흔히 '사랑'이라 불리는 것은 찢긴 존재에게만, 즉 신도 동물도 아닌 인간에게만 허락된 것이다.

그러나 '내'가 아무리 타인을 사랑한다 할지라도, 아무리 타인을 책임진다 할지라도 그 공동의 구멍은 메위지지 않으며, '나'는 또다시 찢긴 존재로 예정되어 있을 수밖에 없다. 또한 우리가 어떠한 완벽한 총체적 언어를 방어 도구이자 무기로 써서 더할 나위 없이 확고하게 존재를 결정 짓는다 할지라도, 우리는 '하나'가 될 수 없는 것이다. 말하자면 그 어린아이에 대한 살해를 완수했다고 믿으면서 이성적 어른들의 이상적 공동체를 완성할 수가 없는 것이다. 그럴 뿐만 아니라 우리는 감각과 감정의 어떠한 극단적·낭만적 고양을 통해서도 그 어린아이와 '일치'되고 합일을 이루어 '하나'가

될 수 없다. 우리가 예외 없이 찢겨져 있다는 사실은, 우리가 어떠한 이론적이거나 낭만적이거나 도덕적인 방법을 통해서도, 어떠한 총체적 방법을 통해서도 '하나'가 될 수 없다는 불가능성의, 그러나 동시에 서로가 서로에게 무한히 접근할 수 있다는—'나' 아닌 '우리'의—가능성의 선험적 조건이다. 인간은 스스로 타자화됨으로써만, 공동의 구멍 안으로 들어가 있음으로써만, 스스로 '우리'가 드나드는 공동의 틈새가 됨으로써만 타인을 향해 돌아설 수 있는 것이다. 소통이 어떠한 고정되어 결정된 지점에서도 완결될 수 없다는 사실, 소통의 확고한 토대의 부재, 그러나 그에 따르는 소통의 역동성, 소통의 무한성, 아마 그것을 블랑쇼는 '밝힐 수 없는 공동체 communauté inavouable'라는 표현으로 정식화했을 것이며, 우리는 여기서 "어떤 공동체도 이루지 못한 자들의 공동체La communauté de ceux qui n'ont pas de communauté"라는 바타유의 말을 다시 한 번 마주할 수밖에 없다.

타자 : 공동의 그 어린아이

그 어린아이의 현전, 그러나 그 어린아이는 어디에도, 타인 안에도 '내' 안에도 공간적인 것으로 현전하지 않는다. 가장 먼 과거로부터 되돌아오는 그 어린아이는 관계 내에서 어떤 것이나 어떤 자로 어떠한 현재에도 의식에 포착되어 고정되지 않기 때문에 무한히 다가가야만 할 미래로, 따라서 영원으로 미끄러져 달아난다. 그 어린아이는 어떠한 의식의 현재에도 현전하지 않으며, 다만 현재가 부재하는 시간 가운데 놓여 있다. 오직 시간 가운데만, 즉 실체로서의 영원이 아니라 시간의 응결과 파열(파편화)로서의 영원 가운데에만, 시간적 영원 가운데 또는 순간의 영원 가운데만 놓여 있는 것이다. 다시 말해 그 어린아이는 우리 밖의 영원이 아니라 우리 안의 영원에, 따라서 관계 내에 공간적 현전도 의식적 현전도 아닌 시간 자체의 현전으로 현시된다. 다시 말해 과거와 미래의 응집과 산개가, 시간의 전개인 동시에 영원의 전개가 관계 내에서 현시됨으로 공간화되는 것이다. 그 시간적 응집과 산개가 관계 자체를 이루는 것이다. 시간의 공간화, 동시에 공간의 시간화, 왜냐하면 관계를 극단의 시간성이 주재하기 때문이다. 관계가, 단순히 어떤 자들이 한 공간을 공유하기 때문이 아니라 과거와 미래가 이어지기 때문에, 공동의 시간이 스스로 펼쳐지고 응결되기 때문에 열리는 것이다. 관계가 '나'의 시간과 타인의 시간의 이어짐 이외에 아무것도 아닌 것이 되는 것이다.

블랑쇼는 "오히려 삶이 끝나지 않는 죽음으로부터만 태어나기 때문이다"라는 보나벤투라의 말과 "자연 속에서 모든 죽음은 동시에 탄생이며, 바로 정확히 죽음 속에서 삶은 그 절정에 도달하게 된다"는 피히테의 말을 인용하고, 곧이어 여기서 "죽음이 초월성의 희망과 관계한다고 생각하지 않"아야 한다고 덧붙인다(71). 이미 죽은 그 어린아이가 다시 돌아오면서 나로 하여금 언어를 고수하지 못하게 하고, 그에 따라 자신에 대한 살해가 더 이상 가능해지지 않는 지점을 통고하는 것, 그것이 바로 불가능한 죽음을 통고하는 것이며, '나'는 가능한 죽음을 완료시키지 못한 채 다시 삶으로, 죽은 그 어린아이와 함께하는 삶으로 되돌아오게 된다. 그러나 타인을 통해 '말하는' 죽었고 다시 죽어가는 그 어린아이와 함께하는 삶, 타인과 함께 그 어린아이를 공동으로 분유分有하는 삶, 간단히, 타자와 함께하는 삶, 그것은 블랑쇼에게 (불가능한) 죽음 가운데에서의 삶의 절정이다. 절정의 삶, 그러나 "행복도 불행도 아닌"[28] 비인칭의 삶, 중성적인 것, 초월적 영원이 아니라 불멸(죽음의 불가능성, 오직 유한성으로부터만 열리는 무한, 오직 필사성必死性을 통해서만 마주하게 되는 불사不死), 가장 먼 과거로부터 이어져

온 삶, 그러나 단지 죽음의 현재가 있을 수 없기에 무한으로서 생성하는 미래로 열리는 불멸의 삶, 나의 것도 너의 것도 아닌 익명적 삶, 나와 타인이 공동으로 속해 있는 불멸의 시간.

블랑쇼는 레비나스의 윤리학에 아직 크게 영향받지 않았던 『문학의 공간』 시기에 눈 속에서 추위로 죽어가던 하인 니키타를 껴안고 대신해서 죽은 주인 브레흐노프(톨스토이의 『주인과 하인』)에 ─ 즉 공동의 불멸의 시간에 ─ 주목하면서 그의 '타자를-위해-죽어감'에 대해 이렇게 썼다. "이러한 관점에서 죽어간다는 것, 그것은 언제나 니키타 위에 누우려고 하는 것, 니키타의 세계 위에 자신을 펼치는 것, 모든 타인들과 모든 시간을 껴안는 것이다. 여전히 우리에게 고결한 회심, 영혼의 꽃핌, 위대한 우애의 움직임으로 그려져 있는 것은, 하지만 이러한 것이 아니다. 톨스토이에게서조차 아니다. 즉 죽어간다는 것, 그것은 선한 주인이 되는 것도 자기 자신의 하인이 되는 것도 아니다. 그것은 윤리적 승격이 아니다. 브레흐노프의 죽음은 우리에게 '선한' 것에 대해 아무것도 말하지 않고, 그리고 그의 몸짓, 그를 얼어붙은 몸 위에 갑자기 눕게 만드는 움직임, 그 몸짓 또한 아무것도 말하지 않는다. 그것은 단순하고 자연적인 것이다. 그것은 인간적인 것이 아니라, 불가피한 것이다."[29] 죽어가는 니키타를 껴안는 브레흐노프의 몸

---

28) 블랑쇼의 자전적 이야기 『나의 죽음의 순간』의 말미에 나오는 한 구절을 되돌려 보자. "하지만 총살형이 단지 실행되지 않았을 뿐인 그 순간에, 내가 어떻게 번역해야 할지 모르는 가벼움의 감정이 남아 있었다. 삶으로부터의 해방? 무한의 열림? 행복도 불행도 아닌. 공포의 부재도 아닌, 아마도 이미 저 너머로의 발걸음"(M. Blanchot, *L'Instant de ma mort*, Fata Morgana, 1994, pp. 16~17). 이에 대한, 즉 중성적인 것에 대한 이러한 자크 데리다의 언급이 있다. "중성적인 것, 그것은 대립된 것들 가운데 어느 것에도 귀속되지 않고 그렇다고 대립을 넘어서지도 않은 채 ─ 이것도 저것도 아니며, 행복도 불행도 아니다 ─ 전개되는 사유나 정념의 경험이다"(J. Derrida, *Demeure*, Galilée, 1998, p. 121).
29) 모리스 블랑쇼, 『문학의 공간』, p. 242. 인용자 강조. 번역 약간 수정.

짓, 그것은 반인간적인 것이며, 마치 자연의 명령에 따라 행해진 것과 같은 것이다. 브레흐노프는 단지 자신의 시간을 니키타의 시간에 접목시킴으로써만, 비록 자신은 죽는다 할지라도, '우리'의, 익명적 인간의 불멸을 추구할 수 있는 것이다. 불멸을 불가피하게 추구하지 않을 수 없도록 명령을 받은 브레흐노프, 어느 누구로부터도 내려지지 않은 명령을, 어떠한 윤리적·도덕적 명령도 아닌, 단지 '우리'를, 인간 존재를 무한한 미래에 이르기까지 긍정하라는 명령을, 왜냐하면 무한한 미래에 놓여 있는 자는, 브레흐노프 자신은 아니지만 그 자신과 무관하지 않은 타자, 바로 어린아이로 나타나는 니키타이기 때문이다. "그는 지금 우리가 있는 곳에서 죽는 것이 아니라 완전히 미래에, 미래의 극단적인 지점에서, 자신의 현재의 실존뿐만 아니라 또한 현재의 죽음에서도 벗어나 죽기 때문이다. 그는 홀로 죽어간다. 왜냐하면 그는 모두로서 죽어가기 때문이다."[30]

설사 브레흐노프의 죽음과 같은 극단적인 것이 아니라 할지라도, 진정한 의미에서의 윤리 또는 다수가 개입되어 있는 정치적인 것에는 타자가 회귀하는 계기가 반드시 개입한다. 그 증거는, 말 못하는 그 어린아이 '말함'의 이면인 '나' 또는 '우리'의 '말문이 막힘'이다. 그러나 그 묵언을 강요하는 압력이 반드시 어떤 예외적이거나 엄청난 상황에만 주어진다고 믿어서는 안 되는데, 왜냐하면 말해야만 하거나 글 써야만 하는 곳에서 우리가 어떤 자와 관계에 놓이기 위해서는, 설사 수많은 말들을 쏟아 내고 수많은 단어들을 써야만 한다 할지라도, 어느 시점에서 침묵으로 말하거나 써야만 하기 때문이다. 말문이 막히는 것, 말문이 막힐 줄 아는 것, 그것은 행동이 아니지만, 우리로 하여금 어떤 특별하거나 일상적인 상황으로 들어갈

---

30) 같은 책, p. 240.

수 있게 하는, 또는 진정으로 행동하거나 말하거나 글 쓸 수 있게 하는 행위, 모든 행동 이전의 수동적 행위이다.

자연의 총체성을 담론의 총체성으로 대체하기를 원했던 사상가들뿐만 아니라 수많은 사상가들과 수많은 이론가들이 자신들의 철학적 담론들이나 이론들을 정치의 핵심이나 중심에 가져다 놓기를 원했거나, 적어도 정치의 기본적인 좌표나 기준으로 제시하기를 원했지만, 모든 언어는 정치적인 것이 ──설사 필연적일 수밖에 없는 결과라 할지라도── 퇴락한 결과라는 사실을 되돌려 보아야만 한다. "말들이 무기가, 행동의 수단이, 구원의 가능성이 되는 것이 끝나기를"(41), 또는 말 못하는 타자가 '말하는', 즉 다시 침묵하는, 정치적인 것의 정점으로부터 내려온 이후에 사회 내에서 우리의 의식에 호소할 수 있는 어떤 언어가 필연적으로 요청된다. 왜냐하면 침묵하는 타자를 대신해서 우리가 말해야만 하고, 우리가 사회와 의식 내에서 살아갈 수밖에 없는 한 그 타자에 대한 책임을 사회적·의식적 차원에서 떠맡아야만 하기 때문이다. 그 경우 그러나 우리에게 필요한 동시에 중요한 언어는 한 이론가의 정치적·철학적 담론에서가 아니라 ──과거에도 언제나 사실상 아니었다──, 오직 현실적 문제들이나 사안들에 대한 응답인 다수의 민중의 거부와 저항과 구체적 요구들에서만 표명된다는 사실을 되돌려 보아야만 한다.

(그러한 다수의 거부와 반란과 실질적 요구들을 표현하는 모든 언어들이 당연히 중요하며, 그러한 한에서 그 언어들이 수렴되어야 하는 지점인 법이 중요하다. 오직 법은 그 다수의 언어들 또는 복수적 언어들이 모이는 장소이기 때문에만 중요하며, 여기서 우리는 법을 그러한 장소라고 이해한다. 지금까지 우리에게 사회의 토대를 이루어야 할 보편적인 입법적 담론을 어떤 사변적·형이상학적 철학에서 구하는 경향이 있었던 것은 분명히 사실이지만, 그러한 철학의

문제는 그것이 언제나 소수의 지적 엘리트들에 의해 구성되고 '가르쳐져' 왔다는 데에, 그에 따라 너무나 자주 소수 지배층의 권익에 봉사해 왔다는 데에, 또한 그것이 갖고 있는 신비성이 바로 소수 지배층의 권위를 신비화해 왔다는 데에 있다. 가령 루소가 민중의 일반 의지volonté générale의 표현인 입법의 중요성을 그토록 강조했던 이유는——민중의 구체적 요청들이 수렴되어 반영되는——입법이 공화국의 구성과 다르지 않기 때문이기도 했지만, 공허하지만 결국 사회를 지배해 왔고 지배 계급에 봉사해 왔던 형이상학적·철학적 담론을 그러한 입법을 통해 무력화시키기를——법 이외의 어떠한 형이상학적·철학적 담론도 사회를 관리하는 보편적 담론으로 승격되지 않기를——원했기 때문이라는 사실을 생각해 봐야만 한다. 법은 루소에게서 반철학, 반종교, 반형이상학을 위해 요청된 담론이다. 루소가 프랑스 대혁명 직전의 자신의 시대에 자연법학자들을 비판하면서 "대단한 이론가나 형이상학자가 아니고서는 자연의 법을 이해할 수도 따를 수도 없다는 것이다"[31]라고 지적했던 이유는, 당시의 철학자들이자 형이상학자들이었던 신학자들을 뒤따르면서 법학자들이 초월적 담론——당시의 신학이자 형이상학이자 철학——에 의존함으로써 그들의 법 이론을 통해 민중의 현실적이자 실질적인 고통들과 문제들을 무시하면서 지배 권력을 공고히 하는 데에 봉사했기 때문이다.

루소에게서부터 형이상학적 철학은 확인되고 검증될 수 없는 고상하고 신비하지만 공허한 이론이기 때문에만 문제였던 것이 아니고, 근본적으로는, 은밀하게 상위의 지배집단의 부와 권력을 유지시키고 공고히 하는 데에 봉사하기 때문에 문제였다. 루소는, 사회가——나아가 모든 사회가——실제로는 어떠한 형이상학적 초월성에도 근거를 두고 있지 않다는 점을 최초로 폭로했다는 점에서,

---

31) 루소, 『인간 불평등 기원론』, p. 37.

즉 사회가 그 자체를 그럴듯하게 포장해 주는 어떠한 형이상학적 초월성과도 관계없이 사실상 이해관계들과 권력관계들로 짜여져 있음을 최초로 간파했다는 점에서 니체 이전에 '신의 죽음'을 표명한 사상가이다.[32]

즉 루소는 최초로 신의 왕국과 사회를 분리시켜 놓은 사상가, 즉 사람들이 믿고 싶어 했고 믿었던, 그러나 사실상 부재했던 신의 왕국을 실제로 부재로 돌리면서 사회를 급진적으로 세속화시킨 최초의 사상가인데, 루소 이후에도 많은 사람들은 신의 왕국의 부재라는 공백을 참을 수 없어 했고 노스탤지어에 사로잡혀 이런저런 방법[결국 전체주의적 방법]으로 그 공백을 메우고자 했다. 사회가 신의 왕국이 육화된 공동체가 아니라 계약의 대상일 뿐이라는 사실을 강조하는, 루소의 『사회계약론』은, 개인들이 무신론적일 필요는 없더라도 왜 사회는 무신론적이어야만 하는가라는 물음에 대한 의미심장한 대답들 가운데 하나이다. 하지만 루소 바깥에서, 우리의 관점에서 말한다면, 사회 내에서 종교로 승격될 만한 것은 오직 한 어린아이를 향한 것밖에 없다. 또한 한 어린아이에 대한 종교, 종교화될 수 없는 그것은 그 자체로 정치적인 것이다.

블랑쇼의 경우 모든 법이 한계에 이르는 지점에, 오직 글쓰기만이 때때로 접근할 수 있는 영역에 끊임없이 주목하는 것은 사실이지만, 그가 법에 단순히 이분법적으로 대립하는 또 다른 어떤 부정의 언어를 찾고자 하기 때문은 결코 아니다. 그에게 문제되는 것은, 다만 법이 긍정되지도 부정되지도 않는, 법 이전의 중성적인 것일 뿐이다. 말하자면 언제나 그에게 법에 반대하는 것이 아니라, 법의 '토대 없는 토대'로, 법의 바깥이자 법에 대한 타자인 어떤 자연적인 것으로 거슬러 올라가는 것이 관건이다. 가령 그가 "민중은 포착되도록 스스로를 내버려 두지 않는다. 민중은 사회적 현실의 와해를 통해 드러나지만, 동시에 민중은

---

32) J.-L. Nancy, *Politique et au-delà*, Galilée, 2011, p. 12.

법에 의해 한정될 수 없는 최고주권을 통해서 사회적 현실을 재창조하려는 비순응적 집요함 가운데 존재한다. 최고주권은 법에 의해 한정 지어질 수 없다. 왜냐하면 최고주권은 법의 기반으로 스스로를 유지하면서 법을 거부하기 때문이다"[33]라고 말할 때, 그는 민중의 최고주권이 법의 자연적 근거라는 점, 또한 완전한 법을 구성할 수 없다는 불가능성으로부터 따라 나오는 사회적 현실의 재창조 가능성을 말하고 있다. 그 두 가지는 이미 루소가 지적한 것들——법의 토대로서의 인간적 자연, 그리고 사회계약의 파기에까지 이를 수 있는, 법과 민중 사이의 필연적인 간격에서 비롯되는, 완전한 입법의 불가능성[34]——이지만, 루소와는 달리 어떠한 구성적 언어에도 집중적으로 관심을 기울이지 않았던 블랑쇼에게 입법의 문제는 본격적으로 제기되지 않은 채 남아 있다. 그러나 우리에게 권력을 벗어나고 권력에 저항하는 문학적 언어뿐만 아니라 권력과 정면으로 마주하고 그러함으로써 권력의 정당성을 구축할 수 있는 언어가 필요한 것이 사실이다.)

언어와 몸

결정적 죽음(생물학적 죽음)으로 끝장나지 않은 채, 따라서 여전히 삶 가운데 머물러 있는 채 겪게 되는 불가능한 죽음의 시련은 죽은 그 어린아이에게로 최대한 가까이 다가가는 과정과 다르지 않기에, 앞에서 말한 대로, 언

---

33) 모리스 블랑쇼/장-뤽 낭시, 『밝힐 수 없는 공동체/마주한 공동체』, 박준상 옮김, 문학과지성사, 2005, p. 55.

34) "성공[입법의 성공]이 매우 드문 이유는, 사회의 요구들에 자연의 단순성을 결합시키기가 불가능하기 때문이다"(장-자크 루소, 『사회계약론』, 이환 옮김, 서울대출판부, 1999, p. 68). 번역 수정. 이 책의 옮긴이는 "불가능l'impossibilité하기"를 "매우 어렵기"로 옮겼다.

어를 박탈당하게 되는 지점이다. 언어라는 칼을 휘둘러서 다시 그 어린아이를 살해하는 것이 불가능하게 되는 시점, 그러나 완결된 죽음에 이르지 못하는 한 삶은 이어지고 그 시점으로부터 돌아서서 의식과 자아와 언어를 되찾게 된다. 죽음의 불가능성의 시간성이, 죽음의 불가능성의 순간이 과거로 지나갈 수 있다는 사실이 언어를 되돌려 준다. 그러한 한에서만 글쓰기가 (다시) 시작될 수 있다. '내'가 어린아이와 일치되어 합일에 이른다는 것은 절대적으로 불가능하다. 당연한 말이지만, 어쨌든 '나'로 남아 있어야만, 의식으로 돌아와서 사유할 수 있고 단어들을 조립할 수 있는 한에서만 글쓰기가 시작될 수 있다. 그러나 불가능한 죽음의 시련은, 또한 죽음의 시간성의 전개는 다시 복구된 언어에, 글쓰기에 아무런 효과도 가져오지 않는가?

이러한 블랑쇼의 말에 주의를 기울여 보자. "레비나스는 주체의 주체성subjectivité du sujet에 대해 말한다. 우리가 그 단어를 보존하기를 원한다면——왜 그래야 하는가? 또한 왜 그러지 말아야 하는가?——, 아마도, 상처 입은 자리인, 어느 누구도 주인일 수 없고 말할 수 없는 이미 죽은 죽어가는 몸에 든 멍인, 주체 없는 주체성subjectivité sans sujet에 대해 말해야 할 것이다. 거기에 나, 나의 몸이 있다. 단 하나의 치명적 욕망——죽어감에 대한 욕망, 고유하지 못하게 죽어간다는 사실을 넘어서지 못한 채 다만 그 사실을 통과해 가는 욕망——이 움직이게 만드는 그것이 있다"(69). 기억될 수 없는 가장 먼 과거의 그 어린아이는 보이지 않고 현전하지 않을뿐더러 어떠한 형태로도 경험 안으로 들어오지 않으며, 결코 어느 누구와도 동일한 존재가 될 수 없다. 그 어린아이는 다만 모든 삶의 필연적이자 선험적인 조건일 뿐이다. 죽음의 불가능성이라는 시련을 통해 돌아오는 그 어린아이는 사실상(물론) 그 자신으로서가 아니라, 인간과 분리되어 있고 의식으로부터 소외되어 있으며 의식에 의해 결코 완전히 포착되지 않는 어떤 부분으로서, 주인(주체) 없는 어떤 익명적 장소로서, 즉 **몸**(주체 없는 주체성의 장소)으로서 들어선다. 그 어린아이, 즉 원초적 나르시시즘의 대표 표상은 무의식 속에 남아 있지만 어떠한 형태로도 그 자체로 현전하지 않고 경험되지 않기 때문에 무의식을 파헤친다 할지라도 동일화될 수 없다. 완전히 망각되어 그 자체로 복원하는 것이 절대적으로 불가능한 자연 자체, 그러나 그것은 찢긴 존재인 인간 안에서 어떠한 효과도 가져오지 않는 고요한 무無로 남지 않고 어떤 흔적을 남기는데, 그 흔적이 의식에 포착될 수 없지만 의식에 영향을 주고, 언어로 규정될 수 없지만 언어 위에서 작동하고─읽히지는 않지만─'그려지거나 울리는' 것, 바로 몸이다. 정신에 속해 있지 않는 "비非-정신"(블랑쇼는 이 표현을 쓴다), 그렇다고 보이기에 가리킬 수 있는 구체적인 이 몸 또는 저 몸이 아닌 몸, 그것이 죽음의 불가능성으로부터 회귀하는 언어에, 글쓰기에 간여하면서 보이지 않게 각인된다. 몸은 단어들을 가동시키고 책과 명제들 바깥으로 이동시키는 동시에, 단어들 배후에서 마지막으로 울리는, 정념의 '추상적' 움직임일 것이다. "정신이 그 무엇보다 항상 능동적인 것이라면, 참을성은 비非-정신에 [……] 고통받는 수동적인 몸에, 말 아래에 놓여 있는 절규에, 씌어진 것의 비정신적인 것에 있다"(83).

몸, 즉 단어들의 수동성(참을성), 존재자들을 개념화해서 포착하고 정의하는 단어들의 능동적 작용에 대한 단순하고 이분법적인 어떤 반대 작용이 아니라, 단어들의 그 능동성이 실현되는 곳에서 단어들을 바깥으로 이끌고 나가 터지고 흩어져 가는 그것, 단어들을 단순히 이해와 해석의 대상이 되는 데에 머무르지 않도록 막으면서 우리로 하여금 단어들의 그 바깥으로의 궤적을 뒤쫓게 하는 그것. 단어들이 모든 것을 개념화해서 의식에 내재하도록 변형시키는 부정의 작용을 계속 추진시키는 곳에서 몸은 항상 그 부정의 작용을 거꾸로 돌리는 역작용을 주재하면서 단어들을 쓰거나 읽는 자를 의식 바깥으로 또한 내몬다. 또한 몸은 단어들을 읽거나 쓰는 자가 최종적으로 만나게 되는 시점이자,──능동적으로──읽을 수도 쓸 수도 없는 지점, 단어들이 수렴되면서 '지워지는'(단어들은 지워지는데, '지워지는 글쓰기'는 물론 흰 종이 한 장을 증거로 삼지 않을 것이며, 단어들 자체가 구성한 해석되는 의미들을 초과하는 무의미의 효과일 것이다) 지점일 것이다. 시점으로서의 지점, 즉 씌어지고 읽히는 단어들이 파열되는 시간들(순간들)만이 가리킬 수 있는 지점일 것이다. 몸이 언어를 파편화시키는 동시에 언어를 통해 파편화되며 단어들을 이미지적인 것l'imaginaire으로 수렴되게 만든다. "몸은 어디에도 귀속되어 있지 않고, 죽을 수밖에 없지만 죽지 않으며, 비현실적이며 이미지적이고 파편화되어 있다"(91). 몸은 씌어졌거나 읽을 수 있는 어떠한 단어에도, 의미를 간직하고 있으며 이해되고 해독되는 어떠한 단어에도 주어져 있지 않으며, 그렇다고 단순히 처음부터 모든 단어와 모든 의미로부터 떨어져 나와 있지도 않고, 단어들의 유통과 의미들의 전달을 통해서, 그러나 그것들을 초과해서 작가와 독자 사이의 궁극적 소통을, 오직 침묵(진공의 침묵이 아닌 작동하는 침묵)으로만 완전해지는 소통(『문학의 공간』에서의 한 대목대로 "작품은 그것이 작품을 쓰는 어느 누구와 작품을 읽는 어느 누구 사이의 열린 내밀성이, 말할 수 있는 힘과 이해할 수 있는 힘이 서로 부정함으로써 과격하게 펼쳐지는 공간이 될 때에만 작품이다")을 이끈다.

쓰는 자와 읽는 자 사이에서 침묵을 통해서만 소통될 수 있는 것, 소통되어야 하는 것이 바로 몸이다. 의식과 사회에 고유하다고 여겨지는 모든 자아의 부재, 의식의 본질을 구성할 수도 있고 한 사회 내에서 이상적 모델로 승격될 수도 있는 모든 자아의 부재, 사회의 주인(주체)이 될 수 있는 이상적 인간형의 부재, 인간 본질의 부재, 자아의 고유성과 단일성의 와해, 또한 의식과 사회의 울타리를 뛰어넘어 최초의 결코 기억될 수 없는 즉자적 자연과 합일(융합)에 이르는 것의 불가능성, 따라서 찢긴 존재로서의 인간 자체, 따라서 몸 자체, 몸은 단어들을 이끌어 나가고 단어들이 책 속에 조용히 고요하게 박혀 있지 않도록 그것들을 책 바깥으로 끄집어내 지우면서 타인에게로 향해 나아가도록 만들고, 그것들을 타인에게서 파편들이 되게 만드는——침묵의 소통을 추진시키는——정념의 움직임(탈존의 표식, 작가로 하여금 독자로 향해, 독자로 하여금 작가로 향해 나아가게 만드는 움직임)인 동시에, 그러한 소통에 따라 마지막으로 그려지는 그것이다. 몸은 고정되어 보이거나 읽히는 어떤 것이 아니고, 우리 각자 안에 속해 있는 어떤 부분일 수 없고, 움직임 가운데 있으며, 다만 그렇기에 '우리'와 결부된다. 몸, 분리되어 있는 우리로 하여금 서로가 서로를 향해 있게 만드는, 서로를 서로에게 가깝게 다가가게 만드는 공동의 움직임, 따라서 공동의 몸, 공동의 몸을 통한 소통, 우리는 모두 불행한 찢긴 존재들에 지나지 않지만, 바로 그렇기 때문에 서로에게로, 또한 타자에게로 향해 무한히 나아가는 자들인 것이다. 여전히, 언제나 몸은, 언어로 인해 찢긴 존재의 원초적 불행 가운데 생성하지만, 언어를 통과해 가면서 그 자신을 현시시키고 그 공동의 불행 또는 결핍을 모두에게 전달하는 것이다. 찢김의 빛, 찢김으로 드러나는 영광, 찢김으로 인해 열리는 공동의 영역, 몸은 태고로부터, 가장 늙은 기억될 수 없는 그 어린아이로부터 이어져 온 과거의 시간을 글쓰기와 독서가 약속하는 가장 먼 미래의 시간(미래에 '도래할 책le livre à venir')에 중첩시켜 놓음으로써 무한에 응답하고자 한다.

그 어린아이와 정치적인 것

몸에 의해 추진되고 궁극적으로 몸을 현시시키는 글쓰기는 침묵에, 언어에 의해 결코 오염되어 본 적이 없는 순백의 침묵(우리는 그러한 침묵을 절대로 알 수 없고 경험할 수 없다)이 아니라 언어가 파편화되면서 열리게 되는 지점인 묵언에 이른다. 그 침묵은 그 자체로는 정치의 영역에 속해 있지 않으며, 다만 관계(그것이 '사랑'이라 불릴 수 있는 것이든, '우정'이라 불릴 수 있는 것이든, '동포애' 또는 '형제애'라 불릴 수 있는 것이든)에 더 이상 말이 필요 없는 순간을 가져온다는 의미에서 '정확하고' 급진적인 소통을 주재한다. 언어 이전의 과거로부터 전수되었고 언어 이후의 무한한 미래에까지 전달되어야 할 그 침묵이 바로, 언어가 아닌 공동의 언어이고, '우리'라는 공동의 표식, 우리 공동의 밑바닥의 표식이다. 그러한 한에서, 또한 이름 없는 자들의 거부·저항·이의제기·요청들 그리고 혁명을 정당화하는 '말 없는 말'이라는 점에서(혁명을 정당화하는 것은 한 지도자의 연설도 한 철학자의 이론도 아니고 익명적 침묵의 힘이다) 그것은 정치적인 것이다. 블랑쇼의 말대로 "만일 네가 '시대'를 듣는다면, 너는 시대가 네게 시대의 이름으로 말하지 말고 시대의 이름으로 입을 다물라고 낮은 목소리로 말한다는 것을 배우게 될 것이다"(121).

근현대의 수많은 철학들이 그 침묵을 듣지 못했던 것은 아니었지만, 그것으로부터 성급히 돌아서서 그것을 언어 안에, 그것도 지나칠 정도로 규정하는 언어인 이론 안에 가두어 놓고 '역사'라는 이름으로, '인간' 또는 '인간 본질'이라는 이름으로, '이념'이라는 이름으로 망각해 왔다. 모든 이론 또는 이론 자체가 문제가 아니라 어떠한 종류의 이론이 문제일 것이다. 현실의 어떤 문제들을 추적하고 분석하고 드러내면서 정식화하고, 우리가 갖고 있을 수도 있는 어떤 환상을 폭로하며, 소수가 주도하는 정치적·사회적 지배 권력의 일방적 흐름 바깥에 감추어진 다양하고 이질적인 현상들에 주목하는 이론이 문제가 아니다. 즉 우리에게 '문제'로 다가와서 우리로 하여금 어떤 상황을 직시하게 하면서 우리를 그 안에 들어가도록 부추기는 이론이 문제가 아니라, 모든 상황 이전의 답으로서 군림하기를, 진정한 공동의 언어인 침묵을 지우면서 우리에게 공통적이고 당위적이라고 여겨지는 정신적(이념적·사변적·변증법적)이고 형이상학적(역사주의적·목적론적)인 명제들로 대치시키는 이론이 문제이다. 언어 이전의 공동의 언어인 침묵을 무화시키면서, 또한 언어 이후의 보편적 언어인 법(그 주체가 반드시 복수의 민중이어야만 하고, 민중의 구체적이고 실질적인 요구들의 해결 방안들을 제시해야만 하는 법, 즉 루소가 정확히 본 대로 자연 상태에서의 인간의 자유와 고독을 사회 내에서 보존하기 위해 필연적으로 요청되는 준거점으로서의 언어, 또한 루소가 말한 대로 그 완전한 정립이 불가능하기에 항상 열린 틈들을 항상 포함하고 있어야만 하는 언어)을 초월하거나 그 토대라고 자임하면서 그 자체로 공동체의 구성 원리로 격상되기를 원하는 이론이, 그 자체가 법 이전의 근본적 법이기를 원하며 상황들 이전 또는 그 위에 놓여 있다고 암암리에 확신하는 이론이, '밑바닥'의 공동의 언어를 가로막고 어떤 '이념'을 제시하는 지나치게 규정하는 명제들을 토대로 삼아 공동체의 원리로 승격되기를 원하는 담론이 문제이다.

블랑쇼가 『카오스의 글쓰기』, 나아가 자신의 모든 글쓰기에서 울리게 하기를 원하는 침묵은, 문학의 원천으로 거슬러 올라가는 그 시적詩的인 '말', '우리' 공동의 '말'은 법 이전에 입법적이기를 갈구했던 그러한 상위의 철학적 담론이 주도했던, 철학과 정치의 결합의 시대(곧 근현대)와 결별하기를 시도한다는 점에서 정치적인 것이다. 그 침묵은 미리 설정된 답으로서의 철학적 담론이, 즉 사회 구성이나 공동체 구성을 위한 토대로 여겨졌던 입법적 담론이 정치에서 중요하다는 우리의 오래된 환상을 깨뜨리는, 말 못하는 어떤 어린아이의 절규라는 점에서 정치적인 것이다. 그 침묵을 통해, 그 어린아이는 이미 죽은 자신이 과잉의 담론들을 통해 거듭 부당하게 살해당해 왔다고 항변하면서 우리에게로 되돌아온다. 그 어린아이가 언제나 그랬었던 것처럼 결코 자신을 언어에 내맡기지 않는 데에 따라, 그 침묵도 다만 침묵으로 남을 뿐 궁극적으로는 아무것도 가르치지 않고 아무것도 구성하지 않는다. 다만 우리는 그 침묵이 너무나 단순하게 우리의 단순한 공동의 목소리로 귀착되는 장면을 목도할 뿐이다.